科学版精品课程立体化教材

国际金融

（第三版）

主　编　吕江林
副主编　胡援成　杨玉凤

科学出版社
北　京

内 容 简 介

本书为科学出版社精品课程立体化教材之一，具有以下特点：一是内容上较为全面，尽可能吸收了国际金融理论研究领域最新进展和国际金融业务的新发展，在国际金融宏、微观层面都有较详细的阐述；二是难度适中，介绍了一些必要的数理模型和极具实用性的金融计算，注重逻辑的严密性和可接受性；三是结构流畅，一气呵成；四是体例编排新颖，在许多章节加入了专栏、附录、案例及进一步的阅读与讨论等内容；五是介绍了一些重要的国际金融实务知识。

全书共分 11 章，依次为：国际收支，外汇、汇率与汇率制度，现代国际收支理论，汇率理论，外汇交易，外汇风险管理，国际结算，国际储备，国际货币体系，国际金融市场，国际金融危机。

本书适合作为高等院校金融学专业核心课程和财经类专业主干课程的本科教材及 MBA 用书，也可以作为经济管理类各专业学生报考金融学专业研究生的复习参考书。

图书在版编目(CIP)数据

国际金融/吕江林主编．—3 版．—北京：科学出版社，2015.1
科学版精品课程立体化教材
ISBN 978-7-03-043147-9

Ⅰ.①国… Ⅱ.①吕… Ⅲ.①国际金融-高等学校-教材 Ⅳ.①F831

中国版本图书馆 CIP 数据核字(2015)第 017711 号

责任编辑：张 凯/责任校对：鲁 素
责任印制：徐晓晨/封面设计：蓝正设计

科学出版社出版
北京东黄城根北街 16 号
邮政编码：100717
http://www.sciencep.com

新科印刷有限公司 印刷
科学出版社发行 各地新华书店经销

*

2005 年 12 月第 一 版 开本：787×1092 1/16
2010 年 1 月第 二 版 印张：22 1/4
2015 年 1 月第 三 版 字数：528 000
2020 年 2 月第十六次印刷

定价：49.00 元

(如有印装质量问题，我社负责调换)

第三版前言

本教材第二版迄今，又过去5年了。在这5年里，国际金融的实践有了一些新的进展，国际金融理论也有了一些新的突破。特别是，美国次贷危机及其引发的国际金融危机看似进入尾声，欧元区的主权债务危机又爆发，这某种意义上可以被视为本轮国际金融危机的继续。如果说，东亚金融危机是产生于发展中国家，那么，美国次贷危机和欧元区主权债务危机则是爆发于发达国家。这意味着，任何国家，只要经济、金融体系出了问题，只要内、外部经济出现失衡，则在金融危机面前均无法幸免。20世纪90年代以来，国际金融领域金融创新的速度加快，特别是一连串的危机，给世人以感慨和警醒，也给学术界以众多启示并引起探讨。这种情况下，学习和掌握国际金融理论，熟悉国际金融的专业知识，就更加凸显其重要性和必要性。当然，国际金融教材也必须与时俱进。

本版对第二版的结构作了一定调整，主要是：将原第十一章国际资本流动删去，其核心内容调整为一节，扩充到第十章国际金融市场中去。本版对第二版各章节都作了不同程度的修订。其中，重点修订了第十二章，该章内容修改较多，修改篇幅较大，着重增加了反映和分析东亚金融危机、美国次贷危机和欧元区主权债务危机的内容，章名也改为“国际金融危机”。此外，第五章修改的内容也相对比较多，以尽量体现与时俱进。各章节中不仅仅是正文，包括“专栏”、“案例”、“进一步的阅读与讨论”这些内容也作了一定程度的修改和调整。

本次参加教材修订的人员有吕江林教授、杨玉凤教授、彭玉镏教授、刘兴华教授、李英副教授、曾莉华副教授和王慧讲师。最后由吕江林教授总纂定稿。

由于编者水平有限，本版教材仍难免有一些不足之处，敬请读者批评指正。

吕江林

2014年7月31日于

江西财经大学蛟桥园

第二版前言

本教材第一版出版至今已经三年有余。在这三年多的时间里，国际金融界发生的最重大的事件就是美国次贷危机及其引发的国际金融危机。危机的爆发、传播和治理，使得国际金融理论的学习和研究的重要性更加凸显，也给世人以更多的警醒，尤其使得我们更深刻地认识到了当今国际货币金融体系的弊端及加快其改革的重要性和紧迫性。

本版对原版大部分章节作了不同程度的修订。这些章节包括：第一章国际收支、第三章现代国际收支理论、第四章汇率理论、第五章外汇交易、第八章国际货币体系、第九章国际储备、第十章国际金融市场和第十一章国际资本流动。其中，重点修订了第四、五、八和十一章。第四章的修订主要是着眼于其具有更好的可读性；第五章的修订主要是将部分习题和题解作了完善，包括替换和改写，使其更清晰、更准确、更具有可读性；第八章的修订主要是根据近年来爆发的国际金融危机的教训，针对当今国际货币体系的特征、弊端与改革方向，增加了分析和讨论，并专门增加了国际货币体系改革一节；第十一章的修订则是根据国际经济、金融形势的发展，更新了国际资本流动相关的数据、资料，并改写了相关专栏和进一步的阅读与讨论的材料。

参加本次修订的人员有吕江林教授、胡援成教授、杨玉凤教授、汪洋教授、彭玉镏副教授和刘兴华副教授，最后由吕江林教授总撰定稿。

由于我们水平有限，本教材难免仍有一些不妥之处，敬请读者批评指正。

吕江林

第一版前言

国际金融的研究对象是货币资金在国际间的融通。可以把国际金融定义为研究国际间货币资金运动规律的一门科学，其具体研究内容包括国际收支、国际储备、外汇汇率、外汇交易、外汇风险管理、国际货币体系、国际金融市场和国际资本流动等内容。

国际金融课程既是一门理论性很强的课程，又是一门实践性很强的课程。作为一门理论性很强的课程，它是货币银行学课程在开放经济条件下的延伸，也是国际经济学课程的有机组成部分，而且是两者的立体交汇。因此，从这个意义上看，国际金融是从货币金融的角度研究开放经济下内部均衡和外部均衡同时实现问题的一门学科。在这里，许多关于宏观经济、货币银行的引人入胜的问题将在开放经济条件下得到进一步的研究和讨论；在这里，许多国际经济学的传统问题特别是涉及国与国之间关系的传统问题，将通过运用现代宏观经济学和货币经济学的方法在新的时代背景下得到诠释和解决。作为一门实践性很强的课程，它探讨如何运用正确的方法和工具处理、解决各国际金融市场主体在国际经济交往中的货币资金融通、货币金融调控，以及保值、增值、投资和风险防范等问题。因此，国际金融课程不仅要研究和阐述国际收支、国际储备、外汇与汇率制度、国际货币体系、国际资本流动和货币危机防范等宏观类问题，而且要研究和阐述汇率变动、外汇交易、国际结算、外汇风险管理和国际金融市场等微观类问题。随着各国经济、金融的发展，以及经济、金融全球一体化趋势的不断加强，各国政府和国际金融实际部门遇到的新事件、新问题纷至沓来，国际金融实务领域的工具和服务创新层出不穷，相应的，国际金融学家们在一些重大理论问题上，观点与模型不断推陈出新、争相斗妍，且日渐精细。可见，国际金融课程是一门非常实用也非常有趣的课程。

这本教材是我们长期从事国际金融教学和研究活动的心得的结晶。本教材的特点有：一是在内容上较为全面。我们尽可能吸收国际金融理论研究领域最新进展，也尽可能反映国际金融业务的新发展；既涵括国际金融的宏观层面内容，也大量涉及国际金融的微观层面内容。二是在难度上适合本科生教学。考虑到大多数本科生的接受能力和教学目的，本教材不讨论过多的数理模型，但保留一些必要的数理模型和极具实用性的金融计算，并注重理论逻辑的严密性和可接受性，因此本教材也适合自学。三是章节结构流畅，一气呵成。首先以国际收支为起点，讲清楚国际收支的基本概念和传统理论；紧接着在第二章介绍外汇、汇率与汇率制度；当学生们掌握了关于外汇、汇率与汇率制度基本的概念和理论体系后，第三章进一步介绍现代国际收支理论；然后，在第四章介绍购买力平价理论、利率平价理论以及其他的汇率决定的资产市场理论；随后，在第五、六、七章转入微观领域，分别介绍外汇交易、外汇风险管理和国际结算方面的知识和技术；第八至十二章又转入宏观，先后介绍国际货币体系、国际储备、国际金融市场（宏、微观结合部）、国际资本流动和货币危机及其防范，这时，先前对外汇交易等微观方面知识的掌握大大有利于学生们对此处各宏观类章节的理解，而对此处各章的安排也遵循内在的逻辑顺序和认知规律。四是编排体例新颖。我们在许多章节加入了专栏、附录、案例以及进一步的阅读与讨论。这些内容的加入，有利于学生们扩大知识面、提高学习兴趣和加深对教育部制定的教学大纲所要求的基本内容的理解，也有利于那些学有余力的同学通过阅读这些内容进一步提高自己分析问题、解决问题的能力，还有利于教师组织同学们在课内外开展案例讨论。五是在一些章节较为详细地介绍了一些“入世”后极为重要的国际金融实务知识。例如，最典型的是第五章及其附录，篇幅不算很大，却有着相当的外汇市场上的实用价值。

本书由吕江林教授担任主编，胡援成教授、杨玉凤教授担任副主编。由吕江林教授提出编写大纲，最后由吕江林教授修改、统撰和定稿，胡援成教授和杨玉凤教授参与了部分章节的修改和统稿工作。本书各章编写分工如下：第一至三章，吕江林；第四章，彭玉镏；第五章，杨玉凤；第六章，李英；第七章，王慧；第八章，焦继军；第九章，曾莉华；第十章，刘金凤；第十一章，汪洋；第十二章，胡援成。

本教材适合作为高等院校金融学专业核心课程和财经类专业主干课程用书，也可作为经济管理类各专业学生报考金融学专业研究生的复习参考书。

感谢科学出版社的领导和编辑的热情帮助和辛勤劳动，在此表示诚挚的谢意。

我们衷心希望读者们对本教材提出宝贵意见，以便今后加以修订。

吕江林

目　录

第一章

国际收支

随着各国经济的对外开放和世界经济一体化的发展，国与国之间的经济交往日益增多，交往的形式也日益多样化。而在这种国际经济交往中，通常会形成国际债权债务关系及国际货币收支关系，从而产生国际收支问题。国际收支是国际经济活动的重要内容，常被作为研究国际金融问题的起点。因此，正确理解和掌握国际收支的内容，科学分析一国国际收支的状况，具有非常重要的意义。

第一节　开放经济下的国民收入账户

一、封闭经济下的国民收入恒等式

由宏观经济学可知，国民收入账户是进行宏观经济分析的基础，该账户涉及一系列极为重要的宏观经济变量及它们之间的均衡关系。其中，最核心的变量是 GDP。GDP 定义为一国一定时期内（通常为 1 年）新产出的流量或所生产的全部最终产品和劳务的价值。GDP 可以用三种方法来考察和衡量：支出法、收入法和生产法。理论分析通常涉及支出法和收入法。

在封闭经济下，根据支出法，GDP 可分解为私人消费（C）、私人投资（I）和政府支出（G），即有

$$Y=C+I+G \tag{1.1}$$

根据收入法，全部 GDP 即所有新增价值必以工资、租金、利息或利润的形式成为各市场主体的收入。若忽略掉折旧、销售税和转移支付等，则 GDP 就等于国民收入。对于三部门经济，所有这些国民收入必然可以分解为私人消费（C）、私人储蓄（S_p）和政府税收（T），即有

$$Y=C+S_p+T \tag{1.2}$$

由于两种衡量方法是等价的，因此有

$$C+S_p+T=Y=C+I+G \tag{1.3}$$

式（1.3）又可以写作

$$I = S_p + (T - G) \tag{1.4}$$

将式（1.4）中政府税收与支出之间的差额定义为政府储蓄 S_g（$S_g = T - G$），且将国民储蓄 S 定义为 $S_p + S_g$，则有

$$I = S \tag{1.5}$$

即在封闭经济下，国民储蓄与国民投资必然相等。

二、开放经济下的国民收入恒等式

在开放经济下，一国产品和服务还可以销售给外国居民；同时该国居民还可能购买外国产品或服务，即一国私人消费、私人投资、政府购买所形成的国内支出的一部分用于进口外国的产品和服务，很显然，这一部分支出并不来自本国的产出或国民收入，应当予以扣除。

用 X 代表出口，用 M 代表进口，则开放经济下的国民收入恒等式可写为

$$Y = C + I + G + (X - M) \tag{1.6}$$

用 NX 表示出口减进口（$X - M$），即净出口，又称贸易账户余额，则式（1.6）变为

$$Y = C + I + G + \text{NX} \tag{1.7}$$

在开放经济下，净出口或贸易账户余额同私人消费、私人投资和政府支出一样，是国民收入的重要组成部分。

第二节　国际收支概述

一、国际收支的含义

国际收支（balance of payments，BOP）是一国居民在一定时期内与外国居民之间全部政治、经济、文化往来所产生的经济交易的系统的货币记录。它是国际金融学中最重要的核心概念之一。对于这一概念的丰富内涵，应从以下几个方面加以把握。

（一）国际收支是一个流量概念

当人们提及国际收支时，必须指明其属于哪一个时期，这一报告期可以是 1 年，也可以是 1 个季度或 1 个月，各国通常以 1 年为报告期。容易与国际收支概念混淆的是国际借贷（balance of international indebtedness）这个概念。国际借贷是指在一定时点上一国居民对外资产和对外负债的总计，这是一个存量概念。

（二）国际收支所反映的内容是经济交易

所谓经济交易，是指经济价值从一个经济实体向另一个经济实体的转移。从内容上看，经济交易有五种类型：①金融资产与商品和劳务之间的交换；②商品与商品及商品与劳务之间的交换；③金融资产之间的交换；④单向、无偿的商品和劳务转移；⑤单向、无偿的金融资产转移。

从起始确认上看，经济交易包括：①在编表时期内全部结清部分；②在编表时期内

已经到期必须结清部分（无论实际上是否已结清）；③在编表时期内已经发生（所有权变更），但需要跨期结清部分。由上可见，在经济交易的起始确认上，存在着“所有权变更”的原则。

（三）国际收支所记载的经济交易必须发生于一国居民与非居民之间

判断一项经济交易是否应计入国际收支范围的依据不是国籍和国界，而是依据交易的双方是否分别为该国的居民和非居民。只有居民与非居民之间的经济交易才计入国际收支的国际经济交易。不同于法律的公民概念，居民是个经济学概念。在这里，居民主要以居住地为标准，分个人、政府、企业和非营利团体四类。凡在一个国家内居住满1年及1年以上的个人，除官方外交使节、驻外军事人员外，无论什么国籍，均属该国居民。至于一国各级政府、企业和非营利团体，均属所在国居民，包括外国独资、合资与合作企业。不过，居住在一国领土上的外国使馆和联合国机构，均被当作该国的非居民。国际货币基金组织、世界银行等国际组织机构是任何国家的非居民。

二、国际收支概念的历史演变

早在17世纪初欧洲重商主义盛行阶段，国际贸易活动便频繁展开。那时国际间的经济交易仅仅是有形商品的贸易。因此，此时的国际收支仅指一国在一定时期内商品进出口的贸易收支，其含义主要是指一国对外贸易需要结算的差额。

国际金本位制度崩溃以后，随着国际间经济交易内容和范围的扩大，国际收支已从贸易收支概念扩展为外汇收支概念。凡在国际经济交往（包括国际借贷）中必须通过外汇收支进行清算的交易都属于国际收支的范围。现在，我们把这种外汇收支通称为狭义的国际收支。狭义的国际收支概念不包括无外汇收支的国际经济交易。

第二次世界大战后，随着对外贸易的进一步发展，以及国际间各种政治、经济、文化往来的密切，国际经济关系更加广泛。不仅结算手段越来越多样化，而且商品、技术和劳动力的国际交流，资本的流动，以及无偿性质的捐款、赠款、侨汇等单方转移和国际援助等，都呈现迅速的发展态势。这其中，有许多并不涉及外汇收支。这样，广义的国际收支概念不再以支付为基础（on payments basis），而是以交易为基础（on transactions basis）。目前，世界各国普遍采用的便是广义的国际收支概念。实际上，国际收支应被称为“国际经济交易”更为确切，但国际上仍习惯沿用“国际收支”这个名称。

第三节　国际收支平衡表

国际收支平衡表就是将国际收支按特定账户分类和复式记账原则表示出来的报表。

一、账户设置

根据国际货币基金组织（IMF）1993年编制的第五版《国际收支手册》，国际收支平衡表中的全部账户可分为三大类：经常账户、资本和金融账户及错误与遗漏账户。

（一）经常账户

经常账户（current account）又称经常项目，是国际收支平衡表中最基本、最重要的项目。它包括最主要和最经常发生的交易。它反映了一国与他国之间实际资源的转移，因此与该国的国民收入账户具有密切的联系。它表现了一国的创汇能力，影响和制约着其他账户的变化。经常账户包括货物和服务、收入及经常转移三个二级账户。

1. 货物和服务

货物（goods）包括一般商品、用于加工的货物、货物修理、各种运输工具在港口购买的货物及非货币用黄金。货物有时又称有形贸易（visible trade），此账户系统记录了一国的商品进出口情况，往往对一国国际收支的经常项目乃至整个国际收支的状况起着决定性作用。按国际货币基金组织规定，进出口商品价格均应按离岸价格（FOB）计算，但各国掌握并不一致。大多数国家对出口商品价格都按离岸价格计算，而对进口商品价格则按到岸价（CIF）计算。

服务（services）有时又称无形贸易（invisible trade）。此账户记录的内容较为复杂，包括运输服务，旅游服务，通信服务，建筑服务，保险服务，金融服务，计算机和信息服务，专有权利使用费和特许费，其他商业服务，个人、文化和娱乐服务，以及别处未提及的政府服务。其中，通信服务、保险服务、金融服务、计算机和信息服务、专有权利使用费和特许费及其他商业服务在当代国际贸易中地位越来越重要。

2. 收入

收入（income）是记录因生产要素在国际间流动而引起的要素报酬收支，它又包括雇员报酬和投资收益两个细分账户。雇员报酬（compensation）是指一国居民个人在另一国（或地区）工作而得到的现金或实物形式的工资、薪水和福利。投资收益（investment income）是指一国资本在另一国投资而获取的利润、股息、利息等。投资收益还可进一步细分为直接投资收益、证券投资收益和其他投资收益（如借贷产生的利息）。须注意的是，资本损益是不作为投资收入记录的，所有由交易引起的现已实现的资本损益都包括在将要介绍的金融账户下面。所有的要素报酬收入减去所有的要素报酬支出，称为要素报酬收支净额（net factor payment，NFP）。将服务交易同收入交易明确区分开来是第五版《国际收支手册》的重要特征。

3. 经常转移

经常转移（current transfers）又称无偿转移（unrequited transfers），指资金和物质在国际间移动后，并不发生债权债务关系，对方无须归还或偿还的无对等交易，或者说，指不发生归还或偿还问题的实际资源和金融产品在国际间的转移。在第五版《国际收支手册》中，将转移区分为经常转移与资本转移，将经常转移保留在经常账户中，而将资本转移归属于资本与金融账户内。经常转移包括除下面三项的所有权转移：①固定资产所有权的资产转移；②同固定资产收买或放弃相联系的或以其为条件的资产转移；③债权人不索取任何回报而取消的债务。经常转移又可细分为私人转移和政府转移两类：前者主要包括侨民汇款、年金、赠与等；后者主要包括政府间经济援助、军事援助、战争赔款、捐款等。

(二) 资本和金融账户

资本和金融账户(capital account and financial account)是对资产所有权在国际间流动行为进行记载的账户,反映了国际资本流动。它包括资本账户和金融账户两大部分。

1. 资本账户

资本账户包括资本转移和非生产、非金融资产的收买和放弃。非生产、非金融资产的收买或放弃是指各种无形资产如专利、版权、商标、经销权及租赁和其他可转让合同的交易。

2. 金融账户

金融账户包括引起一个经济体对外资产和负债所有权变更的所有交易。按投资类型或功能,金融账户可以细分为直接投资、证券投资、其他投资和储备资产四类。与经常账户不同,金融账户的各个项目并不按借贷方总额来记录,而是按净额来记入相应的借方或贷方。这一是因为资产交易的发生总额常常缺乏充分数据;二是因为交易总额对国际收支分析并不很重要。

(1) 直接投资(direct investment)。其特征是投资者对非居民企业的经营管理拥有有效的控制权。直接投资可以采取直接在国外投资兴建企业的形式,也可以采取购买非居民企业一定比例股票的形式,或采取将投资利润进行再投资的形式。

(2) 证券投资(portfolio investment)。证券投资是指购买非居民政府的长期债券和非居民公司的股票、债券等。对于债务证券而言,它可以进一步细分为中长期债券、货币市场工具和其他派生金融工具。须指出的是,当证券投资中拥有非居民企业股权达到一定比例时(如美国规定达到10%以上,IMF规定25%以上),就作为直接投资。

(3) 其他投资(other investment)。凡不包括在直接投资、证券投资和储备资产中的一切资本交易均记录在此。这些资本交易除政府贷款、银行贷款和贸易融资等长短期贷款外,还包括货币、存款和短期票据等。

(4) 储备资产(reserve assets)。储备资产包括货币当局可随时动用并用于维持国际收支平衡和稳定汇率的外部资产,包括货币性黄金、特别提款权、在基金组织的储备头寸和外汇储备等官方对外资产。需要强调的是,反映在国际收支平衡表中此账户上的官方储备是增减额而不是持有额,所以本账户可理解为编表年份内“官方储备变动”。

根据经济分析的需要,资本交易还可从不同角度予以划分。例如,从资本交易的主体来看,有私人资本和官方资本之分;从资本的偿还期来看,有长期资本和短期资本之分。各种划分方法还可以交叉运用。长期资本是指1年以上和未规定期限的资本。政府长期资本流动形式具体包括:政府间信贷、直接投资、证券投资和国家银行国外资产负债的变化。私人长期资本流动形式具体包括:私人企业和跨国公司国际间信贷、直接投资、证券投资及私人银行包括跨国银行在国外资产负债的变化等。短期资本是指期限在1年及1年以下的资本。短期资本流动性较强,形式与内容繁多,主要有:各国银行间资金的短期调拨与拆放;对国际贸易提供的短期资金融通及清算结算;逃避外汇管制和货币贬值风险的资本外逃；套汇、套利、抛补保值等的外汇交易；利用货币危机或某些政治事件冲击黄金、股票、外汇市场牟取暴利的投机活动等。

（三）错误与遗漏账户

错误与遗漏账户（errors and omissions account）是由于统计技术和其他一些原因使表上借贷双方总额无法平衡而人为设置的以轧平借贷差额的一个项目。其技术原因和人为因素有：①表内各个账户中各项统计数据来源于不同申报单位（如海关、银行或企业），客观上易造成不精确；②有些企业虚假报关；③一国货币当局不可能完整准确地记录居民与非居民之间的一切交易活动。如对跨国公司的资金调拨、走私活动等交易活动的数字难以确切掌握，有时要依赖估算；有些数据须保密，不宜公开等。

二、记账规则

国际收支平衡表的记账规则遵循复式记账法，即有借必有贷，借贷必相等。根据这种规则，可以将国际收支的各种行为归入两类账户：反映商品、劳务进出口及净要素支付等实际资源流动的纳入“经常账户”；反映资产所有权流动的纳入“资本和金融账户”。这样，同一行为就在不同账户被记录两次，从而能真实地反映出一国国际收支状况。在国际收支平衡表中，凡是本国商品与劳务的出口，以及本国对国外金融资产的减少、本国对国外负债的增加，均记录在贷方，称正号（+）项目；凡是本国商品与劳务的进口，以及本国对国外金融资产的增加、本国对外负债的减少，均记录在借方，称负号（−）项目。须特别注意的是，对官方储备账户，因其用于平衡的特殊性，应当借记官方储备增加，贷记官方储备减少。

我们以美国为例，列举5笔交易来具体说明国际收支平衡表的记账方法。

【例1.1】 一家美国公司向法国出口计算机，法国进口商用他在美国的银行存款120万美元支付。美国商品出口记贷方，对外负债减少记借方，即

借：对外国私人的短期负债	120万美元	
贷：货物出口		120万美元

【例1.2】 美国人去瑞士旅游，支付10万美元食宿等费用。美国人在瑞士银行用美元旅行支票换成瑞士法郎，瑞士银行反过来把美元支票存入美国银行的户头上。美国从外国得到劳务服务记借方，美国银行对外负债增加记贷方，即

借：购买服务	10万美元	
贷：对外国私人的短期负债		10万美元

【例1.3】 一家美国公司购进一家加拿大公司51%的普通股，价值140万美元，用其在加拿大国内银行的加元存款支付。美国对外长期投资记借方，对国外金融资产减少记贷方，即

借：对外长期投资	140万美元	
贷：对外短期债权		140万美元

【例1.4】 美国政府动用官方储备50万美元向墨西哥提供无偿援助，同时还提供相当于50万美元的食品药物援助。美国官方储备减少记贷方，相当于50万美元的物品出口记贷方，美国将其无偿援助给外国记借方，即

借：官方无偿援助　　　　　　　　　　　100 万美元

　　贷：官方储备　　　　　　　　　　　　50 万美元

　　　　货物出口　　　　　　　　　　　　50 万美元

【例 1.5】 美国一公司在菲律宾投资所得利润 100 万美元，其中，60 万美元用于在东道国的再投资，40 万美元购买当地商品后运往美国。美国获国外投资利润记贷方，在东道国再投资属对外长期投资记借方，进口记借方，即

借：对外长期投资　　　　　　　　　　　60 万美元

　　货物进口　　　　　　　　　　　　　40 万美元

　　贷：海外投资利润收入　　　　　　　　100 万美元

现将上述 5 笔交易的有关数据编成一张虚拟的国际收支平衡表，见表 1-1。

表 1-1 美国国际收支平衡表　　（单位：万美元）

项　目	借　方	贷　方	差　额
货物和服务	50	170	+120
货物	40（5）	120（1）+50（4）	+130
服务	10（2）	0	−10
收入	0	100（5）	+100
经常转移	100（4）	0	−100
经常账户合计	150	270	+120
资本账户	0	0	0
金融账户	320	200	−120
直接投资	140（3）+60（5）	0	−200
证券投资	0	0	0
其他投资	120（1）	10（2）+140（3）	+30
储备资产	0	50（4）	+50
资本与金融账户合计	320	200	−120
错误和遗漏账户	—	—	—
总　计	470	470	0

第四节　国际收支不平衡分析

一、国际收支不平衡的概念

我们把一国国际收支平衡表中的贷方总额大于借方总额，称为国际收支的顺差或盈余(surplus)，用“+”号表示；把借方总额大于贷方总额，称为国际收支的逆差或赤字(deficit)，用“−”号表示。因此，我们很容易将国际收支不平衡理解为国际收支状况出现了逆差或顺差。但从表 1-1 中我们可以发现，最终总计的差额为零。其实，国际收支平衡表的最终差额恒为零，这是由其复式记账方法所决定的。然而，这种国际收支平衡表总计的平衡仅是形式上的平衡，并无经济学意义。

要想理解国际收支是否发生了不平衡，或者说是否发生了顺差或逆差，必须首先区

分自主性交易和调节性交易。自主性交易（autonomous transactions）是指一国居民根据自主的或自发的获取商业利润等动机而进行的交易。调节性交易（accommodating transactions）又称补偿性交易（compensatory transactions），是指为调节或弥补自主性交易不平衡而进行的交易，这种交易本身并无经济动机。自主性交易所产生的货币收支并不必然相抵，由此可能导致对外汇的超额需求或超额供给，引起汇率的变动。在这种情况下，一国货币当局或是允许汇率变动，使自主性交易收支自动趋向平衡，或是运用调节性交易，向国外借款或增减外汇储备来弥补自主性交易收支不平衡所造成的超额外汇供给或需求，以维持固定的汇率。这就是说，在维持汇率固定的前提下，一国政府必须运用调节性交易（如动用官方储备或向外国政府、国际金融机构借款等），最终使国际收支达到平衡。可见，一国的国际收支不平衡实际上指的是自主性交易不平衡，这就是理论上的国际收支不平衡概念。由此，我们可以在国际收支平衡表上划出一条水平线，让所有自主性交易项目处于水平线之上，而调节性交易项目则处于水平线之下，当线上差额为零时，我们称国际收支实现了平衡；当线上项目出现了盈余或赤字时，我们称国际收支出现了顺差或逆差。

然而，这种按有无自主的交易动机而划分的自主性交易与调节性交易，在实际中有时界限模糊，存在统计操作上的技术性困难。这种界限模糊尤其表现在对于短期资本流动究竟是属自主性交易还是属调节性交易的判断上。例如，一国货币当局因自主性交易不平衡而向国外金融市场私人借款，从本国的角度看，属补偿性交易，但从对方国角度看，这一短期资本流出是为了追逐利润，则被视为自主性交易。这样就出现了国与国之间的不一致。又如，一国为弥补自主性交易赤字，采取紧缩货币、提高利率的政策，引起了短期资本流出的减少和流入的增加，从货币当局的角度看，这种事后的政策行为引起的交易显然属补偿性交易，但从私人交易主体的角度看，其交易的动机是逐利，则具有自主性交易性质。这样，统计中应如何将这种交易归类，就成为一个有争议的问题。的确，很难将这种交易与原本出于安全、投机等动机的自主性短期资本交易作截然区分。

由于在实践中无论将水平线划在哪两个项目之间，都无法使线上项目准确地表示自主性交易，线下项目准确地表示调节性交易，所以各国就根据对国际收支平衡表作多方面分析的需要，采用几种局部差额，以便既可在分析不同问题时有所侧重，又可在全面分析国际收支状况时相互补充。这些局部差额主要有贸易差额、经常项目差额、基本差额、官方结算差额和综合差额等，见表 1-2。

表 1-2 国际收支局部差额的内容及其关系

国际收支账户	贷方（+）	借方（−）
+商品出口 −商品进口		
=贸易差额 +无形收入 −无形支出 +无偿转移收入 −无偿转移支出		

续表

国际收支账户	贷方（+）	借方（-）
=经常项目差额 +长期资本流入 -长期资本流出		
=基本差额 +私人短期资本流入 -私人短期资本流出		
=官方结算差额 +官方借款 -官方贷款		
=综合差额 -储备增加（+储备减少）		
=零		

贸易差额反映的是商品进出口流量的净差额，这种差额能反映一国的产业结构和产品的国际竞争力。贸易差额对于商品进出口流量大的国家具有较大意义；另外，由于商品贸易流量的资料极易迅速（每个季度甚至每个月）从海关获得，这就使其在了解一国国际收支状况的动向方面具有一定的参考作用。

经常项目差额是商品、劳务和无偿转移流量的借贷方净差额，反映了实际资源在一国与他国之间的转移净额的变化。由于一国拥有多少实际资源可供支配使用，对经济增长和发展十分重要，因此经常项目差额往往被用作衡量国际收支状况的一个最重要的指标。

基本差额是将商品贸易、服务贸易、无偿转移及长期资本流动置于水平线之上而得出的借贷方净差额。这里将短期资本流动排除在外，是因为短期资本在表中最易变动而不可信。基本差额之所以称为基本，是因为此项差额提供了度量国际收支长期趋势的一个尺度。例如，基本差额出现赤字就表示该国国际收支地位有长期恶化的趋势，应当采取调节措施。不过，用基本差额度量一国国际收支长期趋势也有些问题。由于长、短期资本流动实际上是根据资产负债的偿还期来确定的，因而这并不能保证将真正意义上的长期资本流动列于线上，将真正意义上的短期资本流动列于线下。也就是说，一方面，一些名义上被列为长期资本流动的资本交易具有短期的性质，如购买的长期债券即将到期，或者将购买的长期债券和股票转售出去；另一方面，一些被列为短期资本流动的交易却具有长期的性质，如短期贷款不断延期。此外，无论何种资本流动都会产生今后的反向流动。可见，衡量一国国际收支的长期状况，基本差额常常不如经常账户差额。

官方结算差额的线上项目是将私人短期资本流动加入到基本差额之中。在固定汇率条件下，该差额可用于衡量外汇市场上本国货币遭受的压力。官方结算差额如为正，表明本国货币处于强势地位；如为负，本币则处于弱势地位。当此差额出现时，一国货币当局必须通过对外借款或贷款及增加或减少储备来弥补外汇供求缺口。官方结算差额是衡量货币当局对外汇市场干预程度的最好指标。在固定汇率制下，该差额也是衡量国际收支失衡程度的最好指标。

综合差额的线上项目是经常账户与资本和金融账户差额中的资本转移、直接投资、证券投资和其他投资账户所综合构成的余额。综合差额仅将官方储备资产（的变动）列为线下项目。在固定汇率条件下，它衡量的是经过官方对外借贷之后，本国货币在外汇市场上遭受的压力，或国际收支的失衡程度。这种国际收支的不平衡，可以通过货币当局动用或获取官方储备来弥补。在浮动汇率条件下，国际收支的失衡除了一部分由官方储备资产的变动来弥补外，其余部分将以本国货币汇率变动的形式反映出来，因此就不能简单地再用官方储备资产的变动来衡量国际收支的失衡程度。这时综合差额的大小或官方储备资产的变动额只是反映了货币当局干预外汇市场、影响汇率水平及其变化的程度。

由此可见，各种局部差额在分析国际收支的平衡与不平衡中，都有其不同的适用范围和场合，又都有其局限性。我们可以根据所要分析的具体问题的需要，采用不同的局部差额，但若要全面分析一国一个时期的国际收支状况，则须对各个局部差额进行细致的分析对比。

二、国际收支不平衡的原因和影响

（一）国际收支不平衡的原因

导致国际收支不平衡的原因是多种多样的，有经济因素，也有非经济因素；有货币因素，也有非货币因素；有来自内部的，也有来自外部的，等等。根据原因的不同，可将国际收支不平衡分为如下六种类型。

1. 临时性不平衡

临时性不平衡是指由短期的、非确定的或偶然的因素引起的国际收支不平衡。这种性质的国际收支不平衡一般程度较轻，持续时间不长，带有可逆性。其中主要包括季节性不平衡和偶然性不平衡。季节性不平衡，指由生产和消费的季节性造成的国际收支不平衡。对以农产品为主要出口品的发展中国家，季节性不平衡较为明显。偶然性不平衡，指由天灾人祸造成的一次性、无规律的不平衡，一旦有关天灾人祸的因素消失，国际收支就会恢复到正常状态。在浮动汇率制度下，这种类型的国际收支不平衡有时根本不需要政策调节，市场汇率的波动有时就能将其纠正。在固定汇率制度下，一般也只需暂时动用官方储备资产便能加以克服。

2. 周期性不平衡

周期性不平衡是指一国经济周期波动所引起的国际收支不平衡。从经常项目来看，当一国经济处于衰退期时，国内社会总需求下降，进口需求也相应下降，则经常项目往往会出现盈余；反之，如果一国经济处于繁荣期，国内社会总需求上升，对进口的需求也相应上升，经常项目则可能出现逆差。再从资本流动来看，经济繁荣时期，投资前景看好，资本流入增加；萧条时期，投资前景暗淡，资本流出增加。第二次世界大战前，资本项目在各国国际收支中所占比重一般并不突出，故总的来说，一国在经济周期的萧条期国际收支易出现顺差，在经济周期的繁荣期国际收支易出现逆差。第二次世界大战后，资本项目地位日益突出，这种国际收支顺差或逆差与一国经济周期的萧条或繁荣之间不再必然存在这种简单的对应关系。

3. 货币性不平衡

货币性不平衡是指一定汇率水平下国内货币供应量增长率变化引起国内物价水平变化从而导致的国际收支失衡。换言之，货币性不平衡主要是由通货膨胀或通货紧缩引起的。当一国货币供应量增长率过高，引起国内物价水平上升和货币成本上升，并高于其他国家，从而导致出口减少；同时，进口则因价格相对低廉而受到鼓励。这样，经常项目收支便会恶化，造成国际收支逆差。反之，一国货币供应量增长率过低，则易造成国际收支顺差。

4. 收入性不平衡

收入性不平衡是一个笼统的概念，统指一国经济条件、经济状况的变化引起国民收入变动从而产生的国际收支不平衡。引起国民收入相对快速增长的原因是多样的，可以是周期性的、货币性的，或劳动生产率的提高等各方面原因。一般而言，当一国经济迅速发展，经济增长率提高，国民收入较快增加，则国内总需求随之增加，进口增加，从而易造成国际收支逆差。不过，若一国经济增长，国民收入增加主要是由劳动生产率上升或出口增加所致，则国民收入的上升也可能伴随着顺差。

5. 结构性不平衡

结构性不平衡是指国内经济结构、产业结构不能适应世界市场及其变化而发生的国际收支不平衡。结构性不平衡有两层含义：第一层含义是指由经济结构和产业结构变动的滞后和困难所引起的国际收支失衡。世界各国由于自然资源和其他生产要素禀赋的差异而形成了一定的国际分工格局，这种格局随要素禀赋和其他条件的变化将会发生变化。此外，国际需求结构也会发生变化，如果一个国家的经济结构、产业结构不能随国际分工格局和需求的变化而变化，即世界市场的变化不按比较利益原则得到及时的调整，则原有的贸易平衡会遭到破坏，可能导致国际收支逆差。第二层含义是指由一国进出口商品所面临的特定需求的收入弹性和价格弹性特点所致的国际收支失衡。具体说，有些国家出口商品需求的收入弹性低，而进口商品需求的收入弹性高，所以净出口很难大量增加；出口商品需求的价格弹性大，而进口商品需求的价格弹性小，这样在进口商品价格上涨大于出口商品价格上升时，贸易条件恶化，引起国际收支的失衡。发展中国家容易发生结构性不平衡，尤其是第二层含义的结构性不平衡。

6. 投机、保值性不平衡

投机、保值性不平衡是指在浮动汇率制下因汇率变动而产生的获利机会和风险所带来的国际收支不平衡。投机、保值性不平衡均产生于短期资本流动。在短期资本流动中，投机性资本流动和保值性资本流动占有很大比重。投机性资本流动和保值性资本流动均对汇率（及相应利率等）的变动非常敏感，前者是为了投机牟利，而后者是为了资本保值而实施的资本逃避（capital flight）。投机性和保值性短期资本流动具有数量大、突发性的特点，20 世纪 90 年代表现尤其突出，往往构成一国国际收支不平衡的重要原因。

（二）国际收支不平衡的影响

考察国际收支不平衡的影响，首先应当对国际收支均衡有一定的理解。所谓国际收支均衡，是指国内经济处于均衡状态下的自主性国际收支平衡，即国内经济处于充分就业和物价稳定下的自主性国际收支平衡。国际收支均衡是内部平衡与外部平衡的统一。

如果一国发生持续性国际收支逆差，则引起本币下浮的压力。若货币当局想稳定本币汇率，则势必耗费国际储备，这将引起货币供应量的缩减，影响本国生产和就业，使国民收入趋降。

同时，官方储备的下降还影响到一国的对外金融实力和国家信用，降低政府将来弥补国际收支逆差的能力，而这又反过来引致新的国际收支逆差。

如果一国发生长期或巨额国际收支顺差，也会给国内经济带来不良影响。这是因为累积的国际储备增加所造成的货币供应增长会带来物价水平的上升，加剧通货膨胀。如果国际收支盈余是由出口过多造成，则本国在此期间可供国内使用的生产资源就会减少，长期如此，势必影响本国的经济发展速度。同时，一国国际收支盈余过多则意味他国国际收支赤字过多，这将引起国际摩擦，不利于国际经济关系。

一般来说，国际收支顺差若不是长期且巨额，则货币当局不认为其构成什么问题。适当的顺差，增加官方储备，在某些时期正是符合官方目标的。国际收支逆差，则往往成为货币当局亟待解决的问题。

● 专栏：美国的双缺口

20世纪80年代，美国经济经历了高额的经常项目赤字，其中1987年经常项目赤字高达1670亿美元（当年价格），占GDP的3.7%。90年代以后，美国的经常项目始终保持赤字，尽管90年代中期以前赤字有所下降，然而，1997年以后，经常项目赤字又逐年急剧上升。按2000年不变价统计，1997年，经常项目赤字达1046亿美元，1998年更是高达2038亿美元，而且此后赤字每年以数百亿美元的规模增加，到2004年，赤字已高达惊人的5864亿美元（按当年价格则已高达6177亿美元），占当年GDP的5.3%。理论上，可以把经常项目赤字称为经常项目缺口。美国20世纪80年代以来，存在着经常项目的高缺口。

美国的经常项目长期存在的高额缺口当然与美国的产业结构调整和对外直接投资扩大有关，也与美国经济比美国之外的一些经济体增长得更强劲有关，但与美国长期存在的国民储蓄与投资之间的高额缺口更是密切相关。按照国民收入等式，甚至可以说，储蓄与投资之间的高额缺口是经常项目高额缺口的原因。美国的国民储蓄与投资之间的缺口是由政府财政赤字和私人储蓄小于私人投资造成的。整个80年代，美国联邦财政始终处于赤字状况，历年财政赤字保持在千亿美元以上，其中1986年最高，达2211亿美元，约占当年GDP的4.8%。90年代以后，除了1998～2001年，美国仍然始终存在高额财政赤字。2004年，财政赤字更高达3743亿美元，约占当年GDP 5.5%；虽然2007年财政赤字降为1615亿美元，但2008年财政赤字再创新高，达4550亿美元，占GDP的3.2%。20世纪80年代，美国的私人储蓄从占可支配收入的8%～9%下降到4%左右，此后还继续下降，2005年降至1.6%，2007年更是降至1.4%。私人储蓄与投资之间存在着高额缺口，国内私人储蓄不足以支持国内投资。但由于财政赤字，这意味政府储蓄亦为负，因此整个国民储蓄（包括私人储蓄和政府储蓄）就不足以支持国民投资。因此，美国必须要大量进口国外商品和劳务来弥补储蓄与投资之间的缺口。换句话说，美国必须大量利用国外资本来弥补本国的储蓄缺口。

第五节 国际收支不平衡的调节

一、国际收支自动调节机制

所谓国际收支自动调节机制，是指由国际收支失衡所引起的国内经济变量的变动对国际收支的反作用机制。这种机制能使国际收支失衡得到自动恢复，至少使失衡在一定程度上得到缓和。

（一）国际金本位制下的国际收支自动调节机制

金本位制下的国际收支自动调节机制是18世纪英国大卫·休谟（Daovid Hume）所提出的物价-铸币流动机制。在金本位制度下，一国国际收支出现赤字，就意味本国黄金净输出，而国内黄金存量下降，就会减少货币供给，进而引起国内物价水平下跌；物价下跌后，本国商品在国外市场上的竞争能力就会提高，外国商品在本国市场的竞争能力就会下降，结果出口增加，进口减少，国际收支赤字减少直至消除。反之，国际收支盈余造成黄金内流，国内货币供给量扩大，本国物价水平上涨，从而使出口下降，进口上升，最终使盈余趋于消失（图1-1）。

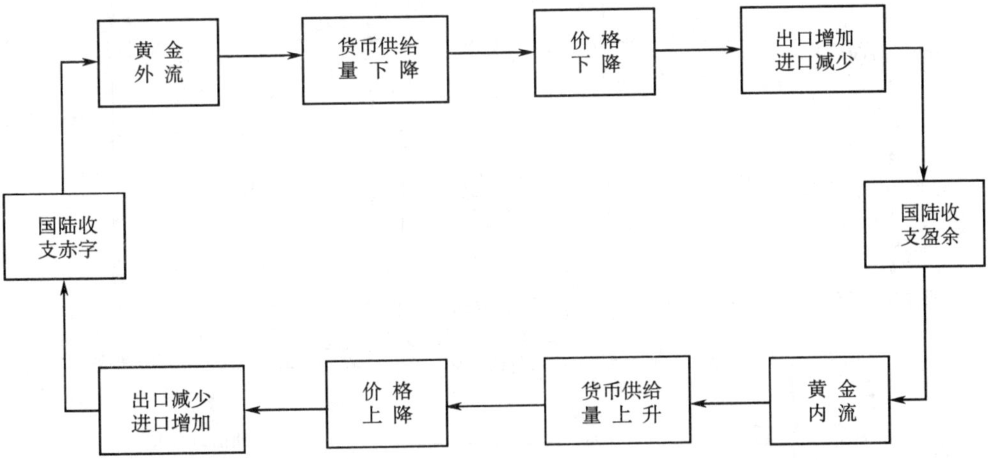

图1-1 金本位制下的国际收支自动调节机制

（二）纸币本位的固定汇率制度下的国际收支自动调节机制

这里的固定汇率制度是指纸币本位制下一国货币当局通过外汇储备变动干预外汇市场来维持汇率不变。在这种固定汇率制度下，一国国际收支失衡后，外汇储备、货币供应量会发生变化，进而启动了利率、国民收入和物价三大自动调节机制，使国际收支趋于平衡。

1. 利率机制

一国国际收支发生逆差时，外汇储备减少，本国货币存量减少，利率上升，引起本国资本外流的减少和外国资本流入的增加，结果资本账户收支改善，进而国际收支得到改善；反之，国际收支发生顺差时，外汇储备增加，本国货币存量上升，利率下降，资本净流出增加，使顺差减少乃至消除。

2．收入机制

当国际收支出现赤字时，国内货币供应量减少，利率上升，国内支出减少；在货币供应量减少时，公众为了恢复现金余额水平，也会直接减少国内消费和投资。这样，国民收入将下降。随着国民收入下降，进口需求也下降，逆差得以逐渐消除。反之，若国际收支出现盈余，则收入机制的自动调节过程将使顺差得以逐渐减少。

3．价格机制

国际收支发生赤字时，货币供给的下降通过乘数扩大的现金余额效应或收入效应，会引起本国价格水平的下降。在汇率固定的情况下，将逐渐增加出口，减少进口，趋向自动恢复国际收支平衡。这就是价格机制。

图 1-2 显示了固定汇率制度下的国际收支三种自动调节机制。

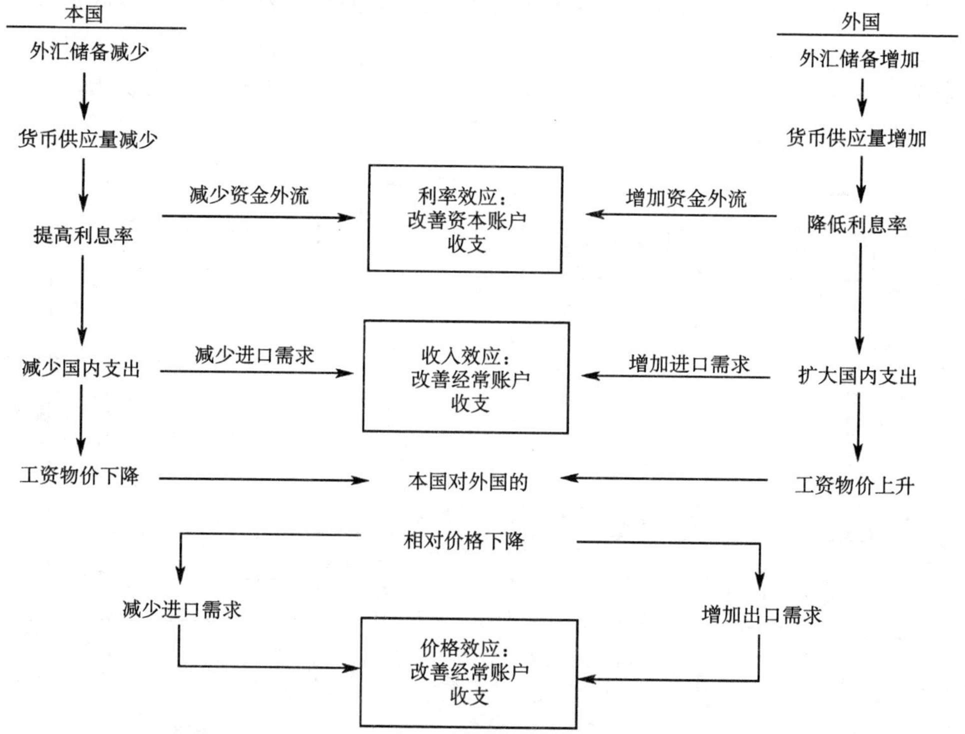

图 1-2　固定汇率制度下的国际收支自动调节机制

（三）纸币本位的浮动汇率制度下的国际收支自动调节机制

在浮动汇率制度下，一国货币当局不对外汇市场进行干预，即不通过储备增减来影响外汇供给或需求，听任外汇市场的供求来决定汇率的升降。在这种制度下，如果一国发生国际收支逆差，外汇需求就会大于外汇供给，外汇汇率就会上升。外汇汇率上升即本币贬值会造成本国商品相对价格的下降，外国商品相对价格的上升，结果出口增加，进口减少，国际收支赤字会减少甚至消除。反之，如果一国发生国际收支顺差，外汇需求就会小于外汇供给，外汇汇率就会下跌，本币升值，这造成本国商品相对价格上升，结果出口下降，进口上升，国际收支顺差自动得到减轻或消除。

可见，在纸币本位的浮动汇率制度下，国际收支主要的自动调节机制是汇率机制。事实上，即使在浮动汇率制度下，各国政府仍大都对汇率存在不同程度的干预，因此，上述利率、收入和价格三大自动调节机制在浮动汇率制度下也不同程度地发挥作用。

二、国际收支不平衡的政策调节

尽管一国经济中存在着国际收支的自动调节机制，但其调节周期较长，而且受具体经济条件或经济环境限制，包括受过去政府的某些宏观经济政策干扰，自动调节机制的作用程度和效果往往不够。因此，当一国出现国际收支失衡时，政府必须主动采取适当的政策措施来调节。

（一）国际收支调节政策的分类

国际收支的调节政策可以概括地分为外汇缓冲政策、支出增减型政策、支出转换型政策和供给面调节政策四大类。

1. 外汇缓冲政策

外汇缓冲政策（foreign exchange buffering policy）指货币当局运用官方储备的变动或临时向外筹措资金来抵消超额外汇需求或供给，以对付国际收支的失衡。外汇缓冲政策又可称融资政策。运用官方储备的一般做法是建立外汇平准基金。该基金保持一定数量的外汇储备和本币，当国际收支失衡造成外汇市场的超额外汇供给或需求时，货币当局动用该基金在外汇市场公平操作，买进或卖出外汇，消除超额的外汇供给或需求。

通过外汇缓冲政策来融通一次性或季节性国际收支赤字，是一种简便迅捷而又有益的做法。它能使本币汇率免受暂时性失衡所造成的无谓波动，有利于本国经济的内部均衡和外部平衡。特别是第二次世界大战后建立的负有帮助成员国解决短期国际支付困难义务的机构——国际货币基金组织，为各国政府实施外汇缓冲政策提供了便利。但对于巨额、长期的国际收支逆差，则不能依赖这种资金融通政策，否则将招致外汇储备的枯竭或外债的大量累积，最终不仅不能解决国际收支逆差问题，反而可能导致国内经济的剧烈震荡。当一国面临巨额、长期国际收支赤字时，应当主要通过支出增减型等其他政策来调节，外汇缓冲政策则可作为调节的辅助手段。

2. 支出增减型政策

支出增减型政策（expenditure-changing policy）是指改变社会总需求或国民经济中支出总水平的政策。这类政策旨在通过改变社会总支出水平来改变对外国商品、劳务和金融资产的需求，从而达到调节国际收支的目的。这类政策主要指财政政策和货币政策。紧缩性的财政政策和货币政策具有压低社会总支出的作用。当总支出下降时，对进口品的需求和支出也下降，改善经常账户收支，同时由于本国利率相对上升，引起国外资金流入的增加，本国资金流出的减少，改善资本账户收支，最终纠正国际收支逆差。反之，扩张性的财政货币政策具有增加社会总需求和总支出的作用。当社会总需求和总支出增加时，导致经常账户收支和资本账户收支的改变，使顺差减少乃至恢复国际收支平衡。

然而，这类政策的局限性在于，国际收支的改善很可能以牺牲国内经济为代价，与国内经济目标发生冲突。例如，紧缩性政策在减少进口支出的同时也抑制了本国居民对国内产品的需求，由此会导致生产能力过剩、经济增长速度放慢和失业增加。如果国内经济已处于经济衰退、失业严重的局面，则紧缩的财政货币政策将使国内经济雪上加霜。

3. 支出转换型政策

支出转换型政策（expenditure-switching policy）是指不改变社会总支出数量而改变支出方向的政策。所谓改变支出方向，是指将国内支出从外国商品和劳务转移到国内商品和劳务上来。这类政策主要包括汇率政策、补贴和关税政策及直接管制。在实际运用中，这类政策主要针对国际收支赤字。汇率的下浮、提高对进口商品和劳务的关税，以及减少进口品补贴或增加对国内生产进口替代品的补贴，都会使进口商品和劳务的价格相对上升，从而促使国内居民将一部分支出转移到购买进口替代品或国内劳务上来。至于直接管制，则是通过改变进口品和进口替代品的相对可获得性来达到支出转换的目的。直接管制越强，则越有利于国际收支逆差的减少（或顺差的增加）。直接管制包括外汇管制、进口许可证等形式。

在支出转换型政策中，国际经济组织和经济学界多半不赞成直接管制，因为这往往是仅将显性赤字变为隐性赤字，且会引起贸易伙伴国报复。但各国在发生国际收支较严重失衡时都不同程度地采用过直接管制，许多发展中国家在发展的一定阶段中还持续性地采用直接管制。汇率政策与补贴和关税政策也存在对方国以同样手段报复的问题，引发“汇率战”、“关税战”等，因而同样存在着弊端。不过，支出转换型政策中最主要的政策手段还是货币贬值。

4. 供给面调节政策

供给面调节政策（supply-adjusting policy）是指通过增加和改善总供给，以长期改善国际收支的政策。这方面政策主要包括产业政策和科技政策。产业政策和科技政策旨在改善一国的经济结构、产业结构和出口结构，增加出口商品和劳务的生产，提高劳动者包括出口部门劳动者的素质，提高产品质量，降低产品成本，提高本国企业的国际竞争力，以此增加社会产品包括出口产品和进口替代品的供给，改善国际收支。不过，供给面调节政策所需时间长，见效慢，这是一项要长期坚持的政策，而不是权宜之计。

（二）国际收支调节的政策搭配

采取何种政策来调节国际收支，首先取决于国际收支失衡的原因和性质，其次取决于一国国际收支失衡时特定的国内经济结构和经济环境，最后还需着眼于处理内部平衡与外部平衡之间的关系，尽可能实现国际收支均衡。

在现实经济生活中，国际收支失衡的原因往往是复杂多样的，这种失衡又伴随着国民经济总供需复杂的总量关系和结构关系。因此，一般而言，一国对国际收支失衡的调节往往采用两种或两种以上的政策搭配，以期减少调节成本或代价，达到令人较为满意的调节效果。例如，对货币性失衡的调节，可采用如下几种政策（表 1-3）。

表 1-3 政策搭配

方法一	方法二	方法三
• 减少预算赤字和收缩货币供应量	• 减少预算赤字和收缩货币供应量 • 外汇缓冲	• 减少预算赤字和收缩货币供应量 • 货币贬值

方法一是支出增减型政策。它要求较大幅度地削减财政赤字，减少货币供应量。其结果是，在纠正国际收支失衡的同时，有可能引发失业增加、经济活力降低、社会动荡。

方法二是支出增减型与外汇缓冲型政策的配合。与方法一相比，它要求较小程度地削减财政赤字和收缩银根，对社会经济活力负面影响小，但在纠正国际收支逆差的同时，易导致官方储备大量流失或政府债务过大。

方法三是支出增减型与支出转换型政策的配合。与方法一相比，它要求较小程度地削减财政赤字和收缩货币供应量，但同时要求货币贬值也存在。其结果是，在纠正国际收支逆差的同时，虽不致造成严重的失业和社会动荡，却可能引起外汇市场混乱、市场预期对本币缺乏信心和未来的通货膨胀。

对任何性质的国际收支失衡，采用不同的调节政策配合会导致不同的调节成本或代价，因而其调节效果是不一样的。成功的国际收支调节政策的配合，其基本的要求应当是实现内部均衡（充分就业和物价稳定，准确地说，是高就业和低通胀）和外部平衡（国际收支平衡）的统一，即实现国际收支均衡。

通过政策搭配来解决国际收支均衡问题，即解决内部均衡和外部平衡的矛盾这一思想，始于英国经济学家詹姆斯·米德（J. Meade）。米德在 1951 年的名著《国际收支》中首次揭示出，在固定汇率制下，一国内外部均衡可能会发生冲突。例如，当一国同时面临失业增加和经常账户逆差时，或者同时面临通货膨胀和经常账户盈余时，政府调节总需求的政策如若试图解决内部均衡问题，则会引起外部经济状况距均衡目标更远。这种冲突被后人称为“米德冲突”。他还提出，要同时达到内外部均衡两个目标，必须实行两种独立的政策，以互相配合。荷兰经济学家简·丁伯根（J. Tinbergen）较严密地论证了这种政策搭配的观点，提出了所谓的“政策工具-目标规则”：如果采用一些有效的政策工具来实现一些独立的政策目标，那么，一般来说，工具的数目至少要同目标的数目一样多。

根据这种政策搭配的基本思想，西方经济学家在以后的研究中提出了各种不同的政策搭配方法。其中最有影响的两种搭配方法当属澳大利亚经济学家索尔特（W. E. G. Salter）与美国经济学家斯旺（T. Swan）各自独立提出的支出转换政策和支出增减政策的搭配，以及美国经济学家罗伯特·蒙代尔（R. Mundell）提出的财政政策和货币政策的搭配。下面分别简单介绍。

1. 支出转换政策与支出增减政策的搭配

这里基本上按照斯旺的图解，见图 1-3。

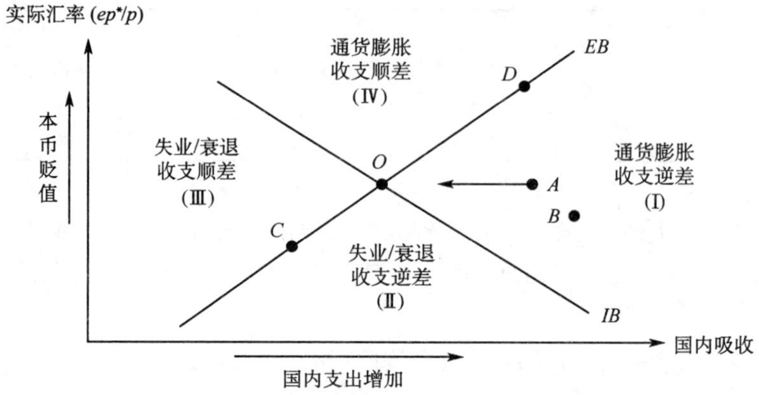

图 1-3　支出转换政策与支出增减政策的搭配

图 1-3 中，横轴表示国内支出水平或吸收水平；纵轴表示一国产品的国际竞争力，在其他条件不变的情况下它与实际汇率 $E=ep^*/p$ 相一致。假定没有国际资本流动，则国际收支差额等于贸易差额。

IB 线代表内部均衡。该曲线向右下方倾斜，是因为本币汇率升值将减少出口，增加进口，故要维持内部均衡就必须增加国内支出或国内吸收。在 *IB* 线右边，有通货膨胀压力，因为在一定的汇率下，现实国内支出大于维持内部均衡所需要的国内支出；在 *IB* 线的左边，则有通货紧缩压力或失业压力，因为国内支出比维持内部均衡所需的国内支出要少。

EB 线代表外部平衡。该线向右上方倾斜，是因为本币汇率贬值会增加出口，减少进口，所以要防止经常项目收支出现顺差过大，就需要扩大国内支出，以便减少出口，增加进口。*EB* 线的右边，国内支出大于维持经常项目平衡所需要的国内支出，结果进口增加，出口减少，导致经常项目逆差。同样可以分析，在 *EB* 线的左边，会出现经常项目收支顺差。

从以上分析可见，斯旺图式可分成以下四个区。

Ⅰ区：存在国际收支逆差和通货膨胀压力。

Ⅱ区：存在国际收支逆差和失业压力。

Ⅲ区：存在国际收支顺差和失业压力。

Ⅳ区：存在国际收支顺差和通货膨胀压力。

只有在 *IB* 线和 *EB* 线的交叉点 *O* 上，经济才同时实现内部均衡和外部平衡。若经济处于 *A* 点时，削减国内支出，压缩总需求，通货膨胀和国际收支逆差的压力同时下降，经济由 *A* 点走向 *O* 点，实现了国际收支均衡。但这种利用一种调节政策便可一举两得的点在四个区域中微乎其微。可以认为，在四个区域中的任何一点上采用一种调节政策都会遇到难以解决的矛盾。例如，在 *B* 点，为达到经常项目收支平衡，可采用支出增减型政策，大幅度削减支出，使经济从 *B* 点移向 *C* 点，这时外部平衡实现，却使经济进入失业/衰退区；也可采用支出转换型政策，将本币贬值，结果经济走向 *D* 点，这时外部平衡实现，经济却仍处于通货膨胀区，甚至加剧了通胀压力。

只有进行政策搭配，用贬值或升值的政策解决外部平衡问题，用支出扩张或紧缩的政策解决内部均衡的问题，才能同时实现内部均衡与外部平衡两个目标。表 1-4 显示了在四个区域中两类政策的不同搭配。

表 1-4 支出增减型政策与支出转换型政策的搭配

区间	开放宏观经济情况	实现内部均衡的政策	实现外部平衡的政策
Ⅰ	通货膨胀 收支逆差	紧缩（减少国内支出）	贬值
Ⅱ	经济衰退 收支逆差	扩张（扩大国内支出）	贬值
Ⅲ	经济衰退 收支顺差	扩张（扩大国内支出）	升值
Ⅳ	通货膨胀 收支顺差	紧缩（减少国内支出）	升值

2. 财政政策与货币政策的搭配

索尔特与斯旺提出的政策搭配模式的前提是假定不存在国际资本流动，这显然不符合 20 世纪 50～60 年代以后国际经济的发展趋势。60 年代初，罗伯特·蒙代尔和詹姆斯·弗莱明（J. Fleming）充分考虑到国际资本流动，发展了内部均衡与外部均衡的理论。70 年代初，他们（和其他一些经济学家）又将国际资本流动纳入 *IS-LM* 宏观经济分析框架中，仔细考察了财政政策与货币政策在调节内外部均衡方面的有效性。

我们来看蒙代尔是如何考虑财政政策与货币政策的搭配的，见图 1-4。

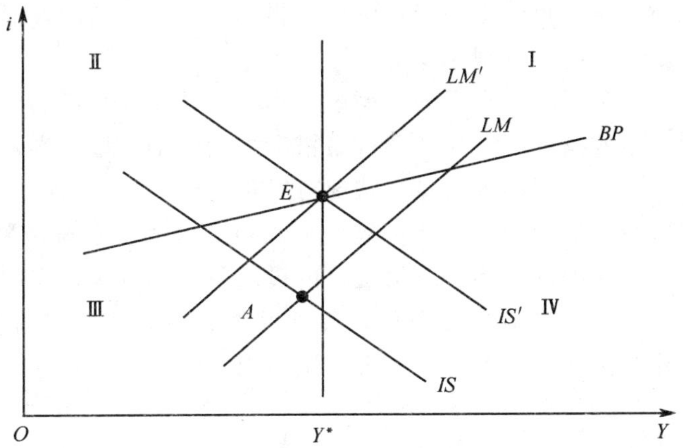

图 1-4 财政政策与货币政策的搭配

图 1-4 中，Y^* 为充分就业产量，*BP* 为外部均衡曲线。图中四个区域有不同的经济状况。

Ⅰ区：国际收支盈余和通货膨胀。

Ⅱ区：国际收支盈余和失业。

Ⅲ区：国际收支赤字与失业。

Ⅳ区：国际收支赤字与通胀。

从图1-4中可见，在Ⅱ区和Ⅳ区，似乎只要分别实行松的支出增减型政策和紧的支出增减型政策，便可达到E点，同时解决内部均衡与外部均衡。但在Ⅰ区和Ⅲ区，却是令支出增减型政策左右为难，无法同时兼顾。这时可以将财政政策与货币政策的松紧予以搭配。例如，在Ⅲ区的A点，可以实行松的财政政策，使IS曲线右移至IS'，同时实行紧的货币政策，使LM曲线左移至LM'，从而使IS曲线和LM曲线相交于E点，实现国际收支均衡。事实上，四个区域内各点都可实行财政政策与货币政策的适当搭配，见表1-5。

表1-5 实现内外部均衡的政策组合

区间	内部经济状况	国际收支状况	政策组合
Ⅰ	通货膨胀	盈余	紧财政松货币
Ⅱ	失业/衰退	盈余	松财政松货币
Ⅲ	失业/衰退	赤字	松财政紧货币
Ⅳ	通货膨胀	赤字	紧财政紧货币

在财政政策与货币政策的搭配方面，蒙代尔还提出了一个著名的分配法则——有效市场分类原则：应当给每一种政策工具指定一个它相对最有影响的目标。按照这一原则，他指出，应把内部均衡的目标分配给财政政策，把外部均衡的目标分配给货币政策。蒙代尔认为，与财政政策相比，货币政策在控制国际收支上具有比较大的优势。这是因为，货币政策对经常项目的影响与对资本项目的影响是同向的，而财政政策对经常项目的影响与对资本项目的影响则是反向的。

以上所讲的索尔特和斯旺的支出增减型政策和支出转换型政策的搭配，以及蒙代尔的财政政策与货币政策的搭配，仅为各种政策搭配中的两个典型，实际中的政策搭配远比这复杂和困难。首先，一国国内的经济状况可能很复杂，如“滞胀”状况就不属于上面两个图示中任何区域，搭配的任务就更复杂而艰巨；其次，各国有特定的经济体制、政治体制和法律背景，这限制了某些政策工具的搭配空间；再次，有些政策工具的使用要慎之又慎，免遭别国报复，如过度贬值，往往既损害本国利益又扰乱了国际经济秩序；最后，一国如作为某些国际组织，如世界贸易组织的成员，其各种政策举措不得违反该组织的规定。

在调节国际收支不平衡时，还有一个很重要的政策措施不容忽视，这就是加强国际间经济金融合作。各国经济本来就存在着必然的内在联系，当代国际经济、金融一体化的趋势更是越来越强。商品、劳务、生产要素在国际市场上充分流动，按效率原则优化配置的本性使各国政府清醒地认识到，在国际经济、金融领域加强合作，互通有无，互相协调，符合本国的利益，特别是长远利益。为此，一些全球性、区域性的经贸合作协定纷纷缔结，一些区域性的共同市场、自由贸易区先后涌现。在这种局面下，出现国际收支逆差的国家与出现国际收支长期或巨额顺差的国家间携起手来，协调一致地对付国际收支失衡问题，就往往更是既有可能，又有必要，尽管这些国家间仍然存在着不同程度的利益摩擦与冲突。

第六节 传统的国际收支理论

国际收支理论是国际金融学的基本理论，它研究国际收支的决定因素、国际收支失衡的原因和消除失衡的调节方法等重大问题。研究国际收支理论的目的，是为了及时和有效地调节好国际收支的失衡，就此而言，国际收支理论又称国际收支调节理论。国际收支理论最早可追溯到18世纪中叶大卫·休谟提出的物价-铸币流动机制学说，随着世界经济的发展变化和经济思潮的更替，国际收支理论也不断发展和趋于完善，先后出现了国际收支的弹性论、乘数论、吸收论、货币论、结构论等各种理论。其中，弹性论、乘数论和吸收论是20世纪60年代之前国际资本流动强度比较微弱历史条件下的产物。这些理论为各国政府调节国际收支的政策选择提供了重要的参考依据。

一、弹性论

弹性论（elasticity approach）又称弹性分析法，这一理论最初由马歇尔和勒纳提出，后又主要由琼·罗宾逊于1937年发展起来。它着重考虑一国当局所实行的货币贬值对于改善国际收支取得成功的条件。其基本思路是：如果满足一定的条件，则货币贬值将通过国内外产品之间、本国生产的贸易品（出口品和进口替代品）与非贸易品之间的相对价格变动，来影响本国的进出口供给和需求，从而达到调整国际收支的目的。

（一）马歇尔-勒纳条件

马歇尔-勒纳条件（Marshall-Lerner condition）是弹性论的核心内容。下面推导马歇尔-勒纳条件。假设：

（1）不考虑资本流动，国际收支等于贸易收支；

（2）出口品供给弹性、与出口品相竞争的外国商品供给弹性、进口品供给弹性、与进口品相竞争的国内商品供给弹性均为无穷大；

（3）收入、其他商品价格、偏好等其他条件不变；

（4）初始状况贸易平衡，汇率变化很小。

则有等式

$$B=PX-M \tag{1.8}$$

式中，B——以外币表示的国际收支；

X——以本币表示的出口；

P——汇率，即单位本币的外币价格；

M——以外币表示的进口。

式（1.8）两边对 P 求导，得

$$\frac{dB}{dP}=X+P\cdot\frac{\partial X}{\partial P}-\frac{\partial M}{\partial P}$$
$$=X\left(1+\frac{P}{X}\cdot\frac{\partial X}{\partial P}-\frac{P}{M}\cdot\frac{\partial M}{\partial P}\cdot\frac{M}{PX}\right) \tag{1.9}$$

由导数的含义知，如果$\frac{dB}{dP}<0$，货币贬值将改善国际收支。

假定出口的国内价格不变，则$-\frac{P}{X}\cdot\frac{\partial X}{\partial P}$为出口需求的价格弹性$E_x$，如果出口需求对汇率下降的反应为正，则$E_x>0$。$\frac{P}{M}\cdot\frac{\partial M}{\partial P}$为进口需求的价格弹性$E_m$，如果进口需求随汇率下降而下降，则$E_m>0$。又根据贸易平衡的初始条件假设，有$M=PX$。则有

$$\frac{dB}{dP}=X(1-E_x-E_m) \tag{1.10}$$

显然，若满足$E_x+E_m>1$，则$\frac{dB}{dP}<0$。$E_x+E_m>1$即为马歇尔-勒纳条件，这一条件就是本国货币贬值能够带来国际收支改善的必要条件。

以上是以外币表示进出口收支推出的马歇尔-勒纳条件，如果以本币来表示进出口收支，同样可推出马歇尔-勒纳条件。

（二）J 曲线效应

实际生活中，即使在马歇尔-勒纳条件成立的情况下，贬值也不能马上改善贸易收支，相反，在贬值开始后的一段时间，贸易收支反而可能恶化。其主要原因有：①已签合同的影响。在贬值之前已签订的贸易合同仍然要按原定的价格和数量执行。贬值后，凡以外币定价的进口，折成本币后的支付将增加；凡以本币定价的出口，折成外币的收入将减少。这意味着，贬值前已签订但在贬值后执行的贸易合同下，出口数量不能增加以冲抵出口外币价格的下降，进口数量不能减少以冲抵进口价格的上升。于是，一段时期内，贸易收支趋向恶化。②多方面对出口增长的制约。即使在贬值后签订的贸易合同，出口增长仍然要受认识、决策、资源、生产周期等的影响。③进口商的进一步贬值预期。进口商有可能会认为现在的贬值是以后进一步贬值的前奏，故而加速订货。

由于上述种种原因，贬值之后一段时期可能贸易收支反而恶化，待出口供给和进口需求等方面作了相应的调整后，贸易收支才逐渐开始改善。这一调整期被认为需要半年到一年时间。整个过程用曲线描绘出来后，像字母 J，故在马歇尔-勒纳条件成立的情况下，贬值对贸易收支改善的时滞效应称为 J 曲线效应，见图 1-5。

弹性论提示了汇率变动通过改变国内外产品之间和本国贸易品与非贸易品部门之间的相对价格来影响进出口供给与需求，在一定程度上反映了世界市场的现实情况，但也存在许多缺陷：①弹性论建立在局部均衡分析的基础之上，局部均衡分析的局限性决定了弹性分析的局限性；②该理论假定收入不变，只考虑汇率变动通过相对价格变动所引起的替代效应，而忽视了收入效应；③弹性论未考虑资本流动，这与今天庞大的国际资本流量现实极不相符；④假定成本条件为既定，这也不符合事实。

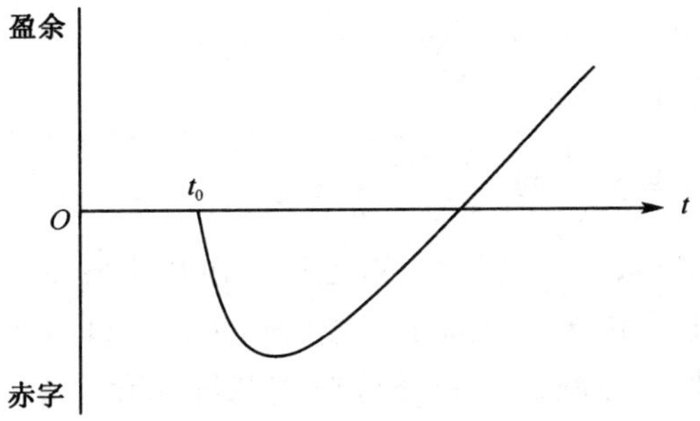

图 1-5　J 曲线效应

二、乘数论

乘数论（multiplier approach）又称收入论或收入分析法（income approach），是1938～1941 年“凯恩斯革命”之后，由以哈罗德（R. F. Harrod）、劳埃德·梅茨勒（L. Metzler）、弗里茨·马克鲁普（Fritz Machlup）等为代表的经济学家运用凯恩斯的乘数理论对开放经济的国民收入变动及其影响进行分析而创立的国际收支调节理论。其基本思路是：进口支出是国民收入的函数，任何自主性支出的变动通过乘数效应引起国民收入变动，从而影响国际收支状况。

乘数论假定未充分就业，汇率不变，价格与利率不变，出口外生，忽略国际资本流动，以贸易收支代表国际收支，对象国为小国。暂不考虑政府经济活动，则开放经济的宏观经济模型为

$$\begin{aligned} &Y = C + I + X - M \\ &C = C_0 + cY \quad (0 < c < 1) \\ &M = M_0 + mY \quad (0 < m < 1) \end{aligned} \tag{1.11}$$

式中，c 与 m 分别代表边际消费倾向与边际进口倾向。

均衡国民收入为

$$Y = \frac{1}{1 - c + m}(C_0 + I + X - M_0) \tag{1.12}$$

由边际储蓄倾向 $s = 1 - c$，式（1.12）变为

$$Y = \frac{1}{s + m}(C_0 + I + X - M_0) \tag{1.13}$$

考虑出口的自主变动对国民收入的影响，则有

$$\Delta Y = \frac{1}{s + m}\Delta X \tag{1.14}$$

式（1.14）表明了出口增加额与国民收入增加额之间的数量关系。式中$1/(s+m)$称为对外贸易乘数。一般而言，对外贸易乘数虽小于封闭经济条件下的乘数，但仍然大于 1。这意味着，出口增加将导致国民收入倍数增加。边际储蓄倾向和边际进口倾向越小，对外贸易乘数越大。

国际收支差额为

$$B = X - (M_0 + mY) \tag{1.15}$$

将式（1.13）代入式（1.15），得

$$B = X - M_0 - \frac{m}{s+m}(C_0 + I + X - M_0) \tag{1.16}$$

从式（1.16）可以看出，当一国的出口增加，在其他条件不变之下，可直接改善该国的国际收支状况；同时，由于对外贸易乘数的作用，出口的增加导致国民收入水平提高，而这又导致进口增加从而间接导致国际收支状况恶化。令 ΔX 与 ΔM 分别表示出口增加和进口增加，则有

$$\Delta B = \Delta X - \Delta M \tag{1.17}$$

将 $\Delta M = \frac{m}{s+m}\Delta X$ 代入，得

$$\Delta B = \frac{s}{s+m}\Delta X \tag{1.18}$$

因为 $0 < \frac{s}{s+m} < 1$，可知当一国出口增加时，国际收支状况将得到改善，但改善的程度要比出口增加的程度小。

国内自主支出变动结果又如何呢？设国内自主投资增加 ΔI，则有

$$\Delta B = -\frac{m}{s+m}\Delta I \tag{1.19}$$

分析式（1.19）可知，一国国内自主投资增加时，该国国际收支将趋恶化，但恶化的程度要小于国内自主投资的增加额。自主消费的增加可得到同样结果。

上述分析表明，一国出口或国内支出的任何自主变动，对于该国国民收入的影响相同，但对于该国国际收支状况的影响则不同。至于影响效果的程度，则分别取决于边际储蓄倾向与边际进口倾向的大小，见表 1-6。

表 1-6　出口与国内自主支出变动的影响

项目	国民收入	国际收支状况
出口增加	增加 $\left(\frac{1}{s+m}\right)$	改善 $\left(\frac{s}{s+m}\right)$
国内支出增加	增加 $\left(\frac{1}{s+m}\right)$	恶化 $\left(-\frac{m}{s+m}\right)$

从上述分析也可知，若要通过国内支出的变动来改善国际收支，则必须减少国内支出。国内支出减少，引起国民收入倍数下降，进口下降，国际收支得到改善。

进一步地，若考虑政府经济活动，则有

$$Y = \frac{1}{s+m}(C_0 + I + G + X - M_0) \tag{1.20}$$

式中，G 为政府自主支出。可知，若一国发生国际收支赤字，政府可实行紧缩性财政

政策减少 G 来改善；反之，若出现国际收支盈余，政府可通过扩张性财政政策增加 G 来消除。

弹性论只考虑到了货币贬值的直接效果，乘数论则进一步分析了货币贬值的间接效果，即通过国民收入的变化，导致进口的增减，从而进一步影响国际收支状况。鉴于此，一些西方学者如哈伯格（A. C. Harberger）等将由弹性论所说明的需求替代效应即价格效应与乘数论的收入效应结合起来，修正了贬值能改善国际收支的条件，这一条件不再是马歇尔-勒纳条件，而是更富有现实意义的哈伯格条件（Harberger condition）。

乘数论基于凯恩斯宏观经济理论，阐述了对外贸易与国民收入之间的关系，比弹性论进了一步，但仍存在不足，其缺陷在于：①建立在凯恩斯乘数原理基础上，未能考虑货币因素和价格因素的作用；②如果国内基本处于充分就业，则出口增加将引起价格变动，造成需求拉动型的通货膨胀，结果就将大为不同；③模型未能考虑国际资本流动，这与弹性论一样，与当今国际经济领域现实相去甚远。

三、吸收论

吸收论（absorption approach）又称吸收分析法，有时也称支出分析法，是 20 世纪 50 年代初由经济学家詹姆斯·米德（J. Meade）和西德尼·亚历山大（S. Alexander）在关于弹性论的激烈争论中系统地提出的。当时许多经济学家继续使用弹性分析法进行研究，围绕“弹性悲观论”和“弹性乐观论”而争执不休。亚历山大等认为经济中的总弹性既非固定，更难测定，只能用于事后分析，因此弹性分析法应予以舍弃。吸收论以凯恩斯宏观经济理论为基础，从一国国民收入与支出的关系出发，研究国际收支的决定和调节理论。其基本思路是：国际收支差额由国民收入与国内吸收间的差额决定，要想改善国际收支，必须相对地增加收入和减少吸收。

假定国际收支等于贸易收支，宏观经济收入恒等式为

$$Y = C + I + G + (X - M) \tag{1.21}$$

整理得

$$(X - M) = Y - (C + I + G) \tag{1.22}$$

令 B 为国际收支差额，则有

$$B = (X - M) \tag{1.23}$$

令 A 为吸收，即国内支出为

$$A = C + I + G \tag{1.24}$$

将式（1.23）和式（1.24）代入式（1.22），则有

$$B = Y - A \tag{1.25}$$

式（1.25）为会计恒等式，但亚历山大赋予该式以逻辑上的因果关系，认为左端 B 为果，右端 $Y-A$ 为因。由此得出结论：当国民收入大于总吸收时，国际收支为顺差；当国民收入小于总吸收时，国际收支为逆差；当国民收入等于总吸收时，国际收支平衡。

如果国际收支发生逆差，如何采取政策手段调节？亚历山大将吸收分为两部分，一部分为诱发性吸收 aY，另一部分为自主性吸收 D，则式（1.25）变为

$$B = Y - aY - D \tag{1.26}$$

取增量形式，可得

$$\Delta B = (1-a)\Delta Y - \Delta D \tag{1.27}$$

式中，a 为边际吸收倾向。

从式（1.27）看，贬值能否改善国际收支，取决于贬值能否相对降低吸收，提高国民收入，即①贬值如何影响收入？这反映在 ΔY；②收入变化如何影响吸收？这反映在边际吸收倾向 a；③贬值如何直接影响吸收？这反映在 ΔD。

我们先看贬值如何影响收入。这里存在以下三种效应。

1. 闲置资源效应

如果贬值国存在尚未得到充分利用的资源，则贬值会通过出口增加、进口减少把增加的需求引入生产过程，带来收入的增加。如果资源已被充分利用，则贬值达不到增加收入的效果。

2. 贸易条件效应

一国货币贬值通常易造成贸易条件恶化，从而使实际收入下降。

3. 资源配置效应

资源配置效应是弗里茨·马柯洛普后来补充的。他认为，虽然贬值会恶化贸易条件，但在贬值过程中，资源从国内生产率相对较低的部门向生产率相对较高的出口部门转移，生产率的提高可以抵消贸易条件的恶化，这样贬值的净结果是提高实际收入，从长期看更是这样。当闲置资源效应很小时，贬值的资源配置效应尤为重要。总就业可以不变，但通过资源更有效的利用，产量仍可增加。

我们再来看贬值通过收入产生的影响。如果贬值通过闲置资源效应和资源配置效应增加了收入，则 ΔY 为正，其对国际收支产生的影响为$(1-a)\Delta Y$。显然，只要吸收倾向 a 小于 1，则收入增加可以使国际收支改善。但从另外一方面看，贬值通过贸易条件效应使收入下降。设此收入下降额为 t，它也就等于贸易条件恶化最初产生的贸易逆差。接着，吸收又会随着实际收入下降而减少 at 的数量，这样贸易逆差又减少 at。最后，贬值通过贸易条件恶化对贸易差额的影响为$(1-a)t$。显然，只有 $a>1$，贸易条件效应才会使国际收支改善。这与另外两个效应对 a 值的要求恰好相反。闲置资源效应和资源配置效应与贸易条件效应有相互抵冲的作用，因而贬值对$(1-a)\Delta Y$ 的实际效果是不确定的。

上述分析表明，贬值通过收入的直接效应影响国际收支的综合结果并不确定，不能保证 ΔB 为正。特别是在该国已处于充分就业状态，实际收入难以随贬值而增加时，贬值只能通过压缩吸收来改善国际收支，但作用微弱。因此，政府应当在贬值的同时配合以紧缩需求的政策手段来降低吸收，才能达到改善国际收支的目的。由此可见，吸收论有很强烈的政策搭配倾向。

吸收论真正把国际收支当作宏观变量，将一国国际收支的决定与变动和整个宏观经济状况结合起来分析，跳出了弹性论局部均衡分析的狭隘视野，比起弹性论和乘数论是一个进步，有助于人们对国际收支失衡和均衡性质的深入认识，但也不可避免地存在一些缺陷：①吸收论建立在国民收入核算会计恒等式基础上，但并没有对收入和吸收为因、贸易收支为果提供令人信服的逻辑分析。实际上，贸易收支也会反过来影响收入和吸收。②在贬值分析中，吸收论未能考虑贸易品与非贸易品相对价格变动在调整过程中的作用。③没有涉及国际资本流动，这是其最大缺陷。

➢本章小结

国际收支是一国居民在一定时期内与外国居民之间全部政治、经济、文化往来所产生的经济交易的系统货币记录。

国际收支状况统计在国际收支平衡表中。国际收支平衡表遵循复式记账原则，并有特定账户分类。国际收支平衡表包括经常账户、资本和金融账户及错误与遗漏账户三大账户。国际收支不平衡包括顺差和逆差，一国国际收支平衡表中贷方总额大于借方总额，是为国际收支顺差，反之是为逆差。从经济意义上看，只要自主性交易不平衡，就是国际收支不平衡。在实际中，不同的线上项目对应着不同内容的国际收支不平衡。

根据原因的不同，可将国际收支失衡分为六种类型。当发生严重的顺差或逆差，尤其是逆差时，将损害国民经济，为此，政府必须采取适当政策手段予以调节。这些政策手段可分为外汇缓冲政策、支出增减型政策、支出转换型政策和供给面调节政策四大类。一国还必须处理好外部均衡与内部均衡的关系，尽可能实现国际收支平衡。在经济生活中，一国国际收支不平衡的原因往往是多样的，因此在调节国际收支失衡时，应当根据不同情况适当采取各种政策的搭配。这些政策搭配包括支出增减型政策与支出转换型政策的搭配、财政政策与货币政策的搭配等。

20世纪西方传统的有代表性的国际收支理论有弹性论、乘数论和吸收论等，这些理论在不同历史阶段、不同程度上有一定的理论和实际意义，但又都有各自的内在缺陷。

➢本章重要概念

国际收支　国际收支平衡表　国际收支平衡　国际收支均衡　经常账户　资本和金融账户　自主性交易　调节性交易　错误与遗漏账户　贸易差额　经常账户差额　基本差额　综合差额　价格-铸币流动机制　外汇缓冲政策　支出增减型政策　支出转换型政策　米德冲突　政策工具-目标规则　有效市场分类原则　马歇尔-勒纳条件　J曲线效应

➢思考题

1. 什么是国际收支？何谓国际收支失衡？
2. 有哪些因素导致国际收支不平衡？
3. 国际收支不平衡对一国经济有何不良影响？
4. 简述不同汇率制度下的国际收支自动调节机制。
5. 在调节国际收支失衡时为何要实行政策搭配？如何实行政策搭配？
6. 简评国际收支调节的弹性论。
7. 简评国际收支调节的乘数论。
8. 简评国际收支调节的吸收论。

附表一　国际收支平衡表的标准格式

	贷方	借方
一、经常账户		
A. 货物和服务		
a. 货物		
1. 一般商品		
2. 用于加工的货物		
3. 货物修理		
4. 各种运输工具在港口购买的货物		
5. 非货币黄金		
5.1　作为储藏手段持有		
5.2　其他		
b. 服务		
1. 运输		
1.1　作为储藏手段持有		
1.1.1　客运		
1.1.2　货运		
1.1.3　其他		
1.2　空运		
1.2.1　客运		
1.2.2　货运		
1.2.3　其他		
1.3　其他运输		
1.3.1　客运		
1.3.2　货运		
1.3.3　其他		
2. 旅游		
2.1　因公		
2.2　因私		
3. 通信服务		
4. 建筑服务		
5. 保险服务		
6. 金融服务		
7. 计算机和信息服务		
8. 专有权利使用费和特许费		
9. 其他商业服务		
9.1　转手买卖和与贸易有关的服务		
9.2　经营性租赁服务		
9.3　其他商业、专业和技术服务		
10. 个人、文化和娱乐服务		

续表

	贷方	借方
10.1 音像及有关服务		
10.2 其他个人文化和娱乐服务		
11. 别处未提及的政府服务		
B. 收入		
a. 职工报酬		
b. 投资收入		
1. 直接投资		
1.1 股本收入		
1.1.1 红利和已分配的分支机构利润……		
1.1.2 再投资收益和未分配的分支机构利润……		
1.2 债务收入（利息）		
2. 证券投资		
2.1 股本收入（红利）		
2.2 债务收入（利息）		
2.2.1 （中）长期债券		
2.2.2 货币市场工具和派生金融工具		
3. 其他投资		
C. 经常转移		
a. 各级政府		
b. 其他部门		
1. 工人的汇款		
2. 其他转移		
二、资本和金融账户		
A. 资本账户		
a. 资本转移		
1. 各级政府		
1.1 减免债务		
1.2 其他		
2. 其他部门		
2.1 移民的转移		
2.2 减免债务		
2.3 其他		
b. 非生产、非金融资产的收买/放弃		
B. 金融账户		
a. 直接投资		
1. 国外		
1.1 股本资本		

续表

	贷方	借方
1.1.1 对附属企业的债权		
1.1.2 对附属企业的债务		
1.2 再投资收益		
1.3 其他资本		
1.3.1 对附属企业的债权		
1.3.2 对附属企业的债务		
2. 在报告经济体		
2.1 股本资本		
2.1.1 对直接投资者的债权		
2.1.2 对直接投资者的债务		
2.2 再投资收益		
2.3 其他资本		
2.3.1 对直接投资者的债权		
2.3.2 对直接投资者的债务		
b. 证券投资		
1. 资产		
1.1 股本证券		
1.1.1 货币当局		
1.1.2 各级政府		
1.1.3 银行		
1.1.4 其他部门		
1.2 债务证券		
1.2.1 （中）长期债券		
1.2.1.1 货币当局		
1.2.1.2 各级政府		
1.2.1.3 银行		
1.2.1.4 其他部门		
1.2.2 货币市场工具		
1.2.2.1 货币当局		
1.2.2.2 各级政府		
1.2.2.3 银行		
1.2.2.4 其他部门		
1.2.3 派生金融工具		
1.2.3.1 货币当局		
1.2.3.2 各级政府		
1.2.3.3 银行		
1.2.3.4 其他部门		
2. 负债		
2.1 股本证券		

续表

	贷方	借方
2.1.1 银行		
2.1.2 其他部门		
2.2 债务证券		
2.2.1 (中)长期债券		
2.2.1.1 货币当局		
2.2.1.2 各级政府		
2.2.1.3 银行		
2.2.1.4 其他部门		
2.2.2 货币市场工具		
2.2.2.1 货币当局		
2.2.2.2 各级政府		
2.2.2.3 银行		
2.2.2.4 其他部门		
2.2.3 派生金融工具		
2.2.3.1 货币当局		
2.2.3.2 各级政府		
2.2.3.3 银行		
2.2.3.4 其他部门		
c. 其他投资		
1. 资产		
1.1 贸易信贷		
1.1.1 各级政府		
1.1.1.1 长期		
1.1.1.2 短期		
1.1.2 其他部门		
1.1.2.1 长期		
1.1.2.2 短期		
1.2 贷款		
1.2.1 货币当局		
1.2.1.1 长期		
1.2.1.2 短期		
1.2.2 各级政府		
1.2.2.1 长期		
1.2.2.2 短期		
1.2.3 银行		
1.2.3.1 长期		
1.2.3.2 短期		
1.2.4 其他部门		
1.2.4.1 长期		

续表

	贷方	借方
1.2.4.2　短期		
1.3　货币和存款		
1.3.1　货币当局		
1.3.2　各级政府		
1.3.3　银行		
1.3.4　其他部门		
1.3.4.1　长期		
1.3.4.2　短期		
1.4　其他资产		
1.4.1　货币当局		
1.4.1.1　长期		
1.4.1.2　短期		
1.4.2　各级政府		
1.4.2.1　长期		
1.4.2.2　短期		
1.4.3　银行		
1.4.3.1　长期		
1.4.3.2　短期		
1.4.4　其他部门		
1.4.4.1　长期		
1.4.4.2　短期		
2. 负债		
2.1　贸易信贷		
2.1.1　各级政府		
2.1.1.1　长期		
2.1.1.2　短期		
2.1.2　其他部门		
2.1.2.1　长期		
2.1.2.2　短期		
2.2　贷款		
2.2.1　货币当局		
2.2.1.1　利用基金组织的信贷和基金组织的贷款		
2.2.1.2　长期		
2.2.1.3　短期		
2.2.2　各级政府		
2.2.2.1　长期		
2.2.2.2　短期		
2.2.3　银行		

续表

	贷方	借方
2.2.3.1 长期		
2.2.3.2 短期		
2.2.4 其他部门		
2.2.4.1 长期		
2.2.4.2 短期		
2.3 货币和存款		
2.3.1 货币当局		
2.3.2 银行		
2.4 其他负债		
2.4.1 货币当局		
2.4.1.1 长期		
2.4.1.2 短期		
2.4.2 各级政府		
2.4.2.1 长期		
2.4.2.2 短期		
2.4.3 银行		
2.4.3.1 长期		
2.4.3.2 短期		
2.4.4 其他部门		
2.4.4.1 长期		
2.4.4.2 短期		
三、错误和遗漏账户		
四、储备资产		
A. 货币黄金		
B. 特别提款权		
C. 在基金组织的储备头寸		
D. 外汇		
a. 货币和存款		
1. 货币当局		
2. 银行		
b. 有价证券		
1. 股本证券		
2. （中）长期债券		
3. 货币市场工具和派生金融工具		
E. 其他债权		

资料来源：国际货币基金组织. 1996. 国际收支手册（中文版）. 第五版. 国际货币基金组织语言局译. 北京：中国金融出版社

附表二　中国国际收支平衡表（2013年）　　（单位：亿美元）

项目	行次	差额	贷方	借方
一、经常项目	1	1 828	26 637	24 809
A. 货物和服务	2	2 354	24 250	21 896
a. 货物	3	3 599	22 190	18 591
b. 服务	4	−1 245	2 060	3 305
1. 运输	5	−567	376	943
2. 旅游	6	−769	517	1 286
3. 通信服务	7	0	17	16
4. 建筑服务	8	68	107	39
5. 保险服务	9	−181	40	221
6. 金融服务	10	−5	32	37
7. 计算机和信息服务	11	94	154	60
8. 专有权利使用费和特许费	12	−201	9	210
9. 咨询	13	169	405	236
10. 广告、宣传	14	18	49	31
11. 电影、音像	15	−6	1	8
12. 其他商业服务	16	135	341	206
13. 别处未提及的政府服务	17	0	12	12
B. 收益	18	−438	1 855	2 293
1. 职工报酬	19	161	178	17
2. 投资收益	20	−599	1 677	2 276
C. 经常转移	21	−87	532	619
1. 各级政府	22	−31	11	42
2. 其他部门	23	−56	520	577
二、资本和金融项目	24	3 262	17 271	14 009
A. 资本项目	25	31	45	14
B. 金融项目	26	3 232	17 226	13 995
1. 直接投资	27	1 850	3 478	1 629
1.1 我国在外直接投资	28	−732	364	1 096
1.2 外国在华直接投资	29	2 582	3 114	532
2. 证券投资	30	605	1 041	436
2.1 资产	31	−54	258	311
2.1.1 股本证券	32	−25	136	161
2.1.2 债务证券	33	−28	122	150
2.1.2.1（中）长期债券	34	−28	122	150
2.1.2.2 货币市场工具	35	0	0	0

续表

项目	行次	差额	贷方	借方
2.2 负债	36	659	784	125
2.2.1 股本证券	37	326	407	81
2.2.2 债务证券	38	333	377	44
2.2.2.1（中）长期债券	39	160	204	44
2.2.2.2 货币市场工具	40	173	173	0
3. 其他投资	41	776	12 707	11 930
3.1 资产	42	−1 365	1 439	2 804
3.1.1 贸易信贷	43	−603	65	667
长期	44	−12	1	13
短期	45	−591	64	654
3.1.2 贷款	46	−319	374	693
长期	47	−422	100	522
短期	48	102	274	172
3.1.3 货币和存款	49	−20	890	910
3.1.4 其他资产	50	−423	110	533
长期	51	100	100	0
短期	52	−523	10	533
3.2 负债	53	2 142	11 268	9 126
3.2.1 贸易信贷	54	449	449	0
长期	55	8	8	0
短期	56	442	442	0
3.2.2 贷款	57	934	9 493	8 558
长期	58	194	569	375
短期	59	740	8 923	8 183
3.2.3 货币和存款	60	758	1 208	450
3.2.4 其他负债	61	0	118	118
长期	62	8	21	13
短期	63	−8	97	104
三、储备资产	64	−4 314	13	4 327
3.1 货币黄金	65	0	0	0
3.2 特别提款权	66	2	2	0
3.3 在基金组织的储备头寸	67	11	11	0
3.4 外汇	68	−4 327	0	4 327
3.5 其他债权	69	0	0	0
四、净误差与遗漏	70	−776	0	776

资料来源：中国国家外汇管理局网站：http：//www. safe. gov. cn/

第二章

外汇、汇率与汇率制度

国际间货币收支关系的发展导致了外汇的产生，而本币与外汇的兑换比率则构成了汇率。汇率也是国际收支调节中的一个重要变量，它不仅直接影响经常项目、资本和金融项目的平衡，而且还会影响一国国内经济和国际经济的全局发展。本章主要介绍外汇和汇率的基本概念，以及一国所实行的汇率制度和外汇管制的情况。

第一节　外汇的概念与分类

一、外汇的概念

外汇具有动态和静态两种含义。

动态的外汇是国际汇兑（foreign exchange）这一名词的简称。国际汇兑的“汇”是指国际间异地移动，“兑”是指货币种类的交换，因此国际汇兑就是指一个国家的货币兑换成另一个国家的货币，并转移至另一个国家以清偿债权债务关系的一种国际金融活动。

一般来讲，国际间发生的贸易和非贸易的经济往来和交流都会引起货币收支和债权债务关系。由于各国实行不同的货币制度，使用不同的货币，国际间的货币收支和债权债务的清偿就必须通过银行把本国货币兑换成外国货币或把外国货币兑换成本国货币，以国际间通用的支付手段来实现国际结算活动。这种国家货币相互兑换的金融活动就是国际汇兑，简称外汇。

外汇的静态含义有广义和狭义之分。后者是指以外币表示的用于国际结算的支付手段；前者则指所有用外币表示的债权，它包含以外币表示的各种信用工具和有价证券。

国际货币基金组织曾就“国际清偿力”项下的外汇含义对静态外汇作过明确的界定：外汇是货币行政当局（中央银行、货币管理机构、外汇平准基金组织和财政部）以银行存款、财政部库券、长短期政府证券等形式所保有的在国际收支逆差时可以使用的债权。根据这一定义，外汇具体包括：①可以自由兑换的外国货币，包括纸币、铸币等；②以外币表示的长短期有价证券，即政府公债、国库券、公司债券、金融债券、股票、息票等；③外币支付凭证，即银行存款凭证、商业汇票、银行汇票、银行支票、银行支付委托书、邮政储蓄凭证等；④特别提款权、欧元；⑤其他外汇资产。事实上，我国于1996年1月8日公布的《中华人民共和国外汇管理条例》正是如此规定外汇的。

可见，无论国际货币基金组织还是各国，关于外汇的规定，一般都是指静态、广义的外汇。

国际货币基金组织对外汇的定义表明，外汇是以外币表示的各种资产，但并非所有的外国货币资产都是外汇，作为外汇的外国货币资产必须可用于国际收支的清算。进一步分析，外汇还必须同时具备三个特征：第一，外汇是以外币表示的可用作对外支付的金融资产（而不是实物资产或无形资产）；第二，外汇必须具有充分的可兑换性；第三，作为外汇的外币资产必须在国际经济交易中具有普遍的可接受性。

二、外汇的种类

1. 根据外汇是否可自由兑换，划分为自由外汇和记账外汇

（1）自由外汇。是指不需经货币发行国当局批准，可以自由兑换成其他货币或支付给第三者以清偿债务的外国货币及其他支付手段。例如，美元、英镑、日元、法国法郎、加拿大元等西方主要工业国家货币表示的外汇即属自由外汇。

（2）记账外汇。亦称双边外汇或清算外汇，是指根据双边协定，专门用于清算两国间债权债务的外汇，即未经货币发行国管理当局批准，不能自由兑换成其他货币或对第三国进行支付的外汇。一些友好的国家之间，为了节省双方的自由外汇，往往签订一个支付协定，规定双方进出口的货款必须通过双方银行开立的专门账户进行外汇记账，等到年终时，将双方的债权债务差额根据协定以现汇或货物清偿，或者转入下一年度。由于它是记载在双方银行账户上的外汇，所以又称为记账外汇。

2. 按外汇买卖之间交割期限，划分为即期外汇和远期外汇

（1）即期外汇。亦称现汇，是指外汇买卖成交后两个营业日内办理交割的外汇。即期外汇又分为电汇、信汇、票汇三种类型。

（2）远期外汇。亦称期汇，是指买卖外汇的双方先按商定的汇价签订合同，预约到两个营业日以后的某一时间或一定期限办理交割的外汇。

3. 按外汇来源或用途不同，划分为贸易外汇和非贸易外汇

（1）贸易外汇。是指通过出口贸易取得及用于进口商品支付的外汇。贸易外汇包括进出口贸易货款及其从属费用，是一国外汇收支的主要项目。

（2）非贸易外汇。是指非来源于出口贸易或非用于进口贸易的外汇。非贸易外汇主要包括劳务外汇、旅游外汇、侨汇、捐赠和援助外汇及投资收益汇回等，在一国外汇收支中也占有重要地位。

三、外汇在国际经济贸易中的作用

一般来说，外汇在国际经济交往中的作用主要体现在以下五个方面。

1. 促进国际经济合作

随着外汇业务的发展，在国际间采用外汇，就可使有着不同货币制度、使用不同货

币的国家之间的购买力得以实现，扩大商品流通的范围与速度，对促进国际间的交往和扩大经济合作起着重要作用。

2. 促进国际贸易的发展

用外汇清偿国际间的债权债务，不仅节省了运送现金的费用，避免风险，缩短支付时间，而且也是国际贸易中进出口商能普遍接受的一种信用工具，扩大了资金融通的范围，因此促进了国际贸易发展。

3. 调剂国际资金供需不平衡

由于世界经济发展不平衡，资金供需矛盾也非常尖锐，一些发达国家存在一定数量的剩余资本，而广大发展中国家因资金不足，影响了经济发展。外汇作为一种国际支付手段，可以通过国际借贷活动来调剂这种国际资金供需不平衡的矛盾，促进国际资本流动。

4. 促进货币信用的国际化

各国经营外汇业务的金融机构，通过办理国际结算活动，使国际间债权债务集中于各国外汇银行存款中，从而使银行由国内信用扩大为国际信用。另外，一些发达资本主义国家的货币成为自由兑换货币后，逐渐形成以这些自由兑换货币为主体的国际货币体系，这样，促进了货币信用的国际化。

5. 衡量一国国际地位的重要标志

外汇与国际收支关系密切。当一国国际收支逆差时，需用外汇偿还债务，出现本国外汇储备减少，外汇需大于供，本国货币对外国货币的价值就会下跌；反之，当顺差时，外汇出现供过于求，本国外汇储备增加，则本国货币对外国货币的比值也将提高。因此，外汇收入的增加，对增加外汇储备、调节国际收支、提高本国货币的币值、增强一国国际经济地位有着极为重要的作用。

第二节　汇率的概念与分类

一、汇率的概念及其标价方法

（一）汇率的概念

外汇汇率，是指一国货币兑换成另一国货币的比率，即一国货币用另一国货币表示的价格。因此，汇率实际上就是外汇的价格，即汇价。

（二）汇率的标价方法

确定两国货币的比率，必须确定以哪个国家的货币作为标准。确定的标准不同，计算出的汇率就不同。在外汇市场上，有三种不同的外汇标价法。

1. 直接标价法

直接标价法（direct quotation）亦称应付标价法（giving quotation），是指以一定单位（1 个、100 个、10 000 个单位）的外国货币作为标准，计算应付若干单位的本国货币，即以本国货币表示外国货币价格的方法。

在直接标价法下，外国货币的数额固定不变，本国货币的数额随着外国货币或本国货币币值的变动而变动。如果用比原来较少的本国货币兑换原固定数额的外国货币，这说明本国货币币值上升，而外国货币币值下跌，即外汇汇率下跌；反之，如果用比原来更多的本国货币才能兑换原固定数额的外国货币，这说明本国货币币值下降，外国货币币值上升，即外汇汇率上升。

目前，除了英、美两国外，大多数国家都采用直接标价法来表示汇率。我国人民币与外币的汇率也采用直接标价法来表示。例如，2014 年 7 月 24 日，在我国银行间外汇市场上的报价为：1 美元＝6.1579 人民币元；1 欧元＝8.2876人民币元；100 日元＝6.0726 人民币元；1 港元＝0.7945 人民币元。

2. 间接标价法

间接标价法（indirect quotation）亦称应收标价法（receiving quotation），是指以一定单位（1 个、100 个、10 000 个单位）本国货币为标准，折算为一定数量的外国货币，即以外国货币表示本国货币价格的方法。

在间接标价法下，本国货币的数额固定不变，外国货币的数额则随着本国货币或外国货币币值的变动而变动；如果一定单位的本国货币折算的外国货币数量增多，说明本国货币币值上升，外国货币币值下降，即外汇汇率下跌；如果一定单位的本国货币折算的外国货币数量减少，说明本国货币币值下降，外国货币币值上升，即外汇汇率上升。

目前，英国和美国都采用间接标价法。例如，2009 年 11 月 19 日美国某外汇市场上有：1 美元＝107.79 日元；1 美元＝0.6791 欧元；1 美元＝1.0877 澳元；1 美元＝1.0958 瑞士法郎。

3. 美元标价法

美元标价法（US dollar quotation）是以一定单位的美元为标准来计算应兑换多少其他货币的汇率表示方法。第二次世界大战后，美元在世界经济中占据支配地位，为便于在国际间进行外汇交易，西方各国银行间的报价都以美元为标准来表示各国货币的价格。国际上大银行公布的外汇牌价都是美元对其他主要货币的汇率，非美元货币之间的汇率则是通过各自对美元的汇率套算得出。

二、汇率的种类

1. 按制定汇率的方法不同，可分为基本汇率和套算汇率

（1）基本汇率（basic rate）。是指一国货币与关键货币的比率。关键货币（key currency），是指本国国际收支中使用最多、在外汇储备中所占比重最大，同时又可以自由兑换，国际上可以普遍接受的货币。第二次世界大战后，美元在国际汇兑中使用得最多，在各国外汇储备中所占比重最大，也是各国普遍接受的可以自由兑换的货币。因此，大多数国家都把美元当作关键货币，把本国货币对美元的汇率作为基本汇率。

（2）套算汇率（cross rate）。又称为交叉汇率，是指两国货币通过各自对第三国货币的汇率而计算出的汇率。它可以按基本汇率套算出来。

2. 按外汇汇付方式不同，可分为电汇汇率、信汇汇率和票汇汇率

（1）电汇汇率（telegraphic transfer rate，T/T Rate）。是指银行卖出外汇后，以电传方式通知其国外支行或代理行付款时使用的汇率。电汇付款快，银行利用客户的在途资金的时间短，同时国际电传费用较高，因而电汇汇率比一般汇率要高。在国际贸易

中，进出口商为避免外汇汇率波动所带来的风险，在买卖合同中常规定使用交款时间最快的电汇方式。西方国家每天在报纸上报道的外汇行情中的现汇汇率都是指电汇汇率。因此，电汇汇率是其他汇率的基础。

（2）信汇汇率（mail transfer rate，M/T Rate）。是指银行卖出外汇后用信函方式通知付款时使用的汇率。由于信汇的时间较长，银行可以利用在途资金的时间较长，所以信汇汇率较电汇汇率要低。

（3）票汇汇率（draft rate）。是指以票汇方式买卖外汇时使用的汇率。与信汇情况一样，汇票从银行开出到其国外分支机构或代理行付款有一段时间，银行可以利用在途资金的时间较长，因而票汇汇率较电汇汇率要低。根据票汇支付期限不同，它又可分为即期票汇汇率和远期票汇汇率。即期票汇汇率是指银行买卖即期汇票时的汇率，其汇率的确定与信汇汇率相同。远期票汇汇率是指银行买卖远期汇票时的汇率，其汇率比电汇与信汇还要低。

3. 按银行买卖外汇角度不同，可分为买入汇率、卖出汇率、中间汇率和现钞汇率

（1）买入汇率（buying rate）。亦称买入价，是指银行向客户买入外汇时的汇率。在直接标价法下，外币折合本币数额少的那个汇率，即前一个数字为买入价；在间接标价法下，本币折合外币数额多的那个汇率，即后一个数字为买入价。

（2）卖出汇率（selling rate）。亦称卖出价，是指银行向客户卖出外汇时使用的汇率。在直接标价法下，外币折合本币数额多的那个汇率，即后一个数字为卖出价；在间接标价法下，本币折合外币数额少的那个汇率，即前一个数字为卖出价。外汇的买入价与卖出价之间的差价就是经营外汇买卖的银行的收益，两者的差价一般为1‰～5‰。

（3）中间汇率（middle rate）。又称中间价，是指买入价与卖出价的算术平均数，即中间汇率=(买入汇率+卖出汇率)/2。国际货币基金组织公布的各国汇率标中，均采用中间汇率。

（4）现钞汇率（bank notes rate）。是指银行买卖外国货币现钞时使用的汇率，亦称现钞价。因为一般国家都规定，不允许外国货币在本国流通，只有将外汇兑换成本国货币，才能购买本国的商品和劳务，因此产生了买卖外币现钞的汇率。银行收兑外币现钞的汇率低于外汇汇率，卖出外币现钞的汇率与外汇卖出价相同。

4. 按外汇买卖交割的时间不同，可分为即期汇率和远期汇率

（1）即期汇率（spot rate）。也称现汇汇率，是指在买卖双方成交后当日或两个营业日（working day）内进行外汇交割所采用的汇率。外汇银行报价时，一般都直接报出即期汇率。

（2）远期汇率（forward rate）。也称期汇汇率，是指外汇买卖双方约定在未来某一时间进行外汇交割，而事先签订协议的汇率。一般期汇的买卖差价要大于现汇的买卖差价。

银行对远期汇率的报价有两种方式：

一是直接报价（outright rate）。即直接将各种不同交割期限的期汇的买入价和卖出价表示出来，这与现汇的报价方式相同。日本、瑞士等国银行采取这种报价方法。

二是用远期差价（forward margin）报价或称掉期率（swap rate）报价。即银行在报出即期外汇汇率基础上再报出应加或减的远期差价来表示（远期差价用基本点表示，每个基本点为万分之一，即0.0001）。差价有升水、贴水和平价三种：升水（at premium）表示远期外汇汇率比即期外汇汇率高；贴水（at discount）表示远期外汇汇率低于即期外汇汇率；平价（at par）表示远期外汇汇率等于即期外汇汇率。在直接标价法下，远期汇率等于即期汇率加上升水或减去贴水；在间接标价法下，远期汇率等于即期汇率减去升水或加上贴水。

5. 按外汇管理的宽严程度不同，可分为官方汇率和市场汇率

（1）官方汇率（official rate）。亦称外汇牌价或法定汇率，是指由一国货币当局（如中央银行或经指定的外汇专业银行）所规定的汇率，要求一切外汇交易都要按此汇率进行。官方汇率又可分为单一汇率和复汇率。复汇率中常见的又有两种，即金融汇率和贸易汇率。

金融汇率（financial rate）。是指用于资本流动、旅游及其他非贸易收支方面结算的汇率。这种官方汇率的目的在于减少外国货币兑换本国货币的数量，以保护本国利益。

贸易汇率（commercial rate）。是指用于进出口贸易及其从属费用结算的汇率。这种官方汇率的目的在于鼓励出口，改善国际收支状况。

（2）市场汇率（market rate）。是指自由外汇市场上买卖外汇的现实汇率。它是由市场上外汇供求关系所决定，随外汇供求关系的变化而自由波动。在外汇管制较松的国家，官方公布的汇率往往只起中心汇率（central rate）的作用。当然，政府常运用一些经济手段进行干预，使市场汇率不得过于偏离官方汇率。

6. 按银行营业时间不同，可分为开盘汇率和收盘汇率

（1）开盘汇率（opening rate）。是指外汇银行在每个营业日开始营业时进行首批外汇买卖的汇率，亦称开盘价。

（2）收盘汇率（closing rate）。是指外汇银行在每日将结束营业时的外汇买卖的汇率，亦称收盘价。

7. 按外汇买卖的对象不同，可分为同业汇率和商人汇率

（1）同业汇率。是指银行与银行之间买卖外汇的汇率。一般报刊上刊登的汇率是银行同业间电汇汇率的中间价。

（2）商人汇率。是指银行对客户（主要指进出口商）买卖外汇的汇率。

8. 按汇率是否经过价格调整或加权平均，可分为名义汇率、实际汇率与有效汇率

（1）名义汇率（nominal exchange rate）。即现实外汇市场交易中的两种货币之间的兑换比率。它既可能由市场决定，也可能由官方决定。

（2）实际汇率（real exchange rate）。又称真实汇率，指名义汇率经由两国价格调整后的汇率。它反映了本国商品的国际竞争力。

设直接标价法下的名义汇率为 e，实际汇率为 E，则有

$$E = e \cdot \frac{P^*}{P}$$

式中，P^* 和 P 分别为外国和本国的有关价格指数。

显然，实际汇率比名义汇率能更准确地反映一国商品与劳务在国际市场上的竞争力。当两国价格水平不变时，如果本国名义汇率贬值（e 值上升），则本国实际汇率也贬值（E 值上升），此时本国的商品劳务出口趋于上升，即本国商品与劳务在国际市场上的竞争力上升；

如果本国名义汇率不变，但外国价格水平相对上升（P^*/P 值上升），则本国实际汇率仍然贬值（E 值上升），此时本国商品与劳务在国际市场上的竞争力同样上升。

在实际应用中，实际汇率还有一种含义：

$$实际汇率 = 名义汇率 \pm 财政补贴和税收减免$$

这是因为，各国政府为达到增加出口和限制进口的目的，经常对各种出口商品进行财政补贴或税收减免，对进口则征收各种类型的附加税。在研究汇率调整、倾销调查与反倾销措施及考察货币的实际购买力时，常会用到这一概念的实际汇率。

（3）有效汇率（effective exchange rate）。指某种加权平均汇率。它是一种货币相对于其他多种货币双边汇率的加权平均数。有效汇率与双边汇率的关系类似价格指数与各种商品价格的关系，因此又称汇率指数。我们知道，在一段时期内，某种货币可能相对于若干货币的汇率上升，而相对于另一些货币的汇率则下降，这时该货币相对于任何货币的双边汇率变动趋势和幅度都不能全面反映该货币的变动趋势和幅度。有效汇率便能较好地度量这种货币的走势。

目前，国际货币基金组织定期公布 17 个工业发达国家的若干种有效汇率指数，包括劳动力成本、消费物价、批发物价、贸易比重等为权数的经加权平均得出的不同类型的有效汇率指数。从 20 世纪 70 年代末起，各国开始使用有效汇率来观察某种货币的总体波动幅度及其在国际经贸和金融领域中的地位。常见的一种有效汇率是以贸易比重为权数，其公式如下：

$$\text{A 币的有效汇率} = \sum_{i=1}^{n} \text{A 国货币对 } i \text{ 国货币的汇率} \times \frac{\text{A 国对 } i \text{ 国的出口贸易值}}{\text{A 国的全部对外出口贸易值}}$$

目前，一些国家和国际组织根据各自的需要，选择不同的货币篮子和权数，计算出不同的汇率指数。

以上介绍的其实是名义有效汇率（nominal effective exchange rate），为了能更综合地反映本国商品劳务的国际竞争力，人们还常常使用实际有效汇率（real effective exchange rate）这一概念。

● 专栏：巴拉萨-萨缪尔森命题

1964 年，美国经济学家巴拉萨和萨缪尔森分别撰文探讨了“为什么穷国非贸易品价格相对较低”这种重要的经济现象。他们的研究结果和结论被归结为一个巴拉萨-萨缪尔森命题。该命题的内容是：由于存在倾斜的劳动生产力（biased productivity），使用（传统）购买力平价计算发达国家与发展中国家之间的汇率，会导致名义汇率和实际汇率之间出现系统性偏差。

巴拉萨-萨缪尔森命题的推导假定：①均衡汇率取决于贸易物品相对价格，即 $S=P^T/P^{T*}$；②发达国家与发展中国家都生产贸易物品和非贸易物品，且生产和需求结构相同，即贸易物品的权数相同；③国内劳动力自由流动，因而一国国内各部门之间工资是均等化的；④在贸易部门发达国家的劳动生产率高于发展中国家，在非贸易部门两类国家的劳动生产率相同；⑤劳动是生产中唯一的投入，因而工资构成唯一成本。其中，第四个假定是关键的假定。

根据假定⑤，两类国家的价格为

$$P^{T} = W^{T}/X^{T},\ P^{T*} = W^{T*}/X^{T*}$$
$$P^{N} = W^{N}/X^{N},\ P^{N*} = W^{N*}/X^{N*} \tag{1}$$

式中，P 为发展中国家的价格水平；P^{*} 为发达国家的价格水平；上标 T 和 N 分别表示贸易物品和非贸易物品；X 表示劳动生产率。

以上公式说明贸易物品和非贸易物品的价格取决于相应部门的工资和劳动生产率。由上式并结合假定条件③和假定条件④，可以得出

$$\frac{P^{N*}/P^{T*}}{P^{N}/P^{T}} = \frac{X^{T*}}{X^{T}} > 1 \tag{2}$$

该式说明，由于发达国家在贸易物品部门的劳动生产率高于发展中国家，发达国家非贸易物品对贸易物品的相对价格也较高。

另外，根据扩展的购买力平价理论，名义汇率应当等于两国的贸易物品价格之比，即有精确的购买力平价公式为

$$S = P^{T}/P^{T*} \tag{3}$$

而发展中国家和发达国家的总价格水平可分别表示为

$$P = \alpha P^{T} + (1-\alpha)P^{N}$$
$$P^{*} = \alpha P^{T*} + (1-\alpha)P^{N*} \tag{4}$$

式中，α 为贸易物品权数；$(1-\alpha)$ 为非贸易物品权数。

在不影响结论性质的情况下，为简化分析，假定两国权数相同。这样，由精确的购买力平价公式，可得名义汇率应为

$$E = \frac{P}{P^{*}} \cdot \frac{\alpha + (1-\alpha)P^{N*}/P^{T*}}{\alpha + (1-\alpha)P^{N}/P^{T}} \tag{5}$$

将式（5）代入实际汇率公式 $e=EP^{*}/P$，则实际汇率为

$$e = \frac{\alpha + (1-\alpha)P^{N*}/P^{T*}}{\alpha + (1-\alpha)P^{N}/P^{T}} \tag{6}$$

将式（2）代入式（6），可知

$$e > 1 \tag{7}$$

式（7）说明，实际汇率与名义汇率发生偏离，发达国家货币实际汇率水平较高，而发展中国家货币实际汇率水平较低。这便意味着，发达国家将其货币兑换成发展中国家货币，可以购买比国内能购买到的更多的商品和劳务。这恰好与传统的购买力平价理论的结论相反。发达国家与发展中国家的实际汇率水平与传统的购买力平价之间出现了系统性偏差。

巴拉萨-萨缪尔森命题的一个引申结论是：为了进行准确的人均国民收入比较，在计算发达国家价格水平时应使用发展中国家相应的国内价格，或者在计算发展中国家价格水平时使用发达国家相应的国内价格。

第三节　汇率制度

所谓汇率制度（exchange rate regime），又称汇率安排，是指一国货币当局对本国汇率水平的确定、汇率变动方式等问题所作的一系列安排或规定。

一、汇率制度的类型

（一）传统的汇率制度类型

传统上，按照汇率变动的幅度，汇率制度被分为两大类型：固定汇率制（fixed exchange rate system）和浮动汇率制（floating exchange rate system）。

1. 固定汇率制

固定汇率制是指政府用行政或法律手段确定、公布和维持本国货币与某种参考物之间的固定比价的汇率制度。充当参考物的东西可以是黄金，也可以是某一种外国货币或一组货币。在19世纪中后期开始的金本位制下，这种充当参考物的东西是黄金。各国每一单位货币（金币）都有法定的含金量，黄金可以自由铸造成金币，金币可以自由流通、自由熔化和自由输出入，银行券可自由兑换成金币或黄金。因此，货币含金量成为各国货币汇率的基础，两国货币间的比价即铸币平价或法定平价就是两国货币含有或代表的黄金量之比。在国际金本位制下，外汇市场的现实汇率同法定平价并不保持一致的水平，因为现实汇率要受外汇供求关系的影响从而产生波动。但是汇率的波动是有限的，受黄金输出、输入点的限制。当汇率的波动超过黄金输出、输入点的上限或下限时，外汇的交易就会被黄金输出、输入所代替。当一国外汇汇率出现上升趋势并超过黄金输出点时，黄金就将开始外流，因为国内客户这时宁愿以本币向本国货币当局兑换黄金来清偿外国债务，而不愿用高价购买外汇来清偿债务。而黄金的外流又减少对外汇的需求，外汇需求量的下降缓和了外汇汇率上升的状况，这样使汇率不致超过法定平价与黄金运输费之和，即不超出黄金输出点的范围。相反，如果当外汇汇率下跌并跌至黄金输入点以下时，黄金则开始内流，因为这时国内客户宁愿用外国货币向其国家货币当局兑换黄金，以输入黄金形式来收回国外债权，而不愿用贬值的外汇换取本国货币以收回外国债权，这又使外汇汇率不致低于法定平价减去黄金运输费之差，即不低于黄金输入点范围。

总之，在金本位制下，现实汇率是相对固定的，它总是围绕着铸币平价在黄金输送点（含黄金输出点和黄金输入点）的上下限内波动。

第二次世界大战后，各国再次实行固定汇率制度，并且一直持续到1973年为止。这是布雷顿森林体系下的固定汇率制度，它对应着各国的不兑现纸币流通制度这种货币制度。在这种纸币流通制度下，固定汇率制是通过国际间的协议（布雷顿森林协定）人为建立起来的。各国当局通过规定虚设的金平价来制定中心汇率，而现实汇率则是通过外汇干预或国内经济政策等措施被维持在人为规定的狭小范围内波动。当一国国际收支出现根本性失衡时，金平价可以经过国际货币基金组织的核准而予以变更。

可见，金本位制度下的固定汇率制是典型的固定汇率制，而纸币流通条件下的固定汇率制严格来讲只能称为可调整的钉住汇率制（adjustable pegging system）。

2. 浮动汇率制

随着1973年2月布雷顿森林体系的崩溃，西方各主要工业国先后实行了浮动汇率制。浮动汇率制是指一国货币不再规定金平价，不再规定对外国货币的中心汇率和现实汇率的波动幅度，货币当局也不再承担维持汇率波动界限的义务，现实汇率随外汇市场外汇供求状况变动而波动的汇率制度。

在浮动汇率制度下，汇率的变动主要是由一国国际收支状况所引起的外汇供求关系的变化来决定。一国中央银行不再直接对汇率进行干预，而是通过各种政策来调节国际收支，对外汇供求进行间接地影响，进而使汇率发生变化。在浮动汇率制度下，固定汇率制度下所具有的法定升值（revaluation）和法定贬值（devaluation）的现象已不存在，汇率的变化是通过某种货币在市场上的上浮（appreciation）或下浮（depreciation）表现出来的。

浮动汇率制度按不同的标准，还可以划分为不同的类型：

1）按政府是否对汇率采取一定的干预措施区分，分为自由浮动和管理浮动

自由浮动（free floating），亦称清洁浮动（clean floating），是指货币当局对外汇市场不加任何干预，完全听任汇率随外汇市场供求状况的变动而自由涨落。

管理浮动（managed floating），亦称肮脏浮动（dirty floating），是指货币当局对外汇市场进行干预，以使市场汇率朝着有利于本国经济发展的方向浮动的汇率制度。

目前，各主要工业国基本上实行的是管理浮动，绝对的自由浮动在现实中是不存在的。

2）按汇率浮动的形式区分，分为单独浮动和联合浮动

单独浮动（independent floating），是指一国货币不与任何其他国家的货币发生固定联系，其汇率根据外汇市场的供求情况独立浮动。目前，美元、加拿大元、澳大利亚元、日元和少数发展中国家的货币采取这种单独浮动。

联合浮动（joint floating），是指一些国家为了某种共同的需要，组成某种形式的经济联合体（如原欧洲货币体系成员国即为一种经济联合体），联合体成员国之间保持固定汇率，并规定波动的上下界限，但对于联合体之外的货币，则采取共同浮动的形式。

将汇率制度区分为固定汇率制和浮动汇率制这两极主要具有理论分析的意义，但各国国情不同，因此其实行的汇率制度即使都是固定汇率制或浮动汇率制，彼此间也还有一些差别，因此，1982 年，国际货币基金组织曾经从实用的角度，将各国汇率制度划分为三大类，即钉住汇率、有限灵活汇率和更加灵活汇率。其中，钉住汇率又包括钉住单一货币和钉住合成货币两类；有限灵活汇率又包括单一货币和合成货币两类；更加灵活汇率则包括按一套指标调整管理浮动和独立浮动两类。表 2-1 显示了 1981～1998 年各国（地区）汇率制度选择情况。

表 2-1　1981～1998 年各国（地区）汇率制度选择情况

项目	1981 年	1983 年	1985 年	1987 年	1989 年	1990 年	1992 年	1994 年	1995 年	1996 年	1997 年	1998 年
国家（地区）总数	144	146	149	151	152	154	167	178	180	181	181	182
1. 钉住汇率	94	90	95	92	93	85	84	70	66	66	66	64
（1）钉住单一货币	58	51	51	57	51	44	50	45	44	44	46	47
（2）钉住合成货币	36	39	44	35	42	41	34	25	22	22	20	17
2. 有限灵活汇率	17	17	12	12	13	13	13	14	14	16	16	17
（1）单一货币	9	9	5	4	4	4	4	4	4	4	4	4
（2）合成货币	8	8	7	8	9	9	9	10	10	12	12	13
3. 更加灵活汇率	33	38	42	46	46	51	70	94	100	99	99	101
（1）按一套指标调整	4	6	5	5	5	3	3	3	2	2	—	—
（2）管理浮动	19	24	22	23	21	23	23	33	44	45	46	56
（3）独立浮动	10	8	15	18	20	25	44	58	54	52	53	45

资料来源：IMF.《International Financial Statistics Yearbook》各年汇总

从表 2-1 可见，从 20 世纪 80 年代初到 90 年代末，选择有限灵活汇率制的国家（地区）的数量大致不变，选择钉住汇率制的国家（地区）90 年代以来大幅度下降，而选择更加灵活汇率制的国家（地区）无论绝对数还是在 IMF 成员国中所占比例，90 年代后明显上升。这说明，随着国际经济的发展，国际汇率制度不断朝富有更大弹性的安排转变，呈现弹性化趋势。

（二）汇率制度类型的新划分

传统的汇率制度的分类存在较大缺陷，主要表现为 IMF 各成员国所汇报的汇率制度类型往往名不符实，或者说并未能准确地反映其汇率制度的实际内容。亚洲金融危机后，国际货币基金组织加强了对成员国汇率制度安排问题的研究、监督和指导。1999 年 1 月开始，国际货币基金组织根据各国实际采取而不是官方宣布的汇率安排对汇率制度进行了重新分类，按照这种分类，各成员国（地区）2001 年汇率制度选择情况见表 2-2。

表 2-2　2001 年各成员国（地区）汇率制度选择情况

编号	汇率制度类型	国家（地区）数
1	无独立法定货币的汇率制	41
2	货币局制度	7
3	传统的固定钉住制（包括管理浮动下的实际钉住制）	41
4	钉住水平带的汇率制	5
5	爬行钉住制	6
6	爬行带内浮动	1
7	不事先宣布干预方式的管理浮动（无区间的有管理浮动）	51
8	单独浮动（自由浮动）	35

资料来源：IMF. International Financial Statistics Yearbook(2002)；IBRD. World Development Report(2003)

表 2-2 中，无独立法定货币的汇率制度（exchange arrangements with no separate legal tender），是指一国不发行自己的货币，而是使用他国货币作为本国唯一法定货币；或者一个货币联盟中，各成员国使用共同的法定货币。货币局制度（currency board arrangements），是指货币当局作出明确的、法律上的承诺，以一固定的汇率在本国（地区）货币与一指定外币间进行兑换，并且对货币发行当局确保其法定义务的履行施加限制。传统的固定钉住汇率制度（conventional fixed peg arrangements），是指一国将其货币以一固定的汇率钉住某一外国货币或外国货币篮子，汇率在 1%的狭窄区间内波动。钉住水平带的钉住汇率制度（pegged exchange rates within horizontal bands），其与第三类汇率制度的区别在于波动的幅度宽于 1%的区间。例如，丹麦的波幅为 2.5%，埃及为 3%，匈牙利则达到 15%。爬行钉住汇率制度（crawling pegs），是指一国货币当局以固定的、事先宣布的值，对汇率不时进行小幅调整，或根据多指标对汇率进行小幅调整。爬行带内浮动汇率制度（exchange rates within crawling bands），是指一国货币汇率保持在围绕中心汇率的波动区间内，但该中心汇率以固定的、事先宣布的值，或根据多指标，不时地进行调整，如以色列的爬行波幅为 22%，白俄罗斯的爬行波幅为 5%，乌拉圭则为 3%。不事先宣布干预方式的管理浮动汇率制度（managed floating with no preannounced path for exchange rate)，是指一国货币当局在外汇市场进行积极干预以影响汇率，但不事先承诺或宣布汇率的轨迹。单独浮动汇率制度（independent floating)，则指本国货币汇率由市场决定，货币当局偶尔进行干预，这种干预旨在缓和汇率的波动，防止不适当的波动（undue fluctuations)，而不是设定汇率的水平。

由表 2-2 可见，截至 2001 年年底，IMF 的 187 个成员国（地区）事实上采取的汇率制度选择主要有四大类：无独立法定货币制（含欧元区 12 国）、固定钉住制、管理浮动制和单独浮动制。实行这四类制度的国家（地区）总数占全部成员组织的近 90%。这种趋势值得我们深思。

新的分类突出了汇率形成机制及政策目标的差异，增加了各成员国汇率制度安排的透明度，有利于人们把握各成员国汇率制度的本质。例如，欧元区国家被列入无独立法定货币的汇率安排；原来实行管理浮动制的中国、埃及、伊朗及实行单独浮动制的瑞士等国因为汇率基本上钉住美元，波动幅度很小而被列入固定钉住制。

因理论分析的必要，我们还可以将上述八种汇率制度归纳为三种类型：固定汇率制度、自由浮动汇率制度和中间汇率制度。其中，固定汇率制度包括新分类法中的前两种，自由浮动汇率制度仅指新分类法中的第八种，而中间汇率制度则包括了新分类法中的第三至第七种。中间汇率制度的一个共同特点是：都是在政府控制下，汇率在一个或大或小的范围内变化，它们之间没有质的区别。20 世纪 90 年代以来，一些国际经济学家认为国际上出现了汇率制度“两极化”或“中间空洞化”的趋势。这种假说目前尚未得到验证。进入 21 世纪以来，国内外学术界将各国汇率制度按法定分类、法定与事实混合分类及事实分类等不同分类方法对各国汇率制度进行了实证和比较研究，这些方法各有优点和不足，得出的关于汇率制度变动趋势的结论也并不相同，这表明伴随着各国汇率制度实践的进展，理论探索尚有待深入。不过，这些理论研究也大致呈现出一些共性的结果，即相对而言，在金融发达的国家，灵活汇率制度能促进经济增长；而在金融不发达的国家，固定汇率制度则更有利于经济增长。

二、汇率制度的选择

（一）固定汇率制与浮动汇率制之争

长期以来，学术界一直存在着固定汇率制和浮动汇率制孰优孰劣的激烈争论。赞成固定汇率制的著名经济学家有纳克斯（R. Nurkse)、蒙代尔（R. Mundell）和金德尔伯格（C. Kindleberger）等；赞成浮动汇率制的著名经济学家有弗里德曼（M. Friedman）和约翰逊（H. Johnson）等。

1. 赞成浮动汇率制的观点

赞成浮动汇率制的观点认为浮动汇率制有以下几个方面的优越性。

(1) 浮动汇率制使国际收支平衡得以自动实现，无须以牺牲国内经济为代价。在浮动汇率制下，一国若发生国际收支逆差，汇率的自动下浮将使国际收支恢复平衡，无须采取需求增减型政策来紧缩国内经济，调节速度快，成本低。而如果采取固定汇率制，当一国发生国际收支逆差时，往往需采取需求增减型政策来紧缩国内需求以扭转逆差，但若此时该国正处于经济衰退状况，则解决逆差必须以牺牲国内经济为代价，调节成本高。

（2）浮动汇率制能维持本国货币政策的自主性。在浮动汇率制下，主要贸易伙伴国无论实行紧缩的还是扩张的货币政策，相应造成本国逆差或顺差，本国汇率的自动浮动将驱使国际收支恢复平衡，从而使本国货币政策不必被动地与主要贸易伙伴国的货币政策同向变动，维持了本国货币政策的自主性。而在固定汇率制下，为了解决本国国际收支逆差或顺差问题，一国货币政策不得不与主要贸易伙伴国货币政策同向变动，货币政策缺乏自主性。

（3）浮动汇率制能够避免经济周期的国际传播。例如，在浮动汇率制下，如果他国发生通货膨胀，将导致他国发生逆差，本国发生顺差。但在本国汇率自动上浮后，本国国际收支恢复平衡，本国货币供应量和物价水平并不会发生变化。也就是说，浮动汇率制能够隔绝国际性的通货膨胀传播。而在固定汇率制下，如果贸易伙伴国发生通货膨胀，导致本国顺差，从而通过造成本国外汇储备增加和通过一价定律引起本国商品和劳务价格上升这两个途径，使本国“传染”上通货膨胀，这种“传染”还会交互反馈。同理，如果他国发生通货紧缩，同样会发生“传染”和交互反馈。

（4）浮动汇率制无须太多的外汇储备，可节约外汇资金用于经济发展。而在固定汇率制下，货币当局为了保持对外汇市场必要的干预力度，往往需要保持较多的外汇储备，这是一种资金浪费。

（5）浮动汇率制可促进自由贸易，提高资源配置效率。因为浮动汇率制下，汇率自动浮动能使国际收支恢复平衡，就没有必要采取外汇管制措施。而固定汇率制下，为维持国际收支平衡，一国货币当局往往采取限制进口的管制措施，这就可能保护了本国的落后产业和企业，造成了资源配置的扭曲。

（6）浮动汇率制可以提高国际货币制度的稳定性，避免金融危机。在浮动汇率制下，一国的国际收支赤字所造成的本币贬值压力，可以随时因汇率的浮动而趋于消解。而在固定汇率制下，一国则易出现累积性的长期国际收支赤字，大量消耗外汇储备，这样就可能在某一个时点上货币当局因顶不住贬值压力而突然大幅度贬值，爆发金融危机。

2. 赞成固定汇率制的观点

赞成固定汇率制的观点则认为浮动汇率制有如下几个方面弊端。

（1）浮动汇率制抑制了国际贸易和国际投资，带来很大的不确定性。在浮动汇率制下，由于汇率频繁变动的现实和变动的预期，给国际贸易和国际投资带来很大的不确定性，便会影响国际贸易和国际投资合约的签订，而固定汇率制则没有这一弊端。

（2）浮动汇率制下，国际收支失衡的调节成本可能更高。假如一国逆差是由于生产出口品的经济部门劳动生产率提高缓慢导致成本过高所致，则浮动汇率制下的本币自动贬值固然可以在短期内增加出口，但从长期看不利于本国产品竞争力的提高，因此，不利于本国相关产业的发展，长期调节成本高。而在固定汇率制下，相关企业乃至产业将被迫主动采取措施降低成本，这有利于相关产业的长期发展，长期调节成本反而低。

（3）浮动汇率制使一国更有通货膨胀倾向。浮动汇率制使赤字国削弱了物价纪律。当本币汇率下浮时，导致进口价格上升，进而导致本国一般物价的上升；而当本币上浮时，由于棘轮效应，国内物价却不下降。因此总体上，浮动汇率制使一国更有通货膨胀倾向。而固定汇率制下，由于一国政府有维持汇率固定的义务，也就不会因此产生通货膨胀倾向。

（4）浮动汇率制下汇率的上下浮动会使国内资源在贸易部门和非贸易部门之间频繁出现低效率的流动，本币下浮，生产要素会从非贸易部门流动到贸易部门；本币上浮，生产要素则从贸易部门流动到非贸易部门。然而这种资源的流动可能是低效率的、不经济的（如劳动力需重新培训等），这显然造成了国民福利的损失。而固定汇率制则能避免这一要素的低效率流动。

（5）浮动汇率制下，汇率自由波动未必能隔绝国外经济对本国经济的干扰。这是因为在国际资本流动迅猛发展的情况下，使国际收支自动达成平衡的汇率未必就是使经常账户收支达成均衡的汇率，因此国外的经济周期和货币政策同样会干扰本国经济。而且长期伴随经常项目逆差的国际收支平衡将对一国内、外部平衡造成不可逆转的损害。所以就这一点看，浮动汇率制并不比固定汇率制有优越性，甚至可能情况更差。

（6）浮动汇率制会造成国际经济秩序混乱。浮动汇率制下，各国由于缺乏关于汇率约束的协议，往往将内部均衡目标摆在首位，利用汇率的自由波动而推行“以邻为壑”的政策，这往往会造成别国的报复，进而造成国际经济秩序的混乱。而固定汇率制由于对各国施加了汇率约束，则不存在这一问题。

实际上，固定汇率制度和浮动汇率制度都不是十全十美的，各有利弊，不能简单地说哪一种汇率制度比另一种更为优越，而应对具体国情具体分析。一国汇率制度的选择是与其经济规模、经济实力、对外开放程度、对外贸易结构等因素密切相关的。例如，一般而言，经济规模小、开放程度大、进出口集中在几种商品上的国家，倾向于固定汇率制；而经济规模大、经济实力强、与国际金融市场联系密切、资本流动频繁的国家倾向于浮动汇率制。

因此，固定汇率制度和浮动汇率制之争很自然地沿着两个方向发展：一个方向是研究什么条件下固定或浮动汇率制度是更合理的；另一个方向是研究什么样的汇率制度可以较好地结合固定汇率制度与浮动汇率制度两者的优点。前一方向的研究形成了经济论、依附论和最适度通货区理论等；后一方向的研究则产生了诸如爬行钉住、汇率目标区等新的汇率制度的设计。

（二）汇率制度选择的新理论和新方案介绍

下面简单介绍几种有代表性的汇率制度选择的新理论、新方案。

1. 经济论

经济论认为，一国汇率制度选择主要受经济方面的因素决定。这些因素包括：①经济开放程度；②经济规模；③进出口贸易的商品结构和地域分布；④国内金融市场的发达程度及与国际金融市场的一体化程度；⑤相对通货膨胀率。经济开放程度高，经济规模小，或者进出口集中在某几种商品或某一国家的国家，一般倾向于实行固定汇率制或钉住汇率制。而经济开放程度低，进出口商品多样化或地域分布分散化的国家，或经济规模大、经济实力强、与国际金融市场联系密切、资本流动频繁的国家，则倾向于实行浮动汇率制或弹性汇率制度。

2. 最适通货区论

最适通货区（或称最适货币区）论产生于20世纪60年代初西方经济学家关于固定汇率制与浮动汇率制的优劣之争。1961年，美国经济学家罗伯特·蒙代尔首次提出“最适度通货区”概念，他设想将世界划分为若干通货区，各区域内采用共同货币或实行固定汇率制，而不同通货区之间则实行浮动汇率制。从理论上说，任何一个国家都会面临最适通货区的问题，即本国是适宜单独组成一个通货区，还是适宜与其他某些国家共同组成一个通货区。对于一国而言，本国单独组成一个通货区，就意味着其实行的是浮动汇率制或弹性汇率制。建立最适通货区的关键在于，究竟依据什么准则来确定什么样的国家之间适合共同组成一个通货区。不同的学者所强调的准则是不相同的。蒙代尔主张生产要素流动性准则。他认为，生产要素流动性与汇率的弹性具有相互替代的作用。这是因为，需求从一国转移到另一国所造成的国际收支调整要求，既可以通过两国汇率调整，也可以通过生产要素在两国之间的流动来解决。他的结论是：生产要素流动性越高的国家之间，越适宜于组成共同的通货区；而生产要素跨国界流动性越弱的国家，越适宜于组成单独的通货区，实行浮动汇率制。

1963年，美国经济学家罗纳德·麦金农（Ronald Mckinnon）则提出，应以一国的经济开放程度作为确定最适通货区的标准。他具体以贸易品部门相对于非贸易品部门的生产比重作为衡量一国开放程度的指标。其结论是：一些贸易关系密切的高度开放国家应该组成一个相对封闭的共同货币区，在区内实行固定汇率安排，而整个货币区则对与其贸易往来关系不大的国家和地区实行浮动（或弹性）汇率安排。

此后，还有一些学者提出了不同的最适通货区的确定准则。例如，1969年，彼得·凯南（Peter Kenen）主张采用出口商品多样化准则；詹姆斯·伊格拉姆（James Ingram）提出国内外金融市场一体化准则；1970年，爱德华·托尔（Edward Tower）等认为应以政策一体化作为确定最适通货区的标准；1970年和1971年，G. 哈伯勒和G. M. 弗莱明则强调应以通货膨胀率的相似性作为确定最适通货区的标准。

3. 爬行钉住制

爬行钉住制是指汇率可以作经常、小幅度调整的固定汇率制。这一制度有两个基本特征：首先，实施国负有维持某种平价的义务，这使得它属于固定汇率制这一大类。其次，这一平价可以经常、小幅度地调整（如调整2%～3%），这又使得它与一般的可调整的钉住制相区别，因为后者的平价调整是很偶然的，而一旦调整，幅度又较大。提倡爬行钉住制的学者认为，货币当局在进行汇率调整时，可以规定汇率调整的上下限，以体现对自身汇率调整的纪律约束。目前，有哥斯达黎加、尼加拉瓜、土耳其等少数国家实行爬行钉住制。

4. 汇率目标区制

汇率目标区制的含义可分为广义和狭义两种。广义的汇率目标区是指将汇率浮动限制在一定区域内（如中心汇率的上下各10%）的汇率制度；狭义的汇率目标区特指美国学者威廉姆森（J. Williamson）于20世纪80年代初提出的以限制汇率波动范围为核心的，包括中心汇率及其变动幅度的确定方法、维系目标区的国内政策搭配、实施目标区的国际政策协调等一整套内容的国际政策协调方案。下面详细介绍广义汇率目标区理论。

汇率目标区制不同于其他类型的汇率制度。例如，它与管理浮动汇率制的主要区别在于：在目标区中，货币当局在一定时期内对汇率波动制定出比较确定的区间限制；而且当局更为关注汇率变动，必要时要利用货币政策措施将汇率变动尽可能地限制在目标区内。它与可调整钉住制的主要区别在于：目标区制度下，汇率允许变动的范围更大。

依据目标区区域的幅度、目标区调整的频率、目标区的公开程度及对目标区进行维持的承诺程度，目标区可分为严格的目标区和宽松的目标区两种类型。前者的目标区区域较小，极少变动，目标区域公开，政府负有较大的维持目标区的义务；后者目标区区域较大，经常进行调整，目标区域保密，政府只是有限度地将货币政策运用于对汇率目标区的维持。

汇率目标区制的一个优越性就是所谓“蜜月效应”（honeymoon effect）。假定目标区完全可信，政府会在汇率变动至目标区的上下限时进行干预，且经济基本面的变动是完全随机的。那么，当汇率的变动逐渐接近目标区边缘时，广大交易者将会预期汇率很快会作反向调整，重新趋近于中心汇率。这一预期会产生稳定性作用，从而使汇率的变动在不存在政府干预时也不会超过目标区范围，并且汇率在变动达于目标区边缘时常常会自动向中心汇率调整。在目标区汇率制度下，市场汇率围绕着中心汇率上下变动，当离开中心汇率至一定程度后便会自发地向中心汇率趋近，这一情形犹如热恋中的情侣短暂分离一段时间后便会尽可能地抗拒进一步的分离，急于寻求重新相聚，这便是所谓的“蜜月效应”。

汇率目标区制还具有“离婚效应”（divorce effect）。当由于经济基本面朝某一方向的变动程度很大并已表现为长期趋势时，市场交易者普遍预期汇率目标区的中心汇率将作较大的调整，此时汇率目标区不再具有普遍的可信性。这种情况下，投机发生，市场汇率变动将不再自动倾向于中心汇率；相反，两种力量的较量使此时的汇率变动非常激烈，而且一般超过了浮动汇率制下的正常汇率变动程度。与“蜜月效应”相比，这一汇率变动情况犹如情侣在长期共同生活中发现爱情已褪去了玫瑰色的光芒，双方存在根本上的性格不合而不再指望将婚姻关系维持下去，一些小事都会引起大动干戈，这便是所谓的“离婚效应”。

“蜜月效应”和“离婚效应”表明，汇率目标区制较好地综合了固定汇率制和浮动汇率制的优点，是高度可信性和灵活性的一种结合体，具有一定优越性。当然，汇率目标区制对于内外部均衡的同时实现而言，也有其弊端，有待于进一步探讨和完善。

5. “不可能三位一体”论

“不可能三位一体”（impossible trinity）论，也称“不可能三角”原理，由美国经济学家保罗·克鲁格曼提出。他指出，在各国汇率制度选择中，或更进一步地在各国发展模式中，存在着不可实现的“三位一体”，即在资本自由流动、汇率稳定和保持货币政策独立性三个目标中，一国无论如何只能同时实现两个目标，而不可能同时实现三个目标。其模型如图 2-1 所示。

克鲁格曼认为，自布雷顿森林体系崩溃以来，世界各国的金融发展模式都可以被概括进如图 2-1 所示的这个三角形之中。图中处于三个角上的货币政策的独立性、汇率稳定和资本自由流动为政府的三个目标，而 A、B 和 C 这三条边则分别代表三种不同的

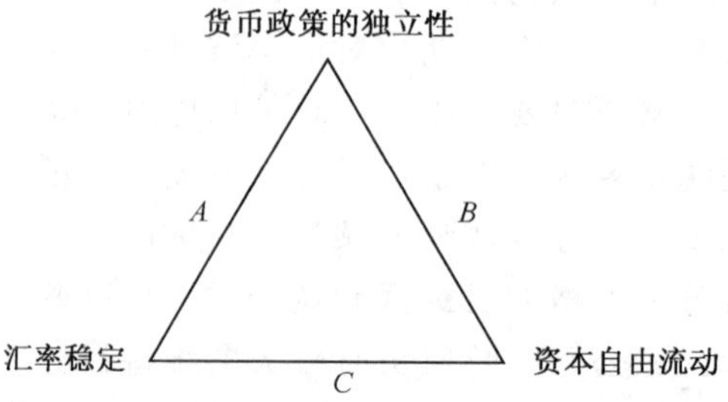

图 2-1 金融发展模式的“不可能三角”

制度选择。当一国政府选择制度 A 时，便是选择并可以实现货币政策独立性和汇率稳定这两个目标；当一国政府选择制度 B 时，便是选择并可以实现货币政策独立性和资本自由流动这两个目标；当一国政府选择制度 C 时，便是选择并可以实现汇率稳定和资本自由流动这两个目标。显然，目前我国是选择制度 A 的代表，美国和部分亚洲金融危机发生国家和地区是选择制度 B 的代表，实行货币局制度的中国香港地区和南美洲部分国家则是选择制度 C 的代表。克鲁格曼建议发展中国家选择制度 A，即通过限制资本流动而实现汇率稳定和保持货币政策的独立性，因为后两者对于发展中国家的经济和金融的平稳发展更为重要。

克鲁格曼的这一理论一定程度上有助于解释发展中国家在逐步开放资本项目的过程中，为什么会发生汇率稳定目标与货币政策独立性目标之间的冲突或两难。

6. 动态一般均衡福利最大化论

1995 年，奥伯斯菲尔德和罗格夫的论文《再论汇率动态变化》开创性地将价格黏性和不完全竞争纳入动态一般均衡模型中，并建立了分析经济主体行为的微观基础，通过求解跨期即动态的一般均衡模型的福利最大化，来探讨最优汇率制度。这一模型是一种新开放宏观经济学模型，即 NOEM（new open-economy macroeconomics）模型，该模型得出的有意义的结论是：汇率制度理论的价值不在于给出明确的最优汇率制度答案，而在于给出使人信服的分析框架和政策评估方法。此后，“没有任何汇率制度适合所有国家或所有时间”成为国内外学术界的主流共识。

第四节 外汇管制

一、外汇管制的演变和目的

外汇管制（exchange control or exchange restriction）是指一个国家为平衡国际收支，维持汇率稳定，对外汇交易、国际结算等采取的具有行政控制特征的限制性措施。

（一）外汇管制的演变

外汇管制是资本主义对外经济金融关系和贸易关系发展到一定阶段的必然产物。第一次世界大战以前，世界各主要资本主义国家普遍实行金本位制。在金本位制下，黄金可以自由输出、输入，汇率可以自动调节并保持相对稳定，国际收支可以自动恢复均衡，因此没有实行外汇控制的必要。

第一次世界大战爆发后，各主要资本主义国家先后停止了金本位制，开始实行纸币流通制度。由于各参战国的军费开支猛烈增加，为集中外汇资财进行战争，减缓汇率的剧烈波动，防止本国资本的外流，各参战国在战时都取消了外汇自由买卖，禁止黄金外流，开始实行外汇管制。第一次世界大战结束后，随着各国经济的恢复和好转，各国先后建立了金块本位制和金汇兑本位制，解除了外汇管制。经济危机大爆发后，资本主义各国普遍发生国际收支危机和货币信用危机，为谋求本国货币的稳定，维护本国的经济利益，又开始恢复和实行本国的外汇管制。

第二次世界大战爆发后，参战国立即实行全面、严格的外汇管制。到 1940 年，实行外汇管制的国家和地区多达 100 个。第二次世界大战后的初期，西欧各国及发展中国家都继续实行外汇管制，以增强黄金外汇储备、恢复国际收支地位。

20 世纪 50 年代后，随着资本主义经济的恢复和发展，资本主义各国经济状况开始好转。从 1958 年年底开始，西欧各资本主义国家如英国、法国、联邦德国、意大利、荷兰、卢森堡等，都先后不同程度地放松或取消了外汇管制，实行了有限的货币自由兑换。

从 1990 年 7 月 1 日起，欧共体决定其成员国原则上完全取消外汇管制，但其中希腊、西班牙、葡萄牙、爱尔兰可以延期几年逐步取消外汇管制。总的来看，目前西方各主要国家及一些新兴工业国家和石油输出国已宣布取消外汇管制或正在放松外汇管制，而广大发展中国家则主要由于缺乏自由外汇，仍然实行较为严格的外汇管制。

（二）外汇管制的原因和目的

从外汇管制的演变过程来看，一般而言，一国实行外汇管制的直接原因在于防止或解决国际收支严重逆差、黄金外汇大量流失、本币汇率难以维持等问题。对于发展中国家，解决外汇资金短缺问题往往是实行外汇管制的一个主要原因。

显然，一国实行外汇管制的根本目的是改善本国国际收支状况，稳定本币汇率，促进本国经济发展。具体而言，一国实行外汇管制的主要目的是：①限制进口，促进出口，改善国际收支，增加外汇收入；②限制资本外逃，防止外汇投机，稳定外汇市场汇率；③保护本国产业，缓解就业压力，稳定国内物价水平；④增加财政收入。

二、外汇管制的机构、对象及区域

（一）外汇管制的机构

实行外汇管制的机构，即外汇管制的主体，国际上有三种类型：第一类是国家授权中央银行作为外汇管理机关，如英国是英格兰银行代表财政部执行外汇管理工作；第二类是国家专设外汇管理机构，如意大利、法国和中国等国就指令中央银行专设外汇管理局，专门负责外汇管理工作；第三类是通过国家行政部门直接负责外汇管理，如美国的外汇管理便由财政部负责，日本的外汇管理则由大藏省和通产省负责。

外汇管理机构负责制定和监督执行外汇管理的政策、法令和规章条令，并根据本国内外部均衡情况的变化和政策需要，采取各种有效措施，控制本国的外汇收支活动。

（二）外汇管制的对象

外汇管制的对象分为对人和对物两个方面。

对人的管制主要包括法人和自然人。根据法人和自然人居住地点不同，把法人和自然人划分为居民和非居民。居民是指在本国境内长期居住的自然人和法人及派驻国外的本国机关、企业和工作人员。非居民是指长期居住在或设在本国境外的自然人和法人及外国派驻本国的外交人员。

对物的管制指对各种外汇有价资产的管制，这些外汇资产具体包括外钞、黄金、外汇支付凭证（汇票、本票、支票等）和各种外汇有价证券（股票、公司债券、人寿保险单等），有的国家还包括白金和钻石。

（三）外汇管制的区域

外汇管制的区域通常以本国法律生效范围为限。对区域性经济联合体来说，对联合体内不实行管制，对外则实行外汇管制。在实践中，一些国家对不同国家和地区实行不同的外汇管制政策，对友好国家和盟国外汇管制较松，对其他国家则外汇管制较严。

外汇管制的对象和区域属于外汇管制的客体。

三、外汇管制的方法

常见的外汇管制方法主要有以下几个方面。

（一）贸易外汇管制

贸易外汇收支一般是国际收支中的一个大项目。各国都把对贸易外汇收支的管制作为外汇管制的重点领域，其目的在于集中出口外汇收入，限制进口外汇支出，解决贸易逆差，追求国际收支平衡。

贸易外汇收支的管制主要体现在出口收汇和进口付汇两个方面：①出口收汇，是指规定出口商必须把全部或一部分出口贸易所得的外汇收入按官方汇率售给指定外汇银行，以集中国家外汇收入，统一使用。②进口付汇，是指对进口商品实行严格的审批手续，如有进口许可证制、进口存款预交制、进口押金制、进口用汇审批制等，以适当限制商品的进口，减少外汇支出。此外，对进口还实行进口限额制和进出口连锁制等数量管制。

（二）非贸易外汇管制

对非贸易外汇的管制是指对除贸易收支项目和资本项目以外的各项外汇收支的管制，其中包括运输费、保险费、佣金、股利、专利费、许可证费、技术劳务费、稿费、奖学金等各项收支。各国管理非贸易收支的目的，也是集中外汇收入，限制外汇支出。由于非贸易项目内容繁杂且经常发生，因此对这部分项目的外汇管制较为困难。近年来，非贸易外汇管制的一个趋势是：对收入的管制较松，对支出的管制较严。总体上讲，对非贸易外汇的管制，发达国家较松，而发展中国家较严。

（三）资本输出入管制

无论是发达国家还是发展中国家都很重视资本的输出入，因为一国的资本输出入会直接影响一国的国际收支，也影响一国的经济增长和发展。不过，由于各国的情况不一，决定了它们对资本输出入的管制也不同。

一般而言，发展中国家、外汇短缺的国家限制资本流出，对资本流入不加限制，而发达国家、外汇富余的国家则对资本流入往往加以必要限制，有时还鼓励资本输出。发展中国家为了发展民族经济，往往鼓励资本流入，但对带投机性质的短期资本流入则应保持警惕与限制。

（四）汇率管制

汇率管制的常用方法是实行复汇率制。常见的复汇率制有以下几种：①固定的差别汇率制。有的国家外汇管制机构根据不同的管制对象，规定两种或两种以上高低不等的汇率。比如，对进口买汇、非贸易结汇采用一种汇率，对出口结汇则采用另一种低估本币币值的汇率。②外汇转移证制度（exchange surrender certificate）。是指出口商按官方汇率向外汇指定银行结售外汇时，除获得本币外，还可获得“外汇转移证明书”，这种证明书可在自由市场上出售，其所得是对出口商的一种间接补贴。反之，进口商进口商品时，除按官方汇率向外汇指定银行买外汇，还需出示外汇转移证，这使进口商不得不去市场购买。因此，这实际上是对出口和进口实行不同的汇率制度。③混合汇率制。是指官方汇率与自由汇率混合使用的制度。外汇管制机构规定某些出口商品和非贸易业务部分或全部收入，可不按官方汇率结售给银行，在自由市场上按市场汇率出售外汇；而对某些进口商，不按官方汇率供给外汇，由他们在自由市场购入外汇，以此办法抑制某些高级消费品的进口，鼓励一些必需品的出口。

20世纪80年代以来，外汇市场上货币汇率波动剧烈，因此，为稳定汇率，西方各主要国家在中央银行设立外汇平准基金（exchange equalization fund）。基金由外汇、黄金和本国货币组成。通过外汇平准基金在外汇市场进行外汇买卖，来直接影响外汇市场的外汇供求，以缓解汇率的波动。我们可以把这种对汇率的管理或调节视为间接管制。

（五）黄金管制

有些国家对黄金交易进行管制，一般不准私自输出或输入黄金，有的国家对出售黄金还要征税。

（六）银行非居民存款账户管制

在非现金结算制度下，一般国际结算都通过银行存款账户相互转账结算。一国根据非居民的银行账户的国别和产生的原因不同，可对外汇的收支存兑给予宽严不同的规定。实行外汇管制的账户一般分三种：①国外账户。对非居民所出售的自由外汇，将居民与非居民的应付款记入该类账户；非居民该类账户上的存款，可以办理国内支付或汇出境外。②国内账户。该类存款只能在国内购买商品，支付其他费用或转移到本国其他居民的同类账户。③只进不出账户。禁止非居民把国内资金或把居民所欠非居民的债务转到国外，而非居民在国内出售的有价证券及其他资产所得款，必须存入该账户。

总而言之，外汇管制的方法或手段不外乎数量管制和价格管制两类。

四、外汇管制的弊端

实行外汇管制可使一国经济不受外来因素的影响，平衡国际收支，促进国内经济发展，但它对世界经济也产生了一些不利的影响。

1. 阻碍国际贸易的发展

实行外汇管制限制了外汇的自由买卖和支付，使一国货币不能自由兑换其他国家的货币。当各国货币丧失了可兑换性，就不能进行多边结算、多边贸易，从而阻碍了国际贸易的发展。

2. 阻碍市场机制作用的充分发挥

在外汇管制下，汇率是由政府决定的，这就使外汇的供需受到严格的限制，市场机制的作用不能充分发挥，从而使管制下的汇率与货币的实际价值相背离，使进出口商品的国内价格与国际价格相背离。同时，资本也不能自由流通，造成了国际金融市场的割裂。

3. 导致商品成本的提高

实行外汇管制手续繁多，增加了费用，提高了商品成本，同时还容易引起外汇走私和黑市买卖等，使外汇市场陷于混乱。

4. 加剧了国家之间的经济摩擦

如果世界各国普遍实行外汇管制，都采取奖出限入的政策，必然增加各国之间的经济摩擦和利益冲突。

● 专栏：香港联系汇率制

中国香港自1935年12月6日放弃银本位制以来，在汇率制度方面先后采取过与英镑挂钩的固定汇率制、与美元挂钩的管理浮动汇率制和港币完全自由浮动的浮动汇率制。从1978年开始，香港经济恶化，贸易赤字增加，货币供给过量，通货膨胀高企，加之香港政府实行以港币存款支持港币发行的、保障不足的港币自由发钞制度，为港币信用危机埋下了祸根。1982年，在香港房地产业出现大幅滑坡、香港公众和外国投资者对香港未来前途产生怀疑、港英当局取消外币存款利息税而保留港币存款利息税等因素的促动下，终于爆发港元危机。1982年7月1日至1983年9月1日，港元汇率贬值达22%，由1美元兑换5.91港元贬至1美元兑换7.58港元。9月26日，更进一步贬至1美元兑9.60港元，引起居民的挤兑和抢购风潮。在此背景下，为挽救港币危机，恢复港币信用，香港当局于10月15日决定，改变浮动汇率制，实行联系汇率制。1987年7月，香港政府通过了关于金融管理体制与运行机制的“新会计安排”，进一步完善了联系汇率制度。

联系汇率制的特点是：一国或地区流通的法定货币不是央行发行，而是由独立的通货发行局发行。这种货币的发行有完全的资金保证，即必须有一个可以作为国际储备的货币，按照事先预定的比价进行无条件的兑换。因此，联系汇率制的物质基础是外汇储备。联系汇率制是除货币联盟之外最严格的固定汇率形式。在一个运行良好的联系汇率制中，即期汇率和远期汇率均是固定的，而利率则与直接挂钩货币的利率相一致。

按照“新会计安排”，联系汇率制的主要内容是：发钞银行新发行的港元要向外汇基金缴纳等值的美元作为保证，以获取外汇基金无息的负债证明书（发钞银行是债权人）。而持牌银行要获得港元同样要有等值的美元存入发钞银行。当港元回笼时，发钞银行可以同样的汇率获得美元，同时交回外汇基金的负债证明书。发钞银行向持牌银行回笼港币时的做法与外汇基金同发钞银行之间回笼港币的做法相同。同时，外汇基金与发钞银行有义务通过外汇公开市场操作和调整利率来维护 1 美元兑换 7.8 美元的预定官价，使公开市场的汇率以 2%的幅度在官定汇率水平上下浮动。

香港的联系汇率制有两个内在的自我调节机制。

一是美元流动均衡机制。当港元被市场抛售或资本流出导致市场美元减少时，由于美元减少，发钞银行不仅不能增发货币，还需向外汇基金交回负债证明书赎回美元，导致基础货币减少，从而货币供应量减少，这又导致利率上升，物价下跌，国际收支状况好转，港元汇率趋于稳定，趋向官方汇率。

二是套利机制。香港的发钞银行由汇丰、渣打和中银集团三家商业银行组成，必然具有逐利动机。假设市场上美元汇率上升到 1∶7.9 港元，则所有发钞银行都会向外汇基金交回负债证明书，以 1∶7.8港元的汇率赎回美元，再以 1∶7.9 港元的汇率向市场抛售，结果是美元供应增加，港元供应减少，最终导致市场汇率与官方汇率趋同。

港元联系汇率制有利于港元汇率和整个香港经济、金融的稳定，但其也存在弊端：一是它在相当程度上使香港货币政策难以独立于美国，这便削弱了香港货币当局运用利率和货币供应量手段调节经济运行的能力；二是容易导致（源于美国的）输入型通货膨胀或通货紧缩；三是其汇率缺乏弹性，无法随内部经济形势的变化来相应调整汇率；四是其只是在发行现钞时有 100%的美元储备，流通中的 M1、M2 等仍然没有完全等量的美元支撑，一旦居民对港元信心丧失，仍然会发生美元对港元的货币替代危机，冲击汇率的稳定。

第五节　中国的外汇管理与人民币汇率制度

一、中国的外汇管理

（一）外汇管理的目的

世界上许多国家都实行外汇管制。我国是一个发展中国家，经济实力还不强，因此从新中国成立以来，一直实行外汇管制。外汇管制也可以说是外汇管理，我国外汇管理的目的如下。

1. 维护国际收支平衡和对外活动正常进行

随着国际贸易的发展及国际资本流动规模的日益扩大，国际间债权债务关系也迅速发展，这就要求国家有一定的国际支付手段。国际支付手段不足或出现外贸逆差，会严重影响国内经济的均衡发展。而实行外汇管制，如采取鼓励出口、限制进口、鼓励外资流入，限制本国资金外流等措施，就会使国际收支趋于平衡。

2. 维护本国货币和汇率的稳定，促进本国经济发展

通过外汇管制，控制外汇的供给与需求，促进其平衡，能有效地使本国货币对外国货币的汇率保持稳定，促进国内经济的发展。同时，通过外汇管制，鼓励出口，限制进口，防止外国商品大量倾销冲击本国的民族工业，有效保护国内市场，促进本国经济的发展。

（二）外汇管理的机构

国家外汇管理局是我国管理外汇的主管机关，行使国家外汇管理职能。其主要职责如下。

（1）拟定国家外汇管理的方针、政策、法规和相应的实施细则并组织实施，研究并提出我国外汇管理体制改革的方案，检查处理违反国家外汇管理法规的案件。

（2）参与编制国家外汇收支计划、利用外资计划，编制地方非贸易外汇收支计划并监督执行，统计全国外汇收支，拟定国际收支统计申报制度并组织实施，负责编制国际收支平衡表。

（3）公布每日美元、日元、港元等主要货币对人民币的中间价，拟定国家外汇储备政策和经营原则，集中管理国家外汇储备。

（4）拟定外汇市场的管理政策及办法并监督执行。

（5）负责金融机构经营外汇业务的审批，对其经营活动进行监督检查。

（6）拟定全国对外负债的登记、统计、监测管理办法并组织实施。

另外，国家外汇管理局还负责会同有关部门拟定贸易、非贸易外汇管理办法并监督执行，承办国务院或中国人民银行交办的其他事项等。

（三）外汇管理的主要内容

根据1996年1月29日国务院颁布的《中华人民共和国外汇管理条例》，外汇管理的主要内容如下。

1. 对经常项目的外汇管理

（1）境内机构（指中华人民共和国境内的企事业单位、国家机关、社会团体、部队、外商投资企业等）的经常项目外汇收入必须调回境内，不得违反国家有关规定将外汇擅自存放在境外，并应按照国务院有关结汇、售汇及付汇管理的规定卖给外汇指定银行，或经批准在外汇指定银行开立外汇账户。境内机构的经常项目用汇，应按国务院有关规定，持有关部门批准的有效凭证和商业单据向外汇指定银行购汇支付。境内机构的出口收汇和进口付汇，都应当按国家有关出口收汇和进口付汇核销管理的规定办理核销手续。

（2）对于个人所有的外汇，可以自行持有，也可以存入银行或者卖给外汇指定银行。个人因私出境用汇需在规定限额内购汇，超过规定限额的可以向外汇管理机关申请。个人携带外汇进出境，应当向海关办理申报手续，携带外汇出境超过规定限额的，还应当向海关出具有效凭证。

2. 对资本项目的外汇管理

（1）境内机构的资本项目（国际收支中因资本输出和输入而产生的资产与负债的增减项目，包括直接投资、各类贷款、证券投资等）外汇收入，应当按照国家有关规定在外汇指定银行开立外汇账户，卖给外汇指定银行。

（2）境内机构向境外投资，在向审批主管部门申请前，由外汇管理机关审查其外汇资金来源，经批准后，按国务院关于境外投资外汇管理的规定办理有关资金汇出手续。

（3）金融机构在境外发行外币债券，须经国务院外汇管理部门批准，并按国家有关规定办理。

（4）依法终止的外商投资企业，按照国家有关规定进行清算、纳税后，属外方投资者所有的人民币，可以向外汇指定银行购汇并汇出或者携带出境，属于中方投资者所有的外汇，应当全部卖给外汇指定银行。

3. 对金融机构外汇业务的管理

金融机构经营外汇业务须经外汇管理机关批准，领取经营外汇业务许可证。未经外汇管理机关批准，任何单位和个人不得经营外汇业务。经批准经营外汇业务的金融机构，经营外汇业务不得超出批准的范围，应当按照国家有关规定交存外汇存款准备金，遵守外汇资产负债比例管理的规定，并建立呆账准备金。外汇指定银行办理结汇业务所需人民币资金，应当使用自有资金。办理结算周转外汇，实行比例幅度管理，具体幅度由中国人民银行根据实际情况核定。

4. 对人民币汇率和外汇市场的管理

人民币汇率实行以市场供求为基础的、单一的、有管理的浮动汇率制度。外汇交易市场的交易应当遵守公开、公平、公正、诚实信用的原则。交易的币种和形式由国务院外汇管理部门规定和调整。交易者为外汇指定银行和经营外汇业务的其他金融机构。外汇指定银行和经营外汇业务的其他金融机构，应当根据中国人民银行公布的汇率和规定的浮动范围，确定对客户的外汇买卖价格，办理外汇买卖业务。中国人民银行根据银行间外汇市场形成的价格，公布人民币对主要外币的汇率。中国人民银行根据货币政策的要求和外汇市场的变化，依法对外汇市场进行调控。

除此以外，对违反国家规定，如擅自将外汇存放境外，不按规定将外汇卖给外汇指定银行及非法套汇等，应追究其刑事责任。

● 专栏：人民币自由兑换的条件与进程

所谓货币自由兑换，是指在外汇市场上能自由地用本币（外币）购买或兑换外币（本币）。按产生货币兑换需要的国际间经济交易的性质不同，货币自由兑换可以分为经常账户下的自由兑换和资本与金融账户下的自由兑换。在国际货币基金组织章程第八条的二、三、四款中规定，凡是能实现不对经常性支付和资金转移施加限制、不实行歧视性货币措施或多重汇率、能够兑付外国持有的在经常性交易中所取得的本国货币的国家，该国货币就是可自由兑换货币。可见，国际货币基金组织第八条款所指的自由兑换实际上是经常账户下的货币自由兑换。因此，实现了经常账户下货币自由兑换的国家又称为“第八条款国”。截至 1997 年年底，基金组织 184 个成员中，已有 143 个国家和地区是“第八条款国”。

第八条款对会员国在商品贸易方面所实行的限制并未施加约束。此外，基金组织的条款也并不排除强迫居民将外汇收入结售给国家的可能。

所谓资本与金融账户可兑换，则只对资本流入和流出的兑换均无限制。达到资本与金融账户可兑换的要求比经常账户可兑换难得多。截至 1997 年年底，基金组织全部成员中有 128 个成员对资本市场交易实行限制，112 个成员对货币市场交易实行限制，144 个成员对直接投资实行限制，此外还有许多成员对一部分或全部资本与金融账户交易使用歧视性汇率。在实行资本与金融账户可兑换的成员中，绝大多数是工业化国家，发展中国家和地区所含比例甚少。

一国货币实行完全可兑换性，一般来说要经历经常账户的有条件兑换、经常账户自由兑换、经常账户自由兑换加上资本与金融账户的有条件兑换，以及经常账户和资本与金融账户均自由兑换这样几个阶段。

一国货币若能实行自由兑换，须具备如下几个条件：

一是稳定的宏观经济形势。一国应在此前一段时期基本达到充分就业，既无严重通货膨胀，又无通货紧缩，财政赤字处于可控制的范围内，银行体系无巨额不良资产，金融秩序正常。

二是有效的市场调节机制。国内市场机制应比较健全，商品市场和金融市场上的价格应能充分、灵敏地反映真实供求状况，不存在扭曲因素。

三是成熟的宏观调控能力。在货币自由兑换的进程中乃至实现之后，政府必须能够娴熟地和自主地运用各种宏观政策工具对经济进行调控，以应付各种复杂的因素和局面变化。

四是健全的微观经济主体。一国的微观经济主体主要是企业，从制度上看，要求企业是真正的自负盈亏、自我约束的利益主体，能够对价格变动作出及时反应；从技术上看，要求企业具有较高的劳动生产率，以免自由兑换后恶化财政状况和金融体系状况，以及恶化国际收支状况。

五是完善的金融监管体系。一国应能对金融机构、金融市场实施有效的宏观和微观审慎监管。

六是国际收支均衡的可持续性。这种可持续性要求消除外汇短缺，即实现外汇收支在趋势上的大体平衡，尤其要消除经常账户中的外汇短缺，否则实现自由兑换后，可能会出现资本逃避；还要求政府具有充足的国际融资能力或国际储备，否则可能会发生资本逃避现象，出现货币危机。

七是合理的汇率制度与汇率水平。恰当、合理的汇率制度与汇率水平是货币实现自由兑换后保持汇率稳定的重要条件。

以上七个货币自由兑换的条件便是人民币自由兑换的条件。

迄今为止，可将人民币自由兑换的进程划分为以下五个阶段：

(1) 高度集中控制阶段（1979 年以前）。当时，一切外汇收支由国家管理，一切外汇业务由中国银行经营，国家对外汇实行全面的计划管理，统收统支。

(2) 向市场化过渡阶段（1979～1993 年）。这一时期，随着经济体制改革的发展，对人民币兑换的控制开始放松；国家对企业创汇实行额度留成制度；相应的，为解决创汇企业和用汇企业之间调剂外汇余缺的需要，我国形成了外汇调剂市场。这时，相当一部分用汇需求可在外汇调剂市场上实现，但经常账户下的支付用汇仍有一部分需要计划审批。

(3) 经常账户下有条件自由兑换时期（1994～1996 年）。1994 年 1 月 1 日，我国外汇管理体制实行了重大改革，改汇率双轨制为以市场为基础的、单一的、有管理的浮动汇率制；以结售汇制代替外汇留成制，经常账户下正常对外支付用汇不必计划审批，可持有效凭证用人民币到外汇指定银行办理购汇，而且消除了以往对经常账户收支的歧视性多种汇率现象。

(4) 经常账户下完全自由兑换时期（1996～2013 年）。从 1996 年 12 月 1 日起，我国承诺接受国际货币基金组织协定第八条的全部义务，人民币实现了经常项目下的完全可兑换。当然，此时，我国对经常账户下外汇收支的管理仍然存在，如对企业还实行结汇制，对经常账户下的外汇收支还实行监管。与此同时，我国还对资本与金融账户实行较严格的管制。

(5) 上海自贸区试验阶段（2013 年 9 月 29 日至今）。2013 年 9 月 29 日，国务院批准设立的中国（上海）自由贸易试验区（Free Trade Zone，FTZ）正式挂牌成立，首批 25 家企业和 11 家金融机构入驻自贸区。人民币资本项目自由兑换将在上海自贸区内试行，人民币自由兑换迈开了新的一步，我国的汇率制度也向市场化改革迈出了跨越式步伐。

二、人民币汇率制度

（一）人民币汇率制度的演变

自 1948 年 12 月 1 日中国人民银行正式成立并发行了统一的货币——人民币以来，人民币汇率制度经历了如下七个阶段。

1. 第一阶段：国民经济恢复时期的汇率制度（1949 年 1 月～1952 年 12 月）

这一阶段内，人民币汇率的安排主要是钉住美元，以国内外物价对比法为基础。1949 年 1 月～1950 年 3 月全国统一财经工作会议前，人民币汇率频繁地大幅度贬值。因为 1949 年新中国刚刚成立，医治战争创伤、恢复国民经济需要大量资金，财政极其困难，不得不发行钞票来弥补财政赤字。在此情况下，国内物价猛烈上涨，而国外物价保持相对稳定。同时，为鼓励出口，增加侨汇，我国政府参照当时国内外物价水平，对人民币汇率作一系列下调措施。人民币以美元为基础，共下调 52 次，由 1949 年 1 月 18 日的 1 美元合 80 元旧人民币，下调至 1950 年 3 月 13 日 1 美元合 42 000 元旧人民币。人民币汇率在这一阶段的不断贬值，对当时保证进出口贸易和侨眷生活起着十分重要的作用。

到了 1950 年 3 月～1952 年 12 月这一阶段，人民币汇率转为持续升值。因为全国财经工作统一后，国内物价开始下跌，趋于稳定，与此同时，世界市场价格上涨，加上美国和其他一些国家对我国实行一系列“封锁禁运”政策，我国必须大力推动进口。因此，根据形势的变化，我国人民币汇率实行上调措施，由 1950 年 3 月 13 日 1 美元合 42 000元旧人民币调高为 1952 年 12 月 1 日的 1 美元合 26 170 元旧人民币。

2. 第二阶段：集中计划经济时期的汇率制度（1953 年 1 月～1973 年 1 月）

这一阶段，人民币汇率主要与个别西方主要国家货币挂钩，只是在某种外币公开贬值或升值时作相应调整，强调汇率稳定，高估人民币币值并实行高度的外汇管制。从 1953 年起，我国进入有计划的社会主义建设时期。“一五”期间，我国完成对资本主义工商业的社会主义改造，对外贸易由私营为主转为由国家统一经营，旧人民币换新人民币工作顺利，国内物价基本稳定；同时，在布雷顿森林体制下，各国普遍实行固定汇率制，人民币汇率基本保持不变。

3. 第三阶段：钉住一篮子货币的汇率制度（1973 年 2 月～1980 年 12 月）

这一阶段，人民币汇率钉住一篮子货币。自 1973 年起，国际石油价格猛涨，西方国家通货膨胀加剧，世界物价水平上涨，布雷顿森林体系下的固定汇率制崩溃，各国纷纷实行浮动汇率，各国货币汇率随着市场供求关系的变动而波动。为了避免西方发达国家经济衰退对我国国民经济的影响，人民币汇率要与西方主要国家货币汇率的升降相适应，因此这一阶段，人民币汇率改为参照一篮子货币以加权平均的方法制定和调整。

4. 第四阶段：从双重汇率转向单一汇率制度（1981 年 1 月～1985 年 12 月）

这一阶段，起初人民币实行双重汇率制度，实行改革开放后，为加速社会主义现代化建设，促进对外贸易发展，从 1981 年 1 月 1 日起，我国开始实行贸易内部结算价格。即自 1981 年起，全部进出口贸易均按 1 美元等于 2.8000 元人民币的贸易内部结算价进行结算，而对非贸易外汇收支仍按当时 1 美元等于 1.5303 元人民币的外汇牌价进行结算。这种双重汇率结算制度对我国经济发展起到了一定推动作用，但同时也出现了一些问题。例如，银行结算界限混乱不清，一些非贸易业务与外商投资争相按贸易内部结算价进行结算，造成外汇管理混乱；另外，双重汇率遭到一些国家和国际货币基金组织的批评。因此，1985 年 1 月 1 日取消了贸易内部结算价，人民币又由双重汇价恢复到单一汇价，这一年里，人民币贬值 15%左右。

5. 第五阶段：双轨制下有管理浮动的汇率制度（1986 年 1 月～1993 年 12 月）

这一阶段，我国实行的是官方汇价与外汇市场调剂价并存的有管理浮动的汇率制度。1986 年 1 月 1 日起，人民币实行了有管理浮动的汇率制度，以取代此前钉住一篮子货币的汇率制度。1988 年后，全国各省建立了外汇调剂市场中心，标志我国外汇调剂市场的正式形成，出现了外汇调剂价格。1987 年全国调剂外汇成交额为 42 亿美元，而 1991 年即已达到 204 亿美元，相当于我国用汇支出的 44.5%。相应的，外汇调剂价格已成为我国与官方汇价并存的一种重要汇率。

外汇调剂市场的形成和发展，对当时的经济产生了良好的促进作用，它表现在增强了外汇使用的合理性，调整了企业的经济利益，促进了出口创汇，打击了外汇黑市，对外商投资企业的外汇平衡发挥了积极作用。此外，外汇调剂价格的升降在一定程度上反映了外汇供求，可作为调整官方汇率的参考依据。

6. 第六阶段：以市场供求为基础的、单一的、钉住美元的、有管理的浮动汇率制度（1994 年 1 月～2005 年 7 月）

1994 年 1 月 1 日，我国开始实行以市场供求为基础的、单一的、钉住美元的、有管理的浮动汇率制。自 1994 年 4 月 4 日开始，中国外汇交易中心正式启动运营，标志着我国统一的银行间外汇市场的形成。市场的操作中心设在上海市，它与全国二十几个地区的前外汇调剂中心联网，形成用计算机网络连联结的全国统一的规范交易市场。汇率并轨及外汇市场的形成，使人民币汇率形成机制得到改进。1996 年 12 月 1 日，我国还取消了所有经常性国际支付和转移的限制，实现了人民币经常项目可兑换，成为国际货币基金协定第八条款国。这一阶段人民币汇率制度的内容主要如下。

（1）以市场供求为基础的汇率。我国的汇率是由我国外汇交易市场中银行间的外汇交易决定，即人民币汇率的形成是以银行同业市场供求为基础的。1994 年 4 月 1 日，银行间外汇市场——中国外汇交易中心在上海成立，连通全国所有分中心，4 月 4 日起中国外汇交易中心系统正式运营，采用会员制，实行撮合成交集中清算制度，并体现价格优先、时间优先原则。中国人民银行根据宏观经济政策目标，对外汇市场进行必要的干预，以调节市场供求，保持人民币汇率的稳定。

（2）单一的汇率。实行汇率并轨，并轨时的人民币汇率为 1 美元合 8.70 元人民币。全国只有一个统一的汇率即中国人民银行公布的汇率，各外汇指定银行根据这一汇率在规定的幅度内自主确定对客户的外汇买卖价。这适用于所有的外汇与人民币的结算和兑换。中国人民银行每日根据上海外汇交易中心形成的市场收盘价，确定并公布次日人民币对外币的中间价（而不是由政府根据政治、经济形势制定出有关官方价格）。

（3）有管理的汇率。中国人民银行通过国家外汇管理局运用货币政策或外汇干预对人民币汇率实施宏观调控与监管，以保持人民币汇率在合理水平上的基本稳定。

（4）浮动汇率。这有两层含义：一是中国人民银行每日公布的汇率是浮动的；二是各外汇指定银行对外挂牌买卖外汇的汇率可在中国人民银行公布的汇率及规定的幅度范围内浮动。

（5）银行结售汇制度。取消各类外汇留成、上缴和额度管理制度，对境内机构经常项目下的外汇收支实行银行结汇和售汇制度。除实行进口配额管理、特定产品进口管理的货物和实行自动登记制的货物，须凭许可证、进口证明或进口登记表，以及相应的进口合同和与支付方式相应的有效商业票据（发票、运单、托收凭证等）到外汇指定银行购买外汇外，其他符合国家进口管理规定的货物用汇、贸易从属费用、非贸易经营性对外支付用汇，凭合同、协议、发票、境外机构支付通知书到外汇指定银行办理兑付。

7. 第七阶段：市场供求为基础的、单一的、参考“一篮子”货币进行调节的、有管理的浮动汇率制度（2005 年 7 月至今）

这一汇率制度从 2005 年 7 月 21 日开始实行。

（二）当前阶段人民币汇率制度

2005 年 7 月 21 日，中国人民银行发布公告，宣称即日起我国开始实行以市场供求为基础、参考一篮子货币进行调节的、有管理的浮动汇率制度。至此，人民币汇率制度进入第七阶段。实行这一新的人民币汇率制度，是为了建立和完善我国社会主义市场经济体制，充分发挥市场在资源配置中的基础性作用，切实建立和完善以市场供求为基础的、有管理的浮动汇率制度，完善人民币汇率形成机制。这一新的人民币汇率体制和汇率形成机制有如下要点：

（1）人民币汇率不再钉住单一美元，形成更富弹性的人民币汇率机制。

（2）2005 年 7 月 21 日 19 时，人民币兑美元升值 2%，美元对人民币汇率调整为 1 美元兑 8.11 元人民币，作为次日银行间外汇市场上外汇指定银行之间交易的中间价，外汇指定银行可自此时起调整对客户的挂牌汇价。每日银行间外汇市场美元对人民币的交易价仍保持在人民银行公布的美元交易中间价上下千分之三的幅度内浮动，非美元货币对人民币的交易价在人民银行公布的该货币交易中间价上下一定幅度内浮动。

（3）中国人民银行于每个工作日闭市后公布当日银行间外汇市场美元、欧元、日元和港元这些交易货币对人民币汇率的收盘价，作为下一个工作日该货币对人民币交易的中间价格。

（4）中国人民银行将根据市场发育状况和经济金融形势，适时调整汇率浮动区间。同时，中国人民银行负责根据国内外经济金融形势，以市场供求为基础，参考篮子货币汇率变动，对人民币汇率进行管理和调节，维护人民币汇率的正常浮动，保持人民币汇率在合理、均衡水平上的基本稳定，促进国际收支基本平衡，维护宏观经济和金融市场的稳定。

当前阶段人民币汇率制度改革的原则是坚持主动性、可控性和渐进性。主动性，就是主要根据我国自身改革和发展的需要，决定汇率改革的方式、内容和时机。汇率改革要充分考虑对宏观经济稳定、经济增长和就业的影响。可控性，就是人民币汇率的变化要在宏观管理上能够控制得住，既要推进改革，又不能失去控制，避免出现金融市场动荡和经济大的波动。渐进性，就是根据市场变化，充分考虑各方面的承受能力，有步骤地推进改革。

当前阶段人民币汇率制度改革的目标，或者说改革最显著的特点，便是建立和完善以市场供求为基础的、有管理的浮动汇率制度，其重点和关键是完善人民币汇率形成机制，保持人民币汇率在合理、均衡水平上的基本稳定。完善人民币汇率形成机制的改革，不仅是建立和完善社会主义市场经济体制、充分发挥市场在资源配置中的基础性作用的内在要求，也是深化经济金融体制改革、健全宏观调控体系的重要内容，符合我国的长远利益和根本利益，有利于贯彻落实科学发展观，对于促进经济社会全面、协调和可持续发展具有重要意义。

这次人民币汇率形成机制改革的内容是：人民币汇率不再钉住单一美元，而是按照我国对外经济发展的实际情况，选择若干种主要货币，赋予相应的权重，组成一个货币篮子。同时，根据国内外经济金融形势，以市场供求为基础，参考一篮子货币计算人民币多边汇率指数的变化，对人民币汇率进行管理和调节，维护人民币汇率在合理均衡水平上的基本稳定。参考一篮子表明外币之间的汇率变化会影响人民币汇率，但参考一篮子不等于钉住一篮子货币，它还需要将市场供求关系作为另一重要依据，而且是更重要的依据，据此形成有管理的浮动汇率。现在，人民币汇率不再钉住单一美元，人民币汇率形成机制更加富有弹性。2005 年 7 月 21 日人民币对美元即日升值 2%，即 1 美元兑 8.11 元人民币。这一调整幅度主要是根据我国贸易顺差程度和结构调整的需要来确定的，同时也考虑了国内企业进行结构调整的适应能力。

人民币汇率形成机制改革后，并不会造成人民币汇率的大幅波动从而冲击我国的经济金融体系。首先，汇率形成机制改革后，人民币不再钉住任何一种单一货币，而是以市场供求为基础，参考一篮子汇率进行调节，国际市场主要货币汇率的相互变动和一定的抵消作用，客观上减少了人民币汇率的波动性。其次，随着汇率等经济杠杆在资源配置中的基础性作用增强，我国外汇供求关系进一步理顺，市场化的国际收支调节机制逐步建立健全，为人民币汇率稳定奠定了坚实的经济基础。再次，20 多年的改革开放实践已使我国货币当局等宏观调控部门积累了丰富的间接宏观调控经验，我国将积极协调好各项宏观经济政策，稳步推进各项改革，为人民币汇率稳定提供良好的政策环境，努力保持人民币汇率在合理、均衡水平上的基本稳定。

深入的分析表明，此次完善人民币汇率形成机制的改革，是缓解对外贸易不平衡、扩大内需及提升企业国际竞争力、提高对外开放水平的需要。截至 2005 年 6 月末，我国外汇储备高达 7110 亿美元。适当调整人民币汇率水平，改革汇率形成机制，有利于贯彻以内需为主的经济可持续发展战略，优化资源配置；有利于增强货币政策的独立性，提高金融调控的主动性和有效性；有利于保持进出口基本平衡，改善贸易条件；有利于保持物价稳定，降低企业成本；有利于促使企业转变经营机制，增强自主创新能力，加快转变外贸增长方式，提高国际竞争力和抗风险能力；有利于优化利用外资结构，提高利用外资效果；有利于充分利用“两种资源”和“两个市场”，提高对外开放的水平。

➢本章小结

外汇具有动态和静态两种含义。外汇的静态含义有广义和狭义之分。后者是指以外币表示的用于国际结算的支付手段；前者则指所有用外币表示的债权，它包含以外币表示的各种信用工具和有价证券。作为外汇的外国货币资产必须同时具备三个特征。

外汇汇率是指一国货币兑换成另一国货币的比率，即一国货币用另一国货币表示的价格。因此，汇率实际上就是外汇的价格即汇价。汇率的标价方法有三种：直接标价法、间接标价法和美元标价法。

汇率按制定的方法不同，可分为基本汇率和套算汇率；按外汇汇付方式不同，可分为电汇汇率、信汇汇率和票汇汇率；按外汇买卖交割的时间不同，可分为即期汇率和远期汇率；按银行买卖外汇角度不同，可分为买入汇率、卖出汇率、中间汇率和现钞汇率；按外汇管理的宽严程度不同，可分为官方汇率和市场汇率；按银行营业时间不同，可分为开盘汇率和收盘汇率；按外汇买卖的对象不同，可分为同业汇率和商人汇率；按汇率是否经过价格调整或加权平均，可分为名义汇率、实际汇率与有效汇率。

汇率制度又称汇率安排，是指一国货币当局对本国汇率水平的确定、汇率变动方式等问题所作的一系列安排或规定。传统上按照汇率变动的幅度，将汇率制度分为固定汇率制和浮动汇率制。亚洲金融危机后，国际货币基金组织对汇率制度进行了重新分类，按照这种重新分类，各国（地区）汇率制度选择情况包括：无独立法定货币的汇率制度、货币局制度、传统的固定钉住汇率制度、钉住水平带的钉住汇率制度、爬行钉住汇率制度、爬行带内浮动汇率制度、不事先宣布干预方式的管理浮动汇率制度和单独浮动汇率制度。随着国际经济的发展，国际汇率制度不断朝富有更大弹性的安排转变，呈现弹性化趋势。

长期以来，学术界一直存在着固定汇率制和浮动汇率制孰优孰劣的激烈争论。实际上，固定汇率制度和浮动汇率制度都不是十全十美的，各有利弊，不能简单地说哪一种汇率制度比另一种更为优越，而应对具体国情具体分析。关于汇率制度的选择，国际上有一些新理论和新方案，包括经济论、最适通货区论、爬行钉住制、汇率目标区制、不可能“三位一体”论和动态一般均衡福利最大化论等。

外汇管制是指一个国家为平衡国际收支、维持汇率稳定，对外汇交易、国际结算等采取的具有行政控制特征的限制性措施。一国实行外汇管制的根本目的是改善本国国际收支状况，稳定本币汇率，促进本国经济发展。外汇管制的对象分为对人和对物两个方面。外汇管制的区域通常以本国法律生效范围为限。在实践中，一些国家对不同国家和地区实行不同的外汇管制政策。常见的外汇管制方法主要有：贸易外汇管制、非贸易外汇管制、资本输出入管制、汇率管制、黄金管制和银行非居民存款账户管制。

自 2005 年 7 月 21 日以来，人民币实行的是以市场供求为基础的、单一的、参考一篮子货币进行调节的、有管理的浮动汇率制度。

➢本章重要概念

外汇　自由外汇　记账外汇　贸易外汇　非贸易外汇　汇率　直接标价法　间接标价法　基本汇率　套算汇率　电汇汇率　信汇汇率　票汇汇率　即期汇率　远期汇率　升水　贴水　平价　买入汇率　卖出汇率　中间汇率　官方汇率　市场汇率　单一汇率　复汇率　金融汇率　贸易汇率　名义汇率　真实汇率　有效汇率　套利　套汇　黄金输送点　自由浮动　管理浮动　单独浮动　联合浮动　最适通货区　不可能三角　外汇管制

➢ 思考题

1. 试述固定汇率制和浮动汇率制各自的利弊。
2. 1999 年后，IMF 对各国的汇率制度如何划分?
3. 简述汇率制度选择的“经济论”。
4. 简述汇率目标区制。
5. 什么是外汇管制? 其目的是什么?
6. 外汇管制的方法一般包括哪几个方面?
7. 简述当前阶段人民币汇率制度的特点。

➢ 进一步的阅读与讨论　参考一篮子货币：人民币汇率制度的选择

自 1994 年以来，我国实际上实行的是钉住美元的汇率制度，人民币汇率长期被固定在 1 美元兑 8.28 元左右人民币水平上不变。虽然钉住美元制有利于促进我国对外经贸交易，但明显存在许多缺陷和不足。因此，2005 年 7 月 21 日中国人民银行发布公告宣布，对人民币汇率制度进行重大改革。其改革的主要内容可以概括为三个方面：一是人民币汇率机制从钉住单一美元转为以市场供求为基础、参考一篮子货币进行调节、有管理的浮动汇率制度；二是美元对人民币交易价格 1 美元兑 8.27 上升为 8.11 元人民币，升值 2%；三是现阶段美元兑人民币日波动幅度限定在千分之三。

在钉住一篮子货币的汇率制度下，给篮子中的各种货币赋予一定的权重，让本国货币的汇率根据篮子中各货币的汇率变动而加权变动，可以实现本国货币加权平均的稳定汇率。

假如人民币钉住某个货币篮子，这个篮子由三种货币构成，有美元、欧元和日元，这三种货币在该篮子中的权重分别为 50%、25%和 25%。现在我们来看欧元和日元相对美元均升值 10%的情况。首先，如果人民币实行单一钉住美元的汇率制度，则欧元和日元对美元的升值不会影响人民币和美元之间的汇率。但是，欧元和日元对美元升值 10%，意味着欧元和日元对人民币也升值了 10%。而如果人民币钉住上述一篮子货币，则欧元和日元相对美元升值 10%会导致人民币相对美元升值 5%。此时，人民币与美元的汇率不再稳定。但是，人民币在对美元升值 5%的同时，对欧元和日元会贬值 5%。这样，人民币通过对美元汇率的一定程度的波动，换得了加权平均汇率的稳定。可见，钉住一篮子货币的汇率制度最主要的优点是能够有效规避世界上其他货币的汇率变动带来的冲击和引发的结构失衡，实现本币汇率的相对稳定。其次，在钉住一篮子货币的浮动汇率制度下，被钉住的货币虽然对货币篮子的汇率是不变的，但对各种单一货币的汇率都会有一些波动，这种波动就会有利于居民和企业形成比较强的汇率风险意识，也有利于远期市场的培育和外汇市场避险工具的产生，如果没有汇率的波动，远期市场和外汇市场避险工具就不会产生，或者产生也派不上用场。再次，采用货币篮子以后，汇率会更加具有弹性，会经常波动，这样有利于向更加灵活的汇率制度过渡。最后，但也许在当前是最重要的一点，即钉住一篮子货币的汇率制度有助于稳定汇率预期。实际上，钉住一篮子货币的汇率制度给定了一个汇率变动的规则，在这个规则中，汇率变动将不以一国的国际收支基本状况为依据，而是以货币篮子其他货币的汇率变动为依据。因而将对汇率变动的预期转嫁到对其他货币的汇率变动预期上，避免将一国的国际收支状况作为形成汇率变动预期的基础。

我们做一个简单的模型，试着说明在钉住一篮子货币的条件下人民币汇率变化的道理。假定人民币篮子里只有三种货币：美元、欧元和日元。其中，1 美元=1 欧元，1 美元=100 日元，权重分别为美元 70%、欧元 20%、日元 10%。

初始汇率为8.11元人民币=1美元。如果把钉住1美元改为参考货币篮子，则8.11元人民币=（1美元×70%+1欧元×20%+100日元×10%），全部换算成美元后，该等式变为

8.11元=（1美元×70%+1美元×20%+1美元×10%）

也就是，

8.11元=（0.7美元+0.2美元+0.1美元）=1美元

假设随后欧元对美元升值20%，为1欧元=1.2美元。

此时人民币篮子就变为

8.11元=（1美元×70%+1.2美元×20%+1美元×10%）

8.11元=1.04美元，或1美元=7.798元人民币

人民币对美元升值了3.85%。

由此可以看到，尽管欧元对美元出现了大幅升值，但人民币对美元升值的幅度则比较小，其原因就在于欧元在人民币篮子里所占的权重比较小。

为了保持人民币对美元汇率的稳定，央行还可以随时调整货币篮子的权重。比如欧元对美元仍保持升值20%，但如央行把欧元权重调整为10%，日元权重调整为20%，则人民币对美元汇率为8.11元=1.02美元，1美元=7.95元，人民币对美元升值幅度为1.96%。同样是欧元对美元升值20%，因为权重变了，人民币对美元升值的幅度就仅有原来的一半。

所以，权重的设置很重要。这也正是人民币不是钉住一篮子货币，而是参考一篮子货币的妙处所在。钉住了，谁都可以预测汇率走势，而参考则不同，央行随时可以自我调整权重和币种，外人无法准确预期。

事实上，钉住一篮子货币的汇率制度有其固有的缺陷：首先，严格的钉住一篮子货币会丧失调整汇率的主动性，本币汇率的变化是根据篮子中货币的汇率被动进行调整。其次，本币的汇率变动不反映本币的市场供求状况。因此，钉住一篮子货币的汇率制度不符合市场化的改革方向，或者以市场为基础的改革方向。最后，钉住一篮子货币不能规避非汇率因素对国际收支的冲击。

但是，参考一篮子货币进行调节的汇率制度与钉住一篮子货币的汇率制度相比，也有自身的弊端。如前所述，在严格的钉住一篮子货币的汇率制度下，货币的汇率变动完全根据篮子中各货币的汇率变动而被动变动。而参考一篮子汇率制度下，货币将以三种方式发生变动：一是日常的波动，即每天以上一交易日收盘价为中心正负3‰之内的波动。二是参考货币篮子调整中间价，即当货币篮子中某些货币的汇率发生大幅度波动，以至于美元兑该货币的收盘价处于区间端点也不能涵盖这一波动幅度时，货币当局可能不以上一日收盘价作为下一日的中间价，而是参考货币篮子重新确定一个中间价。三是必要时扩大汇率浮动区间，即货币当局在必要情况下可以将波动幅度扩大到一个更大的区间。扩大浮动区间需要对外汇交易市场、外汇指定银行与居民和企业的交易制度、银行的外汇头寸管理制度和强制结售汇制度进行相应的改革和调整，否则会影响整个外汇市场的交易效率。需要特别强调的是，即使在日常的范围之内的波动，也不是完全自由波动。货币当局不是仅仅在区间两端进行买入和卖出，而且可以作为外汇交易市场的一个成员，在区间内的任何价位进行交易。因此，货币当局事实上还具有决定每日收盘价的能力。

可见，参考一篮子货币进行调节和严格钉住一篮子货币的最大区别就在于前者保留了货币当局对调节汇率的主动权和控制力，但不能享受在稳定汇率预期方面带来的好处，而后者则用一个明确的规则代替中央银行对汇率的任意干预，从而能迅速稳定汇率预期，但同时丧失了货币当局调节汇率的主动权。这实际上是一个在相机抉择与规则之间进行折中的古老的政策难题。

但权衡利弊，我们认为，参考一篮子货币浮动的汇率制度是一个较优的选择。

第三章

现代国际收支理论

国际收支理论是国际金融学的基本理论，它主要研究国际收支的决定因素、国际收支失衡的原因和消除失衡的调节方法。研究国际收支理论的目的是及时、有效地调节国际收支的失衡，就此而言，国际收支理论亦可称为国际收支调节理论。随着世界经济的发展变化和经济思潮的更替，国际收支理论也在不断发展和趋于完善。现代国际收支理论的发展为各国政府选择国际收支的调节政策提供了重要的理论依据。

第一节 货币论

一、货币论的基本内容

货币论又称货币分析法（monetary approach），是20世纪60年代后期至70年代中期由美国芝加哥大学的罗伯特·蒙代尔和哈里·约翰逊（H. Johnson），还有后者的学生雅各布·弗兰克尔（J. Frenkel）等创立的。此前，在国际货币基金组织任职的荷兰经济学家波拉克（J. Polark）也对此进行过开创性的工作。货币论的理论基础源于芝加哥的货币主义，是将货币主义向国际经济领域进行延伸和扩展而形成的国际收支理论。货币论认为国际收支失衡本质上是一种货币现象，是由于货币供需存量的失衡引起的。其基本思路是：国际收支差额由一国国内的名义货币供应量和名义货币需求量的差额决定，要想调节国际收支，必须通过调节货币供给来调节两者的差额。

货币论对国际收支平衡表的分析，在两个方面完全不同于此前传统的国际收支理论：①传统理论仅注重经常项目收支，而货币论将国际资本流动也作为考察对象，强调国际收支的综合差额；②传统理论注意对线上项目的分析，而货币论主张从线下项目分析，视线上项目差额为线下项目交易的结果。因为线下项目交易即国际储备额的变动，归根结底取决于货币市场供需存量的关系。

货币论有以下三个基本假定。

（1）从长期看，一国处于充分就业均衡，一国的实际货币需求是收入和利率等少数几个变量的稳定函数。

（2）开放的小国假定，即在完善的国际市场机制下，一国价格水平和利率水平与国外价格和利率水平趋向一致，可认为接近世界市场水平。

（3）从长期看，一国货币供给变动不影响实物产量，货币需求是稳定的。

其基本理论分析过程如下：

一国名义货币需求为

$$M_D = P \cdot f(Y, i) \tag{3.1}$$

式中，P——本国价格水平；

Y——本国国民收入；

i——利率。

按照假定，从长期看，实际货币需求稳定，同时物价 P 也与国外保持一致，可认为不变，这样名义货币需求 M_D 也保持稳定。

一国名义货币供给为

$$M_S = m(D + R) \tag{3.2}$$

式中，D——国内提供的货币供应基数，即中央银行的国内信贷；

R——来自国外的货币供应基数，即货币当局持有的国际储备；

m——货币乘数。

为简化分析，令 $m=1$，则有

$$M_S = D + R \tag{3.3}$$

在市场均衡条件下，名义货币需求等于名义货币供给，即

$$M_D = M_S = D + R \tag{3.4}$$

整理得

$$R = M_D - D \tag{3.5}$$

式（3.5）便为国际收支货币论的最基本方程式。从该式可得出结论：国际收支是一种货币现象；国际收支失衡就是一国国内货币供需存量失衡。由于假定一国名义货币需求量 M_D 不变，故一国国际收支逆差就是由于一国国内的名义货币供应量 D 超过了名义货币需求量 M_D；一国国际收支顺差便是由于一国国内的名义货币供应量 D 供应不足。换言之，当货币供给由于国内信贷总量 D 的扩张或紧缩而大于或小于货币需求时，国际收支就相应呈现出逆差或顺差。可见，按照货币论，货币政策对调节国际收支是具有根本意义的。

货币论认为，在浮动汇率制下，国际收支的失衡可以立即为汇率的自发变动纠正。当一国国际收支由于货币供给过度而出现逆差时，该国货币自动贬值。人们手持货币余额的实际值下降，于是减少支出重建货币余额，货币需求上升直到将过度的货币供给吸收干净，国际收支自动恢复平衡。因此，货币论主要针对固定汇率制展开分析。设最初货币市场均衡，在固定汇率制下，当国内货币供给通过国内信贷扩张而大于货币需求时，人们持有的货币余额高于意愿持有水平，多余的货币部分就会被用来购买外国商品和金融资产，因此造成国际收支赤字。为了维持汇率的稳定，货币当局必须动用外汇储备来干预外汇市场，由此货币供给也随之逐渐减少，最后货币市场恢复均衡。若国内信

贷总量紧缩，则导致国际收支盈余，货币当局外汇储备增加，货币供给增加，最后货币市场供需同样达到相等。

货币论还研究了贬值对国际收支的影响这一传统主题。其观点是：贬值引起贬值国国内价格上升，实际货币余额减少，导致人们压缩支出，减少对国外商品和证券的购买，从而出现国际收支盈余，因此贬值能暂时性地改善国际收支。但前提是政府不采取扩张性国内信贷政策，不增加名义货币供应量，否则国际收支不一定能改善，甚至可能恶化。

二、评价

货币论唤醒了人们在国际收支分析中对货币因素的重视，并在其分析框架中把资本项目与经常项目一并考虑，这在一定程度上克服了前述各种传统国际收支理论的不足，具有一定的理论意义和现实意义。但货币论也有其自身内在的缺陷，主要如下。

（1）它将国际经济的因果关系颠倒了。它把货币因素看成是决定性的，而把收入、支出、贸易条件和其他实际因素看成是次要的，只通过对货币需求的影响发生作用。但事实上，应当是商品流通决定货币流通。

（2）它假定货币供给不影响实物产量，又不影响本国价格水平。但实际上，一国不一定处于充分就业状态，即便处于充分就业状态，短期内货币供给的变动也会影响实际产量；“一价定律”由于垄断因素和商品供求黏性的存在，也往往不能成立，故本国价格水平也会受货币供应量变动影响。

（3）它假定货币需求函数、实际货币需求相当稳定。但实际上，货币需求是不稳定的，在短期内更是很不稳定，会随货币供给的变动而变动。

（4）它未能注意到国际收支顺差与逆差的构成。当一国国际收支平衡时，即本国货币市场均衡，国际收支正常，不必采取政策调节。但如果从构成上看，若一国存在巨额的经常项目逆差和资本项目顺差，货币论就容易忽视外债增长的危险性。

（5）它的基本政策主张有失偏颇。货币论认为，国际收支逆差的基本对策是紧缩性的货币政策，即便采用贬值来改善国际收支时，也必须结合紧缩性的货币政策。因此，它的政策主张的含义就是以牺牲国内实际货币余额及实际消费、投资、收入和经济增长来纠正国际收支逆差。

第二节　结构论

一、结构论的基本内容

结构论又称结构分析法（structural approach），最早散见于 20 世纪 50 年代和 60 年代的西方经济学文献中，到 70 年代以后才形成了体系，主要代表人物有英国经济学家保尔·史蒂芬（P. Stephen）和瑟沃尔（A. Thirwall）等。赞成结构论的经济学家，大多来自发展中国家或发达国家中从事发展问题研究的学者。结构论往往从发展经济学的角度研究国际收支的决定和调节，其基本思路是：从长期看，一国国际收支赤字的根本原因是在于供给方面，即在于结构失调；要想解决国际收支失衡，就必须改善经济结构，加速经济发展。

结构论认为，以往的国际收支理论，包括吸收论甚至货币论等，都是从需求角度来提出国际收支调节政策，忽视了经济增长方面、供给方面对国际收支的影响。按照结构论的观点，一国的国际收支逆差尤其是长期性的国际收支逆差，既可以由长期性的过度需求引起，也可以由长期性的供给不足引起，而长期性供给不足则主要由经济结构失调引起。这种经济结构失调及由此导致的国际收支逆差现象，在发展中国家普遍存在，在发达国家也屡有发生。引起国际收支长期逆差或长期逆差趋势的结构问题主要有以下三种情况。

（1）经济结构单一。表现为出口商品品种的单一和经济结构的单一，这两方面都会导致国际收支的逆差。如果出口品种多样化，则一种出口商品的价格下降，会被另一种出口商品的价格上升所抵消，国际收支可保持稳定。但如果出口品种单一，则由于价格经常波动，一旦价格下跌，将带来国际收支的赤字。如果经济结构较为多样而有序，则可通过多生产进口替代品而减少进口，避免过大的逆差。但如果经济结构单一，比如只有一种工业产业，则因缺乏与其前、后向联系的各工业部门，无法生产相应的各种进口替代品，为了维持该产业，维持整个经济的正常运转，只能大量依赖进口各种工业品，结果造成国际收支逆差。

（2）经济结构落后。是指一国的出口商品需求的收入弹性低、价格弹性高；进口商品需求的收入弹性高、价格弹性低。这样，别国经济和收入的相对快速增长不能导致本国出口值的相应增加，而本国经济和收入的相对快速增长却导致进口值的显著增加，因此从长期来看，势必产生国际收支逆差。

（3）经济结构老化。是指由于科技和生产条件的变化及世界市场需求的变化，使一国原来在国际市场上具有竞争力的商品失去了竞争力，而国内因资源没有足够的流动性等因素，使经济结构包括出口结构不能适应世界市场条件的变化，由此造成出口创汇能力不足，进口替代余地减少，使国际收支持续地趋向逆差。

基于以上对国际收支逆差结构性原因的分析，结构论坚决反对主要依靠支出增减型和支出转换型政策手段来解决逆差，认为这种调节需求的政策手段不能从根本上解决问题，从长期看，还会阻碍一国的经济增长和发展，削弱出口能力，增加进口依赖，反而有害。因此，结构论认为，调节国际收支逆差的重点应是通过产业政策、科技政策、劳动力政策等供给方面政策的实施，来改善经济结构，加速经济发展，这样也有利于促进经济结构先进、经济发达国家的国际收支均衡。

二、评价

结构论着重从供给方、从结构上揭示国际收支失衡的原因并开出治理的政策药方，给人耳目一新的感觉。从长期看，结构论的观点抓住了根本，对发展中国家尤其如此。自结构论问世以来，其观点也日益受到国际学术界和国际金融机构的经济学家们的重视。国际货币基金组织和世界银行都在实施结构性调整贷款措施，便为明证。不过，结构论也存在缺陷，主要如下。

（1）结构论过于偏重长期，却忽视了短期。结构论开出的药方往往“远水不救近火”，难以解决短期的逆差问题。在某种意义上，结构论讲的是经济发展问题，而不是国际收支问题。

（2）结构论有时过于强调政府对国际收支及对经济的直接行政干预，忽视了政策调节应尊重市场经济规律、运用市场机制。

第三节　蒙代尔-弗莱明模型

1962～1964年，美国经济学家弗莱明（J. Fleming）和蒙代尔（R. Mundell）分别发表了系列文章，运用凯恩斯主义的IS-LM-BP模型框架，深入研究了由斯旺模型提出的政策性难题，系统地得出了一些有价值的结论。他们的主要贡献是研究了开放经济下的财政、货币政策问题，或者说分析了不同条件下财政政策和货币政策对一国内部均衡和外部均衡的不同作用效力问题。他们的研究成果被称为蒙代尔-弗莱明模型。蒙代尔-弗莱明模型是长期以来西方主流经济学家开放经济下进行宏观经济分析的基本框架，被称为开放经济下宏观分析的工作母机（workhorse）。蒙代尔-弗莱明模型也可以作为讨论固定汇率制和浮动汇率制孰优孰劣的一个分析框架。

蒙代尔-弗莱明模型的分析对象是开放的小国。其基本假设有：①总供给曲线是水平的。这意味价格固定，而产出完全由总需求水平确定，也意味名义汇率等于实际汇率。②即使在长期，购买力平价也不存在。③汇率预期是静态的，或者说不存在汇率将发生变动的预期。

以下分浮动汇率制和固定汇率制两种汇率制度，按资本不完全流动、资本完全流动和资本完全不流动三种情况分别予以介绍。

一、浮动汇率制下的蒙代尔-弗莱明模型

蒙代尔-弗莱明模型最初的研究背景是针对浮动汇率制。在浮动汇率制下，国际收支的不平衡会引起汇率的自动调整。假定本币贬值能改善经常账户收支，提高国民收入，亦即假定马歇尔-勒纳条件成立且边际吸收倾向小于1（不考虑劳尔森-梅茨勒效应）。

（一）资本不完全流动时的财政、货币政策分析

资本不完全流动时，经常账户收支和资本与金融账户收支都对国际收支的平衡产生重大影响。其内外部均衡图见图3-1。

图3-1中，纵轴为市场利率水平（i），横轴为国民收入水平（Y）。IS曲线为商品市场均衡线，在本坐标系中向右下方倾斜；LM曲线为货币市场均衡线，在本坐标系中向右上方倾斜；BP曲线为国际收支均衡线，在本坐标系中也向右上方倾斜。因为在既有均衡条件下，如果国民收入提高，则进口增加，这会使经常账户恶化，若要保持整个国际收支的均衡，则必须提高本国市场利率水平，来吸引更多的资本流入。BP曲线的斜率主要取决于两个因素：一是边际进口倾向，边际进口倾向越大，BP曲线越陡峭；

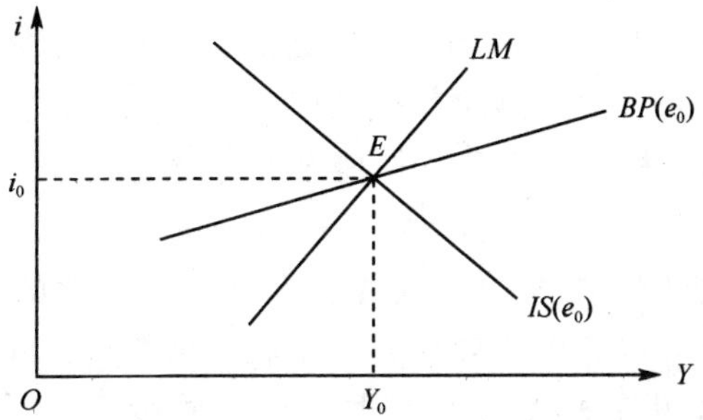

图 3-1　汇率浮动、资本不完全流动时的内、外部均衡

二是国际资本流动的利率弹性（表征一国资本市场的自由化程度），此利率弹性越大，*BP* 曲线越平缓。

BP 曲线的方程为

$$BP = CA + K = X - M + K = X(q) - M(Y) + K(i,\ i^*)$$

式中，*CA*——经常账户平衡；

K——资本与金融账户平衡；

q——实际汇率；

Y——本国收入；

i，i^*——分别代表本国利率和外国利率。

1. 货币政策分析

如图 3-2 所示，扩张性货币政策使 *LM* 曲线右移至 *LM′*，其与 *IS* 曲线交于 *N* 点，这使国民收入上升，利率下降，导致国际收支出现赤字，引起本币贬值。本币贬值后，*BP* 曲线和 *IS* 曲线均向右平移，最后直至三条曲线交于 *E′* 点，重新实现内、外部均衡。

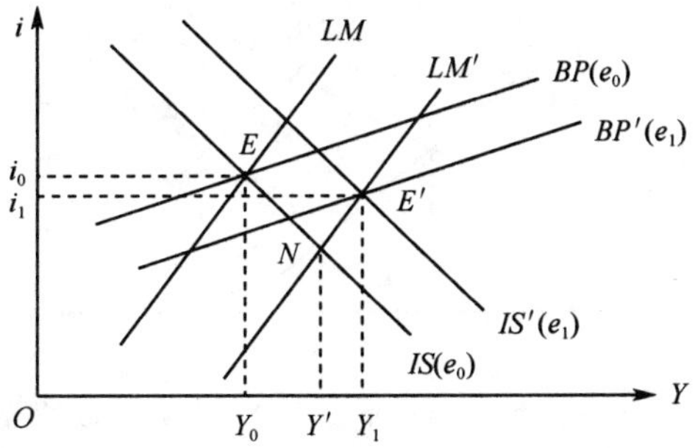

图 3-2　汇率浮动、资本不完全流动时的货币政策分析

可见，浮动汇率制下，资本不完全流动时，扩张性货币政策最终将引起本国收入上升和本币贬值；对利率的影响则难以确定，取决于各条曲线的相对弹性。

结论：浮动汇率制下，资本不完全流动时，货币政策比较有效。

2. 财政政策分析

扩张性财政政策使国民收入和利率同时提高，这将使经常账户恶化，同时改善资本与金融账户，对国际收支的总体影响如何则取决于这两种效应的比较。我们可以按照 LM 曲线与 BP 曲线斜率的相对大小分三种情况进行讨论。

（1）BP 曲线斜率小于 LM 曲线斜率。如图 3-3(a) 所示，此时扩张性财政政策使 IS 曲线右移至 IS'，其与 LM 曲线的交点 A 点位于 BP 曲线的上方，导致国际收支出现了顺差，利率上升对国际收支的正效应超过了收入增加对国际收支的负效应。国际收支顺差引起本币升值，本币升值后，BP 曲线向左平移至 BP'，IS' 曲线向左平移至 IS''，最后三条曲线交于 E' 点，重新实现内、外部均衡。最终，本币升值，国民收入和利率均高于期初水平。

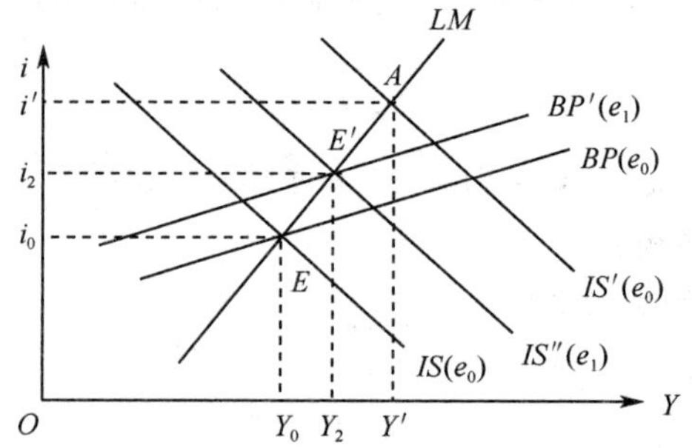

图 3-3(a)　汇率浮动、资本不完全流动的财政政策分析之一

（2）BP 曲线斜率等于 LM 曲线斜率。如图 3-3(b) 所示，此时扩张性财政政策使 IS 曲线右移至 IS'，其与 LM 曲线的交点 E' 恰位于 BP 曲线上，国际收支仍然保持平衡。最终，收入和利率均高于期初水平，汇率不变。

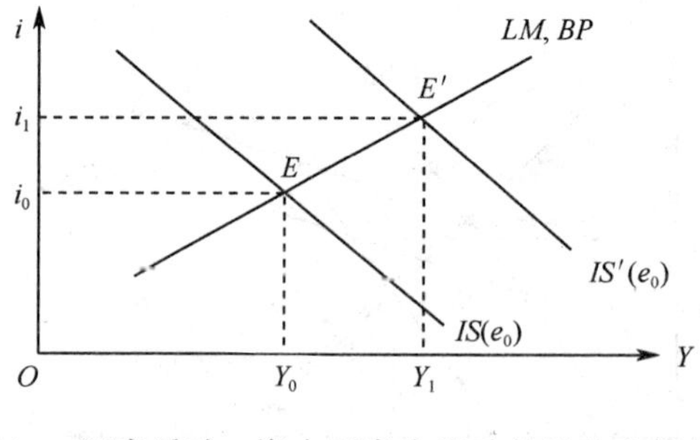

图 3-3(b)　汇率浮动、资本不完全流动的财政政策分析之二

（3）BP 曲线斜率大于 LM 曲线斜率。如图 3-3(c) 所示，此时财政政策扩张后，IS' 曲线与 LM 曲线的交点 N 点位于 BP 曲线的下方，导致国际收支出现赤字，引起本币贬值。本币贬值后，BP 曲线和 IS 曲线均向右平移，最后直至 IS''、BP' 和 LM 三条曲线交于 E' 点，重新实现内、外部均衡。最终，本币贬值，收入和利率均高于期初水平。

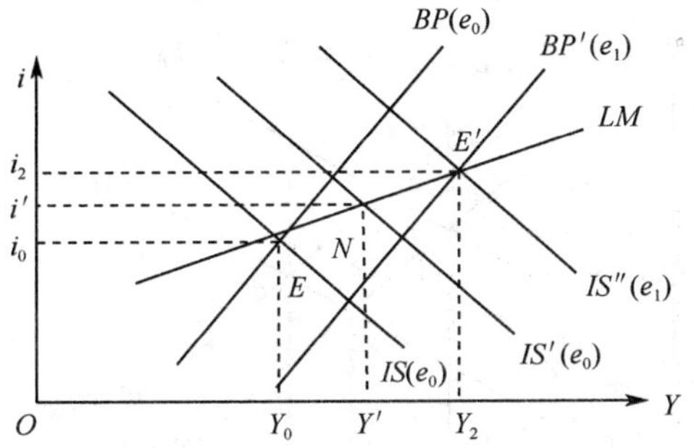

图 3-3(c) 汇率浮动、资本不完全流动的财政政策分析之三

总之，浮动汇率制下，资本不完全流动时，扩张性财政政策一般会提高收入与利率，但对汇率的影响则依 BP 曲线的斜率不同或资本流动性的不同应具体分析。

结论：浮动汇率制下，资本不完全流动时，财政政策较为有效。

(二) 资本完全不流动时的财政、货币政策分析

当资本完全不流动时，经常账户收支的平衡就是国际收支的平衡。其内、外部均衡图见图 3-4。此时 BP 曲线为一条垂直直线。因为国际收支的平衡与利率没有关系，若本币贬值，则 BP 曲线向右平移。

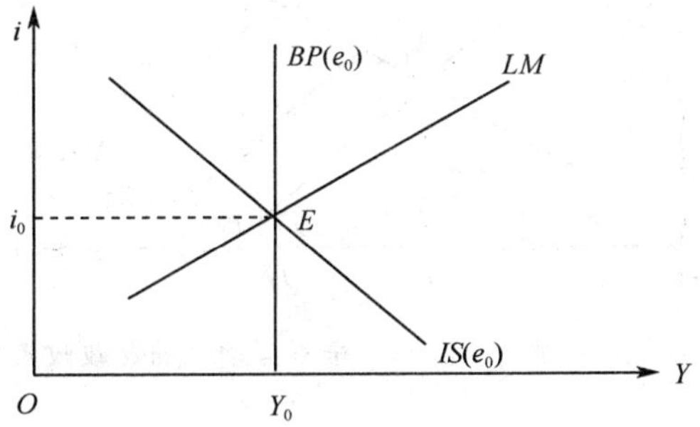

图 3-4 汇率浮动、资本完全不流动时的内、外部均衡

1. 货币政策分析

如图 3-5 所示，扩张性货币政策使 LM 曲线右移至 LM'，其与 IS 曲线交于 A 点(在 BP 曲线右边)，这使收入上升，利率下降，导致国际收支出现赤字，引起本币贬值。本币贬值后，BP 曲线和 IS 曲线均向右平移，最后直至曲线 IS'、LM' 和 BP' 交于 E' 点，重新实现内、外部均衡。

可见，浮动汇率制下，资本完全不流动时，扩张性货币政策最终将引起本国收入上升、利率下降和本币贬值。

结论：浮动汇率制下，资本完全不流动时，货币政策较为有效。

2. 财政政策分析

如图 3-6 所示，扩张性财政政策使 IS 曲线右移至 IS'，其与 LM 曲线的交点 N

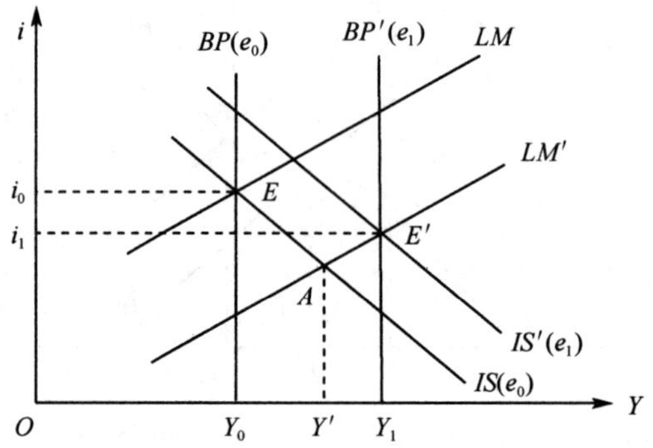

图 3-5 汇率浮动、资本完全不流动时的货币政策分析

点，使得收入和利率均上升，导致国际收支出现赤字，引起本币贬值。本币贬值后，BP 曲线和IS 曲线均向右平移，最后直至曲线 IS″、LM 和 BP′交于 E′点，重新实现内、外部均衡。

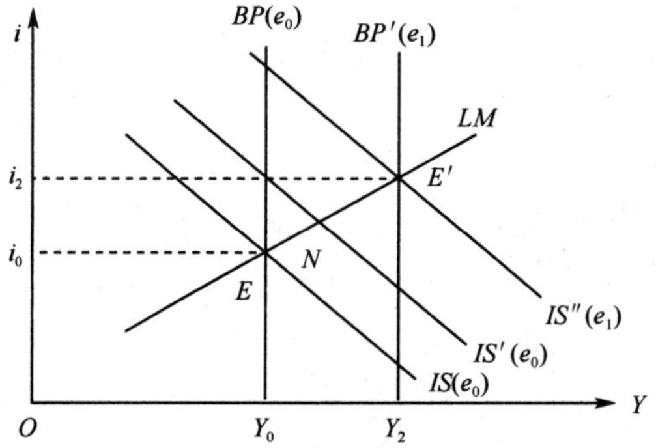

图 3-6 汇率浮动、资本完全不流动时的财政政策分析

可见，浮动汇率制下，资本完全不流动时，扩张性财政政策最终将引起本国收入上升、利率上升和本币贬值。

结论：浮动汇率制下，资本完全不流动时，财政政策较为有效。

（三）资本完全流动时的财政、货币政策分析

当资本完全流动时，BP 曲线的弹性趋于无穷大，此时，资本与金融账户的平衡决定了国际收支的平衡，因此，BP 曲线呈水平状，汇率变动对 BP 曲线没有影响。其内、外部均衡图见图 3-7。

1. 货币政策分析

如图 3-8 所示，扩张性货币政策使 LM 曲线右移至 LM′，使得收入上升，利率下降，利率的下降会立刻通过资本净流出上升，导致国际收支出现赤字，引起本币贬值。本币贬值后，IS 曲线右移至 IS′，直至 IS′与 LM′的交点 E′点确定的利率水平（等于世界利率水平）能重新实现国际收支平衡，实现内、外部均衡。

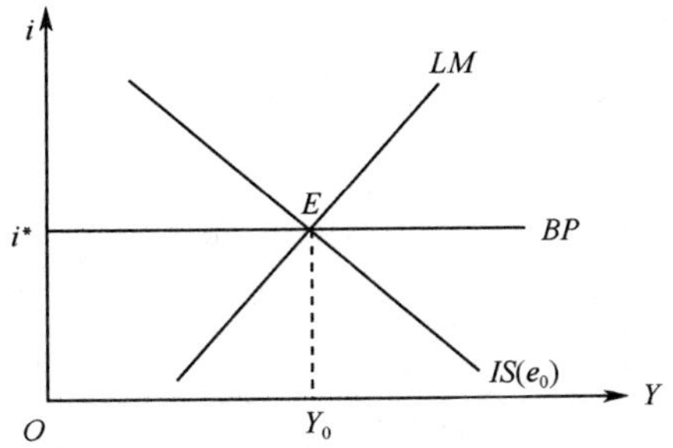

图 3-7　汇率浮动、资本完全流动时的内、外部均衡

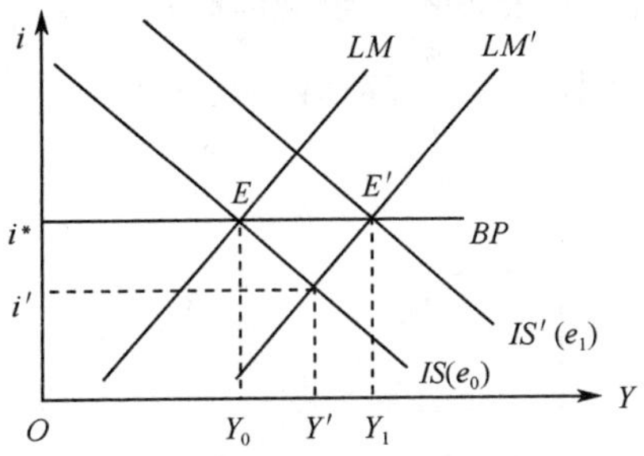

图 3-8　汇率浮动、资本完全流动时的货币政策分析

可见，浮动汇率制下，资本完全流动时，扩张性货币政策最终将引起本国收入上升和本币贬值，对利率无影响。

结论：浮动汇率制下，资本完全流动时，货币政策非常有效。

2. 财政政策分析

如图 3-9 所示，扩张性财政政策使 IS 曲线右移至 IS'，其与 LM 曲线的交点 N 使得本国收入和利率上升，利率的上升会立即通过资本净流入上升而导致国际收支出现盈余，引起本币升值。本币升值将推动 IS' 曲线左移，直至返回原有位置，利率水平重新与世界利率水平相等为止。此时，内、外部经济回到原有均衡状况（当然，经济的内部结构发生了变化）。

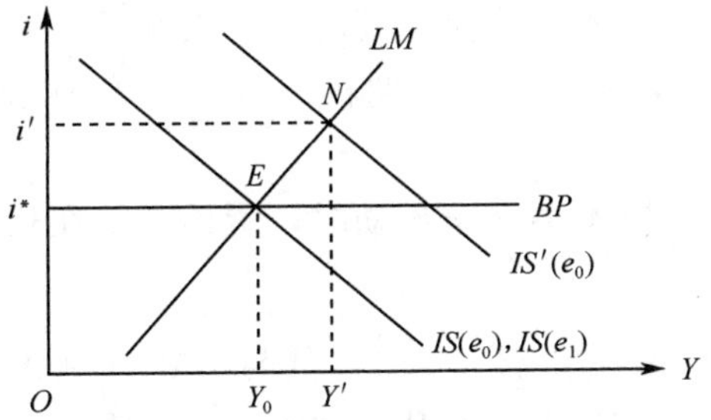

图 3-9　汇率浮动、资本完全流动时的财政政策分析

可见，浮动汇率制下，资本完全流动时，扩张性财政政策最终对本国收入和利率没有影响，仅造成本币升值。

结论：浮动汇率制下，资本完全流动时，财政政策完全无效。

二、固定汇率制下的蒙代尔-弗莱明模型

蒙代尔-弗莱明模型可以由浮动汇率制扩展到固定汇率制。在固定汇率制下，政府有义务在固定的汇率水平上按市场要求被动地买进或卖出外汇，因此外汇储备量受国际收支状况的影响，政府不能控制货币供应量。由国际收支的顺差或逆差导致的货币供应量的波动是固定汇率制下经济调整的一般机制，这是我们理解该制度下财政、货币政策效力的关键。

(一) 资本不完全流动时的财政、货币政策分析

资本不完全流动时，其内外部均衡图见图 3-10。

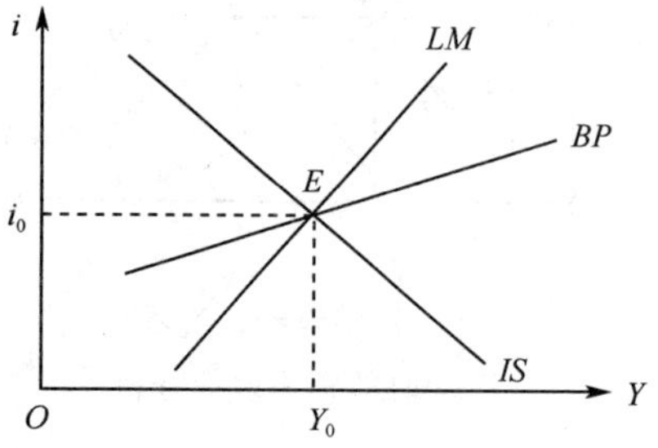

图 3-10　汇率固定、资本不完全流动时的内、外部均衡

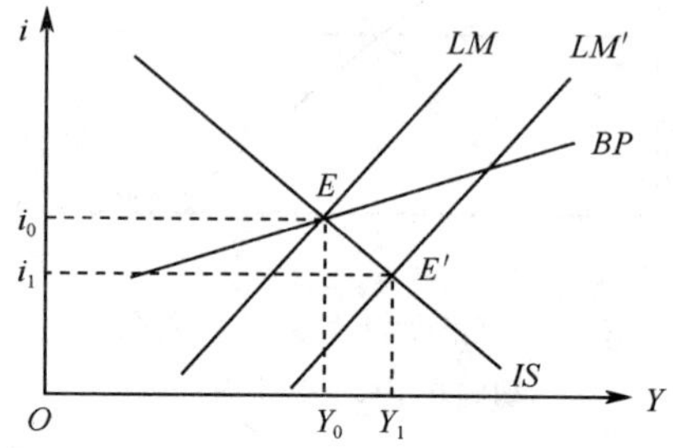

图 3-11　汇率固定、资本不完全流动时的货币政策分析

1. 货币政策分析

如图 3-11 所示，扩张性货币政策使 LM 曲线右移至 LM'，LM' 曲线与 IS 曲线交于 E' 点，这使国民收入上升，利率下降，收入上升使经常项目恶化，利率下降又使资本与金融账户恶化，导致国际收支出现赤字。E' 点是一个短期均衡点。长期内，国际收支赤字会减少外汇储备，货币供应量下降，导致 LM' 曲线左移，一直移到最初的 LM 曲线位置。内、外部经济恢复原有均衡状况，国民收入和利率均未发生变化，尽管基础货币的内部构成发生了变化。

可见，固定汇率制下，资本不完全流动时，一次性的扩张性货币政策短期内引起收入上升、利率下降和国际收支逆差；长期内，收入、利率和国际收支状况恢复期初水平。

结论：固定汇率制下，资本不完全流动时，货币政策在长期内无效。

2. 财政政策分析

扩张性财政政策使 IS 曲线右移至 IS'，其与 LM 曲线的交点是新的短期平衡点。在这一点上，国民收入上升，利率也上升，收入上升，将恶化经常账户，利率上升，将改善资本和金融账户，对国际收支的总体影响如何，则取决于这两种效应的比较。很显然，这种效应的不同与 BP 曲线的斜率有关。我们再次按照 BP 曲线斜率的大小分三种情况进行讨论。

(1) BP 曲线斜率小于 LM 曲线斜率。如图 3-12(a) 所示，此时，扩张性财政政策使 IS 曲线右移至 IS'，其与 LM 曲线的交点 E' 点位于 BP 曲线的上方，表明国际收支出现了顺差，利率上升对国际收支的正效应超过了收入增加对国际收支的负效应。长期内，国际收支顺差会使货币供应量增加，LM 曲线右移，一直移到三条曲线交于 E'' 点，重新实现内、外部均衡。最终，国民收入和利率均高于期初水平。

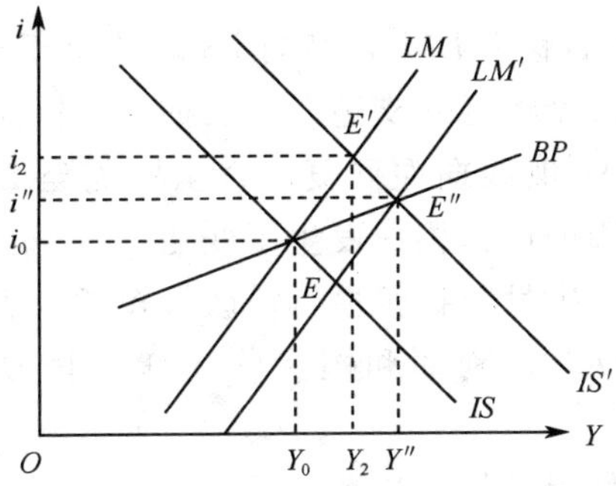

图 3-12(a)　汇率固定、资本不完全流动时的财政政策分析之一

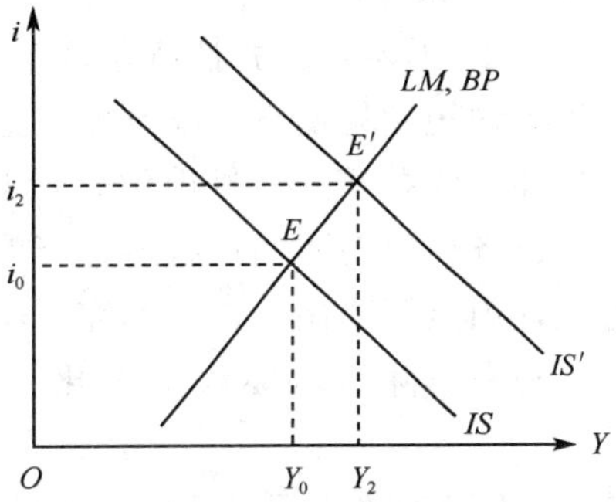

图 3-12(b)　汇率固定、资本不完全流动时的财政政策分析之二

(2) BP 曲线斜率等于LM 曲线斜率。如图 3-12(b) 所示，此时，扩张性财政政策使 IS 曲线右移至 IS'，其与 LM 曲线的交点 E' 位于BP 曲线上，国际收支仍然保持平衡，而且这一短期平衡点也是经济的长期平衡点最终，收入和利率均高于期初水平。

(3) BP 曲线斜率大于 LM 曲线斜率。如图 3-12(c) 所示，此时，财政政策扩张后，IS'曲线与 LM 曲线的交点 E'点位于 BP 曲线的下方，表明国际收支出现了赤字。长期内，国际收支赤字会使货币供应量下降，LM 曲线左移，一直移到三条曲线交于 E''点，重新实现内、外部均衡。最终，国民收入和利率均高于期初水平。

总之，固定汇率制下，资本不完全流动时，扩张性财政政策短期内会提高收入与利率，对国际收支状况的影响因资本流动性高低的差异而存在多种可能。长期内，收入与利率都不同程度地有所提高。

结论：固定汇率制下，资本不完全流动时，财政政策长期内有效。

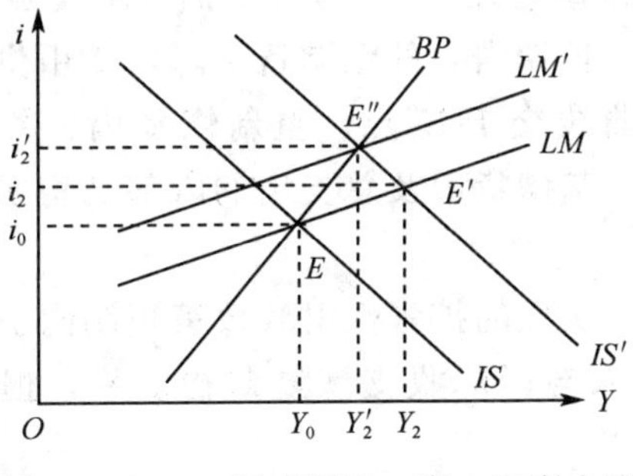

图 3-12(c)　汇率固定、资本不完全流动时的财政政策分析之三

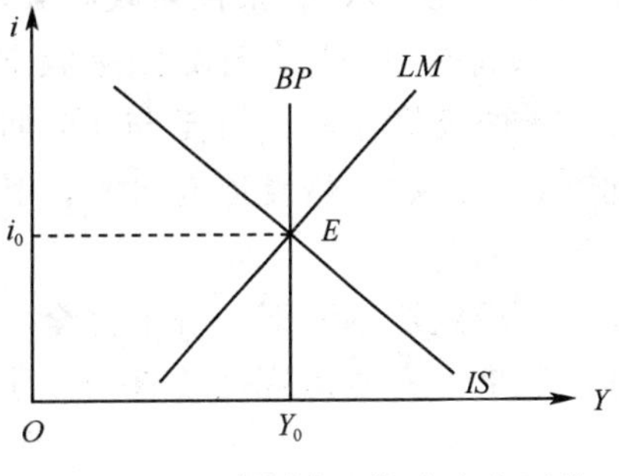

图 3-13　汇率固定、资本完全不流动时的内、外部均衡

(二) 资本完全不流动时的财政、货币政策分析

当资本完全不流动时，经常账户收支的平衡就是国际收支的平衡。其内、外部均衡图见图 3-13。此时 BP 曲线为一垂直直线。

1. 货币政策分析

如图 3-14 所示，扩张性货币政策使 LM 曲线右移至 LM'，其与 IS 曲线交于 E' 点，在这一经济的短期均衡点，经常账户逆差，因而整个国际收支逆差。长期内，国际收支逆差会使外汇储备下降，货币供应量减少，使 LM' 曲线向左回复，直至回复至 LM 曲线位置。经济恢复初始均衡状况，当然，基础货币的内部构成发生了变化。

可见，固定汇率制下，资本完全不流动时，一次性的扩张性货币政策短期内引起收入上升、利率下降和国际收支恶化。长期内，收入、利率和国际收支状况恢复期初水平。

结论：固定汇率制下，资本完全不流动时，货币政策在长期内无效。

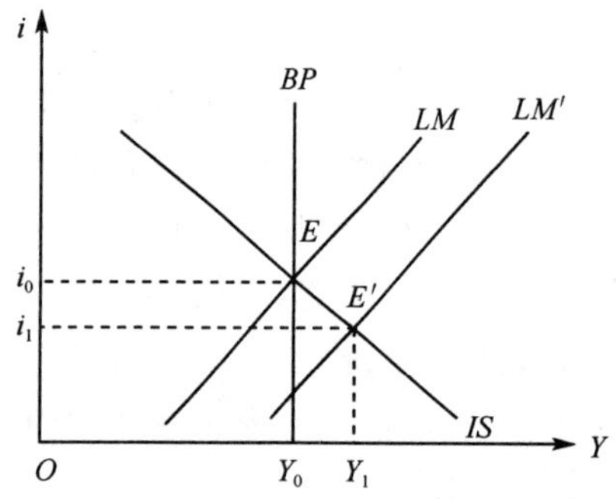

图 3-14 汇率固定、资本完全不流动时的货币政策分析

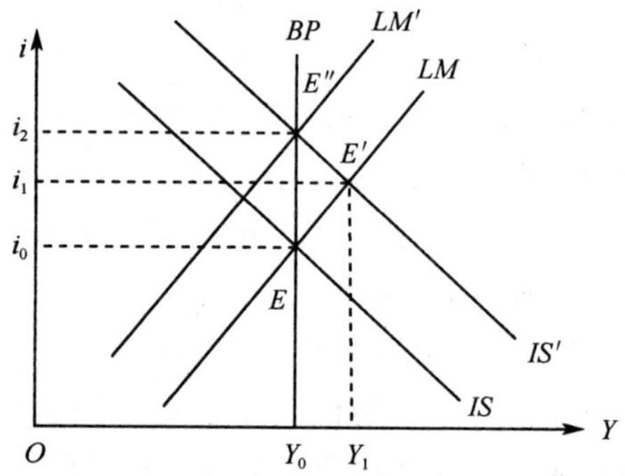

图 3-15 汇率固定、资本完全不流动时的财政政策分析

2. 财政政策分析

如图 3-15 所示，扩张性财政政策使 IS 曲线右移至 IS'，其与 LM 曲线的交点 E' 点使得收入和利率均上升，导致国际收支出现赤字。长期内，外汇储备下降，货币供应量减少，LM 曲线将左移，直至与 IS' 曲线和 BP 曲线交于 E'' 点，重新恢复内、外部均衡。此时，国民收入恢复原有水平，利率则上升，基础货币及总支出的内部结构发生了变化。

可见，固定汇率制下，资本完全不流动时，一次性的扩张性财政政策短期内引起收入上升、利率上升和国际收支恶化。长期内，收入与国际收支恢复期初水平，但利率上升。

结论：固定汇率制下，资本完全不流动时，财政政策在长期内无效。

（三）资本完全流动时的财政、货币政策分析

当资本完全流动时，资本与金融账户的平衡决定了国际收支的平衡，因此，BP 曲线呈水平状，其内、外部均衡图见图 3-16。

1. 货币政策分析

如图 3-17 所示，扩张性货币政策使 LM 曲线右移至 LM'，使得收入上升，利率下降，利率的少许下降会立刻通过资本净流出上升，导致国际收支出现赤字，从而外汇储备立即下降，货币供应量下降，LM' 曲线向左回复，直至回复至 LM 曲线，回到初始均衡状况。

可见，固定汇率制下，资本完全流动时，扩张性货币政策对经济不产生影响。

结论：固定汇率制下，资本完全流动时，货币政策无效。

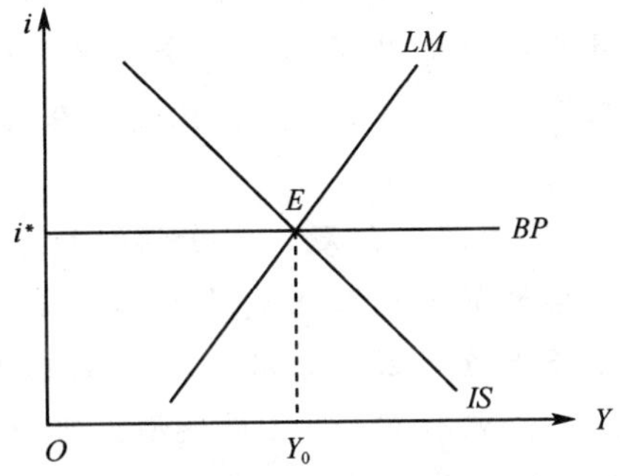

图 3-16 汇率固定、资本完全流动时的内、外部均衡

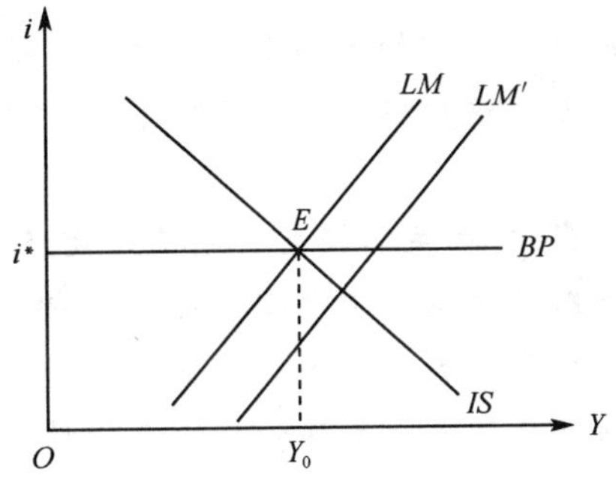

图 3-17 汇率固定、资本完全流动时的货币政策分析

2. 财政政策分析

如图 3-18 所示，扩张性财政政策使 IS 曲线右移至 IS'，其与 LM 曲线的交点使得本国收入和利率上升，利率的上升会立即通过资本净流入上升而导致国际收支出现盈余，这导致外汇储备增加，货币供应量增加，LM 曲线右移，一直移到与 BP 线相交于E'点，此时利率恢复期初水平，但收入上升了，内、外部经济达到新的均衡点。

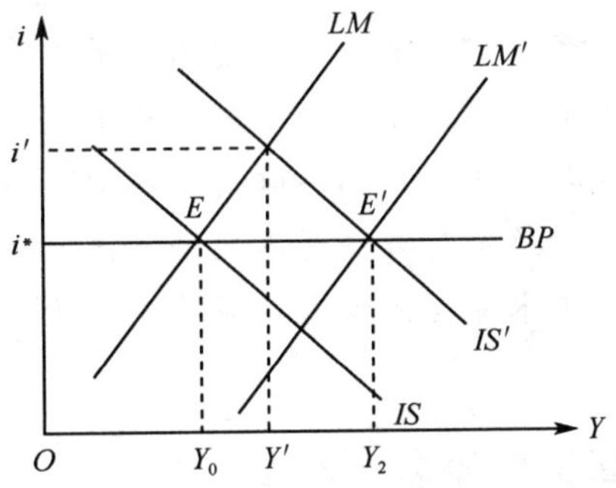

图 3-18 汇率固定、资本完全流动时的财政政策分析

可见，固定汇率制下，资本完全流动时，扩张性财政政策不影响利率，但能明显增加国民收入。

结论：固定汇率制下，资本完全流动时，财政政策非常有效。

➢本章小结

国际收支的货币论认为，国际收支失衡本质上是一种货币现象，是由货币供需存量的失衡引起的。其基本思路是：国际收支差额由一国国内的名义货币供应量和名义货币需求量的差额决定；国际收支的逆差或顺差是由一国国内货币供给相对过多或不足造成的；要想调节国际收支，必须通过调节货币供给来调节两者的差额。货币论在对国际收支的分析中考虑到了货币因素，并把资本与金融账户也纳入其分析框架，这在一定程度上克服了此前各种传统国际收支理论的不足，具有一定的理论意义和现实意义。但货币论也有其自身内在的缺陷。

结构论往往从发展经济学的角度研究国际收支的决定和调节。其基本思路是：从长期看，一国国际收支赤字的根本原因是在于供给方面，即在于结构失调，对于发展中国家，尤其是这样；要想解决国际收支失衡，就必须改善经济结构，加速经济发展。一国的经济结构问题主要表现为经济结构单一、经济结构落后和经济结构老化。结构论着重从供给方、从结构上揭示国际收支失衡的原因并开出治理的政策药方，令人耳目一新。从长期看，这种观点抓住了根本，对发展中国家尤其如此。不过，结构论也存在自身的缺陷。

蒙代尔-弗莱明模型研究了开放经济下的财政、货币政策问题，或者说分析了不同条件下财政政策和货币政策对一国内部均衡和外部均衡的不同作用效力问题。蒙代尔-弗莱明模型是长期以来西方主流经济学家在开放经济下进行宏观经济分析的基本框架，被称为开放经济下宏观分析的工作母机（workhorse）。蒙代尔-弗莱明模型也可以作为讨论固定汇率制和浮动汇率制孰优孰劣的一个分析框架，其分析对象是开放的小国。

蒙代尔-弗莱明模型的三个基本假设是：①总供给曲线是水平的，即名义汇率等于实际汇率；②即使在长期，购买力平价也不存在；③不存在汇率将发生变动的预期。

蒙代尔-弗莱明模型的结论为：浮动汇率制下，资本不完全流动时，货币政策比较有效，财政政策也比较有效；资本完全不流动时，货币政策较为有效，财政政策也较为有效；资本完全流动时，货币政策非常有效，财政政策完全无效。

固定汇率制下，资本不完全流动时，货币政策在长期内无效，财政政策短期内会影响收入与利率，对国际收支状况的影响因资本流动性高低的差异而存在多种可能，但长期内财政政策有效；资本完全不流动时，货币政策在长期内无效，财政政策也在长期内无效；资本完全流动时，货币政策无效，财政政策则非常有效。

➢本章重要概念

货币分析法　结构分析法　蒙代尔-弗莱明模型　工作母机

➢思考题

1. 简评国际收支的货币论。
2. 简评国际收支的结构论。
3. 试按照蒙代尔-弗莱明模型比较不同条件下财政政策和货币政策的有效性。

➢ 进一步的阅读与讨论　人民币均衡汇率

一、什么是均衡汇率

均衡汇率的概念系1934年由英国经济学家格列高利首次提出，但他对此并没有给出明确的定义。

几年后，英国经济学家凯恩斯第一次对均衡汇率下了定义：均衡汇率应固定或钉住于某一水平，在今后若干年内一般来说要满足三方面的条件：一是在国内外现有的自然资源、设备、技术、成本及正常的就业和关税条件下，使国际收支能在一定时期内不受到不适当的压力；二是该国从国外借取长期借款或向国外进行长期贷款的意愿和能力，不受到不适当的压力；三是没有黄金的大量外流。

此后，不同经济学家们从不同角度出发，给均衡汇率下了不同的定义。

1945 年，美国经济学家、斯坦福大学教授纳克斯（Nurkse）给均衡汇率下的定义是：均衡汇率是在一定时期内（3 年左右），国内不致有大规模失业和求助于贸易管制，而使国际收支维持平衡，同时不引起国际储备净额变动的汇率。他认为，均衡汇率是指与内部均衡和外部均衡两个目标保持一致的真实汇率。从福利含义上看，均衡汇率是在中长期内与经济福利最大化保持一致的汇率水平；从政策含义上看，均衡汇率是宏观经济管理当局努力追求的真实汇率水平。将真实汇率调整到和均衡汇率运动趋势相一致的水平，是开放型经济体宏观经济决策的一项核心任务。它不仅仅关系到一个国家的外部收支的可持续性，同时也是国内宏观经济稳定和经济可持续增长的必要保障。

国际货币基金组织专家斯旺（Swan）发展了纳克斯的思想，他于 1963 年提出了汇率的宏观经济均衡分析法。该分析法主要论述了均衡汇率和宏观经济之间的关系，并明确把“均衡汇率”定义为与宏观经济内外部均衡相一致的汇率。这里所说的内部均衡通常是指实现了经济的潜在生产能力，或者说经济的产出水平同充分就业、可持续的低通货膨胀率是一致的；而外部均衡通常是指经常项目和资本项目实现均衡，或者说实现了内部均衡的国家间可持续的、所需要的资源净流动。由于这种研究方法能够克服以往理论的许多不足，同时又适应了世界经济一体化发展的潮流，因此它成为当今均衡汇率研究的重要理论依据。

美国经济学家克鲁格曼则把均衡汇率定义为：在一国尽可能实现国内均衡并且不必为平衡国际收支而对贸易加以限制的前提下，预期能产生与当期潜在资本流动相当的经常账户盈余或赤字的汇率。货币当局可以由此来判断一定时期的汇率是高估还是低估，并在此基础上来决定是否应调整汇率水平。总之，均衡汇率在现实汇率的生成和调节过程中起到了核心的作用。

基本均衡汇率（FEER）是由国际经济学家、美国国际经济研究所研究员约翰·威廉姆森（Williamson，1994）提出的，其主要内容是：均衡汇率是实现内部平衡和外部平衡时的一种实际汇率，所谓内部平衡，是指无通胀下的充分就业；所谓外部平衡是指国际收支维持在可持续的理想状态。

爱德华兹（S. Edwards，1989）等针对发展中国家的特点，提出了发展中国家均衡实际汇率理论（ERER），他们把均衡实际汇率定义为内外部同时实现均衡时的非贸易品和贸易品的相对价格。

克拉克和麦克唐纳德（Clark and MacDonald，1999）等在基本要素均衡汇率理论的基础上，提出行为均衡汇率理论（BEER）。该理论的特征是利用简约模型代替基本要素均衡汇率方法来估计均衡汇率，对实际有效汇率行为作直接的经济计量分析。

此外，还有购买力平价理论均衡汇率（PPPR）和利率平价理论均衡汇率等，其理论含义不言而喻。

我国学者张斌（2003）将均衡汇率定义为国内产品市场和外部收支同时达到均衡的汇率水平。

我国著名学者姜波克等（2004）将均衡汇率定义为：在国际收支不受流动性约束的前提下，能够维持稳定的经济增长的汇率。这种定义的视角是经济增长与均衡汇率实现之间的关系。这一分析的关键是将均衡汇率界定为名义汇率而非实际汇率，因为名义汇率具有实际汇率所没有的性质，最主要的是能够将货币市场、国内外资产市场都纳入分析，从而可以分析均衡汇率实现过程中的跨期问题，因此能够分析经济增长过程中均衡汇率发挥的不同作用。这样，均衡汇率就不仅仅是一个比价，更是一个杠杆。由于将外部均衡定义为国际收支不受流动性约束，因此均衡汇率不再是一个唯一的值，它体现为区间均衡，即在某一个区间内都可以使内外部均衡同时实现。但是，处于不同区间内的均衡汇率的性质是不同的，它可以是促进投资的均衡汇率，也可以是促进消费的均衡汇率。这两种不同性质的均衡汇率对经济增长的影响也是不同的，政府可以通过政策调控和引导实现不同性质的均衡汇率，并据此维持经济的稳定增长，即均衡汇率的实现过程也就是它作为政策工具发挥作用的过程。

二、人民币均衡汇率测算

近10多年来，海内外学者对人民币均衡汇率的测算开展了大量研究。这是非常有意义的，因为，人民币是否高估（或低估），是否应当升值（或贬值），其主要判断标准是人民币现实汇率与均衡汇率水平之间的偏离方向和偏离程度。

海内外学者比较多地采用购买力平价理论即PPPR和基本均衡汇率即FEER来研究人民币均衡汇率。

1998年，海外学者Chou和Shih以购买力平价理论为基础建立了一个模型，测算出人民币实际汇率，并以此作为人民币均衡汇率，按照其测算的人民币均衡汇率水平可以发现：1978～1989年除1986年外人民币兑美元的官方名义汇率都是被高估，1990～1994年除1993年外人民币兑美元的官方名义汇率都是被低估。

2004年，Chang和Shao同样依据PPPR理论测算人民币均衡汇率，得出的结论之一是：2001年和2003年人民币兑美元现实的汇率分别被低估了20.11%和22.15%。

一些海外学者采用基本均衡汇率测算人民币均衡汇率，其中影响较大的是Williamson和他的研究伙伴们于2003年得出的研究成果。按照他们测算出的人民币均衡汇率，得出的结论是：无论从外部还是从内部因素考虑，近些年人民币显然处在被低估状态，由此他们建议人民币应当升值。他们认为，人民币需升值20%～25%，并且认为，这种“人民币的大幅度升值对中国和世界其他国家都有好处”。

在国内，张晓朴于1999年用FEER理论对人民币基本均衡汇率进行了测算，其结论是：1997年以来，人民币实际汇率与均衡汇率基本吻合，人民币币值并不存在明显高估。2003年他再次运用FEER对人民币均衡汇率进行了测算，认为人民币汇率水平基本是合理的，即使存在低估，幅度也一定不大。

张晓朴还于1999年和2000年，利用协整分析、误差修正模型和H-P滤波等现代计量经济方法，立足中国国情，先后构造了BEER模型和ERER模型，实证测算出相应的人民币均衡汇率水平（实际有效汇率），并在此基础上对改革开放以来人民币汇率的失调情况进行了深入分析，对人民币汇率政策进行了评估。

林伯强也曾于2002年运用FEER理论对人民币均衡汇率进行测算，其测算结果表明：改革开放后至亚洲金融危机前，人民币实际汇率基本处于低估状态。亚洲金融危机期间，中国政府坚持人民币名义汇率不贬值的政策，使得实际汇率出现了较严重的高估，1997～2000年，人民币实际汇率高估分别达18.13%、18.15%、15.12%和8.18%。

刘莉亚和任若恩则于2002年利用修正的发展中国家均衡实际汇率理论（ERER），并运用协整方法，构建了人民币均衡汇率模型。他们同样将汇率界定为实际有效汇率，解释变量采用外部贸易条件、政府对非贸易品的支出、贸易限制与交易控制程度和技术进步。根据他们计算出的人民币均衡汇率，20世纪80年代以来，人民币实际有效汇率经历了两次明显的低估：第一次是在1986～1988年，第二次低估是在1991～1995年。人民币实际有效汇率也经历了三次明显的高估：第一次高估发生在1983～1985年，第二次高估集中在1989～1990年，第三次高估则存在于1995～1999年。

张斌于2003年采用ERER模型研究人民币均衡汇率。他精心选择了与发展中国家均衡汇率有关的一些基本经济要素，包括贸易条件、劳动生产率、投资率、外资流入占GDP的比重、政府支出占GDP的比重、国内信贷增长率、贸易差额、关税水平、开放度等多项指标，样本为1978～1999年的年度数据，运用简约一般均衡下的单方程模型和协整方法对全部变量进行了尝试并逐一进行了筛选，最后找到了与人民币汇率存在协整关系的三项指标：贸易条件、开放度和政府支出占GDP的比重。他对人民币均衡汇率实证研究的结果为：①人民币均衡汇率指数在中长期内面临升值趋势。1994～2001年，人民币均衡汇率指数累计升值20.16%。②1994～1995年，人民币实际有效汇率指数低于均衡汇率指数，人民币出现了一定程度的低估。1995～1998年中期，此期间内的人民币出现了高估。1999年以后，人民币有效汇率由高估再次转向低估，尤其是2002年以后低估趋势更明显。③人民币实际汇率在2003年上半年低估了6%～10%。

窦祥胜和杨炘于2004年尝试用购买力平价、外汇的影子价格和因素回归三种不同的方法，来估计人民币和美元之间的均衡汇率。在他们的研究中，均衡汇率采取实际汇率，基本经济因素向量选择贸易条件、投资率、生产力、债务率和贸易管制程度。经检验，实际汇率、贸易条件、投资率、生产力、债务率和贸易管制程度均为一阶单整序列，且存在协整关系。他们的研究结果是，人民币和美元之间的购买力平价关系是存在的，购买力平价和因素回归两种方法的估计结果有相似之处，即它们都表明，1985年以前人民币汇率长期存在高估的现象，1985年以后则出现高估和低估交替出现的现象，并且高估或低估的平均幅度有所缩小，可以用综合因素回归和购买力平价两种方法的估计结果作为人民币对美元的均衡汇率，并作为现实人民币汇率合理与否的评价标准。至于影子价格方法，包括关税和配额两种类型，其估计的结果是：均衡汇率过于宽泛，不适合作为现实汇率变化合理与否的评价标准。但是可以用该区域作为人民币汇率目标区的参考区间。

魏巍贤和李丕东于2007年运用BEER模型研究人民币均衡汇率，他们研究的是均衡的实际有效汇率。他们在建立BEER模型对人民币均衡汇率开展实证分析过程中，仔细选择了影响均衡汇率的决定因素，这些因素包括贸易条件（TOT）、开放度（OPEN）、政府支出（GEXP）、投资变量（INVEST）、劳动生产率（PROD）、外商直接投资（FNIV）和广义货币增长率（M2G）。他们测算了1980～2006年的人民币均衡汇率，并在此基础上评估了1980～2006年人民币实际汇率的错位状况。他们的研究结果表明，人民币币值在1983～1985年被严重高估，高估幅度在20%左右；1997～1998年的高估幅度约为10%；1987～1994年人民币币值被持续低估；2003～2005年人民币币值接近均衡水平；2006年有高估趋势，高估幅度在5%左右，但仍处于10%的警戒线以内。

王泽填和姚洋2008年运用购买力平价法对人民币汇率进行估计，发现自1985年以来，人民币一直被低估，2005～2007年低估幅度甚至达20%左右。

吕江林和王磊2009年运用修正的ERER模型测算人民币均衡汇率发现，1980～2007年人民币汇率经历了4次高估和4次低估，并由此建议人民币汇率应改变过去那种单边升值态势，进入一种双向波动的状态。

孙国峰和孙碧波2013年运用DSGE模型测算人民币均衡汇率，得出的主要结论是，2008年国际金融危机爆发后，人民币汇率低估幅度迅速收窄甚至出现短暂高估；2009年之后实际有效汇率围绕均衡汇率小幅波动，两者逐渐趋同，人民币实际汇率趋向均衡。

各种测算结果莫衷一是，差别甚大。姜波克教授的汇率政策建议值得我们深思并给予我们以下启示：综合我国中短期利益和中长期利益，人民币汇率今后应该长期奉行的是兼顾就业、促进效率和国际竞争力的经常低估、间断升值的政策。

【讨论题】

1. 怎样理解均衡汇率？
2. 怎样理解人民币均衡汇率？哪些因素影响人民币均衡汇率？
3. 如何测算人民币均衡汇率？

第四章

汇率理论

汇率是两种货币之间的兑换比率，这种兑换比率是如何决定的？又受哪些因素的影响？对此，西方学者的研究由来已久，并形成各种不同流派的汇率理论。本章将从理论上分析汇率的决定和变动问题，并介绍几种有代表性的汇率理论。

第一节　汇率的决定与变动

一、汇率的决定及影响汇率变动的因素

各国货币之所以可以进行对比，能够形成相互之间的比价关系，原因在于它们都代表着一定的价值量，这是外汇汇率的决定基础。在不同的货币制度下，由于各国货币的价值的决定方式不同，因此汇率决定的基础也不同。

（一）金本位制度下汇率的决定与变动

金本位制度（gold standard system）是以黄金作为本位货币的货币制度，它包括金币本位制（gold coin standard system）、金块本位制（gold bullion standard system）和金汇兑本位制（gold exchange standard system）。在金本位制度下，两种货币间的汇率可称为金平价（gold parity），即两种货币所含有或所代表的金量之比。其中，在金币本位制度下，金平价又称为“铸币平价”（mint par），指两种货币所含有的黄金量之比。而在金块本位制度和金汇兑本位制度下，金平价又称为“法定平价”，指两种货币所代表的黄金量之比。

第一次世界大战前，国际上盛行的是金币本位制，它是典型的金本位制。英国于1816年率先实行金币本位制，随后，德国、法国、俄国、日本相继步其后尘，美国于1900年颁布了金本位法案。

在金币本位制度下，用一定重量和成色的黄金铸造的金币为法定通货；金币可以自由铸造和自由熔化；金币与流通中的银行券可以自由兑换；作为一种世界货币，金币在国际结算中可以跨国境自由输出入。金币中所含有的一定成色和重量的黄金叫做含金量

(gold content)，两个实行金本位制度的国家的货币单位可根据它们各自的含金量多少来确定它们之间的比价，此即铸币平价。

如在实行金币本位制度时，英国规定1英镑的重量为123.274 47格令（grain），成色为22K金，即含金量113.0016格令（约7.322 38克）纯金；美国规定1美元的重量为25.8格令，成色为900‰，即含金量23.22格令（约1.504 63克）纯金。根据两种货币的含金量对比，英镑与美元的铸币平价为

$$113.0016 \div 23.22 = 4.8665$$

也就是说，1英镑＝4.8665美元。

在金币本位制度下，汇率总是围绕铸币平价上下波动，并且受到黄金输送点（gold transport point）的制约。

第一次世界大战前，在英国和美国之间运送黄金的各项费用[①]及利息，为所运送黄金价值的5‰～7‰。如果按6‰计算，在英美两国运送1英镑黄金的费用约为0.03美元。那么，4.8665±0.03就是英镑与美元两种货币的黄金输送点，外汇市场上英镑与美元的汇率就会在此范围内波动，即不会超过4.8965的上限，也不会低于4.8365的下限。

如果英镑对美元的汇率超过了4.8965（如达到4.8985），对美国进口商而言，在外汇市场上兑换1英镑的成本为4.8985美元，而购买价值1英镑黄金的成本为4.8665美元，输出黄金结算的单位成本为4.8965美元（4.8665＋0.03）。显然，在这种情况下以美元兑换黄金并输出黄金结算更为合算；反过来，英国出口商这时更愿意以英镑结算。外汇市场上对英镑需求的减少和供给的增加将促使英镑汇率下浮到4.8965以下。

同样，如果英镑对美元的汇率低于4.8365美元（如达到4.8335），对美国出口商而言，1英镑出口收入只能兑换4.8335美元，而1英镑出口收入可以兑换成价值4.8665美元的黄金，输入黄金结算的单位成本为4.8365美元（4.8665－0.03），仍然大于4.8335美元。显然，在这种情况下，以英镑兑换黄金并输入黄金结算更为合算；反过来，美国进口商这时却更愿意以英镑结算。外汇市场上英镑供给的减少和需求的增加将促使英镑汇率上升到4.8365以上。

第一次世界大战爆发后，交战国家的金本位制度纷纷瓦解。战后，各国除美国外均实行了金块本位制度和金汇兑本位制度，金币不再自由流通，从而使金本位制度失去了稳定的基础。1929～1933年发生的经济危机中，这种不完全的金本位制度也土崩瓦解，金本位制度彻底崩溃。

（二）纸币本位制度下汇率的决定

国际金本位制度崩溃后，各国先后实行了纸币制度（paper money system）。在当代纸币制度下，决定汇率的基础不再是金平价了。按照马克思主义观点，决定汇率的基础应该是纸币所代表的价值量。而纸币价值量的具体表现就是在既定的世界市场价格水平上购买商品的能力，即购买力。

---

① 费用通常包括包装费、运输费、保险费、检验费等。

（三）纸币本位制度下影响汇率变动的因素

任何能够影响国内外商品劳务市场和金融市场的因素都会影响到汇率的变动。总的来看，影响汇率的主要因素可以归纳为以下几个方面。

1. 国际收支

国际收支差额直接影响外汇市场的供求关系，当一国国际收支出现逆差时，意味着外汇供不应求，本币供过于求，结果外汇汇率上升，本币汇率下跌；当一国国际收支出现顺差时，意味着外汇供过于求，本币供不应求，结果外汇汇率下降，本币汇率上升。国际收支状况，尤其是经常收支状况，对一国汇率有长期的影响。在固定汇率时期，国际收支是决定汇率的特别重要的因素，此时国际收支逆差往往是本币贬值的先导。在浮动汇率制度下，通货膨胀率、利率差异等因素变得比以前更加重要，一定程度的国际收支差额可以轻易地被通货膨胀率差异、利率差异所抵消。不过，长期的巨额的国际收支逆差一般都会导致本币汇率的下降。

2. 相对通货膨胀率

在纸币制度下，两国货币的汇率仍取决于它们各自所代表的价值量的大小。物价水平是一国货币价值在商品上的体现，因此物价越高就意味着一单位货币的价值越少。所以通常认为一国通货膨胀率超过另一国通货膨胀率，该国货币的汇率就要下跌；反之则上浮。

现实中似乎有反例，但通货膨胀率的差异可以认为是决定汇率走势的长期因素。在国内外市场紧密联系的情况下，一国物价水平上涨，将导致其出口商品在国际市场上竞争能力的削弱及其进口商品在国内市场上竞争能力的提高，从而出口减少，进口增加，本币趋于贬值。另外，物价的上涨会使实际利率下降，引起资本外流，影响资本与金融项目逆差，造成本币贬值压力。

3. 相对利率

作为资本的价格，利率的高低反映和影响着借贷资本或金融资产的供求。如果一国的利率水平相对高于他国的利率水平，就会刺激国外资金流入增加，本国资金流出减少，由此造成资本与金融账户顺差，从而造成本币升值压力；反之，如果一国利率水平相对低于他国利率水平，则本币有贬值压力。

由于相对利率差异或者利率变动对汇率的影响主要是基于利率对资本尤其是对短期资本的影响，因此，利率对汇率的影响主要是在短期里发挥作用。在国际资本流动规模大大超过国际贸易额、国际资本流动速度大大快于国际贸易速度的今天，利率差异对国际收支，从而对汇率的影响就更为重要了。

4. 经济增长率差异

国内外经济增长率的差异对一国货币的汇率有多方面的影响：一是一国经济增长率较高意味着该国收入较高，高收入引致的进口较多，不利于本国国际收支；二是一国经济增长率较高也可能意味着该国劳动生产率提高较快，产品成本降低较快，可改善本国出口品在国际竞争中的地应，有利于增加出口，抑制进口，改善经常收支；三是一国经济增长率较高又意味着一国的投资利润率较高，可吸引国外资金流入，改善资本与金融项目收支。一般说来，高经济增长率短期内由于贸易收支问题可能会不利于本币的汇率，但长期内却是支持本币成为国际货币市场硬通货的有利因素。

5. 预期因素

人们的预期对汇率的变动起着相当大的作用，预期能够自我实现。如果人们预期某国的通货膨胀率比较高，实际利率水平较低，经常项目收支将产生逆差，或者该国经济将遇到不利，那么人们就会预期该国货币将会贬值，该国货币将被在外汇市场上抛售，从而使该国货币真正贬值；反之，该国货币则会升值。当今国际金融市场上短期游资规模巨大，投机性极强，对世界各国的政治、经济、军事等领域的变动极为敏感，一有风吹草动便会大规模移动，给外汇市场带来巨大冲击。而造成短期游资移动的一个重要因素就是人们的心理预期，这使汇率预测的难度更进一步增加。可以说，心理预期因素往往是短期内影响汇率变动的最主要因素。

6. 国际储备

如果一国具有高额国际储备，则显示政府干预外汇市场，稳定货币汇率的能力较强。因此，储备增加能够加强外汇市场对本币的信心，从而会使本国货币汇率趋于上升。反之，国际储备下降则会导致本国货币汇率下降。如果一国政府宣布其坚持稳定汇率的目标，则其外汇储备丰裕将增强外汇市场对本币汇率稳定的信心，有利于确保本币汇率稳定。

7. 中央银行干预

不论是在固定汇率制度下，还是在浮动汇率制度下，中央银行都会被动地或主动地干预外汇市场，稳定外汇汇率，以避免汇率波动对经济造成不利影响，实现自己的政策目标。中央银行对外汇市场上外汇供求的影响虽不能从根本上改变汇率，但在短期内确实可以影响汇率。固定汇率制度在第二次世界大战后被维持了 25 年之久，足以显示中央银行干预的成效。特别是 20 世纪 80 年代以来，西方主要国家在管理浮动汇率制度的基础上进行联合干预，更使得中央银行的行为成为外汇市场上影响汇率的不可忽视的力量。

8. 宏观经济政策

西方国家的宏观经济政策目标在于稳定物价、充分就业、经济增长和国际收支平衡。经济政策对上述目标变量都会产生一定的影响，这就必然会影响到汇率的变动。例如，1980 年后美元的持续升值，主要是受美国“松”的财政政策和“紧”的货币政策的影响所致。

以上这些因素均为纸币制度下影响外汇市场的重要因素。在现实中，上述因素并非彼此孤立的，而是相互交织、相互影响的，它们有些相互抵消，有些则相互促进，形成一种对汇率变动的综合的作用。当然，影响汇率的因素还有其他方面，如政策的时间不一致性、汇率政策信誉等。

二、汇率变动对经济的影响

汇率是连接国内外商品市场和金融市场的纽带。汇率与多种经济因素有着密切的关系。这种关系不仅表现为许多经济因素的变化导致汇率水平的变化，而且还表现为汇率的变动对其他经济因素具有不同程度、不同形式的作用或影响，使其发生相应的变化。汇率变化对经济各方面产生的作用和影响是不同的。

（一）汇率变化对一国对外经济的影响

1. 对贸易收支的影响

汇率变化一个最为直接也是最为重要的影响就是对贸易收支的影响，这种影响有微观的和宏观的两个层面。从微观上讲，汇率变动会改变进出口企业成本、利润的核算；从宏观上讲，汇率变化因对商品进出口产生的影响而使贸易收支差额以至于国际收支差额发生变化。

汇率变化对贸易产生的影响一般表现为：一国货币对外贬值后，有利于本国商品的出口，不利于外国商品的进口，因而会减少贸易逆差，增加贸易顺差；而一国货币对外升值后，则有利于外国商品的进口，不利于本国商品的出口，因而会减少贸易顺差或扩大贸易逆差。

以本币贬值为例，本币贬值后，对出口的影响会有两种结果：①等值本币的出口商品在国际市场上会折合比以前（贬值前）更少的外币，使国外销售价格下降，竞争力增强，出口扩大；②出口商品在国际市场上的外币价格保持不变，则本币贬值会使等值的外币兑换成比以前（贬值前）更多的本币，国内出口商品的出口利润增加，从而促使国内出口商积极性提高，出口数量增加。这就是说，本币贬值或者会使出口商品价格下降，或者会使出口商利润提高，或者二者兼而有之，这都会使出口规模扩大。

本币贬值对进口产生的作用与对出口的作用正相反。本币贬值后，以外币计价的进口商品在国内销售时折合的本币价格比贬值前提高，进口商成本增加，利润减少，进口数量相应减少。如果维持原有的国内销售价，则需要压低进口品的外币价格，这又会招致外国商人的反对，因此，本币贬值会自动地抑制外国商品的进口。但是本币贬值起到扩大出口、限制进口的作用需要满足一定的条件，如J曲线效应。

2. 对资本流动的影响

汇率变化对资本流动的影响可以通过资本投资，也可以通过旅游、商品采购等方式进行。这些变化最终体现在国际收支的不同项目上，其中主要是资本项目差额的变化上。

贬值对一国资本流动的影响，取决于贬值后人们对该国货币今后变动趋势作何预期。如果贬值后人们普遍产生该国货币汇率将进一步贬值的预期，则人们会将资金从本国转移至他国，以避免遭受更大损失；但如果市场普遍认为贬值已使该国货币处于均衡水平，或认为贬值过度，该国货币汇率将出现反弹，则人们会将资金从他国转移至本国以获利。

贬值对国际资本流动的影响可从长、短期资本流动两个方面展开分析。从长期资本来看，贬值造成的影响比较小，因为长期资本流动注重投资环境总体的好坏，而贬值所造成的风险只是诸多环境因素中的一个，起不了决定作用。不过，一般而言，贬值或多或少有利于长期资本净流入的增加，这是因为在其他条件不变的情况下，贬值使外国货币购买力相对上升，有利于吸引外商到货币贬值国进行更多的投资。就短期资本而言，贬值造成的影响则比较大。短期资本流动性强，而且大都是投机资本，一国货币一旦贬值，投机者为避免损失或逐利，往往在外汇市场上将该国货币兑换成坚挺的外币，将资金调往国外。经验表明，在贬值后的一段时期内，短期资本流出的规模往往大于流入的规模。

汇率变化对于资本流动既有流向上的又有流量上的影响，影响程度有多大，或者说资本流动对于汇率变化的敏感性如何，则还要受其他因素的制约，其中最主要的因素是一国政府的资本管制。资本管制严的国家，汇率变动对资本流动影响较小；资本管制松的国家，汇率变动对资本流动影响较大。除此之外，资本投资的安全性也是一个重要因素，如果一国货币贬值使资本流入有利可图，但同时国内投资安全性差，那么资本流入也不会成为现实。

3. 对外汇储备的影响

外汇储备是一国国际储备的主要内容，由本国对外贸易及结算中的主要货币组成。20 世纪 70 年代以后，各国外汇储备逐渐走向“多元化”，如今，美元、欧元、日元、英镑等货币是主要储备货币。不管是以单一的币种为储备，还是以多元化的币种为储备，储备货币汇率变化都会直接影响到一国外汇储备的价值。

由于储备货币的多元化，汇率变化对外汇储备的影响也多样化。有时外汇市场汇率波动较大，但因储备货币中升、贬值货币的力量均等，外汇储备就不会受到影响；有时虽然多种货币汇率下跌，但占比重较大的储备货币汇率上升，外汇储备总价值也能保持稳定或略有上升。国际储备多元化加之汇率变化的复杂化，使国际储备管理的难度加大，各国货币当局因而都随时注意外汇市场行情的变化，进行相应的储备货币的调整，以避免汇率波动给外汇储备造成损失。

4. 对非贸易收支的影响

贬值对非贸易收支也会起改善作用。贬值后，外国货币的购买力相对提高，贬值国的交通、导游、住宿等各项劳务费用，就会变得相对便宜，从而增加了对外国游客的吸引力；反之，贬值后，国外的旅游等各项劳务开支对本国居民来说相对提高，从而抑制了本国的对外劳务支出。这一正一反，将使非贸易收支得到改善。

（二）汇率变化对一国国内经济的影响

1. 对社会总产出的影响

一国货币贬值后，由于“奖出限入”作用，贸易收支往往会得到改善。如果该国还存在闲置的生产要素，则一国的总产出将通过净出口增加的乘数效应扩张。此外，贸易收支改善后，增加的外汇积累若用于进口先进的机器设备等资本品，在存在闲置生产要素条件下，可进一步增强该国生产能力，从而增加总产出。

2. 对价格水平的影响

汇率与本国物价之间的关系是十分密切的，而且互为因果。现实中，一国发生通货膨胀会导致本币对外贬值，本币贬值又会产生物价上涨的压力；如果政府当局不能有效地加以控制，则会陷入“贬值—通货膨胀—贬值……”的恶性循环中。

汇率贬值后，将导致该国物价上涨。由于汇率贬值后一国出口增加，进口下降，这意味着该国国内市场上的商品供给减少，而收购外汇的本币投放增加，由此形成需求拉动的物价上涨。贬值后，进口品以本币表示的价格会上升，其中进口消费品的价格上升会直接和通过进口替代品价格上升间接引起国内消费物价某种程度的上升。进口原材料、中间品和机器设备等的价格上升，还会造成国内生产使用这些进口投入品的商品的生产成本提高，推动这些商品的价格上升，还造成了使用这些产品作为投入品的非贸易品生产成本上升，这又推动了非贸易品价格上升。所有这些，使国内物价指数上升，产生了成本推动的物价上涨。贬值对于国内物价所带来的上涨压力，历来为一国政府所关注。

3. 对就业水平的影响

贬值后，如果国内未充分就业，则贸易收支改善将通过乘数效应扩大总需求，出口部门和进口替代部门将创造出更多的就业机会。但通过货币贬值来提高就业水平还有一个前提，就是货币工资不变或其变动幅度小于汇率变动幅度，否则贬值所产生的增加就业机会效应将会被抵消。另外，一国货币贬值后，能够较多地吸引国外长期直接投资和间接投资，这也能增加一定的就业机会。

4. 汇率变化对资源配置的影响

一国货币贬值后，进口品本币价格一般会上升，进口替代品本币价格也会上升，这样整个贸易品部门的价格相对于非贸易品部门的价格就会上升，由此会引发生产资源从非贸易部门转移到贸易部门。这样，一国的生产性资源就会更多地向贸易品部门配置，从而呈现出更为开放型的产业结构。

在发展中国家，贬值还可以提高资源配置效率。首先，贬值后，一国可以相应取缔原先本币定值过高而设置的进口关税、进口配额、进口许可证等保护措施，有利于促进进口替代行业的生产效率提高；其次，贬值后，原先因定值过高而受到歧视性损害的农业部门（往往是发展中国家的出口部门）获得正常发展；最后，与国外相竞争的贸易品部门扩大，本身也有助于产业结构的升级和资源配置效率的提高。

（三）汇率变化对于国际经济关系的影响

外汇市场上各种货币频繁的、不规则的波动，不仅给各国对外贸易、国内经济等造成了深刻影响，而且也影响着各国之间的经济关系。如果一国实行以促进出口、改善贸易逆差为主要目的的货币贬值，会使对方国家货币相对升值，出口竞争力下降，尤其是以外汇倾销为目的的本币贬值必然引起对方国家和其他利益相关国家的反抗甚至报复，这些国家会采取针锋相对的措施，直接地或隐蔽地抵制贬值国商品的侵入，“汇率战”由此而生。竞相货币贬值以促进各自国家的商品出口是国际上很普遍的现象，由此造成的不同利益国家之间的分歧和矛盾也层出不穷，这加深了国际经济关系的复杂化。

同样，西方金融市场上某些货币汇率的持续坚挺也会引起国际经济矛盾的产生。20世纪80年代前半期的美元和90年代初期的德国马克就是两个典型的例子。1981～1985年，美元汇率在高利率的支持下居高不下，使其他各国货币（包括日元、马克等硬货币）对其大幅度贬值，这种因美元升值造成的多种货币贬值对许多国家国内经济、贸易和货币信誉都是一种沉重打击，同时也带来国际间债权债务关系的剧烈变动。因此，到20世纪80年代中期，国际上降低美元汇率的呼声日益激烈，美元汇率最终于1985年9月西方中央银行行长和财长会议的共同磋商之后被强制压低。无独有偶，20世纪90年代初，德国马克借其强大的经济实力和高利率而步步升值，给整个欧洲货币体系造成了巨大压力，其他国家货币（如意大利里拉、法国法郎等）在其强势之下大幅度贬值，西欧联合浮动汇率机制终于支持不住而扩大了浮动界限。这一切都使欧共体各国之间原有的经济矛盾进一步加深，欧洲经济货币联盟的一体化进程更加艰难。

综观汇率变动对经济各方面的影响可知，一国政府当局在运用贬值这一手段时，需要十分谨慎，需要权衡利弊。在各种情况下该不该贬值，贬值多大幅度，都需要审时度势。

第二节 汇率决定的商品市场分析：购买力平价理论

购买力平价理论（theory of purchasing power parity，PPP），是第一次世界大战以来，诸多汇率理论中最有影响力的汇率理论之一。它最早可追溯到 16 世纪西班牙萨拉蒙卡学派关于货币购买力的论述。对购买力平价理论作出清晰而系统阐述的则是瑞典经济学家斯塔夫·卡塞尔。后人公认他为购买力平价理论的创立者。

卡塞尔认为，本国人之所以需要外国货币，是因为这些货币在外国市场上具有购买力，即可以买到外国人生产的商品和劳务；外国人之所以需要本国货币，则是因为这些货币在本国市场上具有购买力。因此，货币的价格取决于它对商品的购买力，两国货币的兑换比率就由两国货币各自具有的购买力的比率决定。购买力比率即为购买力平价。进一步看，汇率变动的原因在于购买力的变动，而购买力变动的原因又在于物价的变动。这样，汇率的变动最终取决于两国的物价水平比率的变动。

一、开放经济中的一价定律

假设各国同类可贸易商品[①]差异很小，具有均质性，同时价格能够灵活地调整，并且忽略信息费用、运输费用和贸易关税等相关交易费用。假设某种商品在美国卖 10 美元，在英国卖 4 英镑，则均衡汇率就应当是 1 英镑等于 2.5 美元。如果市场上现实汇率不等于此均衡汇率，则国际间的商品套利（commodity arbitrage）活动将迫使现实汇率调整到与均衡汇率相等为止。例如，假定现实汇率是 1 英镑兑换 2 美元，即美元定值过高，英镑定值过低，就会出现商品从英国套利至美国的活动，即贸易商在英国以 4 英镑的价格买入这种商品，运到美国出售，获得 10 美元，再按 1 英镑兑换 2 美元的现实汇率换回 5 英镑，1 个单位商品净赚 1 英镑。贸易商不断卖出美元，买进英镑，导致美元不断贬值，英镑不断升值，直到现实汇率等于均衡汇率，套利活动便告停止。

由于套利活动的存在，在自由贸易条件下，世界市场上的任何一种商品无论在何地出售，用同一种货币表示的价格是一样的；用另一种货币表示的价格，只需经均衡汇率折算，这就是所谓的一价定律（the law of one price）。按照一价定律，同一货币衡量的不同国家的某种商品的价格应该是一致的，即

$$P = eP^*$$

式中，e 为直接标价的汇率；P 和 P^* 分别为同种商品的本币价格和外币价格。

---

① 可贸易商品是指在国际贸易中可以交易的商品，其价格差可以通过套利活动来消除，与之相对应的是不可贸易商品。

一价定律也可以表述为：当贸易开放且交易费用为零时，同样的货物无论在何地销售，其价格都相同。不论在何处，单位本币同一定数量的外币具有相同的购买力。一价定律揭示了国内商品价格和汇率之间的一个基本联系。

二、购买力平价的基本形式

购买力平价有两种形式：绝对形式和相对形式。

（一）绝对购买力平价

绝对购买力平价（absolute purchasing power parity）是指在某一时点上，两国的一般物价水平之比决定两国货币间均衡汇率（equilibrium exchange rate）。

设 e 为均衡汇率，指一单位外国货币以本国货币表示的价格，P 为本国一般物价水平，P^* 为外国一般物价水平，则有绝对购买力平价公式为

$$e=\frac{P}{P^*} \tag{4.1}$$

式中，价格水平可以是消费者价格指数（CPI），也可以是生产者价格指数（PPI）或GNP 缩减指数。

将式（4.1）变换，可以得到

$$P=eP^* \tag{4.2}$$

该式表示，本国物价总水平等于外国物价总水平乘以单位外国货币的本币价格。绝对购买力平价意味着汇率取决于不同货币衡量的商品价格水平之比，即取决于不同货币对商品的购买力之比。

（二）相对购买力平价

相对购买力平价（relative purchasing power parity）是指在一定时期内，汇率的变化要与该时期两国物价水平的相对变化成比例。显然，相对购买力平价理论将汇率在一段时间内的变化归因于两个国家在此段时间中的物价水平或货币购买力的变化。相对购买力平价决定汇率的公式为

$$\frac{e_t}{e_0}=\frac{P_t/P_0}{P_t^*/{}_0^*} \quad 或 \quad e_t=e_0\,\frac{P_t/P_0}{P_t^*/P_0^*} \tag{4.3}$$

式中，e_t、e_0——t 期和基期的均衡汇率；

P_t、P_0——本国 t 期和基期的物价水平；

P_t^*、P_0^*——外国 t 期和基期的物价水平。

仍以前例说明，假定同一种商品在英国由原来的 4 英镑上升到 5 英镑，在美国由原来的 10 美元上升到 12 美元，则 t 期新的均衡汇率为

$$e_t=e_0\,\frac{P_t/P_0}{P_t^*/P_0^*}=2.5\times\frac{12/10}{5/4}=2.5\times 0.96=2.4$$

这就是说，按照相对购买力平价理论，在 t 时期英镑兑美元的汇率应当是 1 英镑兑换 2.4 美元。

可以将式（4.3）变形，令 π_t 和 π_t^* 分别表示 t 期本国和外国的通货膨胀率，则有

$$P_t/P_0=1+\pi_t \tag{4.4}$$

$$P_t^*/P_0^*=1+\pi_t^* \tag{4.5}$$

将上述两式代入式（4.3），得到

$$\frac{e_t}{e_0}=\frac{1+\pi_t}{1+\pi_t^*} \quad 或 \quad \frac{e_t-e_0}{e_0}=\frac{\pi_t-\pi_t^*}{1+\pi_t^*} \tag{4.6}$$

式中，$\frac{e_t-e_0}{e_0}$为汇率的变化率，设其为 $\hat{e}$，且当通货膨胀亦不太高的情况下，则式（4.6）可简化处理为

$$\hat{e}=\pi_t-\pi_t^* \tag{4.7}$$

式（4.7）表明，汇率的变化等于两国的通货膨胀率之差。如果本国通货膨胀率高于外国，则 $\hat{e}$ 值为正，即本币贬值，外币升值。这意味着，本国与外国的通货膨胀率之差恰好被外币的升值所抵消。

相对购买力平价理论比绝对购买力平价理论更具有应用价值，因而更富有意义。它从理论上避开了“一价定律”的严格假设，正因为如此，有些经济学家如美国的约翰·威廉逊（J. Williamson）称绝对购买力平价公式为强表达式，而相对购买力平价为弱表达式。意思为，如果相对购买力平价理论是正确的，绝对购买力平价理论却不一定正确；如果绝对购买力平价理论是正确的，则相对购买力平价理论一定正确。

20 世纪 70 年代以来，购买力平价理论有了重大的发展。一些经济学家把购买力平价与货币供应量、国民生产总值结合起来，对汇率进行预测，即

$$S=\frac{P}{P^*}=\frac{M/KY}{M^*/K^*Y^*} \tag{4.8}$$

式中，S——名义汇率；

P、P^*——本国和外国的物价水平；

M、M^*——本国和外国的货币供应量；

Y、Y^*——本国和外国的实际国民生产总值；

K、K^*——方程式规定的行为系数。

式（4.8）表明：一国的货币供应量增长较慢而实际生产扩大较快，其货币汇率就会上升；反之，一国货币供应量增长较快而实际生产增长迟缓，其货币汇率会下跌。这一理论表明购买力平价理论中已融入了货币主义和发展经济学方面的内容。

三、购买力平价理论的作用

（一）购买力平价理论的实用性

从 20 世纪 70 年代初实行浮动汇率制以来，由于各国货币与黄金脱钩，购买力平价理论便成为研究的重点。有经济学家认为，在浮动汇率制下，该理论深入到汇率这一经济现象的背后探寻到了本质，是一种能够回答汇率如何决定的学说，有较大的实用性。这是因为：第一，购买力平价理论有两个基本前提：一是以贸易在均衡状态时的汇率作为计算的基准；二是假定货币以外的各种因素不变。这两个前提条件似乎是不能成立的。在现实生活中，货币以外的各种因素在不断发生变化，因而实际汇率总是偏离购买力平价所决定的均衡汇率。但是，经济学家们认为，在正常情况下，实际汇率不可能较大幅度地偏离均衡汇率，因而这一理论大体能成立。第二，在严重通货膨胀时期，相对购买力平价的计算具

有较大实用价值。在第二次世界大战后的较长时期内，许多国家的通货膨胀率与货币汇率之间有着紧密的关联性。大量统计表明，通货膨胀严重的国家（如英国和意大利）的货币贬值，而通货膨胀较轻的国家（如西德和瑞士）的货币升值。第三，许多经济学家认为，在较长期内（如10年或更长），在物价变动率正常的情况下，购买力平价的有效性更为显著。20世纪70年代以后购买力平价理论之所以受到普遍重视并较广泛地利用，就因为只有它才提供了一种可以通过具体计算来确定汇率的方法和模型。

（二）购买力平价理论在论证上有一定的合理性

这一理论提供了一种简化的方程式，表明了汇率与物价这两种经济变量之间的联系。该理论的核心内容是由两个密切衔接的环节构成的：第一是货币数量与价格水平的环节，这是货币购买力的决定环节，因为货币数量决定物价水平，而物价水平又是货币购买力的倒数；第二是价格水平与本币汇率的环节，这是货币汇率的决定环节，因为本币汇率与价格水平呈反方向、同比例的变化。这种推导方法是比较符合逻辑的。

用经验数据对购买力平价关系的检验表明，绝对购买力平价关系对汇率的预测往往与实际汇率偏离较大，相对购买力平价关系则与数据较为接近。通过1964～1988年美元/马克的实际汇率和美国/德国价格水平比率，可得到1970年以后相对价格水平与实际汇率之间有较大差异。事实上，1970年以后短期内实际汇率的波动远远大于相对价格水平的变动。对购买力平价关系经验检验的一般结论是：它在长期远比短期更与经验数据相符，考虑了一段时期内变化量的相对购买力平价理论比仅考虑时点量的绝对购买力平价理论对长期均衡汇率的预测能力更好。

（三）在一定条件下购买力平价可以成为确定汇率的重要因素

各国货币之所以具有可比性是因为它们都具有一定的价值或代表一定的价值。在当前信用货币条件下，纸币与黄金已脱钩，因此已不可能用纸币所代表的含金量来确定其价值和汇率。购买力平价理论用货币购买力来确定各国货币间的比率，虽然不完全符合劳动价值论，但在一定意义上，在黄金已不作为汇率决定基础的条件下，物价水平可以在一定程度上较为可靠地反映出一国货币实际代表的价值。所以，购买力平价理论也可以为汇率政策的制定提供参考。

（四）购买力平价理论为政策制定提供了依据

购买力平价理论指出，在不兑现纸币流通条件下，汇率变化符合货币升贬值的程度是一条规律，购买力平价理论的重要意义还在于，它指出了不兑现纸币条件下通货膨胀的严重性及其对本国货币汇率的不利影响。这一理论认为，一国货币汇率下跌的根源在于货币购买力低于其他货币的购买力。这就提醒当局，为了本国货币汇率的稳定，必须首先治理国内的通货膨胀。这在制定国家宏观经济政策方面有重要意义。

四、购买力平价理论的局限性

（一）限制条件过于严格

它所要求的完全自由贸易，两国生产结构与消费结构的同一，商品的同质性，价格体系的相似性，运输费用、信息费用可忽略等条件在现实世界无法满足。这样，两国货币的购买力就缺乏可比性。

（二）存在技术操作上的障碍

相对购买力平价计算模型的有效性取决于：①基期的选择；②相关物价指数的选择；③预期物价指数的推算。这些工作做起来有一定难度。第一是基期的选择问题，基期的选择涉及基期汇率的确定和基期物价指数的确定，这两者的正确性直接影响到汇率计算的准确性。第二是用什么物价指数代表一国物价水平的问题。物价指数的选择必然涉及商品和劳务的范围和种类的选择。所选择的商品种类不同，计算出来的物价指数不同。对此有两种主张：一种是应该采用对外贸易的商品和劳务的价格指数。因为对外贸易的商品和劳务（贸易品，traded goods）价格指数会影响汇率，而非对外贸易的商品和劳务（非贸易品，non-traded goods）的价格指数不会影响汇率。这种主张把汇率的决定局限于对外贸易的局部均衡中。另一种是购买力平价所涉及的是两国物价指数，因此应包括所有的商品和劳务的价格。他们认为卡塞尔的购买力平价学说的原意是指两国货币的国内购买力是用一般物价水平表示的。这就既包括了贸易品的价格，又包括了非贸易品的价格。而且这两大类商品和劳务是可以相互替代的，因而非贸易品的价格也会影响汇率。至于预测期物价指数的推定，由于生产结构和消费结构的变化的影响因素改变难以预测，而最易导致偏差。

（三）一价定律难以成立

根据经济学家们的研究，一价定律只对初级原料和粮食等商品适用，而对其他商品则很难成立。但各国的贸易品和非贸易品的结构相差很大，且多数国家非贸易商品在国民生产总值中所占比重大于贸易商品，而非贸易商品价格形成的基础在国内市场，况且各国劳动生产率及其增长的差异也很大，这些都必然使两国物价水平的比率与汇率产生较大的偏差。因此，用购买力平价理论来分析发展水平不同的国家会有相当大的局限性。

（四）忽视其他经济因素对汇率的影响

其他因素包括国民收入、生产成本、贸易条件、资本移动、国际需求和预期心理等。在卡塞尔所处的时代，资本的国际移动在规模和数量上都相当有限。如今随着生产和资本的国际化，资本移动的规模扩大，品种和数量增多，单用商品和劳务的国际交易已不能完全说明汇率的决定与变动。事实表明，最能引起汇率短期变动的套汇套利活动，一般是由国际利率差异和预期变化引起的。实践还证明，即使选定了一个基期的均衡汇率，现期汇率的变动也要比两国间的相对物价水平的变动大得多。这些都说明相对购买力平价理论只能在一定条件下才能成立。

● 专栏：购买力平价与实际汇率

按照绝对购买力平价公式，则有

$$e=\frac{P}{P^{*}}$$

式中，e ——直接标价法下的名义均衡汇率；

P——本国一般物价水平；

P^*——外国一般物价水平。

但我们又知，实际汇率的公式为

$$E = e \cdot \frac{P^*}{P}$$

式中，E——直接标价法下的实际汇率；

e——直接标价法下的名义汇率；

P^*——外国一般物价水平；

P——本国一般物价水平。

将绝对购买力平价公式代入实际汇率公式，可得

$$E = \frac{P}{P^*} \cdot \frac{P^*}{P} = 1$$

上式表明，如果（绝对）购买力平价成立，则一国实际汇率将等于1。这一结论适合任一国家。因此，长期以来，一些经济学家往往通过检验一些样本国家长期中实际汇率是否趋向于1，来验证长期里购买力平价是否成立。

第三节　汇率决定的资产市场分析(1)：利率平价理论

在现实生活中，开放经济中各个国家金融市场之间的联系越来越比商品市场之间的联系更为紧密，而国际资金的流动使得汇率与金融市场上的利率之间存在密切的关系。从资产市场角度来分析汇率与利率的关系，即是利率平价理论（theory of interest rate parity)。国际经济领域的经验表明，汇率与利率之间的关系是极其密切的，这种密切关系是通过国际间的套利性资金流动而产生的。

一、利率平价理论的基本内容

利率平价理论的基本思想可以追溯到19世纪下半叶，在20世纪20年代由凯恩斯和爱因齐格等予以完整阐述。凯恩斯最初提出利率平价说时，主要用以说明远期差价的决定。后来，艾因齐格又补充提出了利率平价说的“互交原理”[①]，揭示了即期汇率、远期汇率、利率、国际资本流动之间的相互影响。利率平价理论可以分为抵补利率平价理论（covered interest rate parity，CIP）和非抵补利率平价理论（uncovered interest rate parity，UCIP）。

(一) 抵补利率平价

抵补利率平价理论通过探讨即期汇率、远期汇率和利率间的关系来说明远期汇率的决定。

抵补的利率平价理论的基本观点是：远期差价由两国利率差异决定；高利率国货币在期汇市场上必定贴水，低利率国货币在期汇市场上必为升水。在两国利率存在差异的情况下，资金将从低利率国流向高利率国牟取利润。由此，低利率国货币就会出现远期

① “互交原理”是指套利性资金活动不仅会影响汇率，也会改变各国利率 。

升水，而高利率国货币则会出现远期贴水。随着抵补套利的持续进行，远期差价就会不断加大，直到两种货币资产所提供的收益率完全相等，抵补套利活动结束。此时远期差价正好等于两国利差，即利率平价成立。

设 e_t、f_t、i_t 和 i_t^* 分别为 t 期的即期汇率、远期汇率、本国利率和外国利率，汇率采用直接标价法。1 单位本国货币在国内投资所获本利和为 $(1+i_t)$；而投资于外国，则首先在外汇市场兑换得外币数额 $\frac{1}{e_t}$，到期收回 $\frac{1}{e_t}(1+i_t^*)$，再按原先约定的期汇汇率将 $\frac{1}{e_t}(1+i_t^*)$ 换回本国货币额 $\frac{1}{e_t}(1+i_t^*)f_t$。显然，在抵补套利活动终止时，在两国进行投资的收益应该相等，即有

$$1+i_t=\frac{1}{e_t}(1+i_t^*)f_t \tag{4.9}$$

整理得到

$$\frac{f_t}{e_t}=\frac{1+i_t}{1+i_t^*} \tag{4.10}$$

从式（4.10）可以看出，如果本国利率高于外国利率，则远期外汇升水，即远期外汇升值，本币下跌；反之，如果本国利率低于外国利率，则远期外汇出现贴水。

将式（4.10）整理得

$$\frac{f_t-e_t}{e_t}=\frac{i_t-i_t^*}{1+i_t^*} \tag{4.11}$$

设 $\rho=\frac{f_t-e_t}{e_t}$ 为远期外汇升（贴）水率，代入式（4.11），当利率水平不是太高的情况下，则可以简化为

$$\rho=i_t-i_t^* \tag{4.12}$$

式（4.11）和式（4.12）均称为利率平价公式，从式（4.12）可以看出，远期外汇升贴水率等于两国利差。如果本国利率高于外国利率，则远期外汇升水；如果本国利率低于外国利率，则远期外汇贴水。

（二）非抵补利率平价

非抵补的套利行为与抵补的套利行为的差别在于：前者在将资金由低利率货币调往高利率货币时并不作反方向的操作，也就是说，套利者对其未来的投资收益并不保值。在这种情况下，将未来国外的投资收益折算出本币所采用的汇率就不是远期汇率，而是未来的即期汇率。但未来的即期汇率事先并不能得知，设其为 Ee_f。这样，在非抵补的套利行为终止时，在两国进行投资的收益应当相等，即有

$$1+i_t=\frac{Ee_f}{e_t}(1+i_t^*) \tag{4.13}$$

整理可得

$$\frac{Ee_f-e_t}{e_t}=i_t-i_t^* \tag{4.14}$$

式（4.14）即为非抵补套利的利率平价。它表明，预期的即期汇率变化等于两国利

率之差。在非抵补利率平价成立时，如果本国利率高于外国利率，则意味着市场预期本币在远期将贬值；同样，本国政府提高利率，如果非抵补利率平价成立，则当市场预期未来的即期汇率并不因之发生变动时，本币的即期汇率将升值。这样，均衡的汇率水平会最终得以决定（图 4-1)。

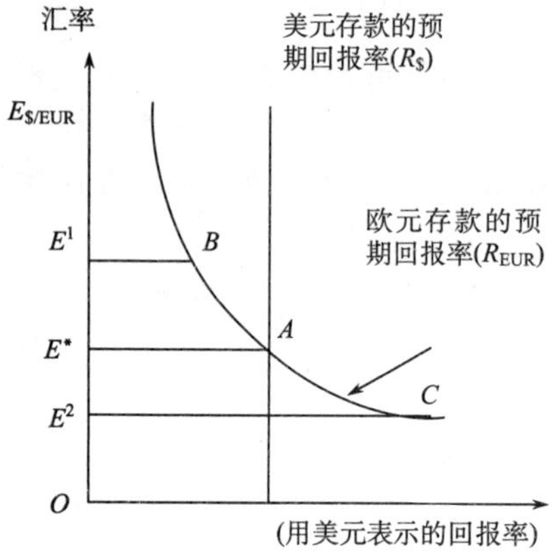

图 4-1 利率平价理论的均衡汇率决定
[以美元兑欧元(汇率表示为 $E_{\$/EUR}$)为例]

图 4-1 中，A 点为稳定均衡，此时汇率为 E^*，任何对 A 点的偏离都将向 A 点收敛。B 点表示为欧元的预期回报率低于美元的预期回报率，此时汇率为 E^1，市场参与者卖欧元换美元，美元相对欧元的价格上升，汇率下降。C 点的汇率为 E^2，其调节过程正好与 B 点相反。

将抵补利率平价理论与非抵补利率平价理论结合起来，还可以揭示一个重要的命题：远期汇率是未来即期汇率的无偏预测，即 $f_t = Ee_f$。然而，未来的即期汇率并不会等于远期汇率，两者之差称为风险升水（risk premium)，这是一种可以吸引他人去冒险的保险费。我们将抵补套利平价公式两边同时减去预期的即期汇率变化率，则有

$$\frac{f_i - e_t}{e_t} - \frac{Ee_f - e_t}{e_t} = i_t - \frac{Ee_f - e_t}{e_t} - i_t^* \tag{4.15}$$

可以得到

$$\frac{f_t - Ee_f}{e_t} = i_t - \left(\frac{Ee_f - e_t}{e_t} + i_t^*\right) \tag{4.16}$$

式（4.16）左边为远期汇率与预期的未来即期汇率的百分率，称为投资的有效收益差(effective return differential)，此时有效收益差可以看成是远期外汇市场上风险升水的指标。如果有效收益差为零，则不存在风险升水；如果有效收益差为正数，则本币有正的风险升水，因为预期的未来外币汇率低于远期汇率。换言之，将来卖外币买本币的交易商将获得风险升水。

二、对利率平价理论的评价

利率平价理论的贡献在于它说明了利率变动与汇率变动之间的关系，合理地解释了利率变动和资本流动对于即期汇率和远期汇率变动的影响，发展了有关远期汇率决定的理论，填补了以往汇率理论的一个空白，因而具有重要的理论意义和现实意义。该理论认为汇率取决于两国货币的相对收益，以利差作为汇率变动的主要因素，这对于政府预测远期汇率趋势，制定汇率政策，调控外汇市场有较大参考价值。在短期内，利率平价理论的解释力大大超过购买力平价理论。

但利率平价理论同样存在缺陷，主要如下。

（1）利率平价理论假设不存在资本流动障碍，资金能在国际间自由流动，这不符合现实。该理论不仅要求国内有一个“有效市场”，即价格能够完全反映可利用的信息和

资料、能够使得获利的机会被充分利用的市场，而且要求存在一体化的国际货币市场，国际资本流动不受限制，国际间的套利活动可以自由地进行。然而，不仅发展中国家，就是发达国家，一般也不具备这种条件。

（2）利率平价理论未考虑交易成本，存在缺陷。利率平价理论假定国际间套利活动的交易成本为零，而忽略了信息费、手续费和经纪人佣金等费用；但很显然，如果考虑这些费用，则套利收益的关系式将会发生变化，从而影响汇率与利率的量化关系。事实上，在有交易成本的情况下，国际间的抵补套利活动在达到利率平价之前就会停止。不过我们应该看到，当代国际金融学界已经针对利率平价理论中的这一缺陷进行了改进。

（3）利率平价理论未考虑机会成本，存在片面性。很显然，用于套利资金的金额越大，则为预防和安全之需而持有的现金越小，付出的机会成本就越大。而如果国际套利活动中考虑了机会成本，则利率平价也就难以成立。当然，作为理论模型，这种片面性也许是难以避免的。

（4）非抵补套利平价理论假定投资者均为风险中立者，难以得到经验支持。非抵补套利平价定理的成立有一个前提，即投资者均为风险中立者，然而这很难得到经验的支持，因为国际金融市场中现实存在着相当比例的风险偏好者和风险厌恶者。

第四节 汇率决定的资产市场分析(2)：弹性价格货币模型

弹性价格货币模型创立于 20 世纪 70 年代初期，其代表人物主要有美国经济学家约翰逊、蒙代尔和弗兰克尔等。该理论实际上也是购买力平价理论的现代翻版，只不过是在购买力平价理论的基础上结合现代货币学派的货币数量论，进一步用两国货币供求关系的变化引起物价水平的变化来解释汇率的决定，因此又称为货币主义汇率模型。

一、弹性价格货币模型的基本观点

弹性价格货币模型的基本前提条件有：①假定存在高效率的商品市场，商品价格对货币供应量有充分的弹性，自由的商品流动能保证“一价定律”有效地发挥作用；②假定存在高效率的外汇市场，货币可以自由兑换，市场参与者能根据所有信息作出合理预期，并且他们的预期能强烈地影响市场上的汇率，从而能保证购买力平价的实现；③假定存在高度发达的资本市场，资本在两国间具有充分的流动性，本国和外国的非货币金融资产可以相互替代。由于本国和外国资产是完全可替代的，只要本国与外国的货币市场处于均衡状态，则资产市场也必然处于均衡状态，因此弹性价格货币模型集中分析货币市场上货币供求的变动对汇率的影响。

在上述假定的前提条件下，弹性价格货币模型通过将购买力平价方程式与货币数量论方程式相结合，引出了基于货币供应量与国民生产总值对比的弹性价格货币模型，其推导过程如下：

设 S 为两国货币的汇率（单位外币折合本币的价格），P 为本国物价水平，P^* 为外国物价水平，根据绝对购买力平价理论，则有

$$S=\frac{P}{P^*} \tag{4.17}$$

对式（4.17）求对数，可以得到

$$s=p-p^* \tag{4.18}$$

弹性价格货币分析理论是从货币供给等于需求的均衡条件开始的。根据货币数量论方程式，货币需求是一国利率、收入和价格的函数（$M/P=KY^{\varphi}i^{-\lambda}$）。对货币供给与需求均衡的条件求对数，可以得到

$$m=k+p+\varphi y-\lambda i \tag{4.19}$$

式中，m——本国货币供给量的对数；

p——本国价格水平的对数；

y——本国实际收入水平的对数；

i——本国短期利率水平的对数（考虑到学术界习惯，仍用 i 表示）；

φ——货币需求的收入弹性；

λ——货币需求的利率弹性。

假设外国有相似的货币需求函数，则有

$$m^*=k^*+p^*+\varphi y^*-\lambda i^* \tag{4.20}$$

可以得到

$$m-m^*=(k-k^*)+(p-p^*)+\varphi(y-y^*)-\lambda(i-i^*) \tag{4.21}$$

$$p-p^*=(m-m^*)-(k-k^*)-\varphi(y-y^*)+\lambda(i-i^*) \tag{4.22}$$

根据式（4.18）可以推导出

$$s=(m-m^*)-(k-k^*)-\varphi(y-y^*)+\lambda(i-i^*) \tag{4.23}$$

式（4.23）是弹性价格货币模型中最核心的方程。从式中可以看出，本国与外国之间的实际收入水平、利率水平及货币供给水平通过影响各种物价水平，最终决定汇率水平。这样，弹性价格货币模型将货币市场上的一系列因素引进到汇率水平的决定之中。在弹性价格货币模型中，一切因素都是通过对货币需求产生影响，然后影响汇率的。譬如，本国国民收入增加，意味着货币需求的增加，在货币供给不变的情况下，居民持有货币的实际余额降低，支出将减少，进而造成国内价格下降，本国价格水平的下降会通过购买力平价关系造成本国汇率相应的升值。这个结论被日元和德国马克的汇率变化所证实。日本和德国都是收入增长相对较快的国家，日元和马克相应也处于坚挺地位。同样，当其他因素不变，本国利率的上升会降低货币需求，在货币供给不变的情况下，会造成国内价格水平上升，从而通过购买力平价关系使得本国货币贬值。

令 Q 为投机性因素使货币需求增减的比率，根据货币主义理论基本观点，Q 为本国与外国名义利率之差和预期通货膨胀率之差的函数。当实际利率不变时，本国名义利率相对于外国名义利率提高，或本国预期通货膨胀率相对于外国预期通货膨胀率提高时，投机性因素会对外国货币的需求相对于对本国货币的需求增加。因此，$Q=Q(i-i^*,\pi-\pi^*)$（式中，i 表示名义利率，π 表示预期的通货膨胀率）。由此得到弹性价格货币分析理论的一般方程式为

$$s=(m-m^*)-(k-k^*)-\varphi(y-y^*)+\lambda(i-i^*)+Q(i-i^*,\ \pi-\pi^*) \tag{4.24}$$

该方程式表明了弹性价格货币分析理论另一个基本观点，即本国名义利率相对于外国名义利率的提高，或本国通货膨胀预期相对于外国通货膨胀预期上升，会使外汇汇率上升、本币汇率下降；反之则相反。

在利率变动对汇率的影响作用上，弹性价格货币分析理论的观点与人们的经验观念正好相反。人们通常认为，本国利率上升会吸引外资流入，使本国出现国际收支顺差，从而使本币汇率上升，即外币汇率将下跌。凯恩斯主义的货币理论也是这样解释利率变动的影响的。而弹性价格货币分析理论则认为，本国利率上升首先会提高持有本国货币的机会成本，因此会降低人们对本币的需求，在货币供给和实际收入不变的前提下这将导致本国价格水平的上升，从而使本币贬值，外汇汇率上升。其次，在资本市场高度发达和国际化的情况下，本国与外国的实际利率将保持一致。因此，本国名义利率的相对提高实际上反映了本国预期通货膨胀率的相对提高，即 $i-i^*=\pi-\pi^*$。而当人们预期本国通货膨胀会上升时，会减少对本国货币的需求，从而也会导致本币贬值、外汇汇率上升。

二、对弹性价格货币模型的评价

弹性价格货币模型是在购买力平价理论和国际收支货币分析理论的基础上建立起来的，其对汇率理论发展的主要贡献在于：①它突出了货币因素在汇率决定和变动中的作用，强调了货币供给、国民收入、国民生产总值、利率和通货膨胀预期等因素对汇率的影响，在一定程度上克服了传统的汇率理论的局限性，纠正了第二次世界大战后汇率理论研究中长期忽视货币因素的缺陷。②它正确地指出了货币供给状况及货币政策与汇率变动的直接联系，从而为在浮动汇率制下如何更好地运用和协调货币政策与汇率政策来加强宏观经济调控和国际收支调节，从理论上奠定了基础。③它使汇率理论研究从传统的国际收支分析和中长期分析逐步转向了资产市场分析、短期分析和动态分析。尤其是它正确地指出，在出现持续通货膨胀的情况下，人们对通货膨胀的预期是影响汇率变动的重要因素。

弹性价格货币分析理论的主要缺陷在于：①该理论片面地强调了货币因素的作用，忽视了经济结构等实际因素的影响。它只注意了货币市场总的均衡，而忽视了对各个部分结构的分析，并颠倒了实际因素与货币因素之间的因果关系。②该理论侧重于汇率的长期分析，一定程度上考虑了短期因素对汇率的影响，但其赖以成立的一些基本假定，如两国之间始终保持购买力平价，国内价格对货币供应量有充分弹性等，在短期内难以成立，这使其在解释汇率的短期波动时出现了一些矛盾。③该理论假定浮动汇率制能够保证国际收支平衡，而在现实中国际收支不平衡是经常性的长期存在的现象。④该理论的某些假设条件过于严格，如货币中立、资产完全替代等在现实生活中并不成立，虽然这些条件简化了对问题的分析，但同时也削弱了该理论的说服力。

第五节 汇率决定的资产市场分析(3)：黏性价格货币模型

黏性价格货币论最初由美国麻省理工学院教授鲁迪格·多恩布什于 1976 年提出，也被称为“汇率超调模型”（overshooting model）。该模型与弹性价格货币模型一样强调货币市场均衡对汇率变动的作用，但他认为商品市场和资产市场的调整速度是不一样的。按照该模型，在短期内，商品市场价格具有黏性，并不会因货币市场的失衡而发生调整，这使得购买力平价在短期内不能成立；但资产市场反应极其灵敏，利率将立即发生调整，使货币市场恢复均衡；正是由于价格在短期内的黏性，使得利率必然超调，即调整幅度要超过长期均衡水平。在资本完全流动的假设下，利率的变动引起资本在国际间的迅速流动，由此带来汇率的变动。与利率的超调相适应，汇率也必然超调。

一、黏性价格货币模型的基本观点

黏性价格货币模型也认为货币需求是稳定的，非抵补利率平价成立，但由于商品市场短期价格黏性，如果由于货币供给量增加使得货币市场失衡，而短期内价格黏着不变，实际货币供给量会增加。为使货币需求量相应增加以达到货币市场的均衡，利率必然下降。在资本完全流动和可替代的假设下，资金外流，导致本币贬值，外币升值。但是汇率不会永远处于这种状态，因为此时的商品市场未达到均衡。由于利率下降，使国内总需求增加，由于本币的贬值，使世界需求转向本国商品，二者均将带来价格的上升。在价格上升的过程中，实际货币供给量相应下降，带来利率的回升，资本内流，外汇汇率下浮，本币汇率上浮，直到达到货币主义者模型的长期均衡。

超调模型仍然保留了货币需求方程和非抛补利率平价条件，但认为购买力平价只有在长期内才能成立，即

$$\bar{s} = \bar{p} - \bar{p}^{*} \tag{4.25}$$

字母上的横杠代表长期。这样，弹性价格的货币汇率方程被改写为长期状态为

$$\bar{s} = (\bar{m} - \bar{m}^{*}) - (k - k^{*}) - \varphi(\bar{y} - \bar{y}^{*}) + \lambda(\Delta\bar{p}^{e} - \Delta\bar{p}^{*}) \tag{4.26}$$

假设预期是理性的，收入增长是外生的（或随机的，其平均值为零），货币增长是随机的，可知，理性预期的相对价格水平和汇率在长期内按现在的相对货币增长率 $\pi - \pi^{*}$ 变动。

$$\bar{s} = (m - m^{*}) - \varphi(y - y^{*}) + \lambda(\pi - \pi^{*}) \tag{4.27}$$

这是长期的汇率决定。在短期内，汇率偏离了均衡点，需要有一个调整过程，使它在长期内能达到 $\pi - \pi^{*}$。设调整速度为 θ，则有

$$\Delta s^{e} = -\theta(s - \bar{s}) + \pi - \pi^{*} \tag{4.28}$$

将式（4.28）与非抛补利率平价条件相结合得到

$$s - \bar{s} = 1/\theta[(i - \pi) - (i^{*} - \pi^{*})] \tag{4.29}$$

这是短期超调的汇率决定，可以知道，汇率与其长期均衡水平之间的差额同实际利率水平的差额有关。若一国实行紧缩的货币政策，将使名义利率上升，超过均衡水平，这将引起资本的内流，使本币汇率相应的上升，超过其均衡水平。

若将长期均衡汇率与短期超调汇率相结合，可得一般的汇率决定方程为

$$s = (m - m^{*}) - \varphi(y - y^{*}) + \lambda(\pi - \pi^{*}) - 1/\theta[(i - \pi) - (i^{*} - \pi^{*})] \tag{4.30}$$

从式（4.30）可以看出，当最后一项的系数为零时，即调整速度为无穷大时，即为弹性价格条件下的长期均衡表达式。

假设货币供给水平是随机的，可得预期的长期通货膨胀差异 $\pi - \pi^{*}$ 为零，则有

$$s = (m - m^{*}) - (k - k^{*}) - \varphi(y - y^{*}) + \lambda(\pi - \pi^{*}) - 1/\theta(i - i^{*}) \tag{4.31}$$

式（4.31）即为多恩布什最初给出的方程，即汇率超调模型。汇率超调模型对我们研究长期汇率变动有以下启示：①价格变化会影响汇率的长期均衡水平；②价格变化对汇率的长期影响部分地通过它对汇率预期的影响而起作用。事实上，价格变动在长期汇率决定中起着关键作用，因此，对长期汇率决定的讨论必然要包括购买力平价。

二、对黏性价格货币论的评价

黏性价格货币模型首次从理论上揭示并阐述了经济现实中存在的汇率超调现象。模型的价格黏性假定比价格灵活和价格固定的假定似乎更符合现实，用该模型可以解释货币市场的失衡总是会造成汇率失调，这使得在浮动汇率制度下汇率的大幅度波动很难避免；可以解释现实中汇率在短期内与购买力平价，包括绝对购买力平价和相对购买力平价的偏离；能够解释一国当物价水平上升时，为何会出现本币反而升值的现象。总之，黏性价格货币模型对于我们正确分析、理解购买力平价理论的适用性，以及考察、把握现实汇率的波动是有意义的。

但该模型也存在缺陷：①将汇率波动归因于货币市场的失衡，有失偏颇；②资产完全替代的假定与现实尚有较大距离，事实上，由于交易成本、税负差别和各种风险的存在，投资者一般也并非风险中立者，故国内外资产间不可完全替代，非抵补利率平价不成立；③其对现实汇率变动的解释偏差很大。

这些缺陷激励人们不断改进、扩展多恩布什模型，如有些扩展的多恩布什模型可用于研究汇率对非货币干扰作出反应时的超调现象，有些扩展的多恩布什模型能够用于研究预期到的货币供应量的增加所导致的汇率调整过程，等等。

第六节　汇率决定的资产市场分析(4)：资产组合平衡模型

一、资产组合平衡模型的基本观点

资产组合平衡模型（portfolio-balance model of exchange rate）来源于宏观经济学中托宾的“资产组合选择理论”（theory of portfolios selection）。该理论认为，理性的投资者会将其拥有的财富按照风险与收益的比较，配置于可供选择的各种资产上。在国际资本完全流动的前提下，一国居民所持有的金融资产不仅包括本国货币、本国证券（即为本国资产），还包括外国货币和外国证券（即为外国资产）。一国私人部门（包括个人居民、企业和银行）的财富可以用以下方程表示：

$$W = M + B_p + eF_p \tag{4.32}$$

式中，W——私人部门持有的财富净额；

M——私人部门持有的本国货币；

B_p——私人部门持有的本国证券；

e——以本币表示外币价格的汇率；

F_p——私人部门持有的外国资产。

各种资产之间存在收益率和风险的差别，因而不可完全替代。这一点是资产组合平衡模型与货币分析模型的主要区别。正是由于资产的不可完全替代性，使每个投资者有必要选择将自己的资本均衡地分投在不同种类的资产上，以实现最佳的收益与风险对比关系。各种资产在财富总额中所占的比例，取决于各种资产收益率和汇率风险的大小及财富总量的大小。但无论怎样发生变化，最终都会在资产市场上达到平衡。

人们在国际投资活动中厌恶风险，特别是厌恶汇率风险，从而要求风险报酬（risk premium)。因此，尽管资本具有较高的流动性，但是非抛补利率平价仍不能成立，即两国的利差不等于预期的汇率变动，其差额为风险报酬。风险报酬的存在说明国与国之间的实际利率会产生差异（不完全相等），同时也说明本国债券与外国债券不具有完全的替代性。

假定财富是外生变量，任何收益率的变动只能引起人们调整资产组合比例，而不会改变财富总量。短期内存在价格黏性，长期经济则实现充分就业和价格柔性。同时以小国作为考察对象，即不考虑外国居民持有本国债券的情况。假定资产市场处于均衡状态，即货币供给等于货币需求，本国债券供给等于本国债券需求，外国债券供给等于外国债券需求。货币需求、本国债券需求和外国债券需求都是本国和外国的利率及预期汇率变动率的函数。

这样，私人部门会将净财富在本国资产和外国资产之间进行分配，分配的比例视各类资产的预期收益率而定。本国货币的预期收益率是零，本国证券的预期收益率是国内利息率(i)，外国资产的预期收益率是外国利息率（i^*）与预期外汇汇率上升率（π^*）之和。各类资产选择的多少与其自身的预期收益率成正比，与其他资产的预期收益率成反比。因此有

$$M=\alpha(i,\ i^*,\ \pi^e)\cdot W \tag{4.33}$$

$$B_p=\beta(i,\ i^*,\ \pi^e)\cdot W \tag{4.34}$$

$$e\cdot F_p=\lambda(i,\ i^*,\ \pi^e)\cdot W \tag{4.35}$$

$$\alpha+\beta+\lambda=1 \tag{4.36}$$

式中，α、β、λ 分别代表私人部门愿意以本国货币、本国证券和国外资产形式持有的财富比例。

当某种资产的供给存量发生变化，或者预期收益率发生变化，私人部门实际持有的资产组合比例就会与其意愿持有的组合比例不吻合，资产组合发生不平衡人们就会对各种资产的持有进行调整，以使资产组合符合意愿、恢复资产市场平衡。在这一调整过程中会产生本国资产与外国资产的替换，从而引起外汇供求的变化，带来汇率的变化。而汇率的变化，反过来又会影响国内外资产的对比，对资产平衡又起着促进作用。下面我们看看资产组合的失衡是如何影响汇率的变动的。

（1）当外国资产市场失衡引起外国利息率上升时，外国资产的预期收益率提高，λ 会增大，而 α、β 则会下降。这样，在原来的资产组合中，国内资产会出现超额供给，本国利率下降，本币汇率下降，直到达到资产市场的再次平衡。反之，当外国利息率下降时，则会引起外汇汇率下降。

（2）当一国国际收支经常项目出现盈余时，私人部门持有的净外国资产增加，使得实际持有外国资产的比例大于意愿比例。人们会将多余的外国资产转换为本国资产，从而外汇汇率下跌。反之，一国经常项目出现赤字时，外汇汇率则会上浮。

（3）当一国政府增加财政赤字而增发政府债券时，本国证券供给量相应增加。这一变化使人们的资产组合失去平衡，人们对外国资产的需求增加，引起外汇汇率的上浮。

但是，由于本国债券供给的增加，降低了债券价格，提高了利率水平，提高了人们对本国债券收益的预期，又诱使人们将资产需求转向本国，因此又会引起外汇汇率的下浮。最终的影响将取决于这两方面的影响孰大孰小。

(4) 当中央银行通过收购政府债券来增加货币供给量时，私人部门会发现本国货币供过于求，人们愿意以多余的货币去购买本国证券，使利率下降，从而引起人们对国外资产的需求，导致外汇汇率上升。

(5) 当各种因素引起私人部门预期汇率将上升或下降时，他们将相应地增加或减少国外资产。在资产的重新组合过程中，人们会用本国资产去购买外国资产，或用外国资产购买本国资产，从而导致外汇汇率的上升或下降。

综上所述，资产组合模型中关于各因素对汇率的影响可以用以下方程表示：

$$e=e(i^{*}, M, B_{p}, F_{p}, \pi^{e}) \tag{4.37}$$

二、对资产组合平衡论的评价

资产组合平衡汇率理论是20世纪70年代以来国际资本流动加速、资本流动规模不断扩大、货币和资本市场的高度国际化与自由化的产物。在日趋一体化的全球金融市场上，金融资产的调整组合已经成为各国的投资者、金融机构和中央银行的经常性的行为，并常常引发大量的国际资本流动，对汇率的变动确实起到了至关重要的影响作用。正是在这种历史背景条件下，一些经济学家将汇率研究的重点放在国际资本市场和短期汇率的决定上，提出了资产组合平衡理论。

资产组合平衡论的贡献主要表现在以下几个方面：

(1) 该理论实现了对汇率本质及汇率决定过程认识的革新。传统的汇率理论仅仅将汇率作为货币的价格，认为汇率取决于市场流量的均衡；资产组合平衡理论则认为汇率是资产的价格，因而取决于市场存量的均衡。

(2) 该理论既强调货币因素对汇率的影响，又强调实际经济因素对汇率的影响；既强调资本项目交易的重要性，又纳入了经常项目收支的影响；既强调短期因素对汇率变动的决定作用，又进行了长期均衡的分析。它采用了一般均衡分析的方法，将商品市场、货币市场和证券市场结合起来进行汇率决定的分析，因此其观点比以前的任何一种汇率理论都更加全面。根据该理论所导出的汇率分析模型，可以将以往的各种汇率分析模型都作为它的一个特例而包括进去。

(3) 该理论的某些假定比传统的汇率理论的假定更接近现实，如关于各种资产之间只有高度的可替代性而不是完全的可替代性的假定。尤其是它强调了对于汇率变动的预期因素在汇率决定中的作用，这对于理解汇率波动的易变性有很大的帮助。

(4) 该理论看到了由资产组合行为所引起的资本流动等因素对汇率日益增大的影响，并对这些影响进行了较为详细的研究。从当前的实际情形来看，由于选择和持有本币和外币金融资产的交易量，远远超过了经常项目的交易量，资产市场的选择行为对于解释短期汇率变动确实有着一定的说服力。

资产组合平衡汇率理论问世以来已经得到了初步的验证，很快受到了西方学术界、企业界和政府的普遍关注，并被国际货币基金组织、美国联邦储备银行用来作为制定汇率政策，或被一些有条件的跨国公司和国际银行用作分析和预测汇率变化的主要依据。在实际应用中，一些经济学家甚至根据该理论设计出了一些复杂的汇率模型。例如，1975 年 8 月在瑞典召开的“浮动汇率及稳定政策讨论会”上，美国大学教授穆萨（M. Mussa）提出了资产市场变体模型；1982 年美国国民经济研究局（NBER）在意大利召开汇率研讨会，其中心议题就是讨论资产市场的三种模型。

但是该理论同样也存在严重的缺陷和局限性，主要在于：①资产市场说抽象了真实收入与真实财富及其相互作用，片面强调了资本流动的作用。尽管该理论也把经常项目以间接的方式纳入了其分析模型中，但实际上忽视了实物交易和贸易差额对汇率变动所起的重要作用。②该理论仅适用于金融市场高度发达、资本管制和外汇管制十分宽松、资本可以自由流动的国家，并且要求短期资本对利率差异的变动非常敏感，本国资产与外国资产之间具有高度的替换性，否则资产选择对汇率的影响就要大打折扣。③该理论必须以实行自由浮动汇率制度，外汇汇率在外汇市场上由供求双方自由决定为前提条件，如果实行固定汇率或其他限制汇率的制度，该理论也将失去实际意义。④资产选择不仅要考虑金融资产的实际收益率，还要考虑预期的价格、利率和汇率的变动对实际收益的影响，因此其分析模型比其他汇率理论要复杂得多。复杂的价格因素不仅使分析变得十分困难，而且由于引入了一些几乎是不可能测量和难以捉摸的变量（如财富的存量和人们的预期），使该理论在实际中的运用受到较大的局限。

➢本章小结

汇率的决定基础是两种货币所具有或代表的价值量的交换比率。在金本位制度下，两种货币间的汇率取决于金平价。在金币本位制度下，金平价又称为“铸币平价”，而在金块本位制和金汇兑本位制下，金平价又称为“法定平价”。在金本位制下，受供求因素的影响，市场上的实际汇率会围绕金平价上下波动，但波动幅度不会超过黄金输送点。

在纸币本位制度下，决定汇率的基础不再是金平价，但仍然是纸币所代表的价值量。而纸币价值量的具体表现就是纸币的购买力。在纸币本位制度下，有许多因素影响外汇市场的供求，使得汇率水平经常地，有时甚至是大幅度地和频繁地波动。影响汇率的因素主要有国际收支、通货膨胀率差异、利率差异、经济增长率差异、预期因素、国际储备、中央银行干预和宏观经济政策等。同时，汇率的变动对经济发展会产生重要的影响，主要体现在对贸易收支、资本流动、外汇储备、价格水平、就业水平、资源配置及国际经济关系的影响上。

理论界研究汇率决定理论已有数百年历史，有许多汇率决定理论问世。其中一种较有影响的汇率决定理论是购买力平价理论，这是一种在长期中发挥作用的平价理论。购买力平价理论分为两种形式：绝对购买力平价说和相对购买力平价说，后者相对更具有可操作性。另一种较有影响的汇率决定理论是利率平价理论，这是一种在短期中发挥较大作用的平价理论。利率平价理论包括抵补利率平价理论和非抵补利率平价理论两种形式，该理论认为，两国货币的利差影响并决定了远期汇率（或将来的即期汇率）与当前即期汇率的关系。弹性价格的货币理论认为，一切因素都是通过对货币需求产生影响，然后影响汇率的。黏性价格的货币理论则认为，在短期内，产品市场价格具有黏性，不会因货币市场的失衡而发生调整，而证券市场反应极其灵敏，利率将立即发生调整，使货币市场恢复均衡。正是由于价格在短期内的黏性，使得利率必然超调，即调整幅度要超过长期均衡水平。资产组合平衡理论认为，各种资产在财富总额中所占的比例取决于各种资产收益率和汇率风险的大小及财富总量的大小等因素。

➢本章重要概念

金平价　铸币平价　法定平价　黄金输送点　绝对购买力平价　相对购买力平价
一价定律　抵补利率平价　非抵补利率平价　汇率超调　资产组合理论

➢思考题

1. 什么是汇率决定的基础？在不同的本位制度下，汇率具体取决于什么因素？
2. 在纸币本位制下有哪些因素影响汇率的变动？如何影响？
3. 简述购买力平价理论。
4. 简述利率平价理论。
5. 简述弹性价格的货币模型。
6. 简述黏性价格的货币模型
7. 简述汇率决定的资产组合平衡模型。

➢ 进一步的阅读与讨论（1）　汇率决定理论的最新发展

传统的汇率决定理论主要从宏观基本因素，如相对货币供应量、利率、物价水平、经济增长、内外资产的替代性和均衡价格的调整速度等，来解释汇率的决定和波动。然而现实经济中，却很难运用这些传统理论来预测国际金融市场汇率的走势，大量的实证检验结果也表明，传统汇率理论解释能力十分低下，尤其对短期内的汇率变化。面对这一困惑，20 世纪 80 年代以来很多学者不断寻求对传统理论的突破，将汇率决定理论的发展推向了一个新的阶段。在近期提出的汇率决定理论中，最具代表性的有新闻模型、理性投机泡沫模型、具有微观基础的汇率宏观经济理论、汇率决定的微观结构理论四类。其中，新闻模型和理性投机泡沫模型均基于理性预期假设，具有微观基础的汇率宏观经济理论考虑了宏观经济关系的微观基础，而汇率决定的微观结构理论则从私有信息、异质市场参与者和不同交易机制等角度来分析。

（一）汇率决定的新闻模型

新闻模型是在资产市场宏观结构模型的基础上结合理性预期假说建立起来的，最早由 Mussa（1979）提出，他将非预期的并且能够引起人们对汇率的预期值进行修改的新的信息统称为“新闻”，进而分析了“新闻”对汇率运动的影响。由于即期汇率和远期汇率之间的时间内会有“新闻”因素的出现，从而可能导致远期汇率是将来即期汇率的有偏估计，这就可以用来解释外汇市场有效性检验失败的原因。而“新闻”因素不断进入外汇市场则可以在一定程度上解释汇率的频繁波动。另外，“新闻”的不可预见性意味着“新闻”的出现是一个随机游走过程。根据新闻模型可以得到未预测到的即期汇率的变化也将是一个随机游走过程，因而对即期汇率的路径近似地遵循随机游走过程这一经验规则给予解释。

但是新闻模型存在着两个大的缺陷：一个缺陷是在其模型推导的过程中对理性投机泡沫的忽略，并且给出的忽略理由不能令人满意，而这方面在投机泡沫模型中得以考虑；另一个缺陷是没有指明“新闻”的具体内容，Edwards（1983）给出了一个标明“新闻”具体内容的新闻模型，并给出了各种“新闻”的效应，但这仍然仅仅是一种理论上的推断。

（二）理性投机泡沫模型

新闻模型根据未预料到的基本经济变量的变化来解释汇率的波动性，然而外汇市场上有时会在基本经济变量没有很大变化的情况下出现暴涨和暴跌，这种现象既无法用汇率超调理论也无法用汇率新闻模型来解释，于是一些学者在理性预期的假设下对这种汇率现象进行研究，得出了汇率变动的理性投机泡沫模型。这一模型使得人们对理性投机泡沫现象这种与基本经济变量的运动不一致的自我强化的汇率运动有了更为深入的认识。理性投机泡沫模型的基本思想是，当期初的汇率相对于由基本因素所决定的水平有一个偏离，则产生一个泡沫的源头，理性预期下市场参与者预期汇率将进一步偏离均衡水平，投资者之所以继续购买被高估的货币，是指望能够获得预期货币进一步升值带来的收益，并且能够赶在汇率最终回到由基本经济变量所决定的均衡值之前将货币卖出。

在市场投机的推动下，泡沫随着汇率的快速上升而膨胀，投机者会在每一期结束前判断泡沫破灭的概率，汇率上升越高，泡沫破灭的概率越大，为了补偿增加的泡沫破灭风险，汇率必须以更快的速度上升，这又进一步推动了泡沫的膨胀。因此，理性投机泡沫理论得出了一个结论：初期的偏离在理性预期的条件下会导致汇率理性泡沫的生成，并进一步加速膨胀。

（三）具有微观基础的汇率宏观经济理论

传统汇率决定理论的分析一直建立在宏观经济关系的框架之下，而忽视了微观基础的作用。他们认为，汇率更大程度上可以看做是人们根据自己的消费方式选择内外资产的结果，经济主体的行为及其影响因素等微观基础在宏观经济变量发生变化的过程中起着重要的作用，因此在对其的研究中不能忽略。基于这种观点，就形成了具有微观基础的汇率宏观经济分析方法，而这一分析方法又是后来被统称为新开放经济宏观经济学的重要内容和组成部分。

Svensson 和 Wijnbergen（1989）的论文作出了先驱性的贡献，他们使用了跨时分析方法，建立了一个有微观基础的黏性价格模型，但由于使用了特殊的假定而未能得到广泛的运用。1995 年 Obstfeld 和 Rogoff 在《政治经济学杂志》上发表了题为“汇率动态学的回归”的文章，将名义价格刚性和不完全竞争引入分析，建立了一个具有坚实微观基础的宏微观一致的汇率模型，标志着新开放经济宏观经济学的创立。

此后建立在宏微观一致分析基础上的汇率研究迅速发展起来，这一发展方向的一个基本观点是原有宏观结构模型的经验研究结果不理想的原因不是宏观经济变量的问题，而是模型需要修正。原有的模型仅仅考虑宏观层面，但是要深入了解汇率变化的机制，还应该进一步融入微观层面因素的分析。例如，投资者的偏好、风险承受能力等都是直接决定外汇交易者投资行为的重要参数，不可忽视。在此基础上再来分析现有汇率理论涉及的宏观经济指标如何改变市场参与者的各项决策，进而影响汇率的变动。

（四）汇率决定的微观结构理论

面对原有资产市场分析法宏观结构模型与现实存在的矛盾，一些学者认为，汇率波动的直接原因主要不在于宏观层面，而是取决于掌握不同信息或是对信息的理解不一样的外汇交易者在特定的交易体系下的相互博弈（Lyons，2001），基于此，他们从外汇市场参与者的行为和市场特征等市场微观结构角度来研究和解释汇率，形成了汇率决定的微观结构分析，重点考虑在私有信息，或异质的市场参与者，或不同的交易机制的条件下，汇率的形成将出现怎样的规律。

1. 私有信息

首先从信息这一突破线索来看，原有汇率理论认为只有公开信息才与汇率变化有关，而无视私有信息及其集合的过程对汇率变动的重要影响。微观结构理论则跳过了传统理论中宏观经济变量对汇率影响的分析过程，认为外汇市场的订单流（order flow）和做市商报出的买卖价差这两个关键的微观金融指标才是传递和反映私有信息的核心工具。Evans（2001）及 Evans 和 Lyons（2002）发现汇集了各个交易者私有信息的订单流与对汇率波动几乎没有解释力度的宏观经济指标相比，能够很好地说明国际金融市场上主要外汇的走势，即使仅利用近年外汇交易中较小部分的订单流数据，也可以解释40%～70%的汇率波动。

2. 异质交易者

异质交易就是市场参与者及其预期是否具有异质性。Frankel 和 Froot（1990）指出外汇市场既有基本因素分析者，也有按照历史数据来分析的技术分析者，以及按照其他一些噪声信息来预测汇率的噪声交易者，而这种异质性市场结构的形成，主要是因为在信息不对称条件下包括技术分析交易在内的噪声交易有时能够获得更大收益。

关于外汇市场预期的研究则主要是通过直接测度的方法，比较具有代表性的是 Ito（1990）对日本 44 家企业进行为期两年的调查研究，其结果显示预期是异质的。在非理性预期被证实存在的同时，理性预期假说被微观结构理论拒绝了。很多经济学家分析认为，异质性预期使得有效市场假说不能成立，也是原有汇率理论无法很好地解释现实汇率波动的一个重要原因。在市场参与者及其预期的异质性的考虑下，一些经济学家提出用噪声交易者模型来代替有效市场假说。

3. 市场机制

从外汇市场交易系统方面的研究来看，外汇市场是一个庞大的二层结构的分散市场（银行间的交易市场和银行与客户间的交易市场），外汇市场有效性检验的失败，其原因和外汇交易体系的特殊结构有密切关系。除了二层结构的特征以外，外汇市场还有其他一些特征，如这一市场的巨大交易量是通过多个做市商机制来完成的；交易者除了选择银行间的直接交易形式外，还可以选择利用经纪人中介的间接交易；这一市场没有对交易价格和交易量等信息随时披露的要求，因此透明度明显低于其他金融市场等。

在这样的市场上，参与者的交易动机各不相同，而且在银行间交易市场中发挥做市商职能的各个银行获取信息的渠道也不一样，这就必然产生信息不对称对汇率影响的问题。在早期的外汇市场微观结构理论中，有许多经验证据表明，市场集中程度的差异可能对解释市场表现的差异非常重要。

实际上，以上作为线索的信息、市场参与者的异质性和交易系统这三个方面是密切相关和互相影响的。从某种程度上来说，没有分散市场的制约，就无法充分体现私有信息的价值，噪声交易者也就不可能从中谋取利润。反过来，噪声交易的行为又增加了分散市场的信息不对称程度，使私有信息对价格的影响更为显著。

➢ 进一步的阅读与讨论（2） 利率平价理论的进一步研究

利率平价关系在理论上可以成立，但从实践的角度来看，它有以下的缺陷：①利率平价理论以高度发达和完善的金融市场条件的存在为前提，但实际上很难符合这些条件；②由于套利交易需要介入交易成本，积极的套利需要获得边际套利差，而套利本身受机会成本和外汇风险成本的影响，所以套利资金的供给弹性并非无限大；③利率平价理论忽视了市场投机这一重要因素，市场可能受到投机心理和投机者的实际行为的影响，以至于实际汇率与均衡的利率平价出现偏差。

针对这些方面的不足，经济学家们在进一步研究过程中提出了下述主要修正：

在均衡条件下，利率平价原理成立的线性约等式为

$$\frac{F-E}{E}=i-i^{*}=\rho$$

现假设一笔资金 X 从外国流向本国。在外国市场的借款机会成本（C）就是在本国的收益。

$$C=X(1+i)$$

并且 $i=i(X)$，$\frac{\mathrm{d}i}{\mathrm{d}X}>0$，资金 X 在外国间接投资的收益（R）为

$$R=(1+i^*)X\frac{F}{E}$$

则交易总利润 π 为

$$\pi=X(1+i^*)\frac{F}{E}-X(1+i)$$

利润最大化条件为

$$\frac{\partial\pi}{\partial X}=(1+i^*)\frac{F}{E}-\left[1+X\left(\frac{\mathrm{d}i}{\mathrm{d}X}\right)+i\right]$$

用 $\rho=\frac{F-E}{E}$ 代入上式得

$$(1+i^*)(1+\rho)=1+X\left(\frac{\mathrm{d}i}{\mathrm{d}X}\right)+i$$

假设 $\rho\cdot i=0$，则可以得到

$$\rho=X\frac{\mathrm{d}i}{\mathrm{d}X}+i-1$$

定义供给弹性为

$$E_s=\frac{\mathrm{d}X}{\mathrm{d}i}\frac{i}{X}$$

代入上式能够得到

$$\rho=i\left(1+\frac{1}{E_s}\right)-1$$

如果套利资金供给弹性无限大，即 $E_s=\infty$，均衡条件的利率平价成立。而在实际中，对资金的供给不会无限大。供给弹性必然满足：$-\infty<E_s<\infty$，并且 $E_s\neq 0$。套利资金供给弹性正负取决于利率高低，从而或引起套利资金从纽约流向伦敦，或从伦敦流向纽约，但不能同时获得套利利润。因此，套利资金供给弹性直接影响利率平价的偏离程度。

把套利资金供给弹性考虑在内，使利率平价理论具有实践意义。现将修正的利率平价理论与传统的利率平价理论比较如表 4-1 所示。

表 4-1 修正的利率平价理论与传统的利率平价理论比较

平价理论	从本国到外国套利条件	从外国到本国套利条件	均衡条件
传统的	$\rho>i-i^*$	$\rho<i-i^*$	$\rho=i-i^*$
修正的	$\rho>i\lambda-i^*$	$\rho<\frac{i^*-i^{\lambda *}}{i^{\lambda *}+1}$	$\rho\leqslant i\lambda-i^*$ $\rho\geqslant\frac{i^*-i^{\lambda *}}{i^{\lambda *}+1}$

第五章

外汇交易

国际间经济往来的发展必然伴随着货币的清偿和支付数量的增长，从而促进了外汇交易的发展。20世纪70年代以来，随着国际金融市场业务创新的不断发展，外汇交易的方式越来越多，除了传统的即期外汇交易、远期外汇交易、掉期交易之外，交易者还可采用外汇期货交易、按金外汇交易、外汇期权交易等方式来进行外汇买卖。因此，如何选择有利的外汇交易方式就成为国际金融要研究的实务性问题。本章在阐述外汇市场基本原理的基础上，将着重介绍外汇市场上的各类外汇交易方式及其具体运用。

第一节 外汇市场概述

一、外汇市场的概念

外汇市场（foreign exchange market）是指从事外汇买卖的交易场所或交易网络。理解外汇市场的概念时应注意以下几点。

（一）外汇市场是国际金融市场的重要组成部分

外汇市场是国际金融市场的重要组成部分，与国际金融市场的其他构成部分（国际货币市场、国际资本市场）有着密切的联系。在国际货币市场和国际资本市场上主要是进行资金的借贷，而这种国际资金的借贷往往需要利用外汇市场来将所借入的某种外汇资金兑换成本币或另一种外汇资金。但它又不同于国际货币市场和国际资本市场，因为在外汇市场上进行的是货币的兑换或买卖，而不是资金的借贷。

（二）外汇市场是进行外汇买卖的市场

由于国际清偿和支付的需要，有些经济单位需要使用外汇，但其本身又无外汇收入，而有外汇收入的经济单位可能暂时并不需要使用外汇。外汇市场的存在正好为双方提供了一个互通有无的场所，前者作为外汇需求者可以通过外汇市场买入自己所需要的外汇，后者作为外汇供应者则可在外汇市场上出售其所持有的外汇。外汇买卖通常有两种类型：一是本币与外汇之间的买卖，即外汇需求者以本币买入外汇，而外汇供给者出售外汇换入本币，如我国某进口公司以人民币向外汇指定银行买入美元，某出口公司将持有的日元出售给外汇指定银行换回人民币等。二是不同币种的外汇之间的买卖，即以一种外汇购买另一种外汇，或出售某种外汇换回另一种外汇，如中国居民以英镑购买日元，或出售瑞士法郎购买欧元等。

(三) 外汇市场可以是有形的市场，也可以是无形的市场

外汇市场的形态有两种：一是表现为交易所（exchange）这种有固定场所的有形市场；二是表现为以电话、电报和电传等现代通信工具所构成的交易网络。早期的外汇买卖大多集中在外汇交易所进行，外汇买卖双方在规定的时间内集中于此进行外汇交易，从这个意义上来说，外汇市场是一个具体的交易场所。目前，欧洲大陆的一些国家（如德国、法国）的外汇交易，许多仍采用这种在外汇交易所进行交易的形式。随着现代通信技术的发展，外汇买卖可以通过连接银行及外汇经纪人的电话、电报、电传等通信工具进行，而不必集中在外汇交易所内，所以从这个角度来说，外汇市场则是一种交易网络，是一种抽象的、无形的市场。目前，大部分新兴外汇市场都是无形市场。

在现代通信技术高度发达的条件下，遍及全世界的通信线路已形成庞大网络，从而将全球各地区的外汇市场连为一体，并且由于时差的存在，外汇交易可以在全球范围内从周一至周五 24 个小时连续不间断地进行。从北京时间看，每天凌晨 5 点起，惠灵顿、悉尼市场相继开市；8 点东京市场开市；9 点香港、新加坡市场开市；下午 3 点开始，亚洲市场尚未完全收市，欧洲的巴黎、法兰克福、伦敦市场又相继开市；晚上 9 点半，北美的纽约、温哥华市场开市；当凌晨 5 点北美市场收市时，惠灵顿、悉尼市场复又开市。各地外汇市场就是如此周而复始地连续运转，从而连接成为一个全球性市场。

二、外汇市场交易的层次

在外汇市场上，外汇交易的参与者主要包括顾客、外汇银行、外汇经纪人和中央银行四类。如果从外汇市场的参与者来看，外汇市场的交易可以分为三个层次。

(一) 顾客市场的交易

所谓顾客市场，是指由外汇银行与顾客之间的外汇交易而形成的市场，又称为“零售外汇市场”。

外汇银行（foreign exchange bank）是指经一国金融管理当局批准可以经营外汇业务的商业银行及其他金融机构，包括专营外汇业务的本国商业银行、兼营外汇业务的本国商业银行、本国境内的外国银行分行、经营外汇业务的其他金融机构（如信托公司、财务公司等）。在顾客市场上，外汇银行一方面从顾客手中买入外汇，另一方面又将外汇卖给顾客，从而成为外汇需求者和外汇供给者的中介。

在外汇市场中，凡是与外汇银行有外汇交易关系的公司企业和私人客户都是外汇银行的顾客，包括进出口商、投资者、投机者，以及其他一些与贸易收支无关的外汇供求者（如留学生、旅游者、侨居者等）。顾客在外汇市场中的作用仅次于外汇银行，他们往往出于各种各样的目的而向外汇银行买卖外汇。根据交易目的的不同可以将顾客市场上的顾客分为三类：第一类是交易性顾客，他们一般是为了满足贸易、投资等实际交易需要而买卖外汇，通常是在外汇市场上将通过各种渠道获得的外汇收入卖给外汇银行以换取本币，或者是在外汇市场上用本币向外汇银行购买外汇，用以进行对外支付，主要包括进出口商、国际投资者、旅游者等；第二类是保值性顾客，他们主要是为了降低汇率波动对外汇资产或负债造成的损失而向外汇银行买卖外汇；第三类是投机性顾客，他们向外汇银行买卖外汇，既不是为了满足实际贸易、投资等需要，也不是为了保值的需要，而是为了获取汇率变动带来的差价利润。

在顾客市场上，除了外汇银行和顾客外，其实还有一种参与者，这就是外汇经纪人(foreign exchange broker)。外汇经纪人是在外汇买卖双方之间撮合交易，并从中收取佣金的中间商人。他们并不以自有资金参与外汇买卖，而是利用各种通信工具和交易工具，与各家外汇银行及进出口商保持密切联系，为他们寻找交易对手，充当外汇交易的中介。在传统的外汇交易活动中，外汇经纪人曾经非常风光，因为大部分交易都要通过他们来完成。但是随着电子科技在外汇市场的普遍运用，特别是出现“电子经纪”后，外汇经纪人的作用开始每况愈下，尤其是即期外汇交易经纪逐步被“电子经纪”所取代，因此进入21世纪后，有许多外汇经纪人被迫停止了即期外汇交易的经纪业务。

（二）银行同业市场的交易

银行同业市场是指外汇银行与外汇银行之间进行外汇交易而形成的市场。外汇银行是外汇市场的主要参与者，它们之间的外汇交易主要是为了弥补与客户交易而产生的买卖差额，因为在与客户的外汇交易中，银行难免会在营业日内出现外汇头寸的“多头”(long position，即外汇买入额超过卖出额）或“空头”（short position，即外汇卖出额超过买入额）。为了避免外汇汇率变动的风险，银行需要及时调整外汇头寸。借助同业间的外汇交易，银行可以及时调拨外汇头寸，以轧平外汇头寸，即抛出多头、补进空头。除了调整头寸的需要外，银行出于套利、套汇、投机等目的，也会进行同业间的外汇交易。由于银行同业间的交易规模比较大，所以银行同业市场也被称为“批发外汇市场”。

银行同业间的外汇买卖差价一般要低于银行与顾客之间的买卖差价，原因在于银行之间的交易金额都比较大，通常每笔都在100万美元以上，多者超过1000万美元，所以尽管买卖差价较小，但是银行仍可以通过“薄利多销”获取可观的收入。

在银行同业市场的交易中，外汇经纪人仍然具有重要的作用。因为银行同业间的外汇买卖除采用直接交易方式外，还可以采用间接交易方式，即通过外汇经纪人来进行。一般在国际性的外汇市场上，银行通常是直接同其他银行进行外汇交易；而在主要由本国居民参加的“国内外汇市场”上，银行往往较多地利用外汇经纪人来进行外汇买卖。银行通过经纪人，可以同时得到多家银行的报价，从而可选择一个最好的报价，而更多的情况是，外汇经纪人利用其广泛的信息网络可直接报出市场上所能得到的最好的价格。

从世界范围来看，银行同业市场可分为三个层次：第一层是位于伦敦、纽约、法兰克福、巴黎、苏黎世、东京等地的大银行之间的市场；第二层是那些拥有三到五名外汇交易员的区域性银行之间的市场；第三层是由只有一、二名外汇交易员的小银行组成的市场。处于同业市场第一层次的银行，基本上都是一些实力雄厚、信誉卓著的大银行，它们在世界各地银行都有往来账户，并拥有先进的设备和大量的外汇交易员，能迅速创造和组织外汇行市，通常被称为外汇市场的“造市者”（market-maker）或“领导者”（leader）。这些大银行往往也是报价行，一旦报出某种货币的买卖价后，只要交易对手愿意接受所报价格，它们就要承担按所报价格成交的义务。

在外汇市场的交易中，银行同业间的外汇交易通常要占外汇交易总额的90%左右。正因如此，银行同业市场基本集中了外汇市场的供求流量，从而决定着外汇汇率的高低。

（三）中央银行与外汇银行之间的交易

中央银行与外汇银行之间的交易方式主要有两种：一种是直接与外汇银行进行外汇买卖；另一种是通过经纪人来进行外汇买卖。

中央银行也是外汇市场的重要参与者，但其参与外汇市场交易的目的不同于外汇银行及其他顾客。中央银行参与外汇交易主要是为了干预外汇市场，以保持本币汇率的相对稳定，维护外汇市场的正常运行。当本币汇率过高时，中央银行通过向外汇银行购进外汇，以增加市场对外汇的需求量，从而促使外汇汇率上升、本币汇率下跌；反之，当本币汇率大幅度下跌时，中央银行则通过出售外汇，促使外汇汇率下跌、本币汇率上升。此外，中央银行出于管理外汇储备的需要，也常常要通过外汇银行进行外汇买卖，以调整储备货币的结构。

中央银行实际上也是外汇市场的领导者，因为它们经常要对外汇市场进行干预，为此要时常进入市场买卖外汇，并且在汇率波动剧烈时，要大量买进或卖出外汇，以影响汇率的走势。所以在一定的条件下，中央银行对外汇市场的影响甚至超过外汇银行。

第二节　传统型外汇交易方式

所谓传统型外汇交易方式，是指20世纪70年代以前外汇市场上普遍采用的外汇交易方式。为了区别于70年代以后出现的一些新的外汇交易方式，故称之为传统型外汇交易方式，这些外汇交易方式主要有即期外汇交易、远期外汇交易、外汇掉期交易。在外汇市场上还可利用即期外汇交易、远期外汇交易来进行套汇交易活动和套利交易活动。

一、即期外汇交易

（一）即期外汇交易的概念

即期外汇交易（spot transaction）又称现汇交易，是指外汇买卖双方成交后在两个营业日内进行交割的交易方式。

进行即期外汇交易并不意味着立即进行交割，只要在成交后的两个营业日内完成外汇的交割就属于即期交易。这实际上意味着即期外汇交易的交割日有三种情况：①“T+0”交割（value today），即外汇买卖双方在成交的当天进行交割；②“T+1”交割（value tomorrow），即外汇买卖双方在成交后的第一个营业日进行交割；③“T+2”交割（value spot），即外汇买卖双方在成交后的第二个营业日进行交割。目前，在世界一些主要的外汇市场上基本都采用"T+2"交割。

所谓"营业日"，是指办理货币实际交割的银行的工作日。一般而言，一笔于周三成交的美元兑瑞士法郎的即期交易，理应在周五进行交割。但如果周五正好遇上是美国或瑞士银行的休假日，则将交割日往后顺延至下一个营业日，即延至下周一。

所谓"交割"，是指交易双方进行货币的清算。在银行同业交易中，通常是要求卖方将所出售的货币转划进买方指定的银行账户，故"交割日"亦称为"起息日"（value date）。值得注意的是，这里所指的"卖方"实际上包括外汇交易的双方，即外汇交易的买方同时也是卖方。例如，中国银行以人民币向美国花旗银行买进即期美元，在这笔人民币兑美元的即期交易中，中国银行既买进了美元，同时也卖出了人民币；花旗银行既买进了人民币，同时也卖出了美元。所以在进行交割时，除了花旗银行要将卖出的美元及时划进中国银行所指定的银行账户外，中国银行也要同时将卖出的人民币及时划进花旗银行所指定的银行账户。

即期外汇交易尽管是在两个营业日内进行交割，但对于交易者来说仍存在外汇风险，因为交割银行所处时区的不同会导致交割时间的不同。例如，中国香港的银行与伦敦的银行进行的即期外汇交易，虽然交割日都在同一天，但伦敦银行可以比香港银行至少晚 8 个小时划转交易的货币。这也就意味着当香港银行在交割日划转出所售货币后，却可能因伦敦银行破产而无法收进所购货币。

（二）即期外汇交易的基本程序

在即期外汇交易中，交易各方一般要按照一定的程序来进行外汇买卖。即期外汇交易的基本程序如下。

1. 询价

当一家银行的外汇交易部门接到顾客的委托，要求代为买卖外汇，或银行自身要调整外汇头寸而买卖外汇时，交易员首先要通过电话或电传向其他银行进行询价，询价时通常要自报家门，以便对方作出交易对策。此外，询价时不要透露出自己是想买进还是想卖出，否则对方会抬价或压价。

2. 报价

当一家银行的外汇交易部门接到询价时，一般要求作出回答，即报价。报价是外汇交易的关键环节，因为报价合理与否关系到外汇买卖是否能成交。报价时银行要同时报出买价和卖价，并且通常只报出交易汇率的最后两位数。例如，美元兑瑞士法郎汇率为 0.8829/0.8839，银行只需报"29/39"。报价时必须遵守"一言为定"原则，只要询价方愿意按报价进行交易，报价行就要承担按此报价成交的责任，不得反悔或变更。

3. 成交

当报价行报出买卖价后，询价方要立即作出答复，是买进还是卖出，以及买或卖的货币金额。若不满意报价，询价方可回答"Thanks，nothing"，表示谢绝交易，此时报价便对双方无效。

4. 证实

在报价行作出交易承诺之后，通常是回答"Ok，done"，交易双方还应将买卖的货币、汇率、金额、起息日期及结算方法等交易细节再相互证实或确认一遍。

5. 交割

这是即期外汇交易中的最后一个环节，即在双方交易员将交易的文字记录交给交易后台后，由后者根据交易要求指示其代理行将卖出的货币划入对方指定的银行账户。

（三）即期外汇交易的应用——套汇交易

所谓套汇交易（arbitrage transaction），是指利用同一种货币在不同的外汇市场、不同的交割时间上的汇率差异而进行的低买高卖以赚取汇差收益的交易活动。利用不同外汇市场上的汇率差异而进行的套汇称为地点套汇（space arbitrage）；利用不同交割时间上的汇率差异而进行的套汇称为时间套汇（time arbitrage）。

通常所说的套汇，一般都是指地点套汇，它主要是利用同一种货币在不同外汇市场上的汇率差异而进行的一种外汇交易活动。具体做法是：在价格较低的市场上买进某种货币，转而又在价格较高的市场上将这种货币卖出，从中获取差价收益。地点套汇的形式主要有直接套汇和间接套汇两种。

1. 直接套汇

所谓直接套汇（direct arbitrage），是指利用某种货币在两个不同地点的外汇市场上所存在的汇率差异来进行的套汇。直接套汇又称两地套汇（two-point arbitrage）或两角套汇。这是最简单的一种套汇形式。

【例 5.1】 某日，英镑/美元的市场即期汇率如下：

伦敦外汇市场　1 英镑＝1.6820/1.6830 美元

纽约外汇市场　1 英镑＝1.6840/1.6850 美元

问：如何进行套汇？

分析：从伦敦市场和纽约市场的报价可以看出，英镑在伦敦市场价格较低，在纽约市场价格较高；而美元在伦敦市场价格较高，在纽约市场价格较低。这时套汇者就可以在伦敦市场以 1 英镑＝1.6830 美元的价格卖出美元、买进英镑，然后又以 1 英镑＝1.6840 美元在纽约市场上卖出英镑、买进美元。这样，在不考虑交易费用的情况下，每 1 英镑可以获得 0.001 美元的套汇收入。

2. 间接套汇

间接套汇（indirect arbitrage）是利用三个或三个以上不同地点的外汇市场来进行的套汇。常见的是三地套汇（three-point arbitrage），这是一种较为复杂的套汇形式。

【例 5.2】 某一时刻即期外汇市场上的行情如下：在香港外汇市场 1 美元＝7.8223/7.8514 港元；在纽约外汇市场 1 英镑＝1.7320/1.7387 美元；在伦敦外汇市场 1 英镑＝13.8146 /13.9211 港元。利用这三个外汇市场的行市，能否进行套汇？

这首先要看这三个外汇市场上是否存在汇率差异，如果存在汇率差异，就存在套汇的机会。而对三个市场是否存在汇率差异，难以直接看出来，这就需要进行判断。判断可采用连乘法和套算汇率法。

1）连乘法

假设以港元作为套汇货币，先从香港市场开始卖出 1 港元收进美元，然后在纽约市场卖出美元收进英镑，再在伦敦市场卖出英镑收进港元，这样可得到一个连乘计算式：

$$1\times(1\div7.8514)\times(1\div1.7387)\times13.8146$$

根据连乘计算式的计算结果可以作出如下判断：

若连乘结果等于 1，说明三地不存在汇率差异，没有套汇的机会。

若连乘结果不等于 1，说明三地存在汇率差异，可以进行套汇。连乘结果不等于 1 又有两种情况：一种情况是连乘结果大于 1，这不仅表明可以套汇，而且表明，以得出连乘计算式的买卖顺序作为套汇顺序是有利可图的；第二种情况是连乘结果小于 1，这仍表明可以套汇，只是以得出连乘计算式的买卖顺序作为套汇顺序有误，应该重新选择套汇的起点市场。

在【例 5.2】中，连乘计算式的结果等于 1.011 967 481，这表明如果用 10 000 000 港元来套汇，先以 1 美元＝7.8514 港元在香港市场上卖出港元收进美元，再以 1 英镑＝1.7387 美元在纽约市场上卖出美元收进英镑，最后以 1 英镑＝13.8146 港元在伦敦外汇市场上卖出英镑收进港元，可以收进 10 119 674.81（＝10 000 000×1.011 967 481）港元，获利 119 674.81 港元（未考虑套汇费用）。

如果上例中连乘计算式的结果小于 1，表明先从香港市场卖港元有误，而应该转为先从伦敦市场开始卖港元换英镑，再在纽约市场卖英镑换美元，最后在香港市场卖美元换港元，仍可获利。

2）套算汇率法

先将香港市场作为基本市场，然后根据纽约市场和伦敦市场的汇率套算出美元/港元的汇率，并将其与香港市场的美元/港元汇率相比较，若港元在香港市场上的价格相对较高，则先从香港市场卖港元；反之，则先从伦敦市场卖港元。例如，【例 5.2】中，根据纽约市场和伦敦市场套算出的美元/港元汇率为

1 美元＝13.8146/1.7387～13.9211/1.7320＝7.9454～8.0376 港元

显然，港元兑美元的套算汇率要低于香港市场上港元兑美元的汇率，因此，持有港元应先从香港市场开始套汇：

第一步，在香港市场卖港元买美元：10 000 000÷7.8514＝1 273 658.20（美元）

第二步，在纽约市场卖美元买英镑：1 273 658.20÷1.7387＝732 534.77（英镑）

第三步，在伦敦市场卖英镑买美元：732 534.77×13.8146＝10 119 674.83（港元）

套汇收益：10 119 674.83－10 000 000＝119 674.83（港元）

套汇活动实际上是市场不均衡的产物，它可以使套汇者获得几乎是毫无风险的利润，但是套汇活动最终又会将市场推向均衡，因为在低价市场的大量买进活动会促使该市场的汇率上升，而在高价市场上的大量抛售活动又会促使该市场的汇率下跌，最终促使同一种货币在不同市场上的汇率会趋于一致。正因如此，不同外汇市场出现汇率差异的时间是很短暂的，尤其是随着通信手段和计算机技术的日益现代化，出现汇率差异的机会是稍纵即逝，所以在外汇市场上能获得套汇利润的机会已越来越少。

二、远期外汇交易

（一）远期外汇交易的概念

远期外汇交易（forward transaction）又称期汇交易，是指外汇买卖双方成交后，按合同规定的汇率于未来特定日期进行实际交割的一种外汇交易。关于远期外汇交易的

概念应注意以下几点：

第一，在远期外汇交易中，交易双方必须订立远期合约。远期合约要详细载明买卖双方的姓名、商号、币种、金额、汇价、远期期限及交割日等。合约一经签订，双方必须按期履行，不能任意违约。若有一方在交割期以前要求取消合约，由此而遭受损失的一方，可向取消合约方索取赔偿金。

第二，远期期限。远期外汇交易的期限有长有短，常见的有1个月、2个月、3个月、6个月和1年。

第三，交割日的确定。远期外汇交易中交割日的确定主要有两种情况：

一是固定交割日，即交易双方成交时约定交割日期，一般是在即期交割日的基础上加相应月数确定交割日。例如，7月16日（周三）达成的一笔1个月期的外汇交易，其交割日固定为8月18日（周一）。但若遇交割日为交割银行休假日，则向后延至下一个营业日；但如果交割日是在月底且正好是交割银行的休假日，则交割日提前一天。

二是非固定交割日，即由交易的一方（通常为银行的客户）在约定的期限内任意选择一个营业日作为交割日。这种远期外汇交易亦称为择期外汇交易（optional forward transaction）。择期外汇交易又可分为部分择期和完全择期两种。部分择期是由买卖双方约定一交割期限，在这一期限内由客户任意选择一个营业日作为交割日。例如，2月23日甲公司与乙银行达成一笔3个月期的择期外汇交易，约定5月份进行交割，那么甲公司可以在5月1日至5月25日的任一营业日内向乙银行提出交割。完全择期是指客户可以选择从双方成交后的第三个营业日起至远期合约到期日止的任何一个营业日作为交割日。如果上例中甲公司与乙银行达成的是一项完全择期的远期交易，那么甲公司就可以在2月26日至5月25日的这段时间内选择任何一个营业日向乙银行提出交割。

择期外汇交易主要是为弥补固定交割日的远期外汇交易的局限性而产生的，因为做固定交割日的远期交易必须确切地知道收付外汇的具体日期，但事实上很多客户尤其是进出口商往往并不能确定付款或收款的确切日期。为适应这类交易者的需要，择期外汇交易应运而生。

（二）远期汇率的报价

远期汇率的报价可以采用两种方法：

一是直接报价法，即由外汇银行直接报出远期汇率，如东京外汇市场上美元兑日元1个月的远期汇率为102.47/57。

二是远期差价报价法，即外汇银行只报出远期差价数（升水或贴水）。

由于在择期外汇交易中交割日是由客户选择的，因而对于银行来说可能要承担较大的风险，故银行要报出有利于自己的汇价。择期交易报价的一般原则是：当银行为买方时，若远期汇率升水，则报出最接近择期开始的远期汇率；若远期汇率贴水，则报出最接近择期结束的远期汇率。当银行为卖方时，若远期汇率升水，则报出最接近择期结束的远期汇率；若远期汇率贴水，则报出最接近择期开始的远期汇率。

（三）远期外汇交易的应用

1．保值性远期外汇交易

保值性远期外汇交易主要是为避免汇率变动造成预期的外汇资产或负债的损失而进

行的远期外汇交易。其做法是：卖出（或买入）金额等于所拥有（或所承担）的暴露性外汇资产（或外汇负债）的远期外汇，而且交割期限要与资产变现（或负债偿付）的日期相匹配。这类远期外汇交易的使用者主要是进出口商、国际投资者及外币借款者。以下以进出口商为例说明保值性远期外汇交易的实际应用。

1）出口商出口收汇的保值

出口商发出出口货物后，往往要在一段时间后才能收到对方用外币支付的出口货款。如果日后收到货款时，该种外币出现贬值，那么出口商就会遭受损失。为避免这一风险，出口商在出口货物时，可通过做一笔卖出远期外汇的交易，对其出口收入进行保值。

【例 5.3】 2013 年 10 月初，国内某出口商与美国某公司签订了一笔价值为 1 000 000 美元的出口合同，约定 3 个月后收款。由于预期人民币兑美元会继续升值，该出口商将面临汇率风险。问：（1）该出口商如何运用远期交易避险？（2）当天中国银行报价如下：即期汇率 1 美元＝6.0873/6.1117 人民币元，3 个月远期差价 23/17。该出口商的成交价为多少？（3）若 3 个月后美元兑人民币即期汇率为 6.0389/6.0631，该出口商通过远期交易避免了多少损失？

分析：

（1）该出口商可通过向银行出售 1 000 000 的 3 个月远期美元来防止 3 个月后美元汇率下跌的风险。

（2）该出口商的成交价为 1 美元＝6.0850 人民币元（＝6.0873－0.0023）。

（3）尽管 3 个月后该出口商收到 1 000 000 美元时，美元兑人民币即期汇率跌至 6.0389/6.0631，但由于该出口商已远期结汇，仍可以按远期价格 6.0850 卖出 1 000 000美元，收入 6 085 000（＝1 000 000×6.0850）人民币元，避免损失 46 100（＝6 085 000－1 000 000×6.0389）人民币元。

2）进口商进口付汇的保值

进口商从国外进口商品，往往需要用外币支付货款，而且通常要等到收到进口货物后才支付款项。这样就使进口商面临着外汇风险，一旦付款日外币的市场即期汇率出现上升，那么进口商购买一定量的外汇就需支付更多的本币。为避免这一风险，进口商可通过做一笔买进期汇的远期交易，以固定进口成本。

【例5.4】 某港商从美国进口了一批设备，需在 2 个月后支付 5 000 000 美元。为避免 2 个月后美元汇率上升而增加进口成本，港商决定买进 2 个月期的5 000 000美元。假设签约时，美元/港元的即期汇率为 7.7750/60，2 个月的远期差价为 15/25。如果付款日市场即期汇率为 7.7880/90，那么港商不做远期交易会受到什么影响（不考虑交易费用）？

解：港商买进 2 个月期的 5 000 000 美元，预期支付：

$$5\,000\,000\times(7.7760+0.0025)=38\,892\,500\text{（港元）}$$

港商在付款日买进 5 000 000 美元现汇需支付：

$$5\,000\,000\times7.7890=38\,945\,000\text{（港元）}$$

$$38\,945\,000-38\,892\,500=52\,500\text{（港元）}$$

港商若不做远期交易将多支付 52 500 港元。

2. 投机性远期外汇交易

投机性远期外汇交易是投机者基于预期未来某一时点市场上的即期汇率与目前市场上的远期汇率不一致而进行的远期外汇交易。利用远期交易进行投机，投机者并不需要很多资金，因为签订远期合约时只需缴纳一定比例的保证金，故投机者可以“以小搏大”，可以炒作数倍于投机本金的外汇资金。

利用远期外汇交易进行投机有两种基本形式：

1）买空

买空（buy long）是投机者基于对外汇即期汇率将会上升的预期而在市场上买进远期外汇的一种投机活动。若远期合约交割日市场即期汇率果然上升，而且高于远期合约协定的汇率，投机者便可将交割的远期外汇转到现汇市场上出售，从而获取差价收益。该收益扣除用于买空的一些交易费用，便是投机利润。当然，若市场汇率的变动与投机者的预期相反，投机者则会遭受损失。

【例5.5】 假设某日东京外汇市场上美元/日元的 6 个月远期汇率为103.00/10。某投机商预期半年后美元/日元的即期汇率将为 105.20/30。若预期准确，在不考虑其他费用的情况，该投机商买入 6 个月的 1 000 000 美元，可获多少投机利润？

解：投机商买入 6 个月的 1 000 000 美元，预期支付：

$$1\,000\,000\times 103.10=1.031\times 10^{8}\text{（日元）}$$

投机商半年后卖出 1 000 000 美元现汇可收进：

$$1\,000\,000\times 105.20=1.052\times 10^{8}\text{（日元）}$$

$$1.052\times 10^{8}-1.031\times 10^{8}=2.10\times 10^{6}\text{（日元）}$$

在不考虑其他费用的情况下，该投机商可获得 210 万日元的投机利润。

2）卖空

卖空（sell short）这是投机者基于对外汇即期汇率将会下跌的预期而在市场上卖出远期外汇的一种投机活动。若到交割日市场即期汇率低于远期合约协定的汇率，投机者便可在现汇市场上买进即期外汇来交割远期合约，从而获取投机利润。

【例5.6】 假设某日法兰克福外汇市场上欧元/美元 3 个月的汇率为 1.3800/10。某投机商预期 3 个月后欧元/美元的即期汇率将为 1.3700/10，便做了一笔 3 个月期的 2 000 000 欧元的卖空交易。如果 3 个月后市场上欧元/美元的即期汇率为 1.3865/75，该投机商能否获得投机利润（不考虑交易费用）？

解：投机商卖出 3 个月的 2 000 000 欧元，预期收进：

$$2\,000\,000\times 1.3800=2.76\times 10^{6}\text{（美元）}$$

3 个月后投机商在市场上补进 2 000 000 欧元现汇，需支付：

$$2\,000\,000\times 1.3875=2.775\times 10^{6}\text{（美元）}$$

$$\text{交易差价：}2.76\times 10^{6}-2.775\times 10^{6}=-15\,000\text{（美元）}$$

该投机商不能获得投机利润，相反会亏损 15 000 美元。

3. 套利交易

所谓套利交易（interest arbitrage），亦称套息交易，是指投资者根据两种货币利率所存在的差异，将资金从低利率货币转为高利率货币，以赚取利差收益的一种行为。

根据是否对套利交易所涉及的汇率风险进行抵补，套利可分为非抵补套利和抵补套利。

1）非抵补套利

非抵补套利（uncovered interest arbitrage）是指投资者单纯根据两种货币利率所存在的差异，将资金从低利率货币转为高利率货币，而对所面临的汇率风险不加以抵补。

【例 5.7】 假设 1 月初美元 6 个月利率为 1%，英镑 6 个月利率为 3%；英镑/美元的即期汇率为 1.7990/00。为谋取利差收益，某投资者欲将 1 800 000 美元转到英国投资半年。如果半年后英镑/美元的市场即期汇率变为 1.8000/10。试比较该投资者进行套利和不进行套利的收益情况。

解：(1) 套利

1 月初将 1 800 000 美元换成英镑：1 800 000÷1.8000＝1 000 000（英镑）

半年后的英镑投资本利和：1 000 000×（1＋3%×1/2）＝1 015 000（英镑）

半年后将英镑本利和按即期汇率换成美元：1 015 000×1.800 0＝1 827 000（美元）

(2) 不套利

半年后的美元投资本利和：1 800 000×（1＋1%×1/2）＝1 809 000

套利收益：1 827 000－1 809 000＝18 000

可见，该投资者进行套利要比不套利多收入 18 000 美元。

在上例中的套利活动并未考虑到汇率变动的风险，所以对该投资者来说，其投资收益是不确定的，一旦半年后英镑汇率出现下跌，那么套利收益就会受到损失。因此，投资者在进行套利时往往需要结合一些外汇交易手段，主要是远期外汇交易，以避免汇率风险，这就是抵补套利。因此，在抵补套利活动中，往往要应用到远期外汇交易。

2）抵补套利

抵补套利（covered interest arbitrage）是指投资者在将资金从低利率货币转为高利率货币的同时，利用一些外汇交易手段对投资资金进行保值，以降低套利中的汇率风险。

例如，在【例 5.7】中，若半年后英镑/美元的即期汇率跌为 1.7730/40，则该投资者半年后收回的 1 015 000 英镑只能兑换到 1 799 595 美元（＝1 015 000×1.7730），少于在美国境内投资收回的投资本利和 1 809 000 美元，套利出现损失，应考虑采用抵补套利。假设 1 月初英镑/美元 6 个月的远期差价报价为 86/82，该投资者可利用远期交易来进行抵补套利：

1 月初将 1 800 000 美元换成英镑：1 800 000÷1.8000＝1 000 000（英镑）

将英镑投资本利和以期汇出售：1 015 000×（1.7990－0.0086）＝1 817 256（美元）

即半年后该投资者可得 1 817 256 美元，避免了英镑/美元汇率大幅度下跌的风险。

套利收益：1 817 256－1 809 000＝8256（美元）

在抵补套利中，投资者的套利收益是确定的。本例中，该投资者的抵补套利可以确定获得比在美国境内投资高 8256 美元的收益。

三、掉期交易

（一）掉期交易的概念

掉期交易（swap transaction）是指在买进（或卖出）某种货币时，同时卖出（或买进）相等金额的同种货币，但买进和卖出的交割期限不同的外汇交易方式。在掉期交易中，一种货币的买和卖是同时进行的，即一种货币在被买进时，同时又被卖出；或被卖出时，同时又被买进，而且在这一过程中，买和卖的货币金额完全相同，不同的只是买和卖的货币交割期限不同，即交易者将手中的货币的期限作了个掉换，故称之为“掉期交易”。

（二）掉期交易的形式

按外汇交易涉及的交割期限来分，掉期交易大致可分为三种形式。

1. 即期对远期的掉期交易

即期对远期的掉期交易（spot-forward swap）在买进或卖出一笔即期外汇的同时，卖出或买进同一币种和同等金额的远期外汇。这是掉期交易中最常见的一种形式，也是应用范围较广的一种掉期交易形式，如国际投资者的投资保值、进出口商远期交易的展期、外汇银行筹措外汇资金及调整外汇头寸等，都可以利用掉期交易。下面以投资保值为例说明掉期交易的应用。

【例5.8】 一家瑞士投资公司需用10 000 000美元投资美国91天的国库券。为避免3个月后美元汇率下跌的风险，公司做了一笔掉期交易，即在买进10 000 000美元现汇的同时，卖出10 000 000美元3个月期汇。假设成交时美元/瑞士法郎即期汇率为0.8890，3个月的远期汇率为0.8860。若3个月后美元/瑞士法郎的即期汇率为0.8850。比较该公司做掉期交易与不做掉期交易的风险情况（不考虑其他费用）。

解：（1）公司做掉期交易的风险情况：

买10 000 000美元现汇，需支付：

$$10\,000\,000\times0.8890=8.89\times10^6 \text{（瑞士法郎）}$$

同时卖10 000 000美元3个月期汇，将收进：

$$10\,000\,000\times0.8860=8.86\times10^6 \text{（瑞士法郎）}$$

掉期成本：$8.86\times10^6-8.89\times10^6=-30\,000$（瑞士法郎）

（2）公司不做掉期交易的风险情况：

3个月后在现汇市场上出售10 000 000美元收进：

$$10\,000\,000\times0.8850=8.85\times10^6 \text{（瑞士法郎）}$$

损失：$8.85\times10^6-8.89\times10^6=-40\,000$（瑞士法郎）

该公司做掉期交易后可将10 000 000美元的外汇风险锁定在30 000瑞士法郎的掉期损失上；而不做掉期交易，公司将遭受40 000瑞士法郎的损失。

2. 即期对即期的掉期交易

即期对即期的掉期交易（spot-spot swap）亦称为“一日掉期”（one-day swap），即同时做两笔币种相同、金额相等、交割日相差1天、交易方向相反的即期外汇交易。这种形式的掉期交易常见的安排如下。

（1）今日对明日的掉期（over-night swap）。即将第一笔即期交易的交割日安排在成交日的当天，将第二笔反向即期交易的交割日安排在成交后的第一个营业日。

(2) 明日对后日的掉期（tomorrow-next swap）。即将第一笔即期交易的交割日安排在成交后的第一个营业日，将第二笔反向即期交易的交割日安排在成交后的第二个营业日。

3. 远期对远期的掉期交易

远期对远期的掉期交易（forward-forward swap）即同时做两笔交易方向相反、交割期限不同的某种货币的远期交易。具体来说，就是在买进某种货币较短期限的期汇时，同时卖出该种货币较长期限的期汇；或者在买进某种货币较长期限的期汇时，同时卖出该种货币较短期限的期汇。

【例5.9】 某美国贸易公司在1个月后将收进1 000 000欧元，而在3个月后又要向外支付1 000 000欧元。假设市场汇率情况如下：欧元/美元1个月的远期汇率为1.2368/80，3个月的远期汇率为1.2229/42。分析该公司做一笔远期对远期掉期交易的损益情况（不考虑其他费用）。

分析：公司卖1个月的1 000 000欧元期汇，预收：

$$1\,000\,000\times1.2368=1.2368\times10^6 \text{（美元）}$$

同时买3个月的1 000 000欧元期汇，预支：

$$1\,000\,000\times1.2242=1.2242\times10^6 \text{（美元）}$$

掉期收益：$1.2368\times10^6-1.2242\times10^6=12\,600$（美元）

可见，通过做这笔1个月对3个月的掉期交易，该公司可以获得12 600美元的掉期收益。

第三节 衍生型外汇交易方式

20世纪70年代后，随着浮动汇率制度的实行，外汇交易者面临的汇率风险越来越大。为了更有效地避免汇率风险，外汇市场相继出现了一些新的交易方式，如外汇期货交易、按金交易、外汇期权交易等。

一、外汇期货交易

(一) 外汇期货交易的概念

外汇期货交易（foreign exchange future transaction）是外汇交易双方通过经纪人在期货交易所内公开竞价，买卖未来某一日期交割的、标准化的外汇期货合约的一种外汇交易方式。

外汇期货属于一种金融期货，它起源于商品期货交易。由于20世纪70年代后国际汇率制度逐渐由固定汇率制转向浮动汇率制，从而使汇率风险剧增。为了有效防范汇率频繁波动带来的风险，便在传统远期外汇交易的基础上，产生了以商品期货形式来做外汇交易的外汇期货交易。

外汇期货交易最早出现在美国芝加哥商业交易所（Chicago Mercantile Exchange，CME）。1972年5月16日，CME建立"国际货币市场"（international monetary market，IMM），其主要目的就是要将商品期货的交易经验运用于外汇交易，即开办外汇期货交易。继 IMM 之后，1982 年 9 月，伦敦国际金融期货交易所（London International Financial Future Exchange，LIFFE）宣告成立，并开始经营英镑、德国马克、瑞士法郎和日元四种货币的期货交易。此后，加拿大、荷兰、澳大利亚、新西兰等国也相继建立外汇期货交易所，经营外汇期货，从而使外汇期货交易在国际上得到迅速发展。

（二）标准化的外汇期货合约

与远期外汇交易相似，外汇期货交易也是在将来某一时期按照约定价格买卖一定数量外汇的交易活动，但与远期外汇交易不同的是，外汇期货交易是通过买卖标准化的期货合约来进行的外汇买卖。外汇期货合约的标准化主要体现在以下几方面。

1. 交易币种

各外汇交易所分别规定有特定的外汇期货交易币种，如 IMM 原来主要做英镑、瑞士法郎、日元、加拿大元、墨西哥比索、德国马克、荷兰盾和法国法郎 8 种货币的期货。1999 年 1 月 1 日欧元启动后，IMM 对外汇期货的币种也进行了相应调整。现在 IMM 经营的外汇期货币种包括英镑、瑞士法郎、日元、加拿大元、墨西哥比索、欧元、捷克克朗、挪威克朗、瑞典克朗、匈牙利福林、波兰兹罗提、俄罗斯卢布、澳大利亚元、新西兰元、巴西雷亚尔、南非兰特、以色列谢克尔、韩国韩元、人民币元等。

2. 合约单位

各期货交易所都对外汇期货合约的单位作了特别规定，各种货币的交易量必须是合约单位的整数倍。如 IMM 规定英镑期货合约的面额是 62 500 英镑，那么在 IMM 做英镑期货的交易金额必须是 62 500 的整数倍，即要买进或卖出若干份的英镑期货合约。

3. 交割月份

交割月份是指期货交易所规定的期货合约的到期月份。大多数期货交易所一般都以 3 月、6 月、9 月、12 月作为交割月份。

4. 交割日期

交割日期是指进行期货合约实际交割的日期，即具体为交割月份的某一天。如 IMM 规定交割日为交割月的第三个星期三。如果在合约到期前（一般为交割日的前 2 个营业日），交易者未做对冲交易（即进行反向交易），那么就必须在交割日履行期货合约，进行现货交割。

5. 价格波动

在外汇期货交易中，每种货币期货合约都规定有价格变动的最低限度和日价格波动的最高限度。价格变动的最低限度是指进行外汇期货合约买卖时，合约价格每次变化的最低数额，如 IMM 规定英镑期货合约价格变动的最低限度为 1 个基点数，即 0.0001 美元，这就意味着每张英镑合约的每次报价必须高于或低于上次报价的 6.25（=62 500×0.0001）美元。日价格波动的最高限度是指一个营业日内期货合约价格波动的最高幅度，一旦期货合约价格波动达到或超过这一限度时，交易即自动停止。

（三）外汇期货交易与远期外汇交易的区别

外汇期货交易是在远期外汇交易的基础上发展而来的，但它与远期外汇交易又有着诸多的区别。这些区别主要如下。

1. 交易场所与方式

外汇期货交易是在有形市场即在固定的期货交易所内进行的，并由场内经纪人采用竞价方式竞价成交；而远期外汇交易一般是在无形市场上进行，不涉及固定的交易场所，基本是在外汇银行、外汇经纪人和顾客之间通过电话、电传等通信网络来进行，由买卖双方经过询价和报价来确定成交价格。

2. 市场参与者

外汇期货交易的参与者可以是任何按照规定缴存了保证金的公司企业、机构及个人，不受资格限制；而远期外汇交易虽无资格限制，但实际上多限于一些信誉良好、与银行有密切往来关系的大厂商，广大的个人投资者和中小企业则难以参加交易。

3. 交易合约

正如上文所述，外汇期货交易合约是标准化的；远期外汇交易合约却是非标准化的，交易币种、交易金额、交割日期均由买卖双方自由议定，而且没有价格波动的限制。

4. 保证金

外汇期货交易采用保证金制度，参加外汇期货交易的客户必须按规定事先缴存一定数量的初始保证金，如果在交易中因亏损而使保证金账户上的余额低于维持保证金，客户还必须追缴保证金；远期外汇交易一般不收取保证金，但要求客户有极高的信誉。

5. 结算制度

外汇期货交易采用每日结算制度，每天营业结束后，由清算机构根据清算价格对当日尚未平仓的合约进行结算，并据此对有关当事人的保证金账户进行调整；远期外汇交易一般要到交割日才由买卖双方进行结算。

6. 合约的交割

外汇期货交易的双方虽有履约的义务，但绝大多数交易者都是在期货合约到期前通过做一笔反向交易而终止实物交割义务；远期外汇交易的参加者则基本上要在合约到期后履行交割义务，完成实物的交割。

7. 信用风险

外汇期货交易因采用保证金制度和日结算制度，且有清算机构的介入，所以一般不存在信用风险；远期外汇交易多半是仅凭信用而达成的，这就存在交易双方可能违约的风险。

8. 管理方式

外汇期货交易要受到政府的较严格的管制，各国一般都有专门的期货管理部门对期货交易进行管理；远期外汇交易在很大程度上则是实行自我管理，一般仅受合同法和税法的制约。

（四）外汇期货交易的流程

从一般交易者的角度来看，外汇期货交易的流程大致可分为以下四步。

1. 选择经纪商，开立保证金账户

外汇期货交易是在指定的交易所内进行的，而一般客户不能进入交易所进行交易，所以要进行外汇期货交易，交易者必须通过外汇期货经纪商。由于不同期货经纪商的经营条件存在一定的差异，因此交易者需要根据自己的意愿选择好经纪商。

在选定经纪商后，交易者需要在经纪商处开立保证金账户，并根据交易规模向经纪商缴纳一笔保证金，通常称为“初始保证金”(initial margin)。初始保证金一般为合约价值的5%～15%。

2. 下达订单，委托买卖

订单(order)亦称委托单，即交易指令，是交易者客户下达给经纪商，代其进行外汇期货买卖的指令。

客户填写委托单时，要注意说明以下内容：交易地点、交易方向(买或卖)、交易币种、交易数量、交割月份、价格种类、有效期限。

在填写以上内容时，特别要注意委托单的价格种类和有效期限。根据价格种类和有效期限的不同，可以将委托单分为价格型指令和时间型指令两大类。

(1) 价格型指令。不同的交易者客户对外汇期货交易价格的要求不尽相同。客户在填写委托单时，可以将自己的特定要求反映在委托单上。价格型指令主要包括：① 市价委托单(market order)。这是一种客户要求经纪商以现行市场行情的最佳价格买入或卖出外汇期货的委托单。例如某客户在市价为1英镑＝1.6920美元时出单买进12月份的英镑期货，经纪人接单后，应先以低于1.6920的价格试买，如果买不到，则可以稍高于1.6920的价格代客户买进。② 限价委托单(limit order)。这是一种客户要求经纪商必须以特定价格或比特定价格更有利的价格买进或卖出外汇期货的委托单。例如，客户要求以1英镑＝1.6920美元的价格买进12月份英镑期货，经纪商接单后则必须以1英镑＝1.6920美元或低于1.6920的价格，代客户买进所指定的英镑期货。

(2) 时间型指令。客户下达的委托单在多长时间内有效，这构成了对委托单有效期限的限制。根据有效期限的不同，通常将时间型指令划分为以下几种：① 开放委托单(open order)。这是一种客户只要没有发出新订单，原单就一直有效的交易指令。② 瞬间委托单(quick order)。这是一种在交易所内只出价3次，若未成交，则取消委托的交易指令。③ 限时委托单。通常又分为开盘委托单(at the opening order)和收盘委托单(at the closing order)。前者是要求经纪商在交易所开盘时执行的委托单；后者是要求经纪商在交易所收盘时执行的委托单。④ 当月委托单(month order)。这是一种只在下单的当月有效，过了当月的最后一个交易日则自动失效的委托单。

3. 经纪商执行交易指令

经纪商接到客户下达的交易指令后，立即通过电话或电传等现代化通信设施将交易指令的具体内容传达给本公司派驻在交易所内的“出市代表”，亦称为“候机人”。“候机人”接到交易指令后随即填写订单，并加盖时间戳记，然后将订单交给“跑手”(runner)送给交易圈内的场内交易员。

场内交易员接单后，按照“价格优先、时间优先”的原则进行竞价成交，成交后将成交价格及成交数量记录在订单上，然后将成交单交“跑手”，并将成交价报告“黄马甲”。若出现新的成交价，“黄马甲”需将最新价格输进交易所的行情报价系统，通过大屏幕显示出来，以随时报告场内的最新交易价格。

4. 交易登记和每日清算

“跑手”接成交单后，速将成交单交“候机人”。“候机人”一方面通知经纪商指令成交，经纪商登记后，根据交易情况对客户保证金账户进行每日清算；另一方面通知清算所，由清算所对其会员的每一笔交易进行登录，并作每日清算。

所谓每日清算，是指每一营业日交易结束时，清算所或经纪人要按照市场结算价计算会员或交易者客户每一笔未平仓的外汇期货合约的账面盈利或亏损，并据以调整保证金余额：盈利则增加会员或交易者客户的保证金；亏损则扣减会员或交易者客户的保证金。如果客户在期货交易过程中，由于亏损而导致保证金减少到维持保证金（maintenance margin，一般为初始保证金的75%）或低于维持保证金时，就必须将保证金追加到初始保证金水平。若不按照要求及时追加保证金，则清算所或经纪商有权强行平仓。

每日清算是期货交易中的一项重要规则，也是外汇期货交易与远期外汇交易的一个重要区别。在期货交易中，无论是买进还是卖出，只要交易者拥有未平仓的期货头寸，那么在每个营业日交易结束后，清算所或经纪人将以当天的结算价作为核算价来重新评估清算所会员或交易者客户所持有的期货头寸的价值，并据以调整保证金账户。

（五）外汇期货交易的应用

与远期外汇交易一样，外汇期货交易也主要是用于保值和投机。

1. 外汇期货的套期保值

所谓套期保值（hedge），是指利用期货交易来降低或减少现货市场价格波动风险的一种经济活动。利用外汇期货交易进行套期保值，主要是根据外汇期货价格与现汇价格变动方向一致的特点，通过在外汇期货市场和现汇市场的反向买卖，以达到对所持有的外汇债权或外汇债务进行保值的目的。外汇期货套期保值分为空头套期保值和多头套期保值两种。

1）空头套期保值

空头套期保值（short hedge）是预计未来将在现汇市场出售某种外汇时，为防范该外汇汇率下跌，先于期货市场售出相应的外汇期货，处于空头地位；待到在现汇市场出售现汇时，同时在期货市场上将原来售出的外汇期货进行平仓（即买进相应的外汇期货）。通过期货空头交易，交易者可以降低因外汇现汇汇率下跌而给所持有的外汇债权带来的风险。

【例5.10】 4月5日美国某公司出口了一批商品，2个月后可收到500 000瑞士法郎。为防止2个月后瑞士法郎贬值，公司决定利用瑞士法郎期货（每份合约125 000瑞士法郎）进行空头套期保值。瑞士法郎的即期汇率和期货价格及空头套期保值的操作见表5-1。

表5-1 空头套期保值操作

现汇市场	外汇期货市场
4月5日 预收500 000瑞士法郎 汇率：1美元＝0.883 8/46瑞士法郎 折合美元：500 000÷0.884 6≈565 227（美元）	4月5日 卖出4份9月份的瑞士法郎期货 价格：1瑞士法郎＝1.132 0美元 价值：125 000×4×1.132 0＝566 000（美元）
6月5日 卖出500 000瑞士法郎现汇 汇率：1美元＝1.889 8/04瑞士法郎 折合美元：500 000÷0.890 4≈561 545（美元）	6月5日 买进4份9月份的瑞士法郎期货 价格：1瑞士法郎＝1.125 0美元 价值：125 000×4×1.125 0＝562 500（美元）
损失：561 545－565 227＝－3 682（美元）	盈利：566 000－562 500＝3 500（美元）

从上例可以看出，由于2个月后瑞士法郎出现贬值，从而使美国公司500 000瑞士法郎现汇少收入3682美元，但在期货市场上的空头套期保值却使该公司盈利了3500美元，从而抵消了现汇市场上的大部分损失。当然，如果2个月后瑞士法郎汇率出现上升，该公司在期货市场上会受损，但在现汇市场上却可以多收美元。

2）多头套期保值

多头套期保值（long hedge）是预计未来将在现汇市场买入某种外汇时，为防范该外汇汇率上升，先于期货市场购入相应的外汇期货，处于多头地位；待到在现汇市场购买现汇时，同时在期货市场上将原来买入的外汇期货进行平仓（即卖出相应的外汇期货）。通过期货多头交易，交易者可以降低因外汇现汇汇率上升而带来的风险。

【例5.11】 假设6月初美国某公司从英国进口了一批价值250 000英镑的货物，3个月后支付货款。为防止因英镑汇率上升而增加进口成本，公司便准备通过英镑期货（每份合约62 500英镑）交易来进行多头套期保值。具体操作见表5-2。

表5-2 多头套期保值操作

现汇市场	外汇期货市场
6月初 汇率：1英镑＝1.682 0/30美元 250 000英镑折合420 750美元	6月初 买进：4份9月份英镑期货 价格：1英镑＝1.682 5美元 价值：62 500×4×1.682 5＝420 625（美元）
9月初 买进：250 000英镑 汇率：1英镑＝1.692 4/32美元 支付：423 300美元	9月初 卖出：4份9月份英镑期货 价格：1英镑＝1.692 0美元 价值：62 500×4×1.692 0＝423 000（美元）
损失：420 750－423 300＝－2 550（美元）	盈利：423 000－420 625＝2 375（美元）

从上例中可以看出，尽管因英镑汇率上升而使公司3个月后在现汇市场买进250 000英镑多支付了2550美元，但因在期货市场上做了多头套期保值而盈利了2375美元，从而抵消了现汇市场上的损失。同样道理，如果3个月后英镑汇率出现下跌，那么该公司在期货市场上的亏损可用现汇市场上的风险收益来抵消。

2. 外汇期货的投机

与套期保值者不同的是，投机者没有实际持有外币债权或债务，而是纯粹根据自己对外汇期货行情变动的预测，通过在期货市场上的低买高卖来赚取差价利润。外汇期货的投机包括买空和卖空两种做法。

（1）买空。预测某种货币汇率将上升时，先买进该种货币的期货合约，然后再卖出该种货币的期货合约。

【例5.12】 假设8月初某投机者预测1个月后瑞士法郎对美元的汇率将上升，于是买进10份6月份瑞士法郎期货（每份合约金额为125 000瑞士法郎），支付保证金15 000美元，成交价格为1瑞士法郎＝1.1310美元。假如1个月后瑞士法郎对美元的汇率果然上升，该投机者以1瑞士法郎＝1.1322美元抛出10份6月份瑞士法郎期货，可获多少投机利润？投机利润率（年率）是多少？

解：4月初投机者买进10份6月份瑞士法郎期货，总价值：

125 000×10×1.1310=1 413 750（美元）

5月初投机者抛出10份6月份瑞士法郎期货，总价值：

125 000×10×1.1322=1 415 250（美元）

投机利润：1 415 250－1 413 750=1500（美元）

投机利润率：（1500÷1500）×100%×1211=120%

（2）卖空。预测某种货币汇率将下跌时，先卖出该货币的期货合约，然后再买进该货币的期货合约。

【例5.13】 假设3月初某投机者预测2个月后日元对美元的汇率将出现下跌，于是卖出10份6月份日元期货（每份合约金额为12 500 000日元），支付保证金54 000美元，合约价格为100日元=0.9782美元。2个月后日元出现下跌，该投机者以100日元=0.9658美元的价格买进10份6月份日元期货。试分别计算该投机者的投机利润和利润率。

解：3月初投机者卖出10份6月份日元期货，总价值：

12 500 000×10×0.9782÷100=1 222 750（美元）

5月初投机者买进10份6月份日元期货，总价值：

12 500 000×10×0.9658÷100=1 207 250（美元）

投机利润：1 222 750－1 207 250=15 550（美元）

投机利润率（年率）：（15 500÷54 000）×100%×12/2≈172.22%

二、按金外汇交易

（一）按金外汇交易的概念

按金外汇交易是国际外汇市场在20世纪80年代的创新。所谓“按金”，是指保证金（margin），故“按金外汇交易”又称“外汇保证金交易”，它是一种以保证金作抵押的外汇交易方式。

在按金外汇交易中，投资者和专业从事外汇买卖的金融公司（银行、交易商或经纪商），签订委托买卖外汇的合同，缴付一定比率（一般不超过10%）的交易保证金，便可按一定融资倍数买卖几十万甚至上百万美元的外汇。因此，这种合约形式的买卖只是对某种外汇的某个价格作出书面或口头的承诺，然后等待价格出现上升或下跌时，再做买卖的结算，从变化的价差中获取利润，当然也承担了亏损的风险。由于这种投资所需的资金可多可少，所以，近年来吸引了许多投资者的参与。

按金外汇交易中最常见的货币主要有英镑、日元、欧元、瑞士法郎、加拿大元、澳大利亚元等可自由兑换货币。每种合约的金额分别是62 500英镑、12 500 000日元、125 000欧元、125 000瑞士法郎、100 000加拿大元、100 000澳大利亚元。按金合约的金额不能根据投资者的要求而改变。投资者可以根据保证金的多少，决定买卖合约的数量。一般情况下，投资者利用1千美元的保证金就可以买卖1个合约，当外币上升或下降，投资者的盈利与亏损是按合约的金额来计算的。例如，某投资者在1.7000价位时买入1个合约的英镑，当英镑上升到1.8000时，投资者卖掉合约，即赚1000点的英镑，盈利高达6250（62 500×0.1000）美元。而另一个投资者在1.8000时买入英镑，英镑下滑至1.7900时，他马上抛掉手中的合约，那么他会损失100点，即亏损625（62 500×0.0100）美元。

（二）按金外汇交易的利息计算

在按金外汇交易中，投资者还可能获得可观的利息收入。利息的计算是以合约金额为计息基础，而不是以投资者实际的投资金额。例如，投资者投入1万美元作保证金，共买了5个合约的英镑，那么，利息的计算不是按1万美元计算，而是按5个合约的英镑的总值（62 500英镑×5）计算。

按金外汇交易并不意味着买卖任何一种外币都有利息可收，只有买高息外币才有利息的收入，卖高息外币不仅没有利息收入，投资者还必须支付利息。由于各国的利息会经常调整，因此，不同时期不同货币的利息的支付或收取是不一样的，投资者要以从事外币交易的交易商公布的利息收取标准为依据。

按金外汇交易的利息计算公式有两种：

（1）采用直接标价的外币，如日元、瑞士法郎、加拿大元等。利息计算公式为

合约单位×1/入市汇率×利率×计息天数/360×合约数

（2）采用间接标价的外币，如欧元、英镑、澳大利亚元等。利息计算公式为

合约单位×入市汇率×利率×计息天数/360×合约数

（三）按金外汇交易的程序

1．开户

客户在从事按金外汇交易以前，需开立保证金账户。保证金的币种要求因机构而异，有的不作限制，有的仅限于某种或某几种货币，如中国香港地区多以港元或美元作为保证金支付货币。

2．签约

开户后，客户在仔细阅读的基础上，需与金融机构签署按金外汇交易合约，该合约对按金外汇交易的性质和交易双方的权责作出了明确的规定。

3．授权

在开户、签约后，客户尚需签署一份账户授权书，授权代理客户经办按金外汇交易的金融机构，在必要时可自行支取客户的其他账户，用这些账户中的存款来补偿按金外汇交易亏损的欠款。

4．交易

在完成上述手续后，客户即可入市交易。一般而言，客户既可自由下单操作，也可委托经纪人来执行操作。交易时，客户或经纪人先向金融机构询价，在得到正式报价后，客户或经纪人应迅速作出买卖指令。在每个交易日结束后，金融机构要将客户当日的交易细节及盈亏状况打印成清单，并送达客户或经纪人确认。

5．清算

客户在平仓后，金融机构的自动结算系统会计算出盈亏金额，计加或计减于保证金

账户，并打印出详细的清单。这时，客户有权提取利润及本金，退出交易。

(四) 按金外汇交易与外汇期货交易的比较

按金外汇交易与外汇期货交易既有一定的联系，也有一定的区别。

1. 两者的联系

按金外汇交易的数量的确定与外汇期货交易相同，要根据合约单位来确定。按金外汇交易最少是1份合约，而且对于不同的货币，规定有不同的合约单位，如1份英镑合约为62 500英镑，1份日元合约为1 250 000日元，1份欧元合约为125 000欧元。

2. 两者的区别

(1) 交割日期的规定。外汇期货合约的交割日期有严格的规定，而按金交易合约则没有严格的规定。外汇期货合约的交割日期规定为1年中的3月份、6月份、9月份、12月份的第3个星期三，这就意味着外汇期货交易在1年之中只有4个合约交割日。而在按金外汇交易中，除了金融机构的非营业日，都可以作为按金外汇合约的交割日。

(2) 标价货币。外汇期货合约的价格都是用1个外币等于多少美元来表示的，而在按金外汇交易中，既有直接标价，也有间接标价。

(3) 利息的计算。外汇期货交易并没有利息的支出与收入的问题，无论买还是卖任何一种外币，投资者都得不到利息，当然也不必支付利息。而在按金外汇交易中，交易者可以得到买入货币的利息，同时要支付卖出货币的利息。

三、外汇期权交易

(一) 外汇期权交易的概念

期权（option）的英语意思是“选择权”，作为一个金融名词，期权是指一种具有全新特征的金融契约，它赋予持有人一种权利，使其能在规定的时期内自行决定是否按契约规定的价格和数量买进或卖出某种金融资产。期权最初出现在股票交易领域，由于它比期货交易更能有效地避免风险，1982年11月加拿大蒙特利尔交易所首次将期权交易引进到外汇交易中来，随后便在各国推广开来。

将期权引入外汇交易中便形成了外汇期权交易。所谓外汇期权交易（foreign exchange option transaction），是指期权合约买方在支付一定费用后，可以获得在约定时间内决定是否按规定的价格买卖约定数量的某种货币的权利的一种交易。在外汇期权交易中，交易双方实际上是就“选择权”进行交易，买方为获得“选择权”要向卖方支付一定的费用，这种费用通常称为期权费或保险费（premium）。在买进“选择权”后，买方就有权决定是否根据合约规定的价格买卖外汇。当外汇市场行情对交易不利时，买方就执行期权合约，即按约定价格向期权卖方买进或卖出某种外汇；当外汇市场行情有利于交易时，买方有权放弃期权合约，即不按合约规定价格向期权卖方买进或卖出某种外汇，而是到市场上按有利的价格买进或卖出外汇。

(二) 外汇期权合约

外汇期权交易可以在交易所内进行，也可以在交易所外进行。但在交易所内进行的外汇期权交易中，外汇期权合约必须是标准化的。外汇期权合约的标准化主要体现在以下方面。

1. 交易币种

交易币种由各交易所规定，不在规定之列的币种不能在交易所内进行期权交易，而只能做场外交易。

2. 交易单位

每个币种的期权合约都有规定的单位，交易量必须是合约单位的整数倍。多数交易所的外汇期权合约的单位与外汇期货合约的单位是一致的。

3. 协定价格

协定价格（strike price）亦称履约价格或执行价格（exercise price），是期权合约中规定的期权买方未来行使期权时买卖外汇的交割价格。各交易所要规定标准化的协定价格及价格档次，而且价格都用美元表示。

4. 到期月份

多数交易所都按照 IMM 的外汇期货合约的交割月份来确定外汇期权合约的到期月份，通常为 3 月份、6 月份、9 月份、12 月份。

5. 到期日

到期日即最后交易日，指期权买方有权履约的最后一天。各交易所对此都有明确的规定，如 IMM 规定为到期月份的第 3 个星期一，LIFFE 规定为到期月份的第 2 个星期五。

（三）外汇期权的种类

1. 按交易地点划分为场内期权和场外期权

场内期权是指在交易所内买卖的外汇期权；场外期权是指在交易所之外买卖的外汇期权，一般通过银行交易。前者是标准化的合约，后者是非标准化的合约。

2. 按行使期权的有效时间划分为欧式期权、美式期权和百慕大期权

欧式期权（European option）是期权买方只能在合约到期日才能行使的期权。由于这种期权原来在欧洲国家比较流行，故称为欧式期权。

美式期权（American option）是期权买方在合约到期日之前的任何一个营业日都可以行使的期权。

百慕大期权（Bermuda option）是指期权买方可以在合约到期日前某一规定时间内行使的期权。这是一种介于欧式期权和美式期权之间的期权。

3. 按外汇交易的买卖权划分为看涨期权和看跌期权

看涨期权（call option）又称买权，它是期权买方支付期权费后，可在约定的期限按协定价格买进约定数量的某种外汇的期权。通常是在预测外汇汇率将上升时，为避免外汇债务遭受风险而购买看涨期权。一旦日后外汇汇率上升，看涨期权持有人便可行使期权，以低于市场汇率的协定价格向期权卖方买进约定数量的外汇；如果日后外汇汇率下跌，看涨期权持有人则可放弃期权合约，损失的只是预先支付的期权费。

看跌期权（put option）又称卖权，它是期权买方支付期权费后，可在约定的期限按协定价格卖出约定数量的某种外汇的期权。通常是在预测外汇汇率将下跌时，为避免外汇债权遭受损失而购买看跌期权。一旦日后外汇汇率下跌，看跌期权持有人便可行使

期权，即以高于市场汇率的协定价格向期权卖方卖出约定数量的外汇；如果日后外汇汇率上升，看跌期权持有人则可放弃期权合约，损失的只是预先支付的期权费。

4. 按合约标的内容划分为现汇期权和外汇期货期权

现汇期权（option on spot exchange）是指期权买方有权在约定期限内按协定价格买进或卖出约定数量的某种外汇现汇的期权。

外汇期货期权（option on foreign exchange future）是指期权买方有权在约定期限内按协定价格买进或卖出约定数量的某种外汇期货的期权。

(四) 外汇期权价格

1. 影响外汇期权价格的因素

外汇期权的价格即期权费或保险费，它是期权买方为获得期权而支付的货币代价，同时也是期权卖方出售期权而收取的货币报酬。在场内交易中，外汇期权价格由交易双方竞价决定。由于期权价格即是期权买方的最大亏损和卖方的最大收益，所以在竞价中，买方总是希望以最低价格买进期权以降低损失，而卖方总是希望以最高的价格卖出期权以增加收益。外汇期权价格的高低主要取决于以下因素：

（1）协定价格。这是决定外汇期权内在价值的一个重要因素。看涨期权的协定价格越低，期权买方就越有可能获利，故要为此支付较多的费用，反之则可少支付费用；看跌期权的协定价格越高，期权买方获利的机会越大，故要支付较多的费用，反之则可少支付费用。由此可见，看涨期权的价格与协定价格成反比，看跌期权的价格与协定价格成正比。

（2）市场即期汇率。这是决定外汇期权内在价值的另一个重要因素，其对期权价格的影响正好与协定价格相反，即看涨期权的价格与市场即期汇率成正比，看跌期权的价格与市场即期汇率成反比。

（3）到期时间。无论是看涨期权还是看跌期权，期权的到期时间越长，市场汇价变动的可能性就越大，期权买方获利的机会也就越大，而卖方面临的风险越大，故卖方要求获得较高的风险补偿。所以，期权价格与期权到期时间成正比，即期权到期时间越长，期权费越高。

（4）利率差异。利率对汇率有着直接影响。当某种货币的利率相对高于另一种货币的利率时，其即期汇率会出现上升。受市场即期汇率的影响，该货币的看涨期权价格上升、看跌期权价格下降，而另一种货币的看涨期权价格下降、看跌期权价格上升。

（5）汇率波动幅度。当市场汇率波动幅度较大时，意味着期权买方在期权到期前掌握有利汇价的机会更多，而期权卖方的风险更大，故卖方要求获得较高的风险补偿。所以，期权价格与汇率的波动幅度成正向关系，汇率波动幅度越大，期权价格越高；汇率波动幅度越小，期权价格越低。

2. 外汇期权价格的表示

外汇期权价格即期权费的表示通常有两种方法：

（1）点数报价。即采用与汇率相同的点数报价，期权费为以标价货币表示的每 1 单位基准货币的期权费。例如，协定价格为 1 美元＝0.8950 瑞士法郎的美元看涨期权，期权费报价 1 美元＝0.05 瑞士法郎，即意味着 1 美元的看涨期权期权费为 0.05 瑞士法郎，则合约金额为100万美元的看涨期权的期权费为50 000（=1 000 000×0.05）瑞士法郎。

（2）百分比报价。期权费以合约金额的百分比报价。如上例中的期权费若报价2%，表示1美元的看涨期权费所需支付的美元期权费为2%，则100万美元的看涨期权期权费为20 000（=1 000 000×2%）美元。

（五）外汇期权交易的应用

由于外汇期权交易比远期外汇交易和外汇期货交易更能有效地避免汇率风险，因而现已成为进出口商和国际投资者用以保值的一种重要手段。以下分别就买入看涨期权和买入看跌期权的操作进行介绍。

1. 买入看涨期权

通常是负有外汇债务的进口商和借款者为避免外汇汇率上升的风险，通过买入外汇看涨期权（buy call option），以达到保值的目的。在看涨期权有效期内，如果市场即期汇率高于或等于期权的协定价格，就执行期权；如果市场即期汇率低于期权的协定价格，就放弃期权。

【例5.14】 假设4月初美国某公司预计2个月后要支付500 000瑞士法郎的进口货款，为防范瑞士法郎兑美元汇率大幅度上升的风险，便买进4份6月份瑞士法郎欧式看涨期权。已知：4月初市场即期汇率为1美元=0.8850瑞士法郎，6月份瑞士法郎欧式看涨期权协定价格为1瑞士法郎=1.1290美元，期权费为1瑞士法郎=0.02美元。假设2个月后市场即期汇率可能出现：（1）1美元=0.8820瑞士法郎；（2）1美元=0.8990瑞士法郎。分别计算两种情况下该公司购买500 000瑞士法郎需支付的美元总额。

解：（1）在1美元=0.8820瑞士法郎（即1瑞士法郎=1.1338美元）的情况下，瑞士法郎即期汇率高于期权的协定价格，公司便可执行期权，按1瑞士法郎=1.1290美元的协定价格买进500 000瑞士法郎：

支付美元：500 000×1.1290=564 500（美元）

支付期权费：500 000×0.02=10 000（美元）

支付美元总额：564 500+10 000=574 500（美元）

（2）在1美元=0.8990瑞士法郎（即1瑞士法郎=1.1123美元）的情况下，瑞士法郎即期汇率低于期权的协定价格，公司便可放弃期权，而从市场上买进500 000瑞士法郎：

支付美元：500 000÷0.8990=556 174（美元）

损失期权费：500 000×0.02=10 000（美元）

支付美元总额：556 174+100 000=566 174（美元）

看涨期权买方盈亏分析如图5-1所示。

2. 买进看跌期权

通常是持有外汇资产的出口商和投资者，为避免外汇汇率大幅度下跌的风险，通过买进看跌期权（buy put option），以达到保值的目的。在看跌期权的有效期内，如果市场即期汇率低于或等于期权的协定价格，就执行期权；如果市场即期汇率高于期权的协定价格，则放弃期权。

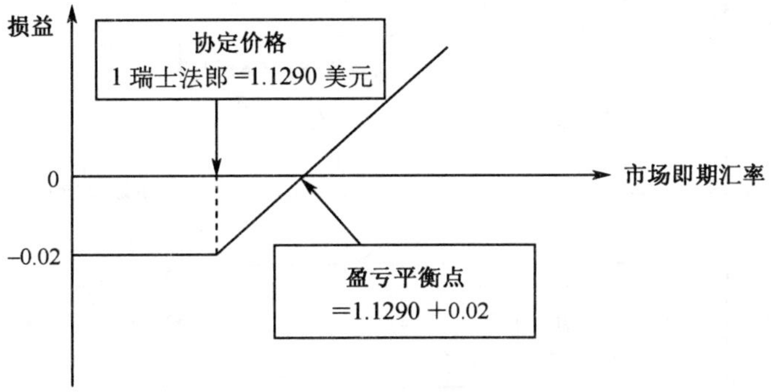

图 5-1 看涨期权买方盈亏图

注：图中的市场即期汇率以瑞士法郎为基准货币

【例 5.15】 国内一出口商在 3 月初向澳洲出口了一批商品，1 000 000 澳元的出口货款要到 3 个月以后才能收到。因担心 3 个月后澳元对人民币的汇率出现下跌而减少出口收入，该出口商决定向银行购买 3 个月期的澳元看跌期权进行保值。当日即期汇率为 1 澳元= 5.8249/63 人民币元，期权协议价格为 1 澳元=5.8162 人民币元，期权费 1 澳元=0.001 人民币元。假设 3 个月后澳元/人民币的即期汇率可能出现以下三种情况：(1) 5.8160/62；(2) 5.8162/68 ；(3) 5.8188/93 。试分别计算该出口商在三种情况下出售 100 万澳元得到的人民币净收入。

解：(1) 在 3 个月后 1 澳元=5.8160/62 人民币元的情况下，公司执行看跌期权，按 1 澳元=5.8162 人民币元的协定价格出售 1 000 000 澳元：

收入人民币：1 000 000×5.8162=5 816 200（人民币元）

期权费：1 000 000×0.001=1000（人民币元）

净收入：5 816 200−1000=5 815 200（人民币元）

(2) 在 3 个月后 1 澳元=5.816 2/68 人民币元的情况下，公司执行看跌期权，按 1 澳元=5.816 2 人民币元的协定价格出售 1 000 000 澳元：

收入人民币：1 000 000×5.8162=5 861 200（人民币元）

期权费：1 000 000×0.001=1000（人民币元）

净收入：5 816 200−1000=5 815 200（人民币元）

(3) 在 3 个月后 1 澳元=5.8188/93 人民币元的情况下，公司放弃期权，按 1 澳元=5.8188 人民币元的市场汇率出售 1 000 000 澳元：

收入人民币：1 000 000×5.8188=5 818 800（人民币元）

期权费：1 000 000×0.001=1000（人民币元）

净收入：5 818 800−1000=5 817 800（人民币元）

看跌期权买方盈亏分析如图 5-2 所示。

四、金融互换

金融互换（finance swap）是一种交易双方同意在约定的期限内彼此交换一系列现

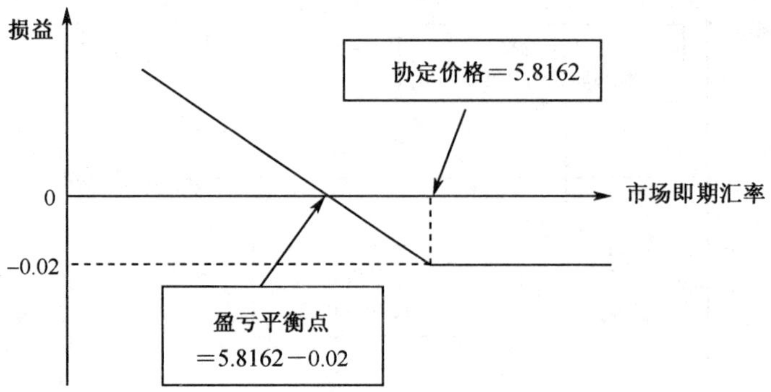

图 5-2　看跌期权买方盈亏图

金流的金融合约。金融互换是 20 世纪 80 年代初在国际金融市场上发展起来的一种新型金融衍生工具，它集外汇市场、货币市场和资本市场业务于一身，既是融资工具的创新，又是风险管理的新手段。互换协议推出后得到了迅速的发展，1982 年年初创时成交额约为 30 亿美元，而到 1986 年成交额就已超过 2000 亿美元。目前，许多跨国银行及一些投资银行机构都提供安排互换协议交易的服务。

互换协议的基本类型有两种，即货币互换和利率互换。

（一）货币互换

货币互换（currency swap）是指交易双方在一定期限内将一定数量的货币与另一种一定数量的货币进行交换。它是一种常用的保值工具，主要用来控制中长期汇率风险，把以一种外汇计价的债务或资产转换为以另一种外汇计价的债务或资产，可以达到规避汇率风险、降低成本的目的。货币互换一般包括期初的本金交换、期中的利息交换和期末的本金再交换三个环节。在某些情况下，期初也可以不交换本金。

【例5.16】 某公司有一笔日元贷款，金额为 100 000 000 日元，期限 5 年，利率为固定利率 3.25%，付息日为每年 6 月 10 日和 12 月 10 日。2000 年 12 月 10 日提款，2005 年 12 月 10 日到期归还。公司提款后，将日元兑换成美元，用于采购生产设备。产品出口得到的收入是美元，而没有日元收入。从以上情况可以看出，公司的日元贷款存在着汇率风险。因为公司借的是日元，用的是美元，收入的也是美元。到 2005 年 12 月 10 日，公司需要将美元换成日元还款。如果到时日元兑美元升值，那么公司要用更多的美元来买日元还款。这样，由于公司的日元贷款在借、用、还上存在着货币不统一，就存在着汇率风险。公司为控制汇率风险，决定与甲银行做一笔货币互换交易。双方规定，交易于 2000 年 12 月 10 日生效，2005 年 12 月 10 日到期，使用汇率为 1 美元=115 日元。这一货币互换交易过程如下所述。

（1）在 2000 年 12 月 10 日（提款日），公司与银行互换本金：公司从贷款行提取日元贷款本金，同时支付给甲银行，甲银行按约定的汇率水平向公司支付相应的美元，如图 5-3 所示。

（2）在 2000～2005 年每年 6 月 10 日和 12 月 10 日（付息日），公司与甲银行互换

图 5-3 货币互换交易过程（1）

利息：甲银行按日元利率水平向公司支付日元利息，公司将日元利息支付给贷款行，同时按约定的美元利率水平向甲银行支付美元利息，如图 5-4 所示。

图 5-4 货币互换交易过程（2）

（3）在 2005 年 12 月 10 日（到期日），公司与甲银行再次互换本金：甲银行向公司支付日元本金，公司将日元本金归还给贷款行，同时按约定的汇率水平向甲银行支付相应的美元，如图 5-5 所示。

图 5-5 货币互换交易过程（3）

从上述交易可以看出，由于期初及期末公司与甲银行均按预先规定的同一汇率（1 美元＝115 日元）互换本金，且在贷款期间公司只支付美元利息，而从甲银行处得到的日元利息正好用于归还原日元贷款利息，从而使公司完全避免了未来的汇率变动风险。

（二）利率互换

利率互换（interest rate swap）是指交易双方在一定时期内针对某一名义本金交换不同计息方法的利息支付义务。在利率互换中不涉及实际本金的交换，而只是以一名义本金作为计算利息的基础。利率互换可以发生在同种货币之间，一般包括固定利率对浮动利率的互换和两种不同参考利率的互换（如 LIBOR 与 NIBOR）。利率互换还可以在不同种的货币之间进行，即一种货币的固定利率对另一种货币的浮动利率的互换，亦称为“货币利率交叉互换”（cross currency interest rate swap）。同种货币的利率互换是利率互换中的一种典型形式，下面以此为例说明利率互换的操作。

【例5.17】 甲公司在欧洲美元市场上固定利率的借款利率为 12%，浮动利率的借款利率为 LIBOR；乙公司在同一市场上的固定利率借款需要 13%的利率，而浮动利率则为 LIBOR＋0.25%。如果通过利率互换，二者均可获得比较优势。现甲公司希望以浮动利率借款，乙公司希望以固定利率筹资。于是两者通过某中介机构达成一笔利率互换：甲公司在欧洲美元市场以 12%的固定利率借款，然后通过中介机构转化为浮动利率债务；乙公司则在市场上以 LIBOR＋0.25%的浮动利率借款，然后通过中介机构转化为固定利率债务。中介机构收取的固定利率为12.5%、支付的固定利率为12.25%。互换过程如图5-6所示。

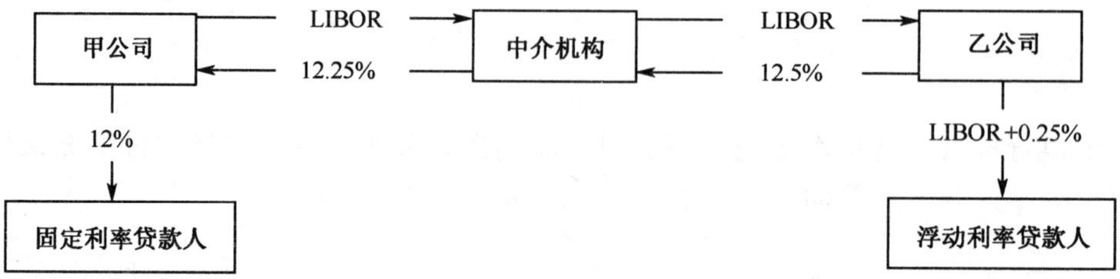

图5-6 利率互换过程

通过利率互换，则有

甲公司实际筹资利率：12%+LIBOR−12.25%=LIBOR−0.25%

其中，12%为甲公司支付给固定利率贷款人的利率；LIBOR为甲公司支付给中介机构的浮动利率；12.25%为甲公司得到的中介机构支付的利率。

比直接借浮动利率节省：（LIBOR−0.25%）−LIBOR=−0.25%

乙公司实际筹资利率：12.5%+（LIBOR+0.25%）−LIBOR=12.75%

其中，12.5%为乙公司支付给中介机构的固定利率；LIBOR+0.25%为乙公司支付给浮动利率贷款人的利率；LIBOR为乙公司得到的中介机构支付的利率。

比直接借固定利率节省：12.75%−13%=−0.25%

由此可见，通过利率互换，甲、乙两公司都可降低实际借款成本。

利率互换的作用不仅在于能使筹资者降低筹资成本，而且还可以在不增加资产负债总额的情况下，灵活改变资产和负债的结构。因此，自问世以来，利率互换就深受金融机构和公司的青睐，成为资产负债管理的一种新型工具。

➢本章小结

外汇市场是指从事外汇买卖的交易场所，或者说是各种不同货币相互之间进行交换的场所。它可以是有形的市场，也可以是无形的市场。从外汇交易的参与者来看，外汇市场的交易可分为三个层次，即顾客市场的交易、银行同业市场的交易、中央银行与外汇银行之间的交易。

20世纪70年代以前，外汇交易主要采用一些传统型的方式，包括即期外汇交易、远期外汇交易、掉期交易等。即期外汇交易又称现汇交易，是指外汇买卖双方成交后在两个营业日内进行交割的交易方式。即期外汇交易可用来进行套汇交易，所谓套汇交易是指利用同一种货币在不同的外汇市场、不同的交割时间上的汇率差异而进行的低买高卖以赚取汇差收益的交易活动。利用不同外汇市场上的汇率差异而进行的套汇称为地点套汇。远期外汇交易又称期汇交易，是指外汇买卖双方成交后，按合同规定的汇率于未来特定日期进行实际交割的一种外汇交易。所谓套利交易，是指投资者根据两种货币利率的差异，将资金从低利率货币转为高利率货币，以赚取利差收益的一种行为。掉期交易是指在买进（或卖出）某种货币时，同时卖出（或买进）相等金额的同种货币，但买进和卖出的交割期限不同的外汇交易方式。

20 世纪 70 年代后，国际外汇市场上出现了许多衍生的外汇交易方式，包括外汇期货交易、按金外汇交易、外汇期权交易等。外汇期货交易是一种交易双方通过经纪人在期货交易所内公开竞价，买卖未来某一日期交割的、标准化的外汇期货合约的外汇交易方式。它是在远期外汇交易的基础上发展起来的，但它又不同于远期外汇交易。按金外汇交易又称为外汇保证金交易，它是一种以保证金作抵押的外汇交易方式。它与外汇期货交易既有联系，又有区别。外汇期权交易是指期权合约买方在支付一定费用后，可以获得在约定时间内决定是否按规定的价格买卖约定数量的某种货币的权利的一种交易。在外汇期权交易中，交易双方实际上是就“选择权”进行交易。金融互换是一种交易双方同意在约定的期限内彼此交换一系列现金流的金融合约，它包括货币互换和利率互换两种基本类型。

➢本章重要概念

即期外汇交易　远期外汇交易　掉期交易　套汇交易　非抵补套利　抵补套利　外汇期货交易　按金交易　美式期权　欧式期权　看涨期权　看跌期权　金融互换　货币互换　利率互换

➢思考题

1. 如何理解外汇市场的含义？

2. 传统型外汇交易方式有哪些？

3. 外汇期货交易与远期外汇交易有何区别？

4. 如何运用外汇期货交易来进行套期保值？

5. 如何运用外汇期权交易来进行套期保值？

6. 已知：欧元/美元的即期汇率为 1 欧元＝1.3846/65 美元，1 个月的远期差价为 22/13；美元/日元的即期汇率为 1 美元＝102.14/18，2 个月的远期差价为 32/38。试分别计算欧元/美元的 1 个月远期汇率和美元/日元的 2 个月远期汇率。

7. 某公司欲将其在银行账户上的 1 000 000 港元换成瑞士法郎。假设银行挂牌汇率为：1 美元＝0.8794/00 瑞士法郎，1 美元＝7.7524/34 港元。问该公司能换到多少瑞士法郎？

8. 假设某日：纽约市场上 1 英镑＝1.8520/40 美元；伦敦市场上 1 英镑＝205.82/98 日元；东京市场上 1 美元＝108.50/70 日元。如果不考虑其他费用，用 1 000 000 美元进行套汇，可获多少套汇利润？

9. 假设欧元 6 个月短期债券利率为 3.5%；美元 6 个月银行贷款利率为 1.5%；市场即期汇率为 1 欧元＝1.3870/78美元，6 个月的远期差价为“112/104”。某投资者欲向银行借款 10 000 000 美元进行抵补套利，试计算该投资者抵补套利的结果（不考虑其他费用）。

10. 国内某贸易公司预计在 3 个月后需向外支付 1 000 000 美元，而在 6 个月后又将收到一笔 1 000 000美元的出口收入。为避免美元汇率波动带来的风险，该公司决定做一笔掉期交易来锁定风险。假设市场上美元/人民币的掉期汇率报价为：3个月掉期汇率为6.3092；6个月掉期汇率为6.3264。试计算该公司的掉期成本或掉期收益。

11. 3月初，某美国出口商预计在3个月后将收入500 000欧元，当时即期汇率为1欧元=1.3604/10美元。为避免3个月后欧元贬值的风险，该出口商决定运用6月份欧元期货（每份合约单位为125 000欧元）进行套期保值，当时6月份欧元期货价格为1欧元=1.3621美元。到6月初，欧元兑美元汇率果然出现下跌，即期汇率变为1欧元=1.3516/22美元，6月份欧元期货价格跌到1.3525。如果不考虑佣金、保证金等费用，试分析该出口商套期保值的结果。

12. 5月初，某国内贸易企业需进口原材料并将于3个月后支付10 000 000美元的货款，当时市场即期汇率为1美元=6.1247/6.1493人民币元，但企业不愿意现在买入并持有3个月的美元头寸，于是该企业向银行买入了一笔期限为3个月的、协定价格为6.1510的欧式美元看涨期权，期权费为1美元=0.0015人民币元。假设到8月初，市场即期汇率可能出现三种情况：（1）1美元=6.1110/6.1310人民币元；（2）1美元=6.1310/6.1510人民币元；（3）1美元=6.1410/6.1610人民币元。试分别分析在三种情况下该企业的实际购汇成本。

13. A公司欲以固定利率筹集200万欧洲美元，但其借固定利率需要7%，而借浮动利率的水平为LIBOR+0.45%。与此同时，B公司欲以浮动利率筹集200万欧洲美元，其借浮动利率的水平是LIBOR+0.25%，借固定利率的水平为5%。为降低筹资成本，A、B两家公司通过互换商达成一笔利率互换交易。假设互换商在浮动利率上，收、支均为LIBOR；而在固定利率上，收取6.05%、支付5.25%。试计算A、B两家公司通过互换交易后的实际筹资利率。

➢附录一　外汇市场行情表解读

现在我们在阅读国内外报刊或浏览一些金融网站时，常常会看到专门登载金融信息的版面，其中包括外汇市场的一些信息。要了解外汇市场行情，就必须能够看懂这些行情表。下面以《华尔街日报》刊登的外汇市场行情表和CME网站公布的相关金融交易信息为例，简要说明如何阅读外汇市场行情表。

一、外汇市场汇率的解读

下表为《华尔街日报》刊登的2014年4月30日纽约外汇市场汇率。表中的第2列和第3列为美元对其他国家或地区货币的直接标价，第4列和第5列为美元对其他国家或地区货币的间接标价。

Exchange Rates: New York Closing Snapshot

Wednesday, April 30, 2014

Country/currency	IN US $		PER US $	
	Wed	Tues	Wed	Tues
UK pound	1.687 2	1.682 8	0.592 7	0.594 3
1-mos forward	1.686 8	1.682 4	0.592 8	0.594 4
3-mos forward	1.686 0	1.681 6	0.593 1	0.594 7
6-mos forward	1.684 7	1.680 2	0.593 6	0.595 2
Switzerland franc	1.135 9	1.131 9	0.8804	0.883 4
1-mos forward	1.136 2	1.132 2	0.880 2	0.883 2
3-mos forward	1.136 7	1.132 8	0.879 7	0.882 8
6-mos forward	1.137 7	1.133 8	0.879 0	0.882 0

续表

Country/currency	IN US $		PER US $	
	Wed	Tues	Wed	Tues
Euro area euro	1.386 7	1.381 2	0.721 1	0.724 0
Canada dollar	0.912 3	0.913 7	1.096 1	1.094 5
Australian dollar	0.928 8	0.926 8	1.076 7	1.079 0
1-mos forward	0.926 8	0.924 8	1.078 9	1.081 3
3-mos forward	0.922 8	0.921 0	1.083 7	1.085 8
6-mos forward	0.917 0	0.915 1	1.090 5	1.092 8
China yuan	0.159 8	0.159 8	6.259 8	6.257 5
Hong Kong dollar	0.129 0	0.129 0	7.753 0	7.753 4
Japan yen	0.009 78	0.009 74	102.24	102.64
1-mos forward	0.009 78	0.009 74	102.22	102.62
3-mos forward	0.009 79	0.009 75	102.18	102.59
6-mos forward	0.009 79	0.009 75	102.12	102.52
New Zealand dollar	0.861 6	0.855 0	1.160 6	1.169 6

资料来源：http：//www.wsj.com

从表中可以看到：

（1）英镑、瑞士法郎、欧元、加拿大元、澳大利亚元、人民币元、港元、日元、新西兰元等货币对美元的即期汇率。例如，2014 年 4 月 30 日星期三，英镑对美元的即期汇率为 1 英镑＝1.6872 美元或 1 美元＝0.5927 英镑，而星期二的即期汇率为 1 英镑＝1.6828 美元或 1 美元＝0.5943 英镑。

（2）英镑、瑞士法郎、澳大利亚元、日元等货币对美元的不同期限的远期汇率。例如，2014 年 4 月 30 日星期三英镑对美元 1 个月远期汇率为 1 英镑＝1.6868 美元或 1 美元＝0.5928 英镑；3 个月远期汇率为 1 英镑＝1.6860 美元或 1 美元＝0.5931 英镑；6 个月远期汇率为 1 英镑＝1.6847 美元或 1 美元＝0.5936 英镑。这里采用的是直接报出远期汇率，而不是报出远期差价。通过直接报出的远期汇率，我们也可以看出远期汇率是升水还是贴水。例如，表中所示的英镑对美元 1 个月、3 个月、6 个月的远期汇率都是贴水；相反，美元对英镑的远期汇率则存在升水。

（3）通过比较星期三与星期二纽约外汇市场上的汇率，我们可以清楚地看出各种货币汇率的变动情况。例如，瑞士法郎对美元的即期汇率，星期三为 1 美元＝0.8804 瑞士法郎，而星期二为 1 美元＝0.8834 瑞士法郎，由此可看出，从星期二到星期三，美元对瑞士法郎的即期汇率下跌了 30 个点（1 点为 0.0001）。

二、外汇期货行情表的解读

下表为《华尔街日报》刊登的 2014 年 4 月 30 日（周三）芝加哥商业交易所（CME）的外汇期货行情。

The Wall Street Journal

Currency Futures Prices

Wednesday, April 30, 2014

	OPEN	HIGH	LOW	SETTLE	CHG	LIFETIME		OPEN INT
						HIGH	LOW	
Japanese Yen (CME)-¥12 500 000;$ per 100¥								
Jun 14	.974 5	.980 4	.974 3	.979 5	+.004 3	.993 0	.950 4	167 682
Sep 14	.975 2	.980 8	.975 2	.980 0	+.004 3	.990 0	.955 6	996
Dec 14	.977 4	.978 2	.976 2	.980 7	+.004 3	.992 8	.957 7	85
Est vol 132 961; open int, 175 820.								
Canadian Dollar (CME) -CAD 100 000; $ per CAD								
Jun 14	.912 4	.912 8	.909 7	.912 6	+.000 9	.940 5	.884 5	115 458
Dec 14	.908 0	.909 1	.907 8	.908 6	+.000 9	.936 9	.883 1	2 385
Mar 15	.900 0	.900 0	.900 0	.906 6	+.000 9	.919 8	.880 0	436
Est vol 45 840; open int, 118 492								
British Pound (CME) -£62 500; $ per £								
Jun 14	1.682 0	1.689 5	1.679 7	1.688 1	+.005 6	1.689 5	1.623 9	234 702
Sep 14	1.680 3	1.688 0	1.679 2	1.686 8	+.005 5	1.688 0	1.624 1	1 188
Dec 14	1.680 0	1.680 0	1.680 0	1.685 3	+.005 5	1.680 0	1.630 0	79
Est vol 84 499; open int, 236 030								
Swiss Franc (CME) -CHF 125 000; $ per CHF								
Jun 14	1.131 9	1.138 5	1.130 0	1.136 9	+.004 8	1.150 3	1.094 6	46 955
Sep 14	1.132 6	1.137 3	1.132 6	1.137 8	+.004 8	1.151 3	1.113 3	324
Dec 14	1.134 8	1.134 8	1.133 7	1.138 9	+.004 8	1.142 1	1.107 0	142
Est vol 37 412; open int, 47 424								
Australian Dollar (CME) -AUD 100 000; $ per AUD								
Jun 14	.923 7	.927 1	.922 2	.926 7	+.002 3	.941 9	.858 6	109 395
Sep 14	.918 9	.921 1	.916 6	.920 9	+.002 3	.935 5	.861 5	517
Est vol 69 976; open int, 109 921								
Mexican Peso (CME) -MXN 500 000; $ per 10MXN								
Jun 14	.076 00	.076 30	.075 95	.076 28	+.000 17	.076 85	.072 40	127 104
Sep 14	.075 53	.075 53	.075 53	.075 73	+.000 17	.076 03	.074 83	900
Dec 14	.075 75	.075 75	.075 75	.075 18	+.000 18	.075 75	.073 40	96
Est vol 24 269; open int, 128 100								
Euro (CME) -OE125 000; $ per OE								
Jun 14	1.381 0	1.387 7	1.376 8	1.387 0	+.006 1	1.396 6	1.348 2	259 078
Sep 14	1.380 6	1.387 4	1.376 8	1.386 8	+.006 1	1.394 0	1.366 9	11 787
Dec 14	1.377 5	1.386 3	1.377 5	1.386 7	+.006 0	1.394 7	1.349 0	382
Mar 15	1.377 5	1.385 3	1.377 1	1.386 9	+.006 0	1.393 3	1.350 4	251
Est vol 233 274; open int, 271 515								

资料来源：http://www.wsj.com

表中第1行“OPEN”为当日开盘价；“HIGH”为当日最高价；“LOW”为当日最低价；“SETTLE”为当日结算价；“CHG”为“CHANGE”的缩写，是当日结算价与前1个交易日结算价相比的变化价；“LIFETIME HIGH”为期货合约期内曾出现过的最高价；“LIFETIME LOW”为期货合约期内曾出现过的最低价；“OPEN INT”为前1个交易日未平仓的期货合约量。

表中第1列表示相应货币期货合约的交割月份。Jun 14、Sep 14、Dec 14、Mar 15 分别代表 2014 年6月份、2014年9月份、2014年12月份、2015年3月份的合约。

第2～6行为日元期货行情。其中，第2行中的“Japanese Yen”表明期货币种是日元；“CME”表示交易场所是芝加哥商业交易所；“￥12 500 000”表示日元期货合约的交易单位是12 500 000日元；“$ per 100￥”表示每100日元折合多少美元。第3、4、5行分别为2014年6月份、9月份、12月份到期的日元期货的市场行情。第6行中的“Est vol 132 961”表示当日估计的日元期货总成交量为132 961份；“open int，175 820”表示的是前1个交易日未平仓量为175 820份。

表中第7～11行为加拿大元期货行情；第12～16行为英镑期货行情；第17～21行为瑞士法郎期货行情；第22～25行为澳大利亚元期货行情；第26～30行为墨西哥比索期货行情；第31～36行为欧元期货行情。

三、外汇期权行情表的解读

下表为CME集团公布的2014年4月30日在CME交易的2014年6月到期的部分协定价格的欧元美式期权（合约单位125 000欧元）的行情表。

Trade Date：Wednesday，30 Apr 2014

Strike	Type	Open	High	Low	Change	Settle	Estimated Volume	Prior Day Open Interest
1375	Call	.012 90	.017 60	.012 30	+.003 50	.017 20	77	763
1380	Call	.009 90	.014 20	.009 60	+.003 00	.013 80	118	1 372
1385	Call	.008 10	.011 20	.007 30	+.002 50	.010 80	249	1 538
1390	Call	.006 10	.008 60	.005 00	+.002 00	.008 20	223	1 873
1395	Call	.004 10	.006 40	.004 00	+.001 60	.006 10	55	989
1400	Call	.003 00	.004 60	.002 90	+.001 20	.004 40	573	3 737
1375	Put	.007 90	.009 00	.005 10	−.002 60	.005 20	56	2 427
1380	Put	.009 50	.011 00	.006 70	−.003 10	.006 80	1 019	2 846
1385	Put	.012 90	.013 70	.008 60	−.003 60	.008 80	62	1 021
1390	Put	.011 80	.016 80	.011 10	−.004 10	.011 20	45	976
1395	Put	.014 60	.020 30	.014 00	−.004 50	.014 10	8	174
1400	Put	.018 00	.024 20	.017 40	−.004 90	.017 40	6	207

资料来源：http：//www.cmegroup.com

表中第1列“Strike”表示期权的协定价格，下面的数字分别表示协定价格的档次。本表只截取了6档协定价格的欧元期权，分别为1欧元＝1.3750美元、1.3800美元、1.3850美元、1.3900美元、1.3950美元、1.4000美元。

第2列的“Type”表示期权的类型，“Call”表示看涨期权；“Put”表示看跌期权

第3～9列分别表示开盘价、最高价、最低价、变化价、结算价、估计的成交量和前1个交易日

的未平仓合约。注意：此处的价格是指对应协定价格的欧元期权费。如表中第2行反映的内容是：协定价格为1欧元=1.3750美元的欧元看涨期权的期权费，当天期权费的开盘价为1欧元=0.012 90美元；最高价为1欧元=0.017 60美元；最低价为1欧元=0.012 30美元；结算价与前1个交易日的结算价相比1欧元上升了0.003 50美元；当天的结算价为1欧元=0.017 20美元；估计的成交量为77份合约；前1个交易日的未平仓合约763份。表中第8行反映的内容是：协定价格为1欧元=1.3750美元的欧元看跌期权的期权费，当天期权费的开盘价为1欧元=0.007 90美元；最高价为1欧元=0.009 00美元；最低价为1欧元=0.005 10美元；结算价与前1个交易日的结算价相比1欧元下跌了0.002 60美元；当天的结算价为1欧元=0.005 20美元；估计的成交量为56份合约；前1个交易日的未平仓合约2427份。

从表中可以看到，同一到期月份但协定价格不同的欧元期权，其期权费存在差异：协定价格越高的看涨期权，其期权费越低，而协定价格越高的看跌期权，其期权费也越高。即看涨期权的期权费与其协定价格成负向关系；看跌期权的期权费与其协定价格成正向关系。

➢附录二　我国内地外汇市场上外汇交易方式的发展变化

在20世纪90年代以前，我国内地外汇市场上的外汇交易方式单一，几乎只有一种即期外汇交易。在90年代初虽然推出了一些外汇衍生交易，但因市场条件不成熟，最终也停止了交易。进入90年代中期以后，随着我国外汇管理体制改革的推进，尤其是在2005年7月21日的汇改之后，我国内地外汇市场也加快了发展的步伐，国际外汇市场上的一些常见交易方式不断被引入到我国内地外汇市场中来。

一、远期外汇交易在我国内地市场的推出

我国在1995年4月由上海外汇交易中心开始试办人民币对美元的远期外汇业务，但未能推广。1997年1月18日中国人民银行公布了《远期结售汇暂时管理办法》，并于1997年4月在中国银行进行远期结售汇试点。

我国的远期结售汇业务是指外汇指定银行与境内机构协商签订远期结售汇合同，约定将来办理结汇或售汇的外汇币种、金额、汇率和期限；到期外汇收入或支出发生时，即按照该远期结售汇合同订明的币种、金额、汇率办理结汇或售汇。远期结售汇业务现已成为国内企业在对外经济活动中规避汇率风险的主要工具。该业务自1997年4月开始办理以来，在国际外汇市场经历数次剧烈波动的情况下，均起到了很好的规避风险的作用。

2003年我国将远期结售汇业务试点银行扩大到工商银行、农业银行、建设银行。2004年又增加了交通银行、中信银行、招商银行作为试点银行。2005年8月进一步扩大远期结售汇银行主体，并开始开办银行间的远期外汇交易。

二、外汇掉期交易在我国内地市场的推出

2005年8月2日中国人民银行发布《关于扩大外汇指定银行对客户远期结售汇业务和开办人民币与外币掉期业务有关问题的通知》，允许各外汇指定银行对客户开办人民币与外币掉期业务。自2006年4月24日起，在我国银行间外汇市场推出人民币对外币掉期交易。至此，外汇掉期交易我国内地外汇市场上全面推出。

外币兑人民币的掉期业务实质上是外币兑人民币即期交易与远期交易的结合，具体而言，银行与客户协商签订掉期协议，分别约定即期外汇买卖汇率和起息日、远期外汇买卖汇率和起息日。客户按约定的即期汇率和交割日与银行进行人民币和外汇的转换，并按约定的远期汇率和交割日与银行进行反方向转换的业务。

三、外汇期权交易在我国内地市场的推出

2002年12月12日，中国银行上海分行在中国人民银行的批准下，宣布推出个人外汇期权交易，名称为“两得宝”，打响了我国内地外汇市场上外汇期权交易的第一枪。

2011年2月16日，为进一步发展外汇市场，为企业和银行提供更多的汇率避险保值工具，国家外汇管理局发布《关于人民币对外汇期权交易有关问题的通知》，决定推出人民币对外汇期权交易。所谓人民币外汇期权，是指交易双方以约定汇率，在约定的未来某一日期（非即期起息日）进行人民币对外汇交易的权利。2011年4月1日，人民币外汇期权业务同时在银行间市场和银行对客户零售市场上正式推出。交易首日，银行间外汇市场共达成人民币对美元期权交易10笔，期限覆盖1～6个月，名义本金合计4900万美元。

在人民币汇率弹性日益彰显的大背景下，市场人士普遍认为，该工具的推出不仅能进一步完善人民币汇率产品线，增加企业对避险工具的需求，而且也有助于进一步推进人民币汇率改革。从宏观角度看，当前国际市场动荡，汇率波动频繁且幅度加大，国内进出口企业存在巨大的外汇风险。对于银行来说，在代理客户进行操作的同时，自身也存在相应的风险管理需求，如其在海外以欧元、美元形式存在的金融资产。因此，在这样的背景下，推出外汇期权组合产品有其客观的市场需要。

四、外汇保证金交易在我国的发展

外汇保证金交易是国际外汇市场上非常普遍的一种交易形式，也是个人投资者和机构投资者的重要投资工具。进入21世纪以来，许多境外保证金交易机构纷纷在我国内地设立代理商来开展交易，以抢夺内地市场。在此背景下，国内一些商业银行也开始纷纷推出外汇保证金交易。例如，2006年11月，交通银行在国内推出“满金宝”业务（即外汇保证金交易），杠杆比例达到30倍；2007年2月，中国银行在部分地区开通了“保证金外汇宝”，杠杆比例为10倍；2008年2月，民生银行在全国范围内开通“易富通”，杠杆比例高达30倍。

但是好景不长，2008年6月12日，银监会正式叫停了外汇保证金业务。当时银监会认为，如此高的杠杆倍数，已远远超过国际上银行普遍可接受的杠杆倍数，也超出了银行自身的风险管控能力。虽然银行开办此项业务均能盈利，但投资者却有80%甚至90%都处于亏损状态，这成为叫停外汇保证金业务的最直接原因。此后，国内外汇保证金交易市场彻底转入“地下”，越来越多的投资者开始通过网络平台来进行外汇保证金交易。

五、外汇期货交易在我国的发展

1992年7月，我国开始试办外汇期货交易。上海外汇调剂中心成为我国第一个外汇期货交易市场。经过半年的运转，到1992年年底上海外汇期货市场共交易标准合约10 813份，交易金额达21 626万美元。其规模不大，与上海每天外汇现汇交易高达3000多万美元的水平很不相配。具体的交易规则参照了国外的做法，同时结合我国的特点，设计了外汇标准合约，如下表所示。

项　　目	规　　格
交易单位	25 000美元
最小变动价位	0.000 1美元（每张合约25美元）
每日价格最大波动限制	开市15分钟内限价为15点，15分钟后无限价
合约月份	3月、6月、9月、12月
交易时间	见交易所通知
最后交易日	合约到期月份的第22天
交割日期	交割月份的第23天
初始保证金	每张合约值的5.5%

由于各种原因，我国的外汇期货试点了一年多，就受到了比较严格的管制，基本上禁止外汇投机交易。1993年7月，国家外汇管理局发出通知，要求各地已设立的外汇期货交易机构必须停止办理外汇期货交易，并限期进行登记和资格审查；办理外汇期货交易仅限于广州、深圳的金融机构进行试点。通知还规定，金融机构办理外汇期货交易，以企业进出口贸易支付和外汇保值为目的，不得引导企业和个人进行外汇投机交易。由于国内绝大多数参与者并不了解外汇市场，盲目的参与导致了大量客户亏损，其中包括大量的国有企业。随后，1994年8月中国银监会等四部委联合发文，全面取缔外汇期货交易。

时至今日，我国内地外汇市场上的外汇期货交易还是处于空白状态，但是美国芝加哥商业交易所早在2006年8月就推出了人民币对美元、欧元及日元的期货交易，这将对内地外汇市场产生倒逼。此外，随着人民币汇率制度改革的推进和人民币汇率弹性的不断增加，人民币汇率风险也越来越大，在内地外汇市场上尽快推出外汇期货已时不我待。目前，中国金融期货交易所（简称中金所）正在加快研发外汇期货产品。据中金所副总经理戎志平介绍，在外汇期货方面，中金所基本上有两条产品线，一条是交叉汇率期货，另一条是人民币外汇期货。目前外汇期货已经在中金所内实现了“小仿真”，一些市场机构也参与了仿真测试，各项研究工作正在有条不紊地推进。

第六章

外汇风险管理

自1973年实行浮动汇率制以来，货币汇率波动频繁，不仅幅度大，而且各种主要货币之间经常出现强弱地位互相转换的局面。我国在改革开放前，由于一直实行严格的外汇管理，汇率调节机制僵化，且多数涉外企业没有真正成为自负盈亏的主体，所以外汇风险主要由国家来承担。随着我国外汇体制改革的推进，尤其我国加入WTO以来，银行、企业已经不能依赖政府的庇护，因此，如何防范外汇风险就成为银行、企业和广大外汇市场投资者、保值者的当务之急。

第一节　外汇风险概述

一、外汇风险的概念

外汇风险（foreign exchange exposure）是指外汇市场汇率的变化对企业、银行等经济组织或国家、个人以外币计价的资产和负债带来的损失的可能性。从本质上看，风险是指不确定性，因此汇率的变化给外汇市场主体带来的外汇风险应既包括给外汇市场主体带来的可能的收益，也包括给外汇市场主体带来的可能的损失。但从实用的角度来看，外汇风险仅指外汇市场主体因汇率变动而遭受损失的可能性。

外汇持有者或经营者存在的外汇风险一般通过外汇暴露（exposure）来体现。这包括两种情形：一是当公司或个人以外币计价的资产或负债的金额不相等时，就会出现一部分外币资产或负债净额受汇率变动的影响，这一净额称为敞口头寸（open position）；二是当公司或个人以外币计价的资产或负债的期限不同时，就会出现所谓期限缺口（maturity gap）或非匹配缺口（mismatch gap）。简言之，体现外汇风险的外汇暴露是指公司或个人在以外币计价的经营活动中受汇率变动影响的那部分资金额。

二、外汇风险的类型

（一）交易风险

交易风险（transaction exposure）是国际企业的一种最主要的风险，是指国际企业在经营过程中，由于货币汇率的变化而引起所拥有的债权或应付的债务价值变化的风险。该风险主要包括三方面：在进出口业务中，购买或出售以外币计价的商品或劳务时，由于从签订合同到实际支付货款时市场汇率发生了变化；在国际信贷业务中，外币借款或贷款和其他形式的外币资产与负债等，由市场汇率的变化所带来的资产的减少或负债的增加；在外汇买卖中，合同的签订日到交割日的汇率变化使经济主体所面临的风险等。

例如，日本某出口公司于2000年2月向美国一进口公司出口一批商品，价值100万美元，付款日为6个月后，签约日市场汇率为1美元＝111.29日元，6个月后市场汇率为1美元＝109.45日元，该日本公司的日元收入为10 945万日元，比签约时的11 129万日元少了184万，这少收的184万就是美元汇率下跌给日本公司带来的外汇风险损失。反之，当美元汇率上升，将会给日本公司带来外汇风险利润。

（二）经济风险

经济风险（economic exposure）又称为经营风险（operating risk），是指意料之外的汇率变动可能引起企业未来一定期间盈余能力与现金流量变化的一种潜在风险。从本质上说，经济风险代表了企业未来竞争力的可能变化。具体地说，汇率的变动通过对生产成本、销售价格及产销数量的影响，使企业最终收益发生变化。因此，经济风险对企业经营业绩的影响要比交易风险及会计风险大得多，这种影响是长期的，而后两者对企业的影响只是一次性的。交易风险和转换风险只存在于从事国际经济活动的企业，而经济风险则几乎存在于所有的企业。对于国际企业而言，经济风险是直接的，其在向国外进口商品或向国外出口商品时，其进出口商品的成本与市场份额与汇率的波动直接相关；而对于国内企业而言，经济风险是间接的，虽然汇率的变化不会直接影响其成本与市场份额，但会影响其竞争对手——国外企业，从而会间接影响国内企业。

【例】 我国一利用进口原材料加工生产的X公司，部分产品内销，部分产品外销，2003年市场汇率为1美元＝8.2元人民币，该公司生产单位产品的成本为9.4元，其中原材料为8.2元，工资1.2元，销售价格为20元，总量为300万单位（内销与外销各一半），企业所得税为33％，预计2004年与2003年业绩相同。2003年X公司的损益与现金流量表与预计的2004年X公司损益与现金流量表分别见表6-1与表6-2。

表6-1 2003年X公司损益与现金流量表（单位：万元人民币）

销售收入	6000
成本	2820
营业费用	200
折旧	100
税前利润	2880
税后利润（收益）	1929.6
现金流量（收益＋折旧）	2029.6

表6-2 预计2004年X公司的损益与现金流量表（单位：万元人民币）

销售收入（305万单位）	6100
国外销售（155万单位）	3100
国内销售（150万单位）	3000
成本	2958.5
营业费用	200
折旧	100
税前利润	2841.5
税后利润（收益）	1903.8
现金流量（收益＋折旧）	2003.8

2004 年年初，市场汇率为 1 美元＝8.5 元人民币，人民币贬值后将对生产成本、销售价格、销售数量等产生影响，X 公司的收益与现金流量将发生变化。假如 X 公司的单位产品的销售价格、工资、原材料的外币价格都不变，进口原材料价格仍然为 1 美元，由于汇率的变化，产品的单位成本将由 9.4 元变为 9.7 元，销售价格不变，但以美元表示的外币价格由原来的 2.4390 美元下降为 2.3529 美元，由于国外的销售价格的下降，导致国外销售数量增加了 5 万单位。

比较表 6-1 与表 6-2 可以看出，该公司 2004 年收益预计将下降 25.83 万，现金流量下降 25.83 万元，这就是由于汇率的变化给企业带来的经济风险。

（三）折算风险

折算风险（translation exposure）是指经济主体在对资产负债表和损益表进行会计处理中，在将功能货币（在具体经济业务中使用的货币）转换成记账货币（编制会计报表所使用的货币，通常为会计主体的本国货币）时，因汇率波动而呈现账面损失的可能，又称会计风险或转换风险。跨国公司在编制合并会计报表时，需要将海外分公司的财务报表按照一定的会计准则转换为本国货币来表示，一般企业的外币资产、负债、收益和支出等，通常也需要转换成本国货币来表示。

不同会计制度和税收制度对资产负债的会计处理不同，因此折算风险受不同国家的会计制度与税收制度的制约。例如，香港某公司因业务需要在英国银行存有 100 万英镑，存放时市场汇率为 1 英镑＝16 港币，折合港币 1600 万；而三个月后市场汇率为 1 英镑＝15 港币，则该公司国外存款折合港币为 1500 万，损失了 100 万港币，相反如果三个月后的市场行情为 1 英镑＝17 港币，则赢利 100 万港币。

三、外汇风险的构成要素及相互关系

外汇风险主要产生于经济主体以外币计价的资产与负债存在“敞口”部分及跨货币的交易行为。例如，一经济主体买进一个月远期美元 100 万，同时卖出一个月远期美元 80 万，那么该经济主体承受汇率风险的部分将不是 180 万美元，而是其差额 20 万美元。再如，某中国企业有 100 万美元的应收账款，若以美元核算则不存在汇率风险，但若以人民币核算，则存在汇率风险。当市场汇率为 1 美元＝8.26 元人民币时，应收账款价值为 826 万元人民币；当市场汇率为 1 美元＝8.25 元人民币时，应收账款价值为 825 万元人民币。两者相差 1 万元，汇率风险产生了。由此可见，外汇风险主要产生于本币与外币的兑换。另外还有一个因素，那就是时间。汇率的变动总是与时间密不可分。在同一时间，汇率不会变动，汇率风险也就不存在。例如，某进出口商在与对方签订购货合同时就预先支付了货款，那么该进口商也不存在外汇风险。时间越长，汇率变动的可能性越大，相应产生的外汇风险可能性就越大。外汇风险的构成三要素缺一不可，必须同时存在，否则不构成外汇风险。

四、折算风险与经济风险和交易风险之比较

就其本质而言，折算风险表现出的是账面损失，并非实际损失，而经济风险和交易风险涉及的是汇率已经或即将发生的变动对企业实际现金流产生的影响。交易风险和经

济风险属于同一种类型，但风险程度不同。例如，经济风险往往在主观上取决于在人为的一段期限内人们所估计的企业未来现金流；而交易风险则往往在客观上取决于那些在汇率变动之前未结清的债务大小，而这些债务将在汇率变动之后进行结算。三种汇率风险的比较见表 6-3。

表 6-3 三种汇率风险的主要特点比较

变量	折算风险	交易风险	经济风险
合约	具体	具体	笼统
期限	某一时点	合约期限	项目期限
收益（损失）	容易计算	有一定计算难度	难以计算
收益（损失）	账面损益	实际损益	实际损益
测定	取决于会计规则（或方法）	取决于即期汇率的实际变动	取决于即期汇率的实际变动
避险	容易	不十分容易	困难
风险程度	取决于会计规则（或方法）	取决于合约本质	取决于产品和要素市场
价值	资产和负债的账面价值	资产和负债的合约价值	资产的市场价值
风险管理	财务部门	财务部门	企业所有部门

第二节 交易风险管理

交易风险是外汇交易主体面临的汇率风险中最常见的一种，因此，如何防范交易风险也就成为外汇交易主体外汇风险管理的最重要内容。

一、灵活选择和使用结算货币

（一）选择可自由兑换的货币

选择可自由兑换的货币有助于外汇资金的调拨和运用，也便于及时将一种外汇风险较大的货币兑换风险较小的货币。

（二）选择有利的外币或本币为计价货币

外汇风险的大小与外币币种有着密切的联系，交易中收付货币币种的不同所承受的外汇风险也会有所不同。在外汇收支中，原则上应争取用硬货币收汇，用软货币付汇。例如，在进出口贸易中，进口支付争取用软货币，出口收汇争取用硬货币。在签订进出口合同时，应尽量采用本国货币为计价货币，这样进出口商就不需要买卖外汇了，也就避免了外汇汇率波动的风险。

（三）实施资产债务调整

以外币表示的资产及债务容易受到汇率波动的影响。币值的变化可能会造成利润下降或者折算成本币后债务增加。资产和债务管理是将这些账户进行重新安排或者转换成最有可能维持自身价值甚至增值的货币。这一方法的核心是：尽量持有硬币资产或软币债务。硬币的价值相对于本币或另一种基础货币而言趋于不变或上升，软币则恰恰相反，它们的价值趋于下降。作为正常业务的一部分，实施资产债务调整策略有利于企业对交易风险进行自然防范。如采取借贷法，当企业拥有以外币表示的应收账款时，可借入一笔与应收账款等额的外币资金，以达到防范交易风险的目的。

（四）“软”、“硬”货币搭配

在国际贸易中，若买卖双方在货币的选择上难以达成协议，为国际贸易的顺利进行，双方可以互相让步，采用“软”、“硬”货币搭配的方式，使双方都可以接受，如“软”货币50%，“硬”货币50%。当然，最终的比例以双方磋商而定。

二、在合同中订立货币保值条款

在交易谈判时，经过双方协商，在合同中订立适当的保值条款，以防止汇率多变的风险。货币保值条款的种类很多，并无固定模式，但无论采用何种保值方式，只要合同双方同意，便可达到保值目的。常见的保值条款有以下几种。

（一）“硬”货币保值条款

“硬”货币保值条款是在合同中规定以“硬”货币计价，以“软”货币支付，并事先确定两种货币的汇率。在执行的过程中如果由于支付的货币汇率的下跌，则支付的金额要等比例进行调整。收付货款时，如果结算货币贬值超过合同规定幅度，则按结算货币与保值货币的新汇率将货款加以调整，使其仍等于合同中原折算的保值货币金额。订立这种保值条款时，需注意三点：首先，要明确规定货款到期应支付的货币；其次，选定另一种“硬”货币保值；最后，在合同中标明结算货币与保值货币在签订合同时的即期汇率。

（二）黄金保值条款

黄金货币保值条款是一种传统的货币保值条款，该条款是将合同货币的金平价记入合同，在订立合同时，按当时的黄金市场价格将支付的货币金额折算为若干盎司黄金。到实际支付日，若金平价发生变动，则支付或偿还的合同货币金额将作相应的调整，以此来防范由于货币汇率变动所带来的风险。

（三）外汇保值条款

外汇保值条款也称货币风险条款，即在国际经济合同中规定，从签订合同到货币的实际支付结算期间，如交易的结算货币贬值或升值超过双方规定的幅度时，由买卖双方按一定的比例共同承担外汇风险。

例如，我国某公司从德国进口了一套设备，货款为1000万欧元。签约时双方商定以欧元计价，美元支付。签约时1欧元元兑1.25美元，折合美元约1250万美元，半年后付汇时欧元上浮为1欧元兑1.30美元，折合美元1300万美元。如果不采取任何回避汇率风险的对策，则该公司要损失50万美元。但是由于该公司在与外商签约时，加列了外汇保值条款这一防范措施，进口设备的货款从1000万欧元调整为980万欧元。公司买进美元需支付约1275万美元，比签约时需多支付25万美元。德方实收货款较原货款少收20万欧元，这样，双方平均分摊了汇率风险带来的损失。

（四）一篮子货币保值条款

一篮子货币条款是指交易双方在合同中明确规定支付货币与多种货币组成的一篮子货币的综合价值挂钩的保值条款，也就是在签订合同时，确定支付货币与一篮子货币中各种货币的汇率，并规定汇率变动的调整幅度，如到期支付汇率变动超过规定的幅度，则按照支付时的汇率调整。由于一篮子货币中各种汇率有升有降，汇率风险分散，从而可以有效地避免外汇风险。

例如，某进出口贸易合同货款为500万美元，为防范汇率风险，双方决定在贸易合同中规定用美元、日元、英镑组成的“一篮子”货币来对货款进行保值，其中美元占30%，日元占30%，英镑占40%。假设签订合同时的汇率为：1美元＝120日元，1美元＝0.6667英镑，则500万美元折算成保值货币为：500×30%×1＝150万美元；500×30%×120＝1800万日元；500×40%×0.6667＝133.34万英镑。假设货款支付日的汇率为：1美元＝130日元，1美元＝0.7英镑，则各保值货币分别折回美元为：150万美元；1800/130＝138.46万美元；133.34/0.7＝190.48万美元。合计为：150＋138.46＋190.48＝478.94万美元。即货款支付日支付478.94万美元。

在实际操作中，通常选用特别提款权作为“一篮子”保值货币。在期限长、金额大的进出口贸易中，以“一篮子”货币保值来避免外汇风险是一种有效的方法。

三、调整贸易条件

（一）调整贸易价格法

在进出口贸易中，一般应坚持出口收硬币，进口付软币的原则，但有时由于某些原因使出口不得不用软货币成交，进口不得不用硬货币成交，这样就存在外汇风险。为了防范风险，可采取调整价格法，主要有加价保值法和压价保值法两种。加价保值用于出口贸易中，当出口商接受“软”货币计价时，出口商将汇率损失摊入商品价格中，以转嫁汇率风险；压价保值用于进口贸易中，当进口商接受“硬”货币计价时，将汇率损失从进口商品的价格中剔除，以转嫁汇率风险。

（二）调整国内合同条件法

调整国内合同条件法是将进出口商的汇率风险转嫁给国内的交易对象或消费者的一种方法。办理进口业务的公司把进口商品卖给国内生产厂家、商家或消费者时，以外币计价或加价，来避免自己的汇率风险。

四、灵活掌握收付时间

在国际金融市场瞬息万变的情况下，提前或推迟收款、付款，对外贸企业来说会产生不同的利益效果。因此，企业应根据实际情况灵活掌握收付时间。作为出口商，当计价货币坚挺，即汇率呈上升趋势时，由于收款日期越向后推就越能收到汇率收益，故企业应在合同规定的履约期限内尽可能推迟出运货物，或向外方提供信用，以延长出口汇票期限。若汇率呈下跌趋势时，应争取提前结汇，即加速履行合同，如以预收货款的方式在货物装运前就收汇。当然，这要在双方协商同意的基础上才能进行。反之，当企业作为进口商时，则作出相应调整。由于使用这种方法，企业所得利益便是外方的损失，故不易为外方所接受。

五、施行各种金融交易

企业还有很多外部套期保值工具可供选用，如远期外汇合同、外汇期权交易等。开展外汇交易管理交易风险是一种常用的方法。

(一) 即期合同法

即期合同法是指公司与外汇银行签订买卖外汇的即期合同，以消除本公司业务经营在两天内存在的汇率变动的风险。以即期交易防范外汇风险，需要实现资金的反向流动。企业若在近期预定时间有出口收汇，就应卖出手中相应的外汇头寸；企业若在近期预定的时间有进口付汇，则应买入相应的即期外汇。

(二) 远期合同法

远期合同法指具有外汇债权或债务的公司与银行签订卖出或买进远期外汇的合同，以消除外汇风险的方法。做法是：出口商在签订贸易合同后，按当时的远期汇率预先卖出与合同金额相等和币种相同的远期，在收到货款时再按原定汇率进行交割。进口商则预先买进所需外汇的远期，到支付货款时，按原定汇率进行交割。

(三) 期货合同法

期货合同法指具有远期外汇债务或债券的公司，委托银行或经纪人购买或出售相应的外汇期货，借以消除外汇风险的方法。这种方法具体有“多头套期保值”和“空头套期保值”两种。期货合同法与远期合同法相似，区别在于后者通常用于数量、金额较大的交易，而前者较适合于数量较少的交易活动。企业购买期货合约是为了在特定的日期按确定的价格购进特定货币的确定数量。持有这种合约可以锁定企业应支付的本币数量。使用期货合约可以减少企业的交易风险，但有时也会产生相反的情况。

(四) 外汇期权合同法

外汇期权合同法是外汇期权交易双方按照协定的汇率，就将来是否购买某种货币或是否出售某种货币的选择权，预先签订的一个合约。外汇期权合约给期权买方的是权利，而没有义务，期权分为看涨期权和看跌期权。对套期保值者来说，外汇期权有三个其他保值方法无法相比的优点：其一，将外汇风险局限于期权保险费；其二，保留获利的机会；其三，增强了风险管理的灵活性。

(五) 掉期合同法

掉期合同法指具有远期的债务或债权的公司，在与银行签订卖出或买进即期外汇的同时，再买进或卖出相应的远期外汇，以防范风险的一种方法。它与套期保值的区别在于：套期保值是在已有的一笔交易基础上所做的反方向交易，而掉期则是两笔反方向的交易同时进行。掉期交易中两笔外汇买卖币种、金额相同，买卖方向相反，交割日不同。这种交易常见于短期投资或短期借贷业务外汇风险的防范上。

(六) 借款法与投资法

借款法用于有未来外汇收入的场合。出口商在签订合同之后，可向银行借入一笔与未来外汇收入相同币种、金额和期限的款项，在现汇市场上换成本币，到期用出口收入的外汇偿还借款，避免汇率波动的风险。例如，某英国公司3个月后将收进100万美元，为了防止3个月后美元汇率下跌的风险，现从银行借入100万美元，期限为3个月，并将这笔美元卖出套出英镑现汇，当3个月后收进100万美元归还银行借款，到时即使美元汇率下跌，该公司也不必承担汇率风险了。当然，借款法是支付成本的，因此借款的利息也是必须考虑的。

投资法用于有未来外汇支出的场合，进口商在签订合同之后，可在现汇市场上买入与将要支付的外汇币种、金额相同的外汇，将其投放于短期资金市场，如购买国库券、商业票据、大额存单等，其投资期限与未来外汇支出的期限相同。投资法要占用企业的大量流动资金，企业也可以从银行借入相同期限的本币贷款用于投资。到结算日，投资到期，用收回的外汇支付货款，同时偿还银行的本币贷款。

六、贸易融资

（一）出口押汇

出口押汇是银行在收到国外付款之前对出口企业提供的一种保留追索权的资金融通方式，在西方又称为“买单”，即出口商将所要出口的货物装运后，银行买入信用证项下或托收项下的有关单据和汇票，在扣除从国外将款项汇回国内的时间利息后，将余款提前结给出口商，然后凭汇票和单据向国外的进口地银行收取货款。这样对出口商而言，由于提前收回了货款，将有效地回避汇率风险。

（二）打包放款

打包放款是出口商所在地的银行向出口商提供的一种（最长6个月，一般3个月）资金融通。出口商凭国外开来的正本信用证为抵押，向银行借入资金用于购买、包装、出运与信用证有关的货物。

（三）国际保理

保理业务是在以赊销为支付方式的贸易中，由保理商向出口商提供的一种集融资、结算、财务管理、信用担保为一体的综合性的贸易支付方式。国际企业与保理商签定保理协议后，将发货后取得的全套单据卖断给保理商，从而取得货款，单据卖断后，企业将信贷风险和汇率风险全部转嫁出去了。在当今外汇市场上，保理被认为是防范风险的一种有效方法。

（四）福费廷

福费廷（forfeiting）业务是指出口商在向进口商提供货物后，包买商从出口商那里无追索权的买进已经承兑的，并由进口商所在地银行担保的远期汇票或本票，以此提供融资服务。采取福费廷业务，出口商既可以获得融资性服务，又可以有效地避免汇率波动带来的汇率风险。因为汇票卖出后，无论汇率如何变动，都由银行来承担，与企业无关。

七、综合法

（一）BSI 法

BSI 法（borrow-spot-invest）即借款-即期合同-投资法，也可以很好地消除交易风险。公司在有应收外汇账款的情况下，为防止应收外币的汇价波动，首先借入与应收外汇相同数额的外币，将外汇风险的时间结构转变到现在办汇日。借款后，时间风险消除，但货币风险仍然存在，此风险则可通过即期合同法予以消除，即将借入的外币卖给银行换回本币，使外币与本币价值波动风险不复存在。此法虽有一定费用支出，但可将借外币后通过即期合同法卖得的本币存入银行或进行投资，以其赚得的投资收入抵冲一部分采取防险措施的费用支出。

例如，德国 B 公司在 90 天后有一笔 50 000 美元的应收账款。为防止美元对马克汇价波动的风险，B 公司可向美洲银行或德国银行借入相同金额的美元(50 000美元)（暂不考虑利息因素)，借款期限也为 90 天，从而改变外汇风险的时间结构。B 公司借得这笔贷款后，立即与某一银行签订即期外汇合同，按 USD1＝DEM2.1140 汇率，将该50 000美元的贷款换为马克，共得 105 700 马克。随之 B 公司又将 105 700 马克投放于德国货币市场（也暂不考虑利息因素)，投资期也为 90 天。90 天后，B 公司以 50 000 美元应收账款还给美洲银行，便可消除这笔应收账款的外汇风险。

（二）LSI 法

LSI 法（lead-spot-invest）即提早收付-即期合同-投资法，是具有应收外汇账款的公司，征得债务方的同意，请其提前支付货款，并给其一定折扣。公司应收外币账款收讫后，时间风险消除。以后再通过即期合同，换成本币从而消除货币风险。公司为取得一定的利益，可将换回的本币再进行投资。LSI 法基本与 BSI 法的全过程基本相似，只不过将第一步从银行借款对其支付利息，改变为请债务方提前支付，给其一定折扣而已。

第三节 经济风险管理

市场汇率的变动对公司的收益、成本及竞争地位都会产生一定的经济影响，而仅仅利用金融市场来规避风险是不够的。因此，公司需要从长期利益出发，制定相应政策来管理经济风险。经济风险的管理原则应当是尽可能降低汇率变动对现金流量的影响。

一、经济风险的市场营销管理

（一）市场选择与分割

市场选择是出口企业在汇率变动时要考虑的问题之一。一般来说，当一国货币升值时，其出口产品的外币价格将由于汇率的变化而上升，该国出口产品的价格竞争力将削弱，这时对于国外企业而言则是其产品依靠价格竞争优势扩大其在该国市场份额的好机会。

此外，适当地将其产品出口市场进行分割也是必要的。例如，福利水平比较高的发达国家对进口商品价格变动的敏感度低于福利水平较低的发展中国家。因此，当本国货币升值时，出口企业可以适当地增加对福利水平较高的国家出口，减少对福利水平较低的国家的出口，以降低汇率波动对出口企业的影响；反之，就扩大对福利水平较低的国家出口。

（二）定价策略

企业在调整定价策略时必须考虑两方面的问题，即市场占有率与利润额。按照经济学的原理，企业产品销售价格的确定应使利润最大化，即边际收益等于边际成本，同时也应该利用收入时本币真实预期价值的远期汇率对利润进行折算。

本币贬值时，本国的出口品自然在国际市场上具有更强的竞争力，这时出口商将面临两种选择：维持价格，扩大市场份额；或提高价格，维持市场份额，提高利润率。本币升值时，出口商的两种选择是：维持价格，降低市场份额；降低价格，维持市场份额。

企业在考虑价格调整政策是否可行时，需要考虑的因素包括：消费者对价格变动的敏感程度、汇率变动的时间性、产品的可替代性、潜在的竞争是否激烈、重新进入的难度和规模效益等。

当价格需求弹性足够大时，出口产品价格的下降将增加产品的销售，进而使利润增加。例如，1993 年 2 月，在美元对日元贬值 10％之后，美国某公司将其钢笔的单位价格降低了 20％（由 10 000 日元降为 8000 日元），假设单位产品的制造和运输成本 25 美元，销售成本 2000 日元，则汇率变动前销售利润为 40 美元（10 000÷123－25－2000÷123）。假设上述成本保持不变，则该公司在汇率变动之后的销售利润为 29 美元（8000÷111－25－2000÷111）。

当存在规模经济时，随着单位生产成本的降低，降低的价格将有助于扩大产品的销售。当然，如果不存在规模经济，或者价格需求弹性不够大的话，则降低产品价格对扩大产品销售影响不大。

此外，当企业有明显的技术优势，其产品在市场有很大的垄断性且不可替代时，则该企业承担的经济风险将较小；反之将承担较大的经济风险。

（三）促销策略

任何一个企业，尤其是跨国公司，在确定用于广告、推销和直销的预算规模时，应该考虑由于汇率的变化而带来的风险，在全球范围内安排促销预算。当本国货币贬值后，出口企业用于广告或销售的单位本国货币支出带来的回报，将会由于出口产品的价格的提高而增加。相反在本国货币升值时，营销支出所带来的回报将减少，此时企业需要进行产品策略调整。

（四）投融资策略

投融资策略是指投资与融资的多样化，即在多个资金市场寻求多个资金来源和去向。在融资方面，充分考虑汇率与利率的变化趋势，在货币趋于贬值的市场借入该种货币，如果判断正确的话，可以获得较大的利益，另外借入多种货币，以此来降低汇率波动的风险；对投资而言，可以选择多种货币进行投资，在一种币种中选择多种不同类型、不同期限的证券进行投资。公司在选择了不同种类和期限的证券后，往往根据其对未来市场发展趋势的预测，不断交易与更新其持有的证券，以达到增加收益、降低风险的目的。

（五）产品策略

产品策略是指企业在新产品投放市场的时机选择、新生产线的建立及新产品的研制等方面进行调整，以规避汇率风险。

在新产品投放的时机选择上，如果本国货币贬值，企业利用贬值对出口所带来的价格竞争优势推销新产品；在建立新的生产线方面，当本国货币贬值时，企业将能够在国内外建立新的生产线，并扩大产品的消费群体，当本国货币升值时，企业将其新生产线建立在高福利、对价格变动不敏感的国家或地区；在新产品的研制方面，企业应注重在研究与开发方面投入足够的资金，以确保不断向市场投放新产品，增强市场竞争力，针对市场汇率的变化，根据不同的消费市场投放相应的新产品。

二、经济风险的生产经营管理

经营多元化，即是跨国公司采购、生产、销售各方面的分散化策略。在竞争日益激烈的现代社会，公司要在全球拓展市场，单靠某一种或几种产品和过于依赖某一个或几个生产和销售市场都是不行的，必须考虑多种经营、开发多种产品、建立多个生产和销售市场，这种经营可以从横向和纵向两方面进行。实践证明，实行多种经营对分散企业的经济风险效果非常明显。

（一）改变生产投入

如果企业产品生产投入实现分散化，则能够有效地对付汇率风险。例如，自 20 世纪 80 年代初美元升值后，许多美国跨国公司为了降低生产成本，纷纷到国外投资建立子公司，实现就地生产，有的则从海外进口低价零部件。那些进口成分较少的产品和劳务与含有高比例进口的商品和劳务相比，由于其本币价格较高，因此很有可能在市场竞争中处于劣势。

（二）调整产品生产和销售基地

当汇率变化后，比较不同国家和地区的子公司的生产与销售状况，据此迅速调整整个公司的生产和销售基地，增加有竞争力的子公司的份额，减少竞争力弱的子公司的份额，使整个公司的竞争力增强，避免依赖某一个或几个生产、销售基地的风险。如在当地货币升值时，可以减少在该国的生产，而在当地货币贬值时可以增加在该国的生产。

（三）选择合适的厂址

对于向货币贬值国家出口并且没有海外子公司的企业而言，从国外进口零部件可能还不足以维持其单位获利能力。面对本币升值，这些企业有必要在海外建立新的厂址。例如，20 世纪 90 年代初面对日元的升值，许多日本企业纷纷在美国设立子公司，而不是在日本扩大生产，到 1998 年为止，在美国市场上销售的日本汽车，有 60%是在美国当地生产的。

三、自然套期保值

自然套期保值就是使企业的现金流入和流出币种匹配，或者现金流入时选择一些汇率变动与现金流出的货币具有正相关或负相关的货币，以达到避免风险的目的。这种方法既可以用于跨国公司内部也可用于与其他公司之间。

（一）自然匹配

自然匹配是指企业融资货币与其出口收益货币完全相同，即在收入某种外币时，不将其兑换成本币，而是直接用于支付，从而达到规避风险的目的。例如，我国某进出口公司长期向美国一公司出口产品，以美元计价，这样该公司每月将有一笔固定的美元收入，为了规避汇率风险，该公司可以在金融市场上获得美元的融资，然后可以以固定的美元收入来偿还美元债务，这样就可以达到有效规避风险的目的。

（二）平行匹配

平行匹配是指企业收入与支出的不是同一种货币，但两种货币之间有固定或稳定的关系，如正相关性或负相关性，使现金流入与流出所承担的汇率风险相互冲抵。例如，如果美元与港币的汇率波动存在正相关性，那么企业可利用其不断的美元收入去获得港币的融资，使其资产与负债所承担的汇率风险相互冲抵以达到规避风险的目的；反之，如果是负相关关系，那么同时保有两种货币的多头或空头。

自然套期保值可以大大减少为换汇而承担的汇率风险，但要求跨国公司内部或跨国公司与其他公司之间存在着双向的资金往来，这种双向性的资金往来一旦遭到破坏，对方不能如期支付，企业将面临资金困难。

第四节　折算风险管理

从本质上看，折算风险并不一定对跨国公司的收益与现金流产生实际影响，因此有些企业认为不必采取相应的措施去规避折算风险，如飞利浦石油公司、百事可乐公司在其年报中就表示不规避会计风险。但不可否认，折算风险对跨国公司的价值将产生一定的影响，因此，应当重视折算风险的管理。

一、常见的四种会计处理方法

会计人员在处理会计报表时，面临的一个重要的问题就是：在资产负债表中，一些以外币计价的资产、负债、收入和费用在折算成本国货币时，应使用什么样的会计处理方法及采用什么汇率。会计处理方法和汇率的选择方法不同，折算的结果不同，会计风险也就不同。

可供选择的汇率有历史汇率和现行汇率。历史汇率是资产与负债最初发生时的汇率，现行汇率是对资产与负债进行折算时的汇率，由于时间的不同，这两种汇率会不一样。现行汇率法是目前跨国公司采用最多的一种折算方法。对资产而言，现行汇率与历史汇率相比下跌，就构成折算风险；对负债而言，现行汇率与历史汇率相比上升，就构成折算风险。

常见的可供选择的会计处理方法有以下四种。

（一）流动/非流动项目法

流动/非流动项目法又称营运资本法，这是一种最古老的折算方法。按会计中的流动项目与长期项目的传统分类，前者适用现行汇率折算，后者则适用历史汇率。在该折算法下，资产负债表风险的测量等于风险性流动资产减去风险性流动负债的净额，即净营运资本。对损益表上的项目一般按每一营业月份的平均汇率折算，但对于那些与非流动性资产和长期负债有联系的项目，如折旧费用、公司债券溢价或折价摊销等，则仍按与资产负债表相对应的历史汇率折算。存货由于是流动资产而承担汇率风险，子公司或分支机构的长期债务却不存在折算风险。

（二）货币/非货币性项目法

这一折算方法与流动/非流动项目法一样，也是利用资产负债表的分类来确定所选用的汇率。根据这一折算方法，资产负债表风险的测量等于以外币测量的货币性资产净额或货币性负债净额。所谓货币性项目，是指资产、负债和股本中通过合约以若干货币单位固定下来的项目，它代表着在未来收到或偿付一笔货币金额的权利或义务。货币性资产有现金、应收账款、应收票据等，货币性负债有应付账款、应付票据等，除此之外的都是非货币性项目。至于损益表的项目，除了折旧、摊销费用及销售成本用历史汇率折算以外，其余项目都按会计期间的平均汇率折算。

（三）时态法

时态法规定：现行汇率运用于一切以现行成本表示的项目，而所有以历史成本表示的项目则使用历史汇率。对于利润或亏损账户中的营业收入与费用项目，最理想的是按各个交易的汇率折算；如果收入与费用交易是大额的，也可采用报表期间的加权平均汇率折算。

（四）现行汇率法

现行汇率法又称单一汇率法，该方法是各种折算方法中最简便易行的一种，即对列入资产负债表中的所有外币资产和外币负债项目都按编表日的现行汇率折算。因此，在现行汇率法下，资产负债表风险等于以外币计算的净资产额。至于损益表中的收入和费用项目，则按确认这些项目时的历史汇率折算，但为简便起见，也可采用会计期间的加权平均汇率。它只改变外币报表的形式，并未改变其实质内容，经过汇总的财务报表仍保持了个别项目原先所反映的财务状况及各个项目之间的关系。

二、折算风险管理的方法

（一）资产负债表中性化法

对于外币资产而言，在折算时使用现行汇率的资产对汇率的变动是敏感的，这些称为风险资产，而使用现行汇率折算的负债为风险负债。

要求企业调整资产和负债，使得以各种功能货币表示的资产和负债的数额相等，折算风险头寸（即会计报表折算差额，等于受险资产与受险负债之差）为零。这样，无论汇率怎样变动，也不会带来会计折算上的损失。具体操作分以下三个步骤：①计量资产负债表各账户、科目中各种外币的规模，确定净折算风险头寸的大小。②确定调整的方向。例如，如果以某种外币表示的受险资产大于受险负债，则需减少受险资产或增加受险负债，或同时进行。③通过分析和权衡，进一步明确调整的具体的账户科目，使调整的综合成本最小。在考虑折算风险之前，假如该企业处于最佳的经营状况，对资产或负债的事后调整也许并非明智之举。可取的办法是事前调整资产或负债的计价货币，如以本币借款，选择有利的销货和购货的计价货币，提前或滞后应收账款与应付账款等。

（二）风险对冲法

风险对冲法是指通过金融市场操作，利用外汇合约的盈亏来冲销折算盈亏。首先确定企业可能出现的预期折算损失（由资产负债表而来），再采取相应的远期交易避免风险。例如，假定在美国的法国子公司预期其资产负债表存在10万法郎的损失，在预测法郎将贬值的情况下，可以于期初在远期市场上卖出法郎，到期末再买进等额的法郎，并进行远期合约的交割。如果期初远期市场汇率大于预期的期末即期汇率，则在远期市场卖出法郎而获得的美元肯定大于购回等额法郎所花费的美元数，也即交易有利可图；反之，若期初远期市场汇率等于或小于期末的即期汇率，则进行远期交易无效。将要进行交易的远期合约金额用公式表示为

$$
\begin{aligned}
\text{预期折算损失} &= \text{远期合约的收益} \\
&= \text{期初合约金额} \times (\text{期初远期汇率} - \text{预期期末汇率})
\end{aligned}
$$

故有

$$
\text{远期合约金额} = \frac{\text{以报告货币计价的预期折算损失}}{\text{期初远期汇率} - \text{预期的期末即期汇率}\ (RC/LC)}
$$

式中，RC——报告货币；

LC——当地货币。

由此可见，这种合约的保值方法与一般的保值方法不同，它以折算结果为基础，并且与预期期末折算货币密切相关，只要预测准确就可以避免汇率风险。

当然，不可避免的是这种方法有许多的缺陷：首先，在签订外汇合约时，折算风险头寸是未知的，远期或期货合约的避险金额很可能不同于折算风险暴露；其次，风险对冲法实际上是用实现的外汇合约盈亏抵冲未实现的账面折算盈亏，而外汇合约的这种盈亏要计入应税所得，折算盈亏通常并不纳入所得税的征收范围（视各国法规而异）。由于税收差异的存在，金融市场风险对冲操作并未有效地降低企业的实际风险。

（三）资产负债保值法

资产负债保值法是指通过调整短期资产负债结构，从而避免或减少外汇风险的方法。基本原则是：如果预测某种货币将升值，增加以此种货币持有的短期资产，即增加以此种货币持有的现金、短期投资、应收款、存货等，或者减少以此种货币持有的短期负债；反之，如果预期某种货币将贬值，则减少该种货币持有的短期资产，增加短期负债。

（四）债务净额支付法

债务净额支付法是指公司在清偿其内部交易所产生的债权与债务关系，对各子公司、母公司与子公司之间的应付账款和应收账款进行划转与冲销时，仅定期对净额部分

进行支付，以此减少风险性现金流动。其包括：双边债务净额支付和多边净额支付。例如，某跨国公司各子公司之间，法国子公司欠英国子公司等值于500万美元的英镑，英国子公司欠意大利子公司等值于300万美元的里拉，意大利欠法国等值于300万美元的法郎，经过冲抵后，法国支付等值于200万美元的预先商定的货币，资金总量为1100万，净流量200万，冲抵900万，这样减少了支付的数额和次数，从而很大程度上化解了折算风险。

（五）澄清事实

向外界澄清汇总后公司利润受汇率变动影响的事实，也不失为公司管理折算风险的一种好方法。澄清事实后，股东和潜在的投资者会认识到折算风险表现出的是一种账面损失，而非实际损失。于是，即使子公司实现的当地货币利润被按照更疲软的汇率汇总到母公司后，公司以母国货币表示的利润出现大幅下降，公司股东和投资者也不会因此改变对公司的看法。

此外，企业还可有其他一些处理折算风险的方法。例如，在某些国家会计制度和税法允许的情况下，企业可以将折算损益作为递延项目逐年累积，不计入企业当期损益，也不影响应纳所得税金。因此，递延处理可以在很大程度上降低会计风险的不利影响。又如，企业还可以直接对股东、债权人等会计报表的重要使用者解释会计折算损益的性质，让使用者了解财务报表的真正意义，无须担心折算损益导致的账面盈余波动。

➢本章小结

外汇风险是指外汇市场汇率的变化对企业、银行等经济组织或国家、个人以外币计价的资产和负债带来的损失的可能性。本币、外币和时间是外汇风险的三大构成要素。外汇风险包括交易风险、经济风险和折算风险。

交易风险是国际企业面临的一种最主要的风险，是指国际企业在经营过程中，由于货币汇率的变化而引起所拥有的债权或应付的债务价值变化的风险。交易风险管理主要包括：灵活选择和使用结算货币、在合同中订立货币保值条款、调整贸易条件法、灵活掌握收付时间防范外汇交易风险、金融交易防范风险、贸易融资法和综合法等多种。

经济风险是指意料之外的汇率变动可能引起企业未来一定期间盈余能力与现金流量变化的一种潜在风险。从本质上来说，经济风险代表了企业未来竞争力的可能变化。经济风险管理主要包括：市场营销管理、市场管理和自然套期保值等。

折算风险是指经济主体在对资产负债表和损益表进行会计处理中，在将功能货币转换成记账货币时，因汇率波动而呈现账面损失的可能，可供选择的会计方法有四种：流动/非流动项目法、货币/非货币性项目法、时态法和现行汇率法。折算风险管理主要包括资产负债表中性化法、风险对冲法、资产负债保值法、债务净额支付法和澄清事实等。

➢本章重要概念

外汇风险　交易风险　经济风险　折算风险　借款法　投资法　掉期合同法　出口押汇

国际保理　现行汇率法　自然套期保值　自然配对　平行配对　净额冲抵法　BSI 法　LSI 法

➢思考题

1. 简述经济风险、交易风险与折算风险之间的区别。

2. 简述交易风险管理的主要内容。

3. 简述经济风险管理的主要内容。

4. 某进口公司在 3 月 5 日与美国公司签订了进口成套设备的合同，约定 9 月 5 日用美元支付 1 000 000美元货款。该公司有大笔港币存款，9 月 5 日到期。问该公司应如何防范外汇风险？

5. 某跨国公司的母公司在美国，一子公司在英国，另一子公司在德国，如预测欧元对美元将上升，英镑对美元将下浮，为了消除汇率风险，跨国公司在其母公司与两个子公司之间的进出口业务中，将如何利用提前结汇和推迟结汇的方法？

➢案例　某涉外公司规避交易风险

X 国某进出口公司，其进口支付的货币主要以欧元为主，而其外汇收入主要以美元为主，该公司于 2012 年 1 月签订了一批进口合同约合 100 万欧元，双方约定 6 个月后付款。该公司外汇收入基本以美元为主，这样该企业存在收入外汇的币种、金额与支付外汇的币种、金额的不匹配问题，收付时间也可能不一致，而且这种不匹配的情况在可预见的未来一段时期内依然存在。由于收入的货币主要是美元，而支付的货币主要是欧元，表明该公司面临交易风险，有必要采取积极的保值避险措施，对未来可测算的外汇收付（特别是非美元货币的对外支付）锁定汇率风险。

现 2012 年 1 月的市场行情如下：

即期汇率　　　　EUR/USA 1.2900

远期汇率（6）　　EUR/USA 1.3100

6 个月欧元看涨期权（履约价格 1.3000）0.020～0.025

6 个月欧元看跌期权（履约价格 1.3000）0.030～0.035

假如 6 个月后，市场汇率可能出现以下三种情况：

第一种情况：欧元贬值，美元升值，市场汇率为 EUR/USA 1.2700；

第二种情况：市场汇率与签约时相同，市场汇率为 EUR/USA 1.3000；

第三种情况：欧元升值，美元贬值，市场汇率为 EUR/USA 1.3300。

以下我们可以分析该公司采取几种方法来防范汇率风险的效果。

方案一：准确判断市场汇率走势，获取超额风险收益。

该公司可积极分析当前市场汇率的走势，如果认为汇率将朝有利的方向变化时，可以不必采取任何保值措施，而获得超额的汇率风险收益。从 6 个月后的三种市场汇率来看，对于第一种情况，欧元的贬值使得该公司可以获得实际债务减少的风险收益（6 个月前欧元债务的美元值为 129 万美元，6 个月后为 127 万美元，减少了 2 万美元），但此种方法必须依赖对汇率波动的准确预测，否则将给该公司带来更大的风险；对于第三种情况，欧元的升值使得该公司由于实际债务的计价货币的升值造成债务增加，该公司面临汇率波动带来的风险损失（6 个月前债务成本的美元值为 129 万美元，6 个月后为 133 万美元，债务成本增加了 4 万美元）。

方案二：事先确定未来资金收付时的汇率，规避风险。

公司在签订进出口合同时，事先确定了货币汇率为 EUR/USA 1.2900，以防范未来资金支付时汇率波动的风险。为达到公司保值避险的目标，在签订非美元商务合同或开立非美元远期信用证时，公司通过合同将支付时的汇率提前确定了，这样到实际支付时，由于市场的即期汇率大幅升值造成汇率风险损失的局面就可以有效地避免了。从 6 个月后的市场汇率的三种可能来看，对于第一种情况，该公司由于事先在合同中确定了债务支付时的汇率水平，因此第一种情况，由美元汇率的不变和升值带来的债务成本下降的风险收益，该公司将不能享受（如果没有事先约定汇率，100 万欧元的债务成本分别为 127 万美元，由于事先约定了汇率，实际债务成本为 129 万美元，这样债务成本实际分别增加了 2 万美元）；对于第二种和第三种情况，也正是由于事先确定了汇率水平，欧元升值带来的债务成本的增加则有效地避免了（实际的债务成本为 129 万美元。如果没有事先约定则为 130 万美元和 133 万美元，实际债务成本分别增加了 1 万美元和 4 万美元）。

方案三：利用远期合同，规避风险。

按照该方法，公司在叙作远期外汇买卖时，交易当天并没有实际的资金交换，而是在预先确定的到期日才按照交易时已确定的远期汇率完成实际资金交割。买进远期的欧元，卖出美元，在交割时，公司可以选择用已收入的美元支付。如果美元收入小于欧元的支付，不足部分可用人民币即期购买美元完成远期外汇买卖项下的资金交割。另外，公司在进行远期外汇买卖交割美元时，如果时间不匹配的话，需支付的美元也可考虑用美元的短期流动资金贷款解决，到期后用美元收入归还。该公司可以买入 6 个月的远期欧元与它 6 个月后的欧元债务匹配。这样，无论 6 个月后市场汇率将如何变动，该公司的 100 万欧元的债务成本已事先确定了，汇率风险也已经有效地防范了。根据 6 个月的远期欧元的报价，其 100 万欧元的成本为 131 万美元（不计手续费等费用）。与期权法相比，该公司将放弃汇率如果向有利方向发展所带来的汇率收益。如在第一种情况下，如果没有买进 6 个月的远期欧元合约，该公司的 100 万欧元的成本为 127 万美元，由于事先买入的远期欧元合约，反而使其债务成本增加了 4 万美元。

方案四：利用外汇期权合同，规避风险。

运用该方法时，公司作为期权的买方，有权在能够执行该期权的时间里，决定是否按期权的协议价和金额买入该货币、卖出美元。一旦作为期权买方的公司决定执行合同，则期权的卖方（银行）有义务按协议价卖出该货币。公司买入期权后，便达到了既能规避汇率朝不利方向变动的风险，又能在汇率朝对公司有利的方向大幅变化时，可以选择不执行期权而在即期外汇市场用更有利的汇率买入需对外支付的货币的目的。为了享有期权的这种全面性好处，公司必须先行支付一笔期权费，如果期权费用小于汇率波动带来的风险收益，期权交易将优于远期交易。如果该公司卖出期权，则可以获得一笔稳定的期权费，以此降低债务成本。根据分析，该公司可以有以下两种选择：

（1）买入欧元的看涨期权：

期权费＝1 000 000×0.025＝25 000（美元）

第一种情况：债务成本＝1 000 000×1.27＋25 000＝1 295 000（美元）

第二种情况：债务成本＝1 000 000×1.3＋25 000＝1 325 000（美元）

第三种情况：债务成本＝1 000 000×1.3＋25 000＝1 325 000（美元）

（2）卖出欧元的看跌期权：

期权费＝1 000 000×0.030＝30 000（美元）

第一种情况：债务成本＝1 000 000×1.3－30 000＝1 270 000（美元）

第二种情况：债务成本＝1 000 000×1.3－30 000＝1 270 000（美元）

第三种情况：债务成本＝1 000 000×1.33－30 000＝1 300 000（美元）

【讨论题】

你认为运用哪种方法规避交易风险效果最佳？

第七章

国际结算

国际结算经历了由现金结算到非现金结算的发展过程。现代国际结算主要以非现金为主。非现金结算是借助于各种票据，通过银行使用各种结算方式来结清国与国之间的债权债务关系。本章着重介绍国际结算的产生与发展、国际结算的基本工具和基本方式及主要的国际结算网络。

第一节　国际结算概述

一、国际结算的概念

两个不同国家的当事人，不论是个人间的、企业间的或政府间的，因为商品买卖、服务供应、资金调拨、国际借贷而需要通过银行办理的两国间外汇收付业务，均称之为国际结算。

国际贸易中经常大量发生货款外汇结算，以结清买卖双方间的债权债务关系，称之为国际贸易结算。它是建立在商品交易货物与外汇两清基础上的结算，又称为有形贸易结算。它和国际贸易的发生和发展、世界市场变化、国际运输、货损保险、电信传递有着密不可分的联系。贸易结算业务复杂、外汇金额巨大，在国际收支中是个重要项目，在国际结算中一直占有主导地位。

国际贸易以外的其他经济活动及政治、文化等交流活动，如服务供应、资金调拨和转移、国际借贷等引起的外汇收付，称之为非贸易结算。常见的侨汇、旅游、运输、通信、建筑、保险、金融、咨询、广告等都属于非贸易结算，其范围广泛、种类繁多，不需运出商品即可收付，对国家积累外汇十分有益，故银行也要做好非贸易结算，提供全面的、多功能的服务。

二、国际结算的产生和发展历程

国际结算以国际贸易的产生和发展为基础。早期的国际结算是现金结算，即以金银作为结算手段，买方直接将金银货币交付卖方，钱货当面两讫。远途运送金银风险大、费用高，且难以清点和辨认真伪，给国际贸易商人带来很多不便。随着国际贸易的发展，这种结算方式越来越不能适应国际贸易的需要。公元11世纪左右，地中海沿岸地区的商品交易已形成相当规模。随着各城市国家之间贸易往来的发展，产生了大量的不同货币兑换的需要，并由此产生了专门从事货币兑换业务的兑换商。为避免直接运送现金可能发生的风险，减少运输费用，于是出现了为代替现金运送，而由兑换商在本地收取现金再向异地的兑换商发出书面证明，由异地的兑换商进行支付的办法。这种由兑换商签发的书面证明即是早期的票据。16～17世纪，欧洲的票据使用已相当普遍，票据制度也日趋完善，票据的流通转让更加简便，以票据作为结算工具的非现金结算成为国际结算的主要形式。在票据发展的同时，国际贸易也大幅度增长。商业、船运业、保险业分化为独立的三个行业，并出现提单、保险单。这些单据不仅是收据，而且可以转让，成为买卖和抵押的对象。到了19世纪末20世纪初，凭单付款的结算方式已相当完善。

18世纪中叶，资本主义银行业迅速发展，银行不仅从事国内的存放款业务，还开展了国际结算和国际借贷业务。银行的加入极大地促进了国际贸易和国际结算的发展，这是因为：银行拥有高效率的资金转移网络；银行有安全的保障系统；银行资金雄厚，信用卓著，可为贸易的双方或一方提供担保和贸易融资，促进贸易的顺利进行。

随着电子技术的日新月异，国际结算开始从票据向电子符号发展，电子计算机及现代化通信设备的运用使得国际结算的效率大大提高，这进一步促进了国际贸易和世界经济的发展。

综上所述，国际结算经历了从现金结算到非现金结算，从票据到电子符号的发展。国际结算是实现资金在国家间转移和货币偿付，以清偿国际间债权债务的重要方式。

三、国际结算的基本要素

（一）银行合作是办理国际结算业务的基础

一般而言，当银行接受客户的委托经办一项国际结算业务时，必须通过其驻外分支机构或国外代理行的协作，才能完成委托业务。当前，由各国银行之间建立起来的代理行关系网络已经覆盖全球，各种国际结算业务不论其起因如何、金额多少、涉及何国当事人、使用何种结算货币和结算方式，均可通过各国银行间的业务代理合作得以顺利实现。

（二）现代化的支付和通信系统保证了资金顺畅、快速地跨国流动

为提高全球范围内银行转账结算的效率和安全程度，一些国际银行组织相继创设了区域性和全球性的通信系统和支付清算系统，如SWIFT、CHIPS、CHAPS等，从而在国际结算中占有极其重要的位置。随着现代科技在金融领域的广泛应用，电子货币、电子单证、电子商务的介入，进一步方便了资金的跨国转移，使国际结算成为一项充分体现和应用高科技成果的现代商业银行业务。

（三）票据是国际结算中的主要支付工具

在现代国际结算活动中，现金结算可以说是微乎其微，转账结算已占据了主宰地

位，票据已成为国际结算中的主要支付手段。

（四）单据是实现物权转移与债务清偿的重要依据

单据在国际结算特别是国际贸易结算中具有举足轻重的作用。因为：第一，在现代贸易中，既有货物的转移，也有单据的交接，一笔交易所涉及的各类单据可反映货物的基本状况；第二，在国际贸易中，大都以“凭单付款”为结算原则，单据的转让往往体现着货权的转让，货物单据化的特征十分突出；第三，银行在贸易结算中遵循的一条基本原则是“仅处理单据而非货物”；第四，单据对国贸中债务清偿具有至关重要的影响，尤其是在以跟单信用证结算时，出口商提交的单据是否合格，直接关系到其能否按期、如数地收回货款；第五，各国政府出于贸易保护、环境保护、维护消费者利益等目的，往往要求贸易商在办理进出口手续时提交一些证明文件，如进出口许可证、商检证书、海关发票等。综上所述，单据是实现国际货物买卖的必要条件，对单据的处理是国际贸易结算的重要内容之一。

四、国际结算的发展趋势

世界经济的发展变化，对沟通和联络各种往来的国际结算业务提出了新的要求。

（一）国际结算业务的规范化

由于世界经济一体化、金融自由化、贸易区域化程度的日益加深，国家间的交往、接触也将更加广泛，由此产生的国际摩擦也将增多。为了维护世界经济的良好秩序，缓和与减少各种冲突和纠纷，国际协调的作用将越加重要，约束与规范国际经济行为的迫切性将越加突出，世界经贸、金融活动的法制化、惯例化、条约化的特征将越加明显。可以预见，与世界经济密切相关的国际结算业务将受到更加严格的法律、惯例的规范。

（二）国际结算服务的多元化

国际贸易方式的多样化要求国际结算服务必须多元化、全方位发展。随着国际贸易竞争的日趋加剧，国际贸易运作的新方式不断涌现，这一变化必将使传统的国际支付方式面临挑战。例如，进出口企业对国际结算服务的要求已不仅仅局限于债权债务清偿，更需要风险保障、融资便利、信息咨询、账务管理等综合服务。因此，国际结算业务必须不断创新与发展，才能适应世界经济和国际往来的发展变化。

（三）国际结算运作方式的创新化

高新技术在国际经济、贸易、金融领域的广泛应用，正在引发国际结算运作的重大变革，如在快速发展的信息技术的推动下，国际经济活动已经进入了一个全新的时代。

汹涌而至的电子商务正在对国际贸易中依托信用证和其他传统纸化基础的金融工具形成冲击，对传统的柜台国际结算方式形成强烈挑战。体现信息高速公路优势的电子数据交换（electronic data interchange，EDI）已在一些发达国家的经贸活动中予以采用。EDI使电子单证取代了纸面单证，最终将使“无纸贸易”成为现实。

2011年，全球第一单电子信用证业务通过Bolero国际公司成功办理。2012年中信银行通过Bolero平台成功办理了中国国内首笔“端对端信用证项下电子交单业务”，填补了中国国内金融界长期未能突破的信用证项下单据电子化的空白。Bolero是一个以伦敦作为主营业所在地的电子商务公司开发的管理系统。它由TTCLUB（Through

Transport Club，一家总部设在伦敦的运输业共同保险机构）与SWIFT在1998年合资成立。Bolero的运作以互联网为支持，以其核心信息平台为主构架，是一个开放、中立、高度安全、合法的电子网络，用以替代纸上贸易。使用者签署协议成为成员后，通过互联网交换单据、核查数据，完成贸易过程。从而突破了国际结算项下传统的纸质单据传递方式，借助互联网技术和云存储模式，将国际贸易流程中的参与各方，如轮船公司、保险公司、进出口方、进出口方银行之间的国际结算单据，特别是作为物权凭证的海运提单，通过BOLERO系统电子提交并进行物权转让，实现了国际贸易全程无纸化。电子交单大大缩短了贸易结算流程和时间，并使得单据处理标准化和简单化，从而降低交易成本。尽管电子交单还存在着电子贸易环境不发达、外部环境技术不够成熟和配套的法律制度不完善等问题，但是电子化交单是未来国际结算方式发展的新方向，并终将取代传统的柜台国际结算方式。

第二节 国际结算工具

非现金结算是现代国际结算的基本方式。在非现金结算条件下，国际间债权债务的清算是通过各种信用工具即票据，持票人可以根据票面载明的金额和日期，向出票人或指定付款人支取款项。票据在国际结算中占有重要地位，它在一定范围内可以代替现金起流通手段和支付手段的作用。目前，国际结算使用的主要结算工具有汇票、本票和支票。

一、汇票

汇票（bill of exchange）是由出票人向另一人签发的，要求即期或定期或在可以确定的将来时间，向收款人或其指定人或持票来人支付一定金额的无条件的书面支付命令。汇票是国际结算中使用最广泛的一种信用工具。

（一）汇票的必要项目

根据《日内瓦统一汇票本票法公约》的规定，汇票应具备以下必要项目。

1. 标明“汇票”字样

《日内瓦统一法》规定应明确标明“汇票”（exchange or draft）字样，以此区分于本票、支票等其他票据。我国票据法也明确规定必须标明“汇票”字样。

2. 无条件书面支付命令

由于汇票是出票人指定付款人支付一定金额给收款人的无条件命令书（unconditional order in writing），所以支付不能受到限制，也不能附带任何条件，措辞应使用祈使句，如“Pay to…”，而不能用“Would you please pay to…”等语句。

3. 一定的金额

汇票金额必须是一个确定的金额数目（certain in money），不能模棱两可，如“付大约10 000美元”，“付5000美元左右”，“付10万或15万日元”等，都是不确定的。此外，在实际中，为防止涂改，票据的金额还必须同时用大、小写记载，如果大小写不一致，《英国票据法》和《日内瓦统一法》规定以大写为准，我国《票据法》则规定无效。

4. 付款人名称

付款人（drawee）即接受汇票付款命令的对象，也称受票人，其不一定支付票款，但因其一旦同意接受汇票就得付款或承诺付款，所以习惯上称为付款人。付款人应有一定的确定性，以使持票人能顺利找到。通常付款人名称都注明详细的地址，尤其是以某个有多处分支机构的银行作为付款人，或者有多个与付款人同名同姓的其他人，此时加注地址就更为重要。

5. 收款人名称

汇票的收款人（payee）通常称为汇票抬头，是汇票的主债权人，不同种类的抬头关系到汇票的流通性和流通方式。汇票抬头人的写法主要有三种。

（1）限制性抬头（restrictive order）。这种抬头的汇票只付给指定的收款人，即票据的债务人只对记明的收款人负责。限制性抬头的汇票不流通转让。

（2）指示性抬头（indicative order）。这种汇票的收款人可以通过背书将汇票转让给他人，由受让人以持票人身份取款。这种类型的汇票体现了票据作为流通证券的特性，在实务中用得最为广泛。

（3）来人抬头（payable to bearer），也称持票人抬头。不管谁持有这种汇票，都有权要求付款人付款，这种汇票的转让不需要背书，只凭简单交付即可实现转让，是一种流通性很强的汇票。由于来人抬头汇票容易因丢失而被他人冒领，收款人的权利缺乏保障，所以《日内瓦统一法》及我国《票据法》不允许汇票做成来人抬头。

6. 出票人签字

签字是票据法最重要、最基本的原则之一。票据责任的承担以签字为条件，谁签字，谁负责。票据必须经出票人签字才能成立。如果汇票上没有出票人签字（drawer's signature），或者签字是伪造的，则票据无效。

7. 出票日期及地点

按照国际惯例，汇票一经开立，即适用于开立国的法律，若发生纠纷，则应按该国法律裁决。因此汇票上必须注明出票地点（place of issue），如未载明，则出票人名字旁边的地点视为出票地点。出票地点一般写在汇票的右上方，与出票日期连在一起。出票日期（date of issue）指汇票签发的具体时间，出票日期的注明，主要是凭此判断汇票是否有效，或确定汇票的到期日，提示承兑期限、利息起算日等。

8. 付款地点

付款地点（place of payment）指汇票的持票人提示票据请求付款的地点。根据国际私法的行为地原则，到期日的计算，在付款地发生的承兑、付款等行为都要适用付款地法律。因此付款地点的记载是非常重要的。但不注明付款地的票据仍然成立。在不指明付款地点的情况下，以付款人名称旁的地址作为付款地点，若该地址空缺，则以付款人住址或营业所在地代之。

9. 付款期限

付款期限（tenor）即付款到期日，是付款人履行付款义务的日期，有即期付款和远期付款两种。若汇票未注明付款期限，即视为见票即付。

汇票式样见图 7-1。

Exchange for US$ 1000.00	Shanghai, March 5, 2014
At 30 days after sight pay to the order of ABC Bank the sum of one thousand US dollars only.	
To: BCD Bank New York, USA	
	For: China Import & Export Co. (Authorized Signature)

图 7-1 汇票式样图

(二) 汇票的种类

汇票的种类多种多样，按照不同的标准，可分为不同的种类。

1. 按出票人的不同，可分为银行汇票和商业汇票

银行汇票（banker's draft）是一家银行向另一家银行签发的书面支付命令，其出票人和付款人都是银行。银行汇票通常在票汇业务中使用，由银行签发后交汇款人，由汇款人带往或寄往收款人，收款人持该汇票向付款行请求付款，付款行在审核无误后即付款。银行汇票的信用基础为银行信用，多为光票，不附单据。

商业汇票（trade bill）是由企业或个人签发的汇票，其付款人可以是企业、个人，也可以是银行。商业汇票通常在托收和信用证方式的业务中使用，一般附有货运单据。商业汇票的信用基础是商业信用，其收款人或持票人承担的风险较大。

2. 按付款时间的不同，可分为即期汇票和远期汇票

即期汇票（sight bill or demand draft）是注明付款人在见票或持票人提示时立即付款的汇票。未载明具体付款日期的汇票也视为即期汇票。

远期汇票（time bill or usance bill）是在一定期限或指定日期付款的汇票。包括定日付款、出票后定期、见票后定期等几种形式。

3. 按承兑人的不同，可分为商业承兑汇票和银行承兑汇票

商业承兑汇票（trader's acceptance bill）是以公司、企业、个人为付款人，并由公司、企业或个人进行承兑的远期汇票。其信用基础是商业信用，由于商业信用等级普遍不太高，因此除非承兑人的资信状况良好，否则这类汇票很难在市场上转让贴现。

银行承兑汇票（banker's acceptance bill）是由企业或个人开出的，以银行为付款人并经银行承兑付款的远期汇票。银行对商业汇票进行承兑改变了汇票的信用基础，使商业信用变为银行信用。汇票经过银行承兑后，持票人通常能按期得到票款，从而增强了汇票的可接受性和流通性。

4. 按有无附属单据，可分为光票和跟单汇票

光票（clean bill）是指不附带货运单据的汇票，这类汇票全凭票面信用在市场上流通而无物资（货权单据）作保证。光票通常在非贸易结算及贸易结算中支付佣金、垫付费用及收取货款尾数时使用。银行汇票多为光票。

跟单汇票（documentary bill）是指附带货运单据的汇票，一般都是商业汇票，除了票面当事人的信用外，还有物资保证。跟单汇票的流通转让及资金融通，除与当事人的信用有关外，更取决于附属单据所代表货物的价值及单据质量。

5. 按计价货币的不同，可分为本币汇票和外币汇票

本币汇票（domestic currency bil1）指汇票的票面货币为本国货币。

外币汇票（foreign currency bill）指汇票的票面金额是外国货币。

6. 按付款地与承兑地是否相同，可分为直接汇票和间接汇票

直接汇票（direct bill）指承兑地点与付款地点相同的远期汇票。

间接汇票（indirect bill）指承兑地点与付款地点不同，承兑时须注明付款地点。

二、本票

本票（promissory note）也称期票，是由一人向另一人所签发，保证即期或定期或在确定的将来时间里，向某人或其指定人或持票来人支付一定金额的无条件书面支付承诺。

（一）本票的必要项目

根据《日内瓦统一法》的规定，本票必须具备以下项目：

（1）标明本票字样。

（2）无条件支付承诺。

（3）一定金额。

（4）付款地点。未载明付款地点的，以出票地为付款地；未载明出票地点的，以出票人的营业所、住所或居住地为付款地。

（5）付款期限。未载明付款日期的，视为见票即付。

（6）出票日期和地点。

（7）出票人签字。

（8）收款人姓名或商号。未载明收款人姓名的，以持票人为收款人。

本票式样见图 7-2。

Promissory Note

US$ 1000.00 Shanghai, March 5, 2014

At 90 days after date we promise to pay ABC Company or order the sum of one thousand US dollars only.

For Agriculture Bank of China

Shanghai branch

Signed

图 7-2 本票式样图

（二）本票与汇票的区别

本票与汇票都是流通票据，它们有许多共同之处。汇票中有关出票、背书、保证、到期日、付款、参加付款、拒绝证书、追索权等规定，基本上适用于本票。因此，各国票据法中均以汇票为中心，对汇票作了相当详细的规定，而对本票则只有几条特别规定，其余事项均可适用汇票的有关规定。

本票与汇票的主要区别有以下几点：①本票是无条件的支付承诺，而汇票则是无条件的支付命令。②本票的票面当事人只有两个，出票人与收款人；而汇票的票面有三个当事人，即出票人、收款人与付款人。③本票在任何情况下，出票人都是主债务人；而汇票在承兑前，若出票人是主债务人，则在承兑后，承兑人是主债务人。④由于本票的出票人即是付款人，所以本票不需提示承兑；而远期汇票为确定付款人的付款责任，一般都应提示承兑。⑤本票只能开一张，而汇票可以开出一套。

（三）本票的种类

本票按出票的不同，可分为一般本票和银行本票。

一般本票（trader's promissory note）又称商业本票，指由公司、企业或个人签发的本票，包括见票即付的即期本票和承诺一定日期付款的远期本票。一般本票建立在商业信用基础之上。由于本票的出票人常常不能按照承诺付款，以致本票的使用范围逐渐缩小，中小企业很少签发本票，一些大企业签发本票通常也限于出口买方信贷的使用，由进口方开具定期付款本票，经进口方银行背书保证，到期由出票人偿还本息。

银行本票（banker's promissory note）是指由银行签发的本票。银行本票建立在银行信用基础上，且一般都是见票即付来人抬头的本票，流通性很强，类似于纸币。因此，许多国家对银行本票的签发采取种种限制方法，禁止商业银行开立来人抬头的本票，或只许开出一定金额以上的大额本票，以免当作纸币在市场上流通，扰乱货币流通市场。

三、支票

支票（cheque or check）是银行存款户向银行签发的，授权其即期支付一定金额给某人或其指定人或持票来人的无条件书面支付命令。

（一）支票的特点

支票是一种特殊的汇票，它在许多方面都同汇票类似，但是支票与汇票又有重大差别。

（1）支票的出票人必须具备一定条件。支票的出票人首先必须是银行的存款户，即在银行存有活期存款，在银行没有存款的人绝不可能成为支票的出票人。同时要与银行订有使用支票的协定，即存款银行要同意存款人使用支票。另外，支票的出票人必须使用存款银行统一印制的支票。支票不能像汇票和本票一样由出票人自制。

（2）支票都是即期付款，付款银行应见票即付，由于支票没有远期，因而也不需要办理承兑手续。

（3）支票的付款人仅限于银行，而汇票的付款人可以是银行、企业或个人。

（4）通常情况下，支票的出票人都是主债务人。

（二）支票的必要项目

根据《日内瓦统一法》的规定，支票必须具备以下内容：

（1）标明“支票”字样。

（2）无条件支付命令。

（3）付款银行的名称。

（4）付款地点。未载明付款地点的，以付款人所在地为付款地点。

（5）一定金额。

（6）出票日期和地点。未载明出票地点的，以出票人名称旁边地点为出票地点。

（7）出票人签字。

（8）收款人或其指定人。

支票式样见图 7-3。

Cheque	
US$ 10 000.00	London, May 12, 2014
Pay to Tianjin Economic & Development Corp. or order the sum of Ten thousand US dollars only.	
To Bank of Europe	
London	
	For Sina-British Trading Co.
	London singed

图 7-3 支票式样图

(三) 支票的种类

1. 记名支票

记名支票（cheque payable to order）即限制性抬头支票，是在支票的收款人一栏中写明收款人的姓名，取款时须由收款人签章，方可支取。

2. 不记名支票

不记名支票（cheque payable to bearer）又称空白支票，指支票上不记载收款人姓名，只写“付来人”（pay bearer）字样，取款时持票人无须在支票背面签章，即可支取。此类支票凭交付即可转让，因而流通性很强。

3. 划线支票

划线支票（crossed cheque）是指由出票人、背书人或持票人在支票正面划有平行线，或在平行线内载明银行名称的支票。划线支票与一般支票的区别在于一般支票可以委托银行收款入账，也可以由持票人提取现款，而划线支票只能由银行代收入账。使用划线支票的主要作用是为了减少支票遗失、被窃的风险，防止他人冒领票款，保护支票真正所有人的利益。划线支票又分为一般划线支票和特殊划线支票两种。一般划线支票（generally crossed cheque）指不注明收款银行的划线支票，收款人可通过任何一家银行收款。特殊划线支票（specially crossed cheque）指在平行线中写明收款银行的名称，其他银行不能持票取款的支票。持票人收到这种支票时，只能委托票面注明的银行代为收款，然后转到往来银行入账。

4. 保付支票

保付支票（certified cheque）是指由付款银行在支票上加注“保付”（certified to pay）字样，以表明在支票提示时一定付款的支票。由于普通支票仅是出票人向银行发出的支付命令，出票人是否在银行有足够的存款，银行是否能够承担付款责任，对于持票人来说并无确实的保障。支票一经保付，付款行就承担了绝对付款的责任，从而使持票人在任何情况下都能保证获得支付。经过保付的支票信用度提高，更利于流通转让。

5. 银行支票

银行支票（banker's cheque）是以银行为出票人，并由银行付款的支票，如我国的定额支票就属于这一性质。定额支票是由有关单位将款项交存银行开出的、统一载明确定金额的支票。

第三节 国际结算方式

国际结算方式是指以一定的形式和条件，实现不同国家的个人、企业、团体间货币支付，以结清债权债务的方式。在非现金结算条件下，国际间的货币收付主要是通过各种结算工具的传送来实现的。国际结算方式按资金的流向和结算工具的传递方向，可分为顺汇和逆汇两大类。

顺汇（remittance）是由债务人或付款人主动将款项交给银行，委托银行使用某种结算工具，支付一定金额给债权人或收款人的结算方法。其结算工具的传送方向与资金的流向相同，所以称为顺汇，也称汇付法，如银行的汇款业务。逆汇（reserve remittance）是由债权人以出具票据的方式，委托银行向国外债务人收取款项的结算方法。其结算工具的传递方向与资金流向相反，故称为逆汇，也叫出票法，如银行的托收及信用证业务。

目前，国际结算的基本结算方式有汇款、托收、信用证三种，此外还有银行保函、备用信用证、国际保付代理服务、福费廷等结算方式。

一、汇款

（一）汇款的含义及其当事人

汇款（remittance）也称为汇付，是指债务人或付款人主动将款项交给银行，委托银行通过各种方式将款项交付给收款人的结算方式。

汇款是外汇银行的一种主要业务，在现代国际结算中广泛使用。它不仅适用于贸易和非贸易结算，凡属外汇资金的调拨都可采取这种方式。对汇款人和收款人来说，利用汇款方式实现资金的转移，不必运送现金，既安全可靠，又节约时间；对银行来说，不仅可以获得一定的手续费，而且银行可以无偿占用那部分相对稳定的汇款沉淀资金。

在汇款方式中，一般有四个当事人：①汇款人（remitter），是向银行交款付费、委托银行将款项汇交国外债权人或收款人的人。在进出口贸易中通常是进口商。②汇出行（remitting bank），是受汇款人的委托汇出款项的银行，通常是汇款人所在地或进口地银行。其职责是按照汇款人的要求将款项通过一定途径汇交收款人。汇出行所办理的汇款业务称为汇出汇款（outward remittance）。③汇入行（paying bank），又称解付行，即受汇出行的委托解付汇款的银行。汇入行通常是收款人所在地或出口地银行，其职责是证实汇出行委托付款指示的真实性，通知收款人取款并付款。④收款人（payee or beneficiary）是收取款项的人，通常是出口方或债权人。

汇款业务中汇款人与汇出行、汇出行与汇入行之间都是委托代理关系，各当事人的权利义务以代理协议中的规定为准。汇款人办理汇款时，应填具汇款申请书，有义务先将汇款金额付清并支付一定的手续费和杂费。汇出行一旦接受申请就有义务按申请书中的指示办理汇款业务，汇出行与汇入行之间的委托与被委托，均按事先订立的代理协议办理。

（二）汇款的种类

汇款可分为电汇、信汇和票汇三种。

1. 电汇

电汇（telegraphic transfer，T/T）是汇出行应汇款人的申请，以发加押电报或电传的方式指示汇入行将资金解付给收款人的汇款方式。其基本做法是：由汇款人填写电汇申请书，并交付电汇款项及手续费，取得电汇回执。汇出行接受汇款以发电报或电传方式通知汇入行，为防止意外及便于汇入行辨别电报、电传的真伪，汇出行所拍发的电报、电传都带有密押（test key）。汇入行收到电报或电传后，经核对密押相符，即用电汇通知书通知收款人取款。收款人取款时填写收款收据并签章交汇入行，汇入行凭此解付汇款，并将付讫借记通知书寄汇出行。电汇程序如图 7-4 所示。

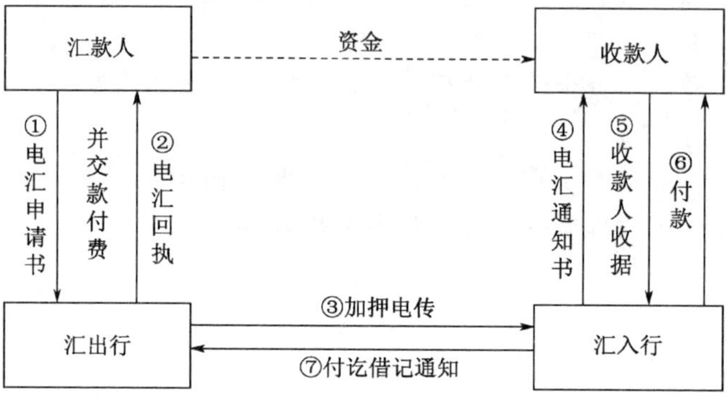

图 7-4 电汇业务流程图

2. 信汇

信汇（mail transfer，M/T）是指汇出行应汇款人的委托，以信函指示汇入行解付一定款项给收款人的汇款方式。

信汇的结算程序与电汇大致相同，所不同的是结算及其寄送方式的差异。信汇是以信汇委托书（M/T advice）或支付委托书（payment order）作为结算工具，以航函方式邮寄给汇入行，委托其解付汇款，从而完成资金的划拨。信汇委托书不加密押，只需签字，汇入行核对无误后方能解付。信汇方式费用低廉，但收款时间较慢，传递环节多，易发生积压甚至丢失等情况。

3. 票汇

票汇（remittance by banker's demand draft，D/D）是汇出行应汇款人的要求，开立以汇出行的海外分行或代理行为付款人的银行即期汇票，交给汇款人自带出境或自行寄交收款人，由后者凭票取款的汇款方式。票汇的基本做法是：汇款人填写票汇申请书，交款付费给汇出行，汇出行开立银行即期汇票交给汇款人，由汇款人寄给收款人；同时由汇出行将汇票通知书或票根寄给汇入行；收款人持汇票向汇入行取款时，汇入行将汇票与票根核对无误后，解付票款给取款人，并将付讫借记通知书寄汇出行，从而使资金从债务人流向债权人，完成一笔票汇业务。票汇的业务程序如图 7-5 所示。

票汇与电汇、信汇的不同之处在于：票汇的结算工具（银行汇票）不通过银行，汇入行无须通知收款人，而由收款人主动持票取款；且银行汇票是流通证券，除有限制转让流通外，经收款人背书可流通转让，而汇票的一切处理手续，如出票、交付、背书、付款、拒付、追索等均以票据法中的有关规定办理。

电汇、信汇、票汇均属于顺汇，但各有特点。就汇款速度而言，电汇最快，信汇次

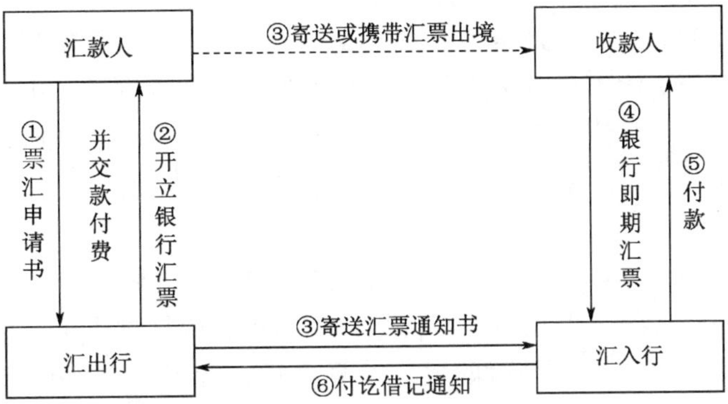

图 7-5 票汇业务流程图

之，票汇较慢；从收款安全角度看，电汇、信汇均较票汇强；从成本费用看，电汇费用最高，信汇次之，票汇最廉；从使用的灵活角度看，票汇最灵活，电汇与信汇较差。

近年来，由于电信技术在银行的广泛应用，各银行之间，尤其是具有 SWIFT 设备的银行，在资金划拨上大多采用电汇方式。少量的金额、较小的个人汇款才用信汇，而票汇中则以中心汇票汇款较为常见。

(三) 汇款方式在国际贸易中的使用

在国际贸易中以汇款方式结算买卖双方债权债务时，根据货款交付和货物运送先后时间的不同，可分为预付货款和货到付款两种。

1. 预付货款

预付货款（payment in advance）是指进口商先将货款的全部或一部分通过银行汇交出口商，出口商收到货款后在约定时间内将货物发运给出口商。预付货款是对进口商而言，对出口商则是预收货款。预付货款的目的主要是出口商顾虑进口商不履行买卖合同，因而预收部分货款作担保。如果进口商毁约，出口商即可没收预付款，从而降低出口货物的风险，掌握货物进出口的主动权。

预付货款有利于出口商，不利于进口商。对进口商来说，预付货款不仅占用其资金，而且进口商还要承担出口商不交货的风险。为降低风险，进口商往往规定解付条件，如规定收款人取款时应提供书面担保，保证在一定期限内将货运单据交给汇入行，转寄给汇款人；或提供银行保证书，保证收款人如期履行交货义务，否则退还已收货款，并加付利息等。

2. 货到付款

货到付款（payment after arrival of the goods）是指进口商在收到出口商发出的货物后才按规定支付货款的结算方式。实际上是一种赊销交易（open account transaction）或延期付款交易（deferred payment transaction）。

货到付款方式对出口商不利，它不仅要占压资金，还要承担进口商不付款的风险；对进口商而言，则最为有利，不但掌握着主动权，而且资金负担最少。这种结算方式一般用于新产品或滞销商品的出口，以使产品在国外打开销路。

货到付款在国际贸易结算中有售定和寄售两种形式。

(1) 售定 (goods sold)。是指买卖双方成交条件已谈妥，且签订了成交合同，并在成交合同中明确规定货物售价及买方付款时间等条款的结算方式。由于出口商发货后即失去对货物的控制权及合法所有权，又无法保障进口商是否付款，所以只在进出口双方有长期或定期贸易关系时才采用这种方式。我国对港澳地区鲜活商品的出口一般都采用售定方式。

(2) 寄售 (consignment)。是指出口方先将货物运往国外，委托国外商人（中间商）按照双方事先商定的条件在当地市场上代为销售。待货物售出，国外商人扣除佣金及其他费用后，将余款汇交出口商的贸易结算方式。寄售双方当事人之间不是买卖关系，而是一种委托关系。国外商人不承担贸易销售中的任何费用及风险，货款的收回时间是不确定的。这种方式一般用于推销滞销品或开拓新市场。

汇款方式建立在商业信用基础上，对进出口商均有风险。由于进出口商互不了解、互不信任，很难达成协议，因而在国际贸易结算中较少使用，一般用于贸易项下的运费、保险费、佣金及折扣、利息等从属费用的结算。

二、托收

(一) 托收的含义及有关当事人

托收 (collection) 是指债权人以一定凭证，委托银行向债务人收回债款的一种结算方式。在国际贸易中即出口商在货物出运以后，为向进口商收取款项，开立以进口商或国外客户为付款人的汇票，连同货运单据交给银行，委托银行通过在国外的分支行或代理行向付款人收取货款的一种结算方式。

托收业务的当事人主要有四个，即委托人、托收行、代收行、付款人。

委托人 (principal) 是开立汇票委托银行代收票款的人，通常是出口商或其他债权人。

托收行 (remitting bank) 是接受委托人的委托向国外债务人收取款项的银行，一般是出口商所在地银行。

代收行 (collecting bank) 是受托收行的委托，代向进口商或付款人收款的银行，一般是托收行的联行或代理行。

付款人 (drawee) 是承担付款责任的人，即进口方或债务人。

委托人与托收银行的关系是代理关系，托收的内容及托收银行的责任都根据托收委托书中的规定处理。托收行与代收行之间的关系也是代理关系，通常它们建立代理关系，约定双方委托代办的业务范围和一般事项。因为这种代理关系，所以托收行及代收行对托收的汇票能否付款不负责任，对汇票及有关单据及函件在邮递中遗失或延误，电报在传递中的错误、遗漏、延误等也不负责任，但对于因托收行、代收行工作疏忽或未执行委托人指示所造成的后果则应负责。

(二) 托收的种类

托收方式根据汇票项下是否附货运单据可分为光票托收和跟单托收两种。

1. 光票托收

光票托收（clean collection）是指仅凭汇票不附带货运单据的托收。托收仅附非货运单据（如发票、垫款清单等）的托收也属光票托收。光票托收没有货运单据，不直接涉及货物的转移或处理，银行只需根据票据收款即可，业务处理较简单。光票托收在国际贸易结算中一般用于收取货款的尾数及样品费、佣金、代垫费用、其他贸易从属费用、进口索赔款等，且大多数是即期付款，远期付款较少。

2. 跟单托收

跟单托收（documentary collection）指附带货运单据的托收。国际贸易中货款的托收大多属于跟单托收。跟单托收根据交单条件的不同，可分为付款交单和承兑交单两种。

(1) 付款交单（documents against payment，D/P），指代收行在付款人付清票款后才将货运单据交付给付款人的一种方式。付款交单根据付款时间的不同可分为即期付款交单和远期付款交单两种。

即期付款交单（D/P at sight），指代收行向进口商提示汇票和单据时，进口商立即付款，代收行在收到货款后将单据交付进口商的托收方式。即期付款交单可以有汇票，也可以没有汇票，以避免印花税的负担。在没有汇票的情况下，发票金额即是托收金额或付款金额。采用这种托收方式，原则上是第一次提示单据时进口商就要付款。

远期付款交单（D/P at…days after sight），指出口商按买卖合同的规定发运货物后，开具远期汇票连同货运单据一并交托收行寄代收行，代收行收到单据后立即向进口商提示远期汇票和单据，进口商在审核无误后先对汇票进行承兑，代收行收回汇票和单据，待汇票到期再向进口商提示付款，在进口商付清票款后将单据交进口商。

(2) 承兑交单（documents against acceptance，D/A），指代收行以进口商的承兑为条件向进口商交单。出口商在按照买卖合同发运货物后开具远期汇票，连同货运单据交托收行寄代收行，代收行收到后向进口商提示汇票和单据，进口商审核无误后，即在汇票上承兑，进口商承兑后即可向银行取得货运单据，于汇票到期日再行付款。承兑交单仅限于远期汇票的托收。由于进口商在远期汇票上承兑后即可获得全套货运单据，到期能否付款全凭进口商的信用，所以对出口商来说风险较大，一般不宜采用。

跟单托收的业务流程如图 7-6 所示。

跟单托收的结算工具是跟单汇票，它的寄送方向与资金流向相反，故属逆汇。

跟单托收是建立在商业信用基础上的一种结算方式，银行在其中只起代理作用，因而跟单托收无论对出口商还是进口商都有一定风险。对进口商而言，其风险主要是付款或承兑后凭单提到的货物与合同不符，或承兑后不能到期从代收行取得货运单据；对出口商而言，其风险则是多方面的，如进口商破产倒闭无力付款，货物发运后进口地货价下跌，进口商拒不付款等。虽然跟单托收对出口商有较大风险，但在市场竞争激烈的情况下，出口商为了利于推销，有时不得不接受这种方式。为了防止或减轻风险，在业务成交前，出口商一般应对进口商的资信、进口地有关货物的市场情况、进口国贸易外汇管制条例及海关规定、进口商是否领到必要的进口许可证或申请到外汇等作出调查。

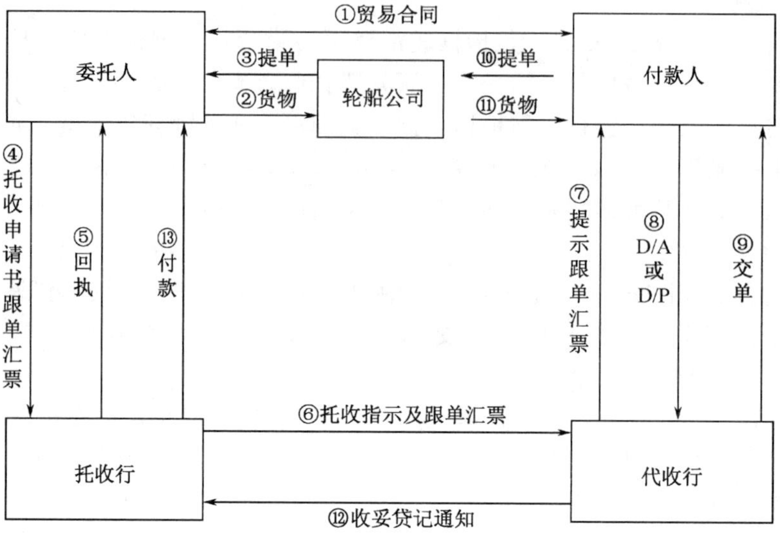

图 7-6 跟单托收业务流程图

（三）跟单托收中的融资

1. 托收出口押汇

托收出口押汇（collection bill purchased）是银行为出口商提供资金融通的方式，指托收银行通过买入出口商的跟单汇票或全套货权单据的方式向出口商融通资金，也称为买单（bill purchased）或议付（negotiation）。

出口押汇的具体做法是：出口商按合同规定发运货物后，开出以进口商为付款人的汇票，并将汇票及全套货运单据交托收行委托收取货款时，由托收行买入跟单汇票，按照汇票金额扣除从付款日（即买入汇票日）至预计收款日的利息及手续费，将款项先行付给出口商。托收行买入汇票后即成为汇票的善意持票人，它可将汇票寄至代收行并通过代收行向进口商提示，代收行收到票款后即拨交托收行以收回垫款。

托收出口押汇使出口商在货物装运取得货运单据后即可得到银行的资金融通，有利于出口商加速资金周转，扩大业务量。但对于押汇银行而言，由于跟单托收中的付款人是进口商，其垫款能否收回取决于进口商的信誉，风险较大，所以银行一般不愿意承做托收出口押汇，或对托收出口押汇的要求很严格，如要求进口商资信良好，押汇单据必须是全套货权单据，必须取得出口保险等，此外还要收取较高的押汇利息和手续费。

2. 信托收据

信托收据（trust receipt）是进口商向银行借单时提供的一种书面信用担保文件，用以表示出据人愿意以代收行的受托人身份代为提货、报关、存仓、保险、出售，同时承认货物的所有权仍属银行，并在货物售出后将所得货款偿还代收行，收回信托收据。进口商出具信托收据的目的是在尚未付款时先向代收行借出单据并提货，是银行向进口商融通资金的一种方式。

凭信托收据借单提货的做法，一般用于远期付款交单。进口商为了不占用资金或减少资金占用时间，或者为了抓住有利的行市，不失时机地转售货物，而提前付款赎单又有困难，希望在付款前先行提货，即可采用此方法融通资金。凭进口商出具的信托收据向其出借货运单据，纯粹是代收行自己向进口商提供的信用便利，与出口商和托收行无关，代收行应自担风险。如果在借出货运单据后，到期不能收回货款，代收行应对出口商和托收行负全部责任。因此，代收行为了控制风险，一般只对资信较好的进口商承做，必要时还要进口商提供一定的担保或抵押。

三、信用证

在国际贸易中，由于进出口双方利害冲突，互不信任，进口商不愿先将货款付给出口商，出口商也不愿先将货物或单据交给进口商，同时双方都不愿长期占压自己的资金。在这种情况下，一种以银行信用为基础的结算方式——信用证（letter of credit，L/C）结算方式应运而生，并成为国际贸易结算中的最重要的一种结算方式。

（一）信用证结算方式的特点

信用证是银行应进口商的要求，向出口商开出的在一定期限内凭规定的单据承诺付款的书面文件。信用证结算方式是在托收方式的基础上演变出来的一种较为完善的结算方式，它把托收方式中由进口商履行的跟单汇票的付款责任，转由银行履行，保证进出口双方的货款或单据不致落空；同时为进出口商的资金融通提供便利，促进国际贸易的发展。

对进口商来说，采用信用证方式结算，可以在付款后即取得代表货物的单据；可以通过信用证条款控制出口商的装货期限；可通过适当的检验条款，保证货物装船前的质量、数量；而且在开证时，一般无须付给银行全部开证金额，只需交付少量押金，或提供保证人作担保，就能减少进口商的资金占用。

对出口商来说，只要按照信用证规定备货装船，提供符合信用证规定的单据，就可以从当地银行取得货款，加速资金周转；而且出口商取得信用证，还可避免进口国禁止进口或限制外汇转移所产生的风险。

信用证结算方式虽然是一种较为完善的结算方式，但它仍不能解决所有风险。出口商仍可能遭到进口商不开证或不如期开证，或开证行倒闭的风险；进口商可能遭到出口商不交货或以坏货、假货、假单据进行诈骗的风险；出口地银行可能遭到开证行倒闭或无理拒付的风险；开证行可能遭到进口商破产倒闭或无理挑剔拒收单据的风险。因此，信用证的安全保障作用是相对的、有限的。

与其他结算方式相比，信用证结算方式有如下特点：

（1）开证行负第一性付款责任。信用证是以银行信用为基础的结算方式，在任何情况下，银行一旦开出信用证，就表明它以自己的信用作了付款保证，并承担第一性付款责任，只要出口商交来的单据与信用证条款规定一致，开证行就必须付款，而不论开证申请人是否履行付款责任，甚至破产倒闭。

（2）信用证是一项独立的自定性文件，不依附于贸易合同。信用证的开立以贸易合同为基础，但一经开出，就成为一项独立的文件，不受贸易合同的约束。《UCP500》规定："信用证与可能作为其依据的销售合同或其他合同是互相独立的交易，即使信用证中提及该合同，银行也与该合同完全无关，并不受其约束。”可见，信用证是独立于贸易合同以外的另一契约，银行只对信用证负责，对贸易合同没有审核和监督执行的义务，贸易合同的修改、变更甚至失效都不影响信用证的效力。

（3）信用证的业务处理以单据为准而不以货物为准。信用证业务中实行的是“单据严格符合的原则”，即要求“单证一致”、“单单一致”，只要受益人交来的单据在表面上符合信用证条款，银行就必须付款，而不论装运的货物是否一致。反之，如果交来的单据与信用证不符，尽管货物的数量与质量符合合同的标准，银行也不付款。至于单据本身的真伪，单据所代表的货物是否存在或单据的描述是否与货物相符，银行都不负责。开证申请人若发现单据是伪造的，只要单据表面上与信用证相符，就必须向开证行付款，开证行对此不负任何责任，开证申请人只能以进口商的身份与出口商交涉，或申请仲裁，提起诉讼。

（二）信用证的基本结构与内容

国际商会第516号出版物规定了信用证的标准格式和主要内容，但对各国开证行并无约束力，各开证行可以按自己的要求和拟定的格式开立信用证。尽管如此，各国开证行开立的信用证其基本结构及内容大体相同，都应按照《UCP600》的规定，内容必须完整明确。

信用证的内容包括以下几个方面：

（1）关于信用证本身。包括开证行的名称、地址、信用证号码、信用证类型、开证日期和地点、受益人的名称地址、开证申请人名称地址、通知行名称地址、信用证金额、信用证有效期等。

（2）关于汇票。规定汇票的出票人、付款人、汇票期限及出票条款。

（3）关于单据。即信用证下要求提供的发票、提单、保险单及其他有关单据。

（4）关于商品。包括货物名称、数量、规格、单价、包装、价格条件等。

（5）关于装运。包括装运港、卸货港、目的地、装运期限及可否分批装运、可否转运等。

（6）其他事项。包括开证行的指示条款、开证行69保证条款、开证行有权签字人及其他特别条款。

（三）信用证的当事人及其责任权利

1. 开证申请人

开证申请人（applicant）是向银行申请开立信用证的人，又称开证人（opener），一般是进口商。进口商应在合同规定的期限内，通过进口方银行开出符合合同规定的信用证，并向开证行缴纳开证保证金、手续费或提供担保。信用证条款应与合同规定的一致。信用证开立后，进口商有凭单付款的义务及验单退单的权利，即在开证行履行付款义务后，进口商应及时将货款偿还开证行赎取单据，但有权检验单据，如发现单证不符，有权拒绝赎单，并于信用证到期时收回保证金。进口商在提取货物后，如发现货物的规格、数量等与合同不符，不能向开证行追究责任或索还货款，只能向出口商、保险公司或船方交涉索赔。

2. 开证行

开证行（issuing bank）是应开证申请人的要求开立信用证的银行。开证行一经接受开证人的开证申请，就应根据申请书的内容正确及时地开立信用证。信用证开立后，开证行对信用证独立负责，对出口商、汇票持票人负第一性付款责任。开证行有权检验单据，若发现单证不符，可以拒绝付款。开证行在验单付款后，不得因为进口商拒绝赎单或无力付款，而向受益人、议付行追索票款，但有权处理单据或货物，若货物的出售价款不足抵偿其垫款时，有权向进口商追偿不足部分。

3. 受益人

受益人（beneficiary）即接受信用证并凭此交单取款的人，一般是出口商。受益人接到信用证后，应及时与贸易合同核对，如发现有与合同不符的条款，或信用证条款无法履行时，应及时通知进口商要求开证行修改或拒绝接受。信用证一经接受，出口商应在信用证规定的装运期内，及时将货物装运出口，并备齐所需单据，在规定的交单期向银行交单取款。出口商不仅应对单据的正确性负责，而且要对货物的合格负责。出口商交单后如遇到开证行倒闭，有权向进口商提出付款要求，进口商仍应负责。

4. 通知行

通知行（advising bank）是受开证行的委托，将信用证通知受益人的银行，通知行一般是出口商所在地的银行，是开证行在国外的联行或代理行。通知行接到信用证应验明信用证的真实性，及时澄清疑点，并根据开证行的要求缮制通知书，及时正确地通知受益人。

5. 议付行

议付行（negotiating bank）是根据信用证开证行的付款保证和邀请，并根据受益人的要求，按照信用证的规定对单据进行审核，核实相符后向受益人垫款，并向开证行或付款行索回所垫付款项的银行。议付行可以是开证行在信用证条款中指定的银行，也可以是非指定的银行。议付行议付后，如遇到开证行倒闭，或者违约不付款时，可以向受益人行使追索的权利。

6. 付款行

付款行（paying bank）是信用证上指定的付款银行，一般是开证行的代理付款人，也即代付行。它受开证行的委托，根据开证行的要求向受益人垫款或付款。付款行一经接受开证行的代付委托，就有验单付款的责任，付款后无追索权，只能向开证行索赔。在开证行资信极差，付款后可能得不到偿付时，付款行有权拒付。

7. 偿付行

偿付行（reimbursing bank）是信用证中指定的对议付行或代付行进行偿付的银行。一般情况下，当开证行与议付行之间无账户关系，特别是信用证采用第三国货币结算时，为了便于结算，开证行委托另一家有账户关系的银行向议付行或代付行偿付，被委托的银行即为偿付行。偿付行凭开证行的偿付授权书和议付行寄来的证明单证相符的索汇证书代开证行偿付款项，付款后再向开证行索偿。开证行收到单据后，若发现不符，只能向议付行追回已付款项，而不能向偿付行追索。

8. 保兑行

保兑行（confirming bank）是应开证行的要求在信用证上加具保兑的银行。保兑行在信用证上加具保兑后，即对信用证独立负责，承担必须付款或议付的责任。汇票单据经保兑行付款或议付后，即使开证行倒闭或无理拒付，保兑行均无权向出口商追索票款。保兑行一般是出口地的通知行或其他信誉卓著的银行。经过保兑的信用证信用度进一步提高，也更易被接受。

（四）信用证业务的结算程序

一笔信用证业务从开始到结束一般经过以下几个环节。

1. 进口商申请开证

进出口双方在购销合同中确定以信用证方式结算后，进口商就应按照合同规定及时向银行申请开立信用证。在申请开证时，进口商应填写开证申请书，以作为开证行开证的依据。开证申请书包括两方面的内容：一是信用证实质性内容，包括应提交的单据、支付金额及方式、受益人名称地址、信用证有效期、货物的描述、装运细节等；二是开证人的声明与保证，用以明确双方的责任。进口商在申请开证时，还应根据银行的要求，交付若干押金，或提供保证人，并支付开证手续费。

2. 开证行开立信用证

银行接到申请人完整明确的开证指示后，应根据申请书的内容，正确及时地开立信用证，银行有权要求申请人缴纳一定的保证金或以其他形式作为银行执行其指示的担保。

信用证的开立方式有两种，即信开和电开。信开（open by airmail）指开证行以航函将信用证寄给出口商所在地的联行或代理行，要求该行通知或转递给出口商。信开信用证一般一式两份或两份以上。电开（open by cable）指开证行以电报或电传方式指示通知行通知出口商。

3. 出口方银行通知、转递或保兑信用证

出口方银行收到开证行开来的信用证后，应鉴定信用证的真实性，核对印鉴、密押无误后，根据信用证的要求将信用证通知或转递给出口商，如发现印鉴、密押不符，应及时向开证行查询核实。受益人收到信用证后，应仔细阅读信用证条款并与销售合同核对。如果发现信用证条款无法履行，或与合同不符时，应及时提出修改。如果受益人对开证行的资信不了解，可以要求开证行以外的另一家信誉卓著、受益人熟悉的银行对信用证进行保兑。有时开证行在委托通知行通知出口商的同时，主动要求通知行对信用证进行保兑，如果通知行同意，或事先已有约定，则通知行即为保兑行。

出口方银行可根据不同情况，按有关规定向开证行收取通知、转递、保兑或代开手续费。

4. 出口方银行议付及索汇

受益人收到信用证经核对无误后，即可备货装运出口，并备齐信用证规定的全部单据，签发汇票，连同信用证一起在信用证规定的有效期内送交信用证规定的议付行、付款行或保兑行，以取得承兑、付款或议付。出口方银行收到受益人交来的单据后，应仔细审核，若与信用证条款规定相符，即可根据信用证条款进行议付、付款或承兑。议付行或付款行付款后，再将全套单据、汇票及索汇书一起寄开证行向开证行索汇。

开证行收到出口方银行寄来的单据后，与信用证内容进行核对，若单证相符，则将票款偿还议付行；如果单证不符，开证行可以拒绝付款，但应以最迅速的方式立即通知议付行。

5. 进口商付款赎单

开证行将票款拨还议付行后，应立即通知进口商备款赎单。进口商审单后，若单证相符，应将开证行所垫票款付清，取得单据，进口商与开证行的权利义务即告终止；如果进口商发现单证不符，也可拒绝赎单。

进口商付款赎单后，即可凭货运单据提货，如发现货物质量、规格不符，不能向开证行提出赔偿要求，只能向出口商、轮船公司或保险公司索赔。

信用证结算程序如图 7-7 所示。

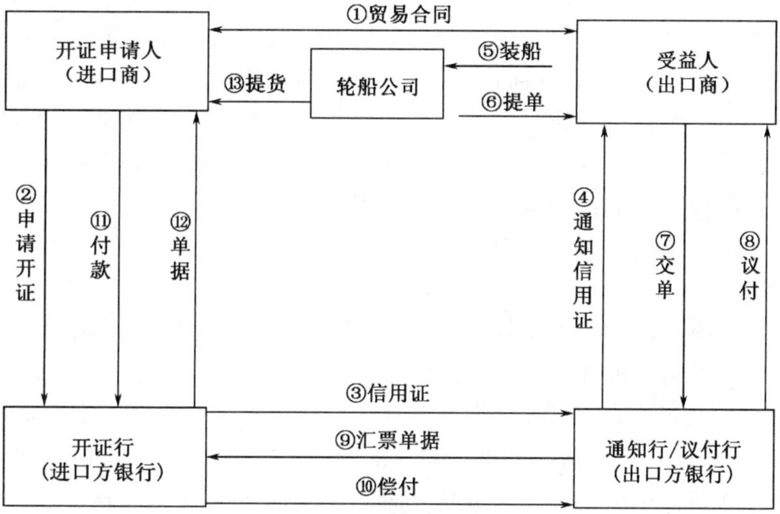

图 7-7 跟单信用证业务程序图

（五）信用证的种类

信用证种类繁多，就国际贸易中使用的信用证来看，按其性质、形式、付款期限等的不同，可划分为以下几种。

1. 按是否附货运单据，可分为光票信用证和跟单信用证

光票信用证（clean credit）指不附单据，凭受益人出具的汇票付款的信用证。有的光票信用证则要求附交一些非货运单据，如发票、垫款清单等。光票信用证主要用于贸易从属费用或非贸易结算。

跟单信用证（documentary credit）指附有货运单据的汇票或仅凭单据付款的信用证。这里的单据指代表货物产权或证明货物已发运的单据，如提单、保险单、铁路运单、邮包收据等。国际贸易中所使用的信用证绝大部分属跟单信用证。

2. 按开证行对信用证所负责任，可分为可撤销信用证和不可撤销信用证

可撤销信用证（revocable L/C）指开证行可以不征得受益人的同意，也不必事先通知受益人，随时撤销或修改的信用证。为便于识别，该种信用证必须注明“可撤销”

(revocable) 字样，若未注明即可视为不可撤销信用证。可撤销信用证在被撤销修改时，开证行应告知通知行，如果通知行在接到通知之前已经议付了出口商的汇票单据，开证行仍应负责偿付。由于可撤销信用证的开证行可在不通知受益人的情况下随时撤销或修改，对受益人来说缺乏付款保证，出口商要承担较大的风险，因此出口商一般不接受可撤销信用证，在国际贸易中很少使用。

不可撤销信用证 (irrevocable L/C) 指信用证一经开出，在有效期内，未经信用证各有关当事人的同意，开证行不得随意撤销或修改的信用证。只要受益人交来的单据符合信用证条款的规定，开证行就必须付款，并且在付款后不得向受益人或其他善意受款人追索。不可撤销信用证为受益人提供了较为可靠的保证，在国际贸易中广泛使用。

3. 按信用证是否有另一家银行加具保兑，可分为保兑信用证和不保兑信用证

保兑信用证 (confirmed L/C) 指由另一家银行加以保兑，并对符合信用证条款规定的单据承担付款责任的信用证。一般说来，开保兑信用证是由于出口商对开证行不信任，为保障其货款安全而采取的一种措施，有时开证行为提高自己的信誉，也会主动要求另一家银行对其开出的信用证进行保兑。保兑行对信用证进行保兑后，它所负的责任相当于其本身开证。保兑行一般只对不可撤销信用证进行保兑，这是因为如果保兑行对可撤销信用证进行保兑，一旦开证行撤销信用证，则保兑行处于既不能向受益人推卸责任，又不能向开证行要求偿付的被动境地。经保兑的信用证，不但有开证行不撤销的付款保证，而且有保兑的兑付保证，对出口商最为有利。

不保兑信用证 (unconfirmed L/C) 指未经另一家银行另具保兑的信用证。不保兑的不可撤销信用证由开证行负不可撤销的保证付款责任。在开证行资信较好的情况下，出口商一般不要求对信用证加具保兑。

4. 按信用证的兑现方式，可分为即期付款、迟期付款、承兑及议付信用证

即期付款信用证 (sight payment L/C) 指受益人向指定的付款银行提交相符单据时，银行立即付款的信用证。即期付款信用证一般不要求受益人开具汇票。付款银行可以是出口地的银行，也可以是开证行。这种形式的信用证在国际结算中有时非常普遍。

迟期付款信用证 (deferred payment L/C) 指开证行在信用证中规定货物装船后若干天付款的信用证。这种信用证一般不要求出口商开立汇票。迟期付款信用证由于不开立汇票，受益人无法在贴现市场上融通资金；而且由于不使用汇票，受益人在交单后，不能掌握经过承兑的汇票，所以比一般信用证有更大的风险。如果开证行资信不过硬，为收汇安全，受益人要求其他可靠银行加以保兑。

承兑信用证 (acceptance L/C) 指开证行或付款行在收到符合信用证条款的单据及远期汇票时，先对汇票进行承兑，在汇票到期时再履行付款责任的信用证。承兑信用证的付款人可以是开证行或出口地银行，但不论由谁对汇票进行承兑，开证行在到期日都必须付款。在承兑信用证下，还有一种信用证，在信用证中规定受益人开立远期汇票，由付款银行即期付款，并规定一切利息和费用由进口商负担，这种信用证称为“假远期信用证”(usance credit payable at sight)。采用这种信用证进行结算对受益人来说可即期收回全部货款，而对进口商来说则在汇票到期日才付款给银行，因而对进出口商都较为有利。

议付信用证（negotiation L/C）是指信用证的开证行在信用证中邀请其他银行买入汇票与单据的信用证。议付信用证又分限制议付信用证和自由议付信用证。限制议付信用证（restricted negotiable L/C）的单据必须限定由一家银行办理议付的信用证，限制议付信用证的单据必须提交给指定银行议付，其他银行不得议付。自由议付信用证（freely negotiable）指任何银行都可议付的信用证。这种信用证对受益人非常方便。议付行议付信用证，从性质上来说是帮受益人审单，故对受益人有追索权。

5．按信用证权利是否可以转让，可分为转让信用证和不可转让信用证

可转让信用证（transferable credit）是指受益人可以将信用证的权利，即装运货物交单取款的权利，转让给他人的信用证。信用证经转让后，原受益人便是第一受益人，受转让者是第二受益人，由第二受益人办理交货，但原证的受益人必须负买卖合同中卖方的责任。

可转让信用证一般用于中间贸易，出口商为中间商或代理商，手中并无货物，一旦与进口商签订合同，则立即向实际供货人购买，由实际供货人办理装运手续，该中间商只赚取差价收益。可转让信用证必须由第一受益人填具转让书，支付转让费。转让一般需重新打印一份信用证，第二受益人即是新证上的受益人，由于转让后的新证仍由原开证行负责付款。因此，信用证只能按原证规定条款转让，但新证的金额、单价可以减少，到期日、交单日及最迟装运期可以缩短，保险加保比例可以增加。可转让信用证只能转让一次，第二受益人不得再要求将信用证转让给第三者。可转让信用证必须注明“可转让”字样，否则视为不可转让信用证。

不可转让信用证（non-transferable credit）指受益人不能将信用证的权利转让给其他人使用的信用证。凡信用证中未注明“可转让”者，均为不可转让信用证。

6．预支信用证

预支信用证（anticipatory credit）指开证行应申请人的要求在信用证中授权代付行，在出口商装货交单前，允许其支取部分或全部货款的信用证。申请开立预支信用证的进口商往往需要开证行在信用证中加列预支条款，为醒目起见，往往用红色打印，所以预支信用证也称为“红条款信用证”（red clause L/C）。预支条款通常包括以下内容：允许受益人预支的最高额度；预支时受益人必须保证按时发货交单；受益人必须向预支的银行交单收款，预支行从中扣除预支款及利息；如在信用证有效期内受益人未能交单，预支行可以向开证行索偿，开证行立即偿还预支行垫款本息及各项费用。

银行按信用证规定向受益人预支款项后，往往要求受益人把正本信用证交出，以控制受益人向该行交单。如果受益人预支了款项却未发货交单，预支行可要求开证行偿付，开证行偿付后再向开证申请人追索。进口商一般只在对出口商资信十分了解或出口商是可靠、稳定的贸易伙伴时，才会向开证行申请开立预支信用证。

7．对背信用证

国际结算过程中，中间商以买方开给它的信用证条款为基础，并以该信用证为保证，要求银行向卖方开立一张条款相似的信用证，两证称为对背信用证（back to back credit）。

对背信用证和可转让信用证均产生于中间贸易，为中间商提供便利，但两者有较大区别。

（1）可转让信用证是将以出口商为受益人的信用证全部或部分转让给供货人，允许其使用，虽然有时在受益人要求下可开出新证，但新证与原证有直接连带关系；而对背信用证中原证与新证是完全独立的两个信用证，两者同时存在。

（2）可转让信用证的权利转让要以开证人及开证行准许为前提；而对背信用证的开立与原证开证申请人及开证行无关。可转让信用证中的第二受益人与第一受益人居于同等地位，均可获得原证开证行的付款保证；而对背证中新证的受益人不能获得原证开证行的付款保证，只能得到新证开证行的付款保证。

（3）可转让信用证如果是通知行开出新证，通知行地位不变；对背信用证经通知行开出，则其地位变为对背信用证的开证行。

8. 对开信用证

对开信用证（reciprocal L/C）是用于易货贸易、补偿贸易及来料加工的一种结算方式。以一种出口货物交换对方另一种进口货物，货款必须逐笔平衡时，采用互开信用证的方法，将出口与进口联系起来。在开出的两张信用证中，第一张信用证的受益人是第二张信用证（回头证）的开证申请人，第一张信用证的开证申请人是第二张信用证的受益人。第一证与回头证金额大致相等。两证可以分别生效，即第一张先开先生效，第二张后开后生效；也可以同时生效，即第一张开出后暂不生效，待第二张开出后一并生效。

9. 循环信用证

循环信用证（revolving L/C）指信用证全部或部分使用后仍可恢复原金额再行使用的信用证。循环信用证适用于长期贸易合同下分批交货，为节省开证手续及费用，进口方可申请开立该种信用证。与一般信用证相比，循环信用证多了一个循环条款，用以说明循环方法、次数及总金额。

循环信用证可分为按时间循环的信用证及按金额循环的信用证。按时间循环（revolving around time）信用证指受益人在一定时间内支取信用证金额后，仍可在下次一定时间内支取规定金额的信用证。按金额循环（revolving around value）信用证指受益人交单议付后，信用证可恢复到原金额继续使用，直到规定的总金额用完为止的信用证。具体做法有三种：①自动式循环使用，即每期使用一定金额，无须等开证行通知，即可自动恢复到原金额；②非自动式循环，即每期使用一定金额后，须等到开证行通知到达后，才能使信用证恢复到原金额；③半自动式循环使用，即每次支款后若干天内，开证行若未提出停止循环使用的通知，自若干天的次日起，可自动恢复到原金额。

第四节　国际结算网络

在国际结算和清算中，一切货币的收付最终必须在该货币的清算中心进行结算，且使用的主要是发达国家的可兑换货币，如美元、英镑、欧元、日元等，这些货币均有相应的结算中心，如美元的清算中心在纽约，英镑的清算中心在伦敦，欧元的清算中心在法兰克福，日元的清算中心在东京。为了结算和清算的方便，从事国际业务的银行一般都要在主要货币的清算中心设立联行，并在当地银行开立当地货币账户，以及加入该货币清算网络。随着国际贸易规模的日益扩大及电子计算机技术的飞速发展，电子计算机技术和自动化技术已被广泛引入银行清算业务。目前，美元、英镑等主要货币都是实行电脑自动清算，自动清算所使用的是电子货币或电子资金。电子资金转划系统具有迅速、节约、安全等优点，大大节省了银行处理现金、支票和凭证的时间，是社会发展的重要标志。

一、美元清算系统

美元是世界上最重要的储备资产、外汇及清算货币，国际贸易中以美元为计价货币的占一半以上。美元的清算中心在纽约，美元的清算网络主要有 1853 年成立的美国票据交换所、1918 年建立的联储电划算系统（federal reserves wire transfer system，FEDWIRE)、1970 年开始运行的清算所银行间收付系统（clearing house inter -bank payment system，CHIPS）及 1975 年开始运行的纽约自动清算所（NY automated clearing house)。其中，美国票据交换所和纽约自动清算所主要清算美国境内的美元，清算境外美元的有 CHIPS 和 FEDWIRE。

（一）CHIPS

CHIPS 是属于纽约清算所协会所有并由其经营的一个私营支付清算系统，它的功能是经办国际银行间的资金交易和电子资金划转及清算。CHIPS 日均处理 30 万笔结算业务，日均结算额超过 1.5 万亿美元，超过 95％的美元跨境支付通过 CHIPS 进行。

参加 CHIPS 的 100 多家美国银行和外国银行在纽约的分支机构中，有 48 家是清算银行，它们都在联邦储备银行开立账户，作为联邦储备系统成员银行，能够直接参与清算交割。参加 CHIPS 的银行必须向纽约清算所申请成为 CHIPS 的会员银行。所有成员银行都与 CHIPS 系统即时连线，接收/传送有关美元收/付的电文。全世界所有办理美元外汇业务的银行，都会在这 48 家 CHIPS 成员银行中的一家或几家开立美元账户。因此，通过 CHIPS 系统，全世界所有的银行都能间接地将美元汇至世界各地。其实，美元都停留在 CHIPS 体系内，只是由成员甲转到成员乙的手上，也就是说所有美元只是在这 48 家银行的账上转来转去，而未离开纽约市。

例如，中国和加拿大的一笔贸易结算是以美元计价的，要在美国轧清。如果双方银行（中国银行和加拿大帝国银行）都在美国设有分行，且都是 CHIPS 成员，中国出口，加拿大进口，帝国银行纽约分行就可通过 CHIPS 付款给中国银行纽约分行。这样，帝国银行纽约分行的美元存款减少，中国银行纽约分行的美元存款增加。如果一个国家在纽约无分行，则可委托碰头行（共同账户行）或账户行的碰头行通过 CHIPS 收付款。

（二）FEDWIRE

一般而言，FEDWIRE 是美国境内美元清算的系统，是美国全国性的电子付款清算系统。美国跨州电汇划拨款项需要通过 FEDWIRE 系统，直接由联邦储备银行进行操作和管理。FEDWIRE 电脑系统连接美国境内 12 个联邦区域的联邦储备银行，并同时连接弗吉尼亚州 CULPEPER 地区的自动信息传递中心。FEDWIRE 主要用于处理各银行间的清算业务，诸如头寸调拨、票据清算、证券清算和账户余额划转。另外，该系统还为美国政府和美联储提供各种金融信息和相关政策。

FEDWIRE的成员由12 000家银行组成，日均交易量高达53万笔，日均交易额达2万亿美元。FEDWIRE目前大约有9300家在线银行，还有约2000家会员行是非在线银行，它们通过电话与联储系统联系，这种方式使受益人要经过较长时间才能收到款项。一般稍具规模的美国银行，都会使用美国联邦储备银行所提供的FEDWIRE和美国联邦储备银行即时连线。但是，有些较小规模的银行或信用合作社，尚未参加这套系统。若要转账给这些机构，便要通过一家较大、同时有即时连线的银行作为转账的中介。通过FEDWIRE系统进行美元清算，必须按规定电文格式进行，所有程序均由电脑自动处理。当美国某个FEDWIRE成员银行将付款电文送达美国联邦储备银行后，美国联邦储备银行会做两件事：一是借记该成员银行在联邦储备银行的账户，同时贷记受益人银行在联邦储备银行的账户；二是联邦储备银行将成员银行的电文转送到受益人银行。

二、英镑清算系统

英镑通过清算银行自动收付系统（clearing house automated payment system，CHAPS）来清算。CHAPS不仅是伦敦同城电支付清算中心，也是世界所有英镑电支付清算中心。

英国的11家清算银行加上英格兰银行共12家清算银行集中进行票据交换，其他商业银行则通过其往来的清算银行交换票据。非清算银行须在清算银行开立账户，以便划拨差额，清算银行之间清算的最后差额则通过它们在英格兰银行的账户划拨。12家清算银行成为结算银行，由8条信息通道把它们和该系统的一个信息转换中心（packer switching service）连接起来，其中4家结算银行分别单用一个渠道，另外8家每两家合用一条线。

参加这个系统的银行进出自动系统的付款电报都使用统一格式。它的8条信息通道分别都有对出入的收付电报自动加押和核押的软件装置及信息储存装置。除此之外，每一通道都有一个自动加数器，它可以把发给或来自其他通道的付款电报所涉及的金额根据不同的收款行分别加以累计，以便每天营业结束时，清算银行之间进行双边对账和结算，其差额通过它们在英格兰银行的账户划拨来结清。

CHAPS以高度自动电脑化的信息传递部分地取代了依靠票据交换的方式，它使以伦敦以外的清算银行为付款人的1万英镑以上的交换部分地实现当天结算。由于近几十年来，英镑在国际结算中的使用越来越少，通过CHAPS清算的已经不多。目前，CHAPS共有20个会员，大约400家金融机构通过会员使用CHAPS清算。

三、环球金融电信协会

环球金融电信协会（socicty for worldwide international financial tele. communications，SWIFT）是一个国际银行间的非营利合作组织。成立于1973年，总部在比利时的布鲁塞尔。SWIFT自创立以来，成员银行数逐年迅速增加。从1987年开始，非银行金融机构，包括经纪人、投资公司、证券公司和证券交易所等，也开始加入SWIFT，使用SWIFT的部分电文格式。目前SWIFT网络已遍布全球207个国家和地区的8100多家金融机构，提供金融行业安全报文传输服务与相关接口软件，支持80多个国家和地区的实时支付清算系统。1980年SWIFT连接到中国香港，中国银行于1983年加入SWIFT。之后，我国各家大型商业银行及上海和深圳的证券交易所，也先后加入SWIFT。进入20世纪90年代后，中国所有办理国际银行业务的股份制商业银行和外资、地方性银行纷纷加入SWIFT。SWIFT网络已经成为世界范围内国际结算、收付清算、外汇资金买卖、国际汇兑等各种业务的通信主渠道。

SWIFT是一个传递银行间金融交易的电信系统。SWIFT本身不包括结算和清算，只是通信网络，其会员银行将本行电脑与SWIFT联机，这样很多业务都可由SWIFT和电脑自动处理。SWIFT的标准化格式部门根据银行的实际业务为银行量身定做了10大类的电文格式。

SWIFT具有以下优点。

1. 直接、准确、快速、安全

SWIFT对于其他结算方式中银行规定的模式作了简化，对用户而言结算变得直接方便。只要会员银行的SWIFT专用电脑及其终端设备都在正常运行，任何会员银行都可以在任何时候收发电信。一般发出后1～2分钟就会有收电行的反应。过去，结算以信函或电报等方式传递信息，按字数收费，使得用字经济，节省显得重要，从而导致意思模糊。SWIFT是以电传来传递信息，收费以时间计，使得用词节省不再那么重要。收发电信的双方为了保密和安全，可以通过SWIFT自动编制和核对密押。

2. 使用统一的标准格式并具有严格的工作制度

以前，各国使用电传都有自己的格式，而且相互间在文字或翻译上时常产生误解甚至发生差错。SWIFT对收发电信规定了一整套标准化统一格式。它为发报银行提供方便，对发出电文通信建立了一套电文输入、复核、证实等严格的工作制度。使用者可以随时获取所发电信情况的报告，而且有关的会员银行也可以随时向该机构索取它们所需要的电信往来记录。此外，在往来电信中，规定使用联合国国际标准化组织所制定的一套世界各国货币符号，如美元USD、英镑GBP、法国法郎FRF、德国马克DEM、人民币CNY、瑞士法郎CHF，等等。

3. 机构设置分区域，采用现代化电脑设备与网络

SWIFT除了在布鲁塞尔设总部外，在荷兰、美国、比利时分别设有操作中心，在会员银行所在国家与地区设有几十个处理站。三个操作中心与地区处理站之间设有国际高速数传通信线路相连。会员银行通过当地的电信部门连接地区处理站。每个操作中心和地区处理站都有现代化、高效能的电脑、数据通信处理及中央处理等设备。会员银行也都有微机和若干终端设备。

4. 多样化、大众化的服务

通过SWIFT，各会员银行之间可以非常便利地实现多种资金的调拨，汇款、外汇买卖、托收、信用证、对账等业务也都可以提供。

➢本章小结

国际结算是指为了清偿国际间的债权债务关系而进行的国际间货币收付活动。国际结

算经历了由现金结算到非现金结算的发展过程。世界经济的发展变化，对沟通和联络各种往来的国际结算业务提出了新的要求：国际结算业务将受到更加严格的法律、惯例的规范；国际贸易方式的多样化要求国际结算服务必须多元化、全方位发展；面对汹涌而来的电子商务的大潮，传统的结算工具、结算方式、结算运作必将随之进行变革与创新。

在非现金结算条件下，国际间债权债务的清偿是通过各种信用工具即票据的传递来实现的。这些票据主要包括汇票、本票和支票，其中汇票是目前国际结算中使用最广泛的一种票据。

国际结算可以采用不同的方式。按照资金的流向和结算工具的传递方向，国际结算方式分为顺汇和逆汇。从银行业务角度来分，国际结算的基本方式包括汇款、托收和信用证三种，其中以信用证结算方式在国际贸易结算中使用最为广泛。

汇款是指债务人或付款人主动将款项交给银行，委托银行通过各种方式将款项交付给收款人的结算方式。该方式一般涉及汇款人、汇出行、汇入行、收款人等当事人，可以分为电汇、信汇、票汇三种类型。托收是指债权人以一定凭证委托银行向债务人收回债款的一种结算方式。该方式的当事人主要有委托人、托收行、代收行和付款人；根据汇票项下是否附货运单据可分为光票托收和跟单托收两种类型。信用证是银行应进口商的要求，向出口商开出的在一定期限内凭规定的单据承诺付款的书面文件。信用证结算方式涉及的当事人有开证申请人、开证行、受益人、通知行、议付行、付款行、偿付行、保兑行等。信用证的种类繁多，可按多种标准来进行划分。

随着国际贸易规模的日益扩大和科学技术的飞速发展，电子计算机技术和自动化技术已被广泛引入银行清算业务，一些主要货币逐步形成了国际间的清算网络，它们的结算和清算可以通过清算网络进行。目前，世界上影响比较大的国际清算网络主要有美元清算系统、英镑清算系统、环球金融电信协会等。

➢本章重要概念

汇票　光票　本票　支票　银行承兑　划线支票　电汇　信汇　票汇　跟单托收　D/P　D/A　顺汇　逆汇　信用证　保兑行　偿付行　议付行　通知行　付款行　SWIFT　CHIPS　CHAPS

➢思考题

1. 什么是国际结算？
2. 国际结算的主要工具有哪些？
3. 本票、汇票、支票有何异同？
4. 汇款的种类有哪些？汇款在国际贸易中的使用有哪几种情形？
5. 托收的种类有哪些？跟单托收的交单方式有哪几种？
6. 试述跟单托收下进出口商的风险及对策。
7. 信用证结算方式有何特点？信用证结算包括哪几个程序？信用证的种类有哪些？
8. SWIFT 有何特点？

第八章

国际储备

国际储备（international reserve）是一国政府所持有的一切可用于平衡国际收支和维持本币汇率稳定的资产。一国（地区）国际储备资产的多少和对其管理的效率高低不仅影响一国（地区）调节国际收支和维护汇率稳定的能力，而且对其内部经济均衡也将产生重要影响，进而影响到其在国际金融领域中的地位。本章将在介绍国际储备基本知识的基础上，重点探讨国际储备的管理问题。

第一节　国际储备概述

一、国际储备的概念

国际储备可定义为一国政府所持有的一切可用于平衡国际收支和维持本币汇率稳定的资产。国际储备是一国弥补国际收支逆差和干预外汇市场的重要手段，当一国的国际收支出现逆差时，可以动用国际储备来弥补；当一国货币的对外汇率出现剧烈波动时，货币当局可以动用国际储备，通过干预外汇市场来维护本币的稳定。

随着全球经济一体化趋势，国际间的贸易与资金往来日益增长，国际收支的数量和范围不断扩张，国际收支对一国经济的影响也越来越大。国际收支均衡作为总供给和总需求均衡的一个重要组成部分，是维持一国经济正常运转的重要条件。事实上，世界各国的国际收支在大多数情况下是非均衡的，均衡反而是偶然现象。只要这种不均衡不超出一定范围，它对经济的影响就能为人们所容忍。但当这种不均衡超出某种限度时，它将对该国汇率、利率、货币需求、国际贸易、物价水平等产生严重后果，进而影响国家经济的正常运行。为此，一国货币当局都持有一定数量的国际储备，将国际收支不均衡和汇率波动的幅度控制在可接受的范围，以保证国家经济健康运行。

一国用于国际储备的资产，通常被称为国际储备资产。国际储备资产一般应该具备以下特性：①公认性。国际储备资产应该是能为世界各国在事实上普遍承认和接受的资产，否则就无法弥补对他国的国际收支逆差。②流动性。国际储备资产必须具有充分的流动性，即转变为现金的能力，能在各种资产之间自由兑换，以便能随时用于弥补国际收支逆差或用于干预外汇市场。③稳定性。国际储备资产的内在价值必须相对稳定。④官方持有性。国际储备资产必须是一国货币当局（中央银行、财政部）所持有的、可无条件动用的资产。非官方金融机构、企业和私人所持有的资产均不能算作国际储备，所以国际储备资产有时又被称为官方储备资产。

二、国际清偿力和国际储备

长期以来，西方经济界对国际清偿力有不同的理解。《新帕尔格雷夫经济学大辞典》中对国际清偿力（international liquidity）的定义是："一个国家的货币机构能用来弥补国际收支不平衡（当汇率固定时）或影响货币的交换价值（当汇率变动时）的资产储备。它包括有条件和无条件两种。前者是指借贷资金，并一般只能在贷款者所规定的条件下获得；后者是指有关国家所拥有，并可独自使用的储备资产。"这一定义从国际清偿力的作用和构成进行了阐述。从构成看，国际清偿力包括借入储备（有条件）和自有储备（无条件）两种。

国际清偿力也可以称为一国为本国国际收支赤字融通资金的能力，或一国无须采取任何影响本国经济正常运行的调节性措施而能平衡其国际收支和维持其汇率稳定的能力。国际清偿力包括自有储备和借入储备。其中，自有储备又称官方储备或国际储备，主要包括黄金储备、外汇储备、在 IMF 的储备头寸及特别提款权。借入储备主要包括备用信贷、互惠信贷和本国商业银行体系的对外短期可兑换资产等。其中，备用信贷是成员国在国际收支发生困难或预计要发生困难时，同基金组织签订的一种备用借款协议。这种协议通常包括可借用款项的额度、使用期限、利率、分阶段使用的规定、币种等。协议一经签订后，成员国在需要时便可按协议规定的方法提用，无需再办理新的手续。凡按规定可随时使用但未使用的部分，计入借入储备。备用信贷协议中规定的借款额度有时并不被完全使用，有的成员国与国际货币基金组织签订了协议后，甚至根本不去使用它。但备用信贷协议的签订对外汇市场的投机者和交易者具有一种心理上的作用，它一方面表明政府干预外汇市场的能力提高了，另一方面又表明了政府干预外汇市场的决心。所以，有时协议签订的本身就能起到调节国际收支的作用。互惠信贷协议是指两个国家签订的使用对方货币的协议。在这种协议下，当其中一国发生国际收支困难时，便可按协议规定的条件（通常包括最高限额和最长使用期限），自动地使用对方的货币，然后在规定的期限内偿还。需注意的是，互惠信贷协议是双边的，而不是多边的。本国商业银行体系的对外短期可兑换资产，尤其是在离岸金融市场或欧洲货币市场上的资产，虽然其所有权不属于政府，也未被政府借入，但是这些资金流动性强，对政策的反应也十分灵敏， 国货币当局可通过"新闻效应"、"道义劝说"等方式，诱导并改变这部分资产的流向和流量，间接地影响外汇市场的供求和汇率的变化，从而增强货币当局的国际清偿力。

由此可见，在国际清偿力的构成中，借入储备规模的大小取决于一国货币当局的公信力，而自有储备是一国货币当局实际拥有的一切可用于平衡国际收支和维持本币汇率稳定的资产，即国际储备。

在一些专业文献中，有时国际清偿力又被称为广义的国际储备，自有储备则被称为狭义国际储备或官方储备。

三、国际储备的作用

国际储备是一个国家经济实力的重要标志之一。一国保持相应的国际储备资产，其作用主要如下。

（一）弥补国际收支逆差，平衡国际收支

这是一国持有一定量的国际储备的首要原因。当一国国际收支出现短期的、临时性的困难时，利用国际储备弥补逆差，使国内经济避免因采取特别调节措施而产生冲击，其作用是显而易见的。即使国际收支出现长期性、巨额逆差，货币当局不可避免地要采取支出增减或支出转换型措施时，借助于国际储备的缓冲作用，也可以为政府赢得宝贵的时间，以便选择适当的时机，有步骤地进行调节，避免过快调节可能给国内经济带来的影响。需要注意的是，一国的国际储备是有限的，因此其调节国际收支的能力也是有限的，要从根本上解决一国的国际收支失衡问题，需要调整其国内经济政策，动用国际储备只是一种辅助措施。

（二）干预外汇市场，维持汇率的稳定

国际储备是一国用以干预外汇市场，维持汇率稳定的重要手段。当一国货币汇率出现波动时，尤其是由于投机性因素导致本币汇率波动时，一国货币当局便可动用国际储备来缓和汇率的波动或是改变汇率波动的方向。例如，当本币汇率大幅度下跌时，货币当局可在外汇市场上大量抛售外汇，买入本币，促使本币汇率上升；反之，便可在外汇市场上抛售本币，购入外汇，促使本币汇率下跌。但是，由于外汇干预是试图改变外汇市场上本、外币的供求关系来调整汇率变化，无法从根本上改变汇率决定的因素，因此，即使一国有足够多的国际储备，其外汇干预也只能在短期内有效，或者会因为其他因素而弱化了干预的效果。所以，国际储备的这一作用也是有限的。

（三）维护对外借款信用，增强本国资信

国际储备的多寡是反映一国对外金融实力和评判一国偿债能力和资信的重要标志。一国拥有充足的国际储备不仅可以保证对外支付的需要，还可以提高国家信用的级别，有利于本国通过各种渠道借入国际资金和顺利及时地安排债务的偿还。

第二节　国际储备的构成和来源

一、国际储备的构成

在不同的历史时期，国际储备资产的构成都不同。目前，对任何一个国家而言，其国际储备至少包括两项资产：黄金储备和外汇储备。如果该国是国际货币基金组织的成员国，则国际储备中还有第三项资产——在国际货币基金组织的储备头寸。如果该成员国还参与特别提款权的分配，则其国际储备中还有第四项资产——特别提款权。

（一）黄金储备

黄金储备（gold reserve）是一国货币当局以金融资产形式持有的货币性黄金。由于黄金具有可靠的保值手段和不受超国家干预的特点，它一直是国际储备的重要来源之一。用黄金充当国际储备资产的做法可以追溯到19世纪。到20世纪30年代，资本主义国家相继放弃了金本位制，纸币不能兑换黄金，但黄金仍是主要的国际储备，也是国际支付和结算的最后手段。自1976年起，根据IMF的《牙买加协议》，黄金非货币化，黄金同国际货币制度和各国的货币脱钩，退出国际货币体系，也不准用于政府间的国际收支差额清算。尽管如此，大多数国家仍然持有一定数量的黄金，并把它作为一项国际储备。而且国际货币基金组织在统计和公布各成员国的国际储备时，依然将黄金储备列入其中。时至今日，作为国际储备的黄金，实际上极少用于直接充当国际清算手段，即使要用黄金弥补国际收支差额或清偿国际债务，通常也是将黄金作为商品，随行就市，换成外汇后再进行支付。自1976年后，世界官方黄金储备总量几经波动，但总量略有上升，到2014年6月底，总量为31 861.3吨（折合11.238 55亿盎司）。截至2014年6月底，世界20大黄金储备国（地区/机构）的黄金储备情况见表8-1。

表8-1 2014年6月底世界20大黄金储备国的黄金储备

排名	国家/地区/机构	吨数	占外汇储蓄比例/%
1	美国	8133.5	71.7
2	德国	3366.4	67.6
3	国际货币基金组织	2814.0	暂无数据
4	意大利	2451.8	66.5
5	法国	2435.4	65.1
6	俄罗斯	1068.4	9.4
7	中国内地	1054.1	1.1
8	瑞士	1040.1	7.9
9	日本	765.2	2.5
10	荷兰	612.5	53.7
11	印度	557.7	7.5
12	欧洲中央银行	503.2	26.4
13	土耳其	497.0	15.9
14	中国台湾	423.6	4.2
15	葡萄牙	382.5	84.3
16	委内瑞拉	367.6	70.7
17	沙特阿拉伯	322.9	1.8
18	英国	310.3	11.9
19	黎巴嫩	286.8	23.9
20	西班牙	281.6	24.8

资料来源：根据世界黄金协会（World Gold Council）的资料整理

（二）外汇储备

外汇储备（foreign exchange reserve）是一国货币当局持有的国际储备货币。IMF对外汇储备的解释是：外汇储备是一国货币当局以银行存款、财政部库存、长短期政府债券等形式所持有的，在国际收支逆差时可以使用的债权。

外汇储备是当今国际储备的主体，主要表现在：一是外汇储备在国际储备中所占比重最高；二是外汇储备的使用频率最高，规模最大。

外汇储备由各种充当储备货币的资产构成，充当国际储备货币的资产必须具备以下条件：①能自由兑换成其他货币；②在国际货币体系中具有重要地位；③其购买力必须具有稳定性。这些条件是以储备货币发行国的经济实力为基础的。

最早充当国际储备资产的货币是英镑。20世纪30年代后，由于美国经济实力的崛起，英镑和美元共同成为国际储备货币。第二次世界大战后，由于美国经济力量空前膨胀，而英国经济实力衰弱，美元取代了英镑成为世界最重要的国际储备货币。20世纪70年代开始，随着布雷顿森林体系的崩溃，外汇储备资产逐渐走向多元化。到21世纪初，充当外汇储备的主要货币有美元、欧元、日元和英镑等，但是，在各种储备货币中，美元仍占优势。

（三）在IMF的储备头寸

一国在IMF的储备头寸（reserve position in fund）是该国在IMF的储备档头寸加上债权头寸。

国际货币基金组织犹如一个股份制性质的储蓄互助会，当某个国家加入基金组织时必须缴纳一定的资金作为入股基金，称之为份额。按基金组织现在的规定，认缴份额的25%须以可兑换货币（或特别提款权）缴纳，其余75%用本国货币缴纳。当成员国发生国际收支困难时，有权以本国货币抵押的形式向该组织申请提用可兑换货币，此即成员国的普通提款权（ordinary drawing rights）。提用的数额分五档，每档占其认缴份额的25%，条件逐档严格。第一档为储备部分提款权，又称为储备档头寸，IMF的成员国可以无条件提取用以弥补国际收支逆差。其余四档为信用提款权，提用是有条件的，而且档次越高，条件越高。

储备档头寸又称“储备档贷款”，是IMF的成员国以可兑换货币或特别提款权向IMF认缴的那部分资金，也就是该国在IMF的储备部分提款权部分。

债权头寸又称“超黄金档贷款”，是指基金组织因将一成员国的货币贷给其他成员国使用而导致其对该国货币的持有量下降到不足该国75%本币份额的差额部分，以及成员国在国际货币基金组织超过份额的贷款部分（最高份额为125%）。基金组织对某一成员国的贷款是通过向其提供另一成员国的货币来实现的，这样做的结果是：获得贷款的国家形成了对基金组织的债务，而货币提供国则形成了对基金组织的债权，贷款货币的使用额就构成货币供应国的债权头寸。债权头寸的发生是以基金组织使用该国货币进行贷款为前提条件的。

（四）特别提款权

特别提款权（special drawing rights，SDRs）是IMF对会员国根据其份额分配的、可用来归还IMF的贷款和会员国政府之间偿付国际收支赤字的一种账面资产。它是会员国在普通提款权之外的一种特别使用资金的权利，又名“纸黄金”（paper gold）。一国国际储备中的特别提款权部分，是指该国在基金组织特别提款权账户上的贷款余额。

特别提款权是国际货币基金组织为了解决国际储备不足的问题，经过长期的谈判后，于1969年在基金组织第24届年会上创设的新的国际储备资产，并于1970年按成员国认缴份额的比例进行分配。成员国对分配到的特别提款权可无条件动用，当成员国发生国际收支困难时，可动用特别提款权来弥补国际收支逆差。

1. 特别提款权的特点

(1) 特别提款权是一种没有物质基础的账面资产或记账单位。特别提款权虽被称为“纸黄金”，但并不像黄金那样具有实际价值，也不像一国的纸币那样以一国的政治、经济实力为后盾，它完全是一种以数字表示的记账单位，由IMF将分配给成员国的特别提款权数额记录在成员国的特别提款权账户上，然后通过划账进行使用。

(2) 特别提款权是一种人为创设的资产。特别提款权不通过贸易或非贸易往来活动，而是由IMF按成员国份额比例无偿分配给成员国的，完全是由IMF人为地创设出来的一种国际储备资产。作为取得特别提款权的条件，成员国必须承担两项义务：支付利息；在需要的时候，按照IMF规定的原则，接受特别提款权并兑换出相应的货币。一般情况下，只有在国际收支和储备总额方面实力特别强的国家才有可能承担第二项义务。不过，如果一国已持有的特别提款权超过其累计分配净额的300%，该国便不能再被指定以现金兑入特别提款权。

(3) 特别提款权有特定的用途，不像其他储备资产，它的使用范围有着严格的限制，只能用于成员国政府与IMF及15个特定的国际机构之间，任何私人企业不得持有和使用，而且不能用于贸易与非贸易往来。

2. 特别提款权的定值

1969年初创时特别提款权以黄金作为定值基础。1个特别提款权等于1/35盎司黄金，与1971年贬值前的美元等值，即1个特别提款权等于1美元。随着20世纪70年代初美元的大幅度贬值及浮动汇率制度的实行，国际货币基金组织决定自1974年7月1日起，特别提款权改用16种货币定值。这16种货币包括截至1972年的前5年中在世界商品和劳务出口总额中占1%以上的成员国的货币。除美元外，还有联邦德国马克、日元、英镑、法国法郎、加拿大元、意大利里拉、荷兰盾、比利时法郎、瑞典克朗、澳大利亚元、挪威克朗、丹麦克朗、西班牙比塞塔、南非兰特及奥地利先令。1976年7月基金组织对“一篮子”中的货币作了调整，去掉丹麦克朗和南非兰特，代之以沙特阿拉伯里亚尔和伊朗里亚尔，对一篮子中的货币所占比重也作了适当调整。为了简化特别提款权的定值方法，增强特别摽款权的吸引力，1980年9月18日，基金组织又宣布将组成一篮子的货币，简化为5种西方国家货币，即美元、联邦德国马克、日元、法国法郎和英镑。1981年1月1日起，特别提款权采用5种货币定值，分别是美元、德国马克、日元、法国法郎、英镑，并以5国各自对外贸易在5国总贸易中的比重作为权重，以后每隔5年都要调整一次货币币种和权重，以确保篮子中的货币是国际交易中所使用的那些具有代表性的货币，各货币所占的权重反映了其在国际贸易和金融体系中的重要程度。从 2001 年 1 月 1 日起，新的货币篮子中货币币种采用 4 种货币定值，分别是美元、欧元、日元、英镑。最近的一次调整是 2011 年 1 月 1 日。表 8-2 是 1981 年以来特别提款权货币篮子的构成及其权重调整情况表。

表 8-2 特别提款权货币篮子的构成及货币权重调整表

调整时间	美元	德国马克	日元	英镑	法国法郎	欧元
1981 年 1 月 1 日	42%	19%	13%	13%	13%	—
1986 年 1 月 1 日	42%	19%	15%	12%	12%	—
1991 年 1 月 1 日	40%	21%	17%	11%	11%	—
1996 年 1 月 1 日	39%	21%	18%	11%	11%	—
2001 年 1 月 1 日	45%	—	19%	11%	—	25%
2006 年 1 月 1 日	44%		11%	11%		34%
2011 年 1 月 1 日	41.9%		9.4%	11.3%		37.4%

资料来源：国际货币基金组织网站

特别提款权计算方法是：以 4 个经济体各自对外贸易在 4 者总贸易中的比重作为权数，分别乘以 4 种货币计算日当日（或前一日）在外汇市场对美元的比价，来求特别提款权当天的美元价值。然后，再通过市场汇率，套算出特别提款权同其他货币的比价。特别提款权价值计算公式如下（以 2001 年为例）：

以美元表示的特别提款权价值＝1×45%＋美元/日元比价×15%
＋美元/英镑比价×11%＋美元/欧元比价×29%

从特别提款权价值的计算方法中可知，它的价值是相对稳定的，因为任何一种货币汇率的波动，经过权数（小于 1）化后传导给特别提款权的影响就大大减少了。此外，这 4 种货币是当前的主要货币，一种货币汇率的下跌，必有其他一种或几种货币汇率的上升，不同货币汇率的不同方向运动，可以彼此抵消对特别提款权的影响，从而使特别提款权的价值相对稳定。

由于特别提款权的价值是用现在 4 种主要货币加权平均计算出来的，因此，特别提款权资产的利率也是用这 4 种货币的市场利率经加权平均后计算出来的。

3. 特别提款权的运作

国际货币基金组织设有特别提款权部，参与的成员国有一个特别提款权账户。当国际货币基金组织向成员国分配特别提款权时，只需将该成员国分到的数额记录在其特别提款权账户的贷方。当成员国发生国际收支困难而需要动用特别提款权时，国际货币基金组织将按照有关章程通过协调指定一国（通常是国际收支状况良好的国家）接受特别提款权。

以 A、B 两国为例，假设当 A 国发生国际收支逆差而需动用 2 亿特别提款权，B 国被指定接受特别提款权时，在 A 国的特别提款权账户上借记 2 亿，在 B 国的账户上贷记 2 亿，同时，B 国的中央银行将等值的可兑换货币转入 A 国的中央银行，A 国中央银行就可利用这笔可兑换货币来平衡国际收支差额。

4. 特别提款权的分配

当会员国长期性全球发展资金需要增加时，IMF 成员国可依据其在国际货币基金所缴纳份额的比例获得特别提款权的分配，补充现有的储备不足。特别提款权的分配决定相隔基期为五年，决定的作出依据 IMF 总裁的提案，经执行董事会的同意，由理事会作出决定，并要求得到总投票权的 85%多数票通过。特别提款权的分配有两种形式：周期性分配和特别分配。

周期性分配：按会员国所摊付的基金份额的比例进行分配，份额越大，分配得越多。从创立到现在进行了三次周期性分配。第一次分配是在 20 世纪 70 年代初，在 1970 年、1971 年、1972 年三次分配了 93 亿特别提款权单位，工业国共分得 69.97 亿，占总额的 74.05%。其中美国分得最多，为 22.94 亿，占总额的 24.63%。第二次分配是在 1979～1981 年共 121.182 亿特别提款权单位，两次累积分配特别提款权约为 215 亿特别提款权。第三次分配在 2009 年 7 月，IMF 公布分配 2500 亿美元的特别提款权方案，其中美国新增特别提款权 426 亿美元，中国新增 92.96 亿美元。

特别分配：1997 年 9 月，国际货币基金组织理事会倡议进行特别提款权的特别一次性分配，以纠正国际货币基金组织中超过 1/5 的会员国从未得到特别提款权分配的事实。2009 年 9 月 9 日 IMF 通过了“特别分配”倡议，并一次性发放约 330 亿美元的特别提款权。这一次分配不按照份额比例分配，主要目的是增加 1981 年后加入 IMF 的 42 个国家的特别提款权。但其他成员国家也获得了额外的特别提款权，其中中国获得约 11.71 亿美元的“特别分配”。

二、国际储备的来源

国际储备的来源可从世界的角度和国家的角度两方面来分析。

(一) 从世界角度分析国际储备来源

从世界角度看，国际储备主要有以下几种来源。

1. 黄金生产

黄金生产是增加黄金储备的最终来源，但受自然资源的限制，黄金的产量有限。

例如，2000 年，全世界的黄金产量只有 2573 吨，其中，2342 吨产量来自前 20 名产金国，见表 8-3。

表 8-3 2000 年世界前 20 名产金国黄金产量

序号	国家	黄金产量/吨
1	南非	428
2	美国	355
3	澳大利亚	296
4	中国	162
5	加拿大	155
6	俄罗斯	155
7	印度尼西亚	139
8	秘鲁	133

续表

序号	国家	黄金产量/吨
9	乌兹别克斯坦	86
10	巴布亚新几内亚	76
11	加纳	74
12	巴西	53
13	智利	50
14	菲律宾	35
15	马里	30
16	墨西哥	27
17	阿根廷	26
18	吉尔吉斯斯坦	22
19	津巴布韦	21
20	哥伦比亚	21
	其他国家	231
	合计	2573

资料来源：根据世界黄金协会（World Gold Council）的资料整理

从 2007 年起，中国成为全球第一大黄金生产国，此后一直保持全球产量第一。2012 年，中国的黄金产量是 1949 年产量的 100 倍。2012 年全球 10 大黄金生产国产量情况见表 8-4。

表 8-4　2012 年世界前 10 名产金国黄金产量

序号	国家	黄金产量/吨
1	中国	403
2	澳大利亚	250
3	美国	230
4	俄罗斯	205
5	南非	170
6	秘鲁	165
7	加拿大	102
8	印度尼西亚	95
9	乌兹别克斯坦	90
10	加纳	89

资料来源：根据世界黄金协会（World Gold Council）的资料整理

世界黄金的产量有限，一直跟不上世界经济的增长，加之黄金的消费量（如工业、首饰需求等）却与日俱增，故而导致世界黄金储备总量的下降。世界黄金储备总量从 1970 年的 10.579 亿盎司降到 2002 年 3 月的 9.4118 亿盎司，32 年间减少了 1.1672 亿盎司，而且此后还在下降。

2. 储备货币发行国的货币输出

这是形成外汇储备的来源，只有储备发行国向外进行货币输出，才可能形成其他国家的外汇储备。综观战后国际货币的发展可见，世界储备的主要来源已经变成为储备发行国通过国际收支逆差输出的货币。储备货币发行国输出的货币一部分进入各国官方手中成为外汇储备资产，另一部分进入国外银行成为它们对储备货币发行国的债权。储备货币发行国通过国际收支逆差大量输出货币，一方面取得了在国际金融领域中的支配地位和铸币税，另一方面也为国际社会提供了国际流通手段和储备资产，促进了世界经济的发展。

3. 国际货币基金组织创设的特别提款权

自1970年国际货币基金组织第一次分配特别提款权以来，特别提款权便成为世界储备资产的来源之一，尽管其分配数量、使用范围有限，但因其价值稳定，且仅由国际货币基金组织按会员国所缴纳的份额进行分配，故成为世界储备资产中的一项重要来源。

（二）从一国角度分析国际储备来源

从一个国家来讲，国际储备的来源主要是通过一国国际收支顺差、收购黄金、国际货币基金组织分配的特别提款权，以及在IMF的储备头寸、干预外汇市场和政府或中央银行对外借款形成。

1. 国际收支顺差

国际收支顺差是一国国际储备最主要和最直接的来源。在汇率固定的情况下，国际收支顺差（逆差）意味着该国国际储备存量的增加（减少）。在国际收支平衡表中，假定误差和遗漏项为零，则有：国际储备的变动额＝经常项目差额＋资本金融项目差额。其中经常项目顺差是最可靠、最稳定的来源。因为经常项目顺差表明一国的对外贸易处于优势地位，通过持续巨额的经常项目顺差可以迅速增加一国的国际储备，尤其是外汇储备。资本金融项目的顺差虽然也可以增加一国的国际储备，但长期资本项目顺差如没有新资本的流入会因日后的还本付息或投资收益的汇出而显得不稳定；短期资本项目顺差因其流动性强就更加不稳定。因此，经常项目顺差是增加一国国际储备的主要途径。

2. 收购黄金

官方黄金存量的增加主要有两种渠道：一是从国内收购并由中央银行窖藏的黄金；二是在国际黄金市场上收购的黄金。对于储备货币发行国而言，在国际黄金市场上收购黄金可以增加其国际储备量，但对于非储备货币发行国家来说，由于其货币不被国际间普遍接受，所以在国际黄金市场上收购黄金必须动用外汇储备，因此，对于非储备货币发行国家来说，在国际黄金市场上收购黄金仅仅改变了国际储备的结构，而国际储备的总量并未改变。

3. 国际货币基金组织分配的特别提款权

IMF分配给会员国的特别提款权是各国国际储备的一个来源。由于特别提款权是由当今世界上4种主要货币加权平均定值的，因而其内在价值一直比较稳定，但其分配数量有限。而且特别提款权的分配与会员国缴纳的份额有关，份额越多，会员国分配的特别提款权便越多，这种分配方法非常不利于发展中国家。

4. 在IMF的储备头寸

一国在IMF的债权头寸的增加可以增加该国的国际储备。IMF虽然对各成员国的货币一律平等对待，但由于现实世界中只有少数发达国家的货币能够用于国际贸易和融资，IMF所收存的大多数国家的货币在其成员国中基本没有什么需求。因此，债权头寸这一国际储备来源也仅限于少数发达国家。

5. 干预外汇市场

当一国的货币受供求的影响而有上升的趋势或已上升时，该国的中央银行往往会在外汇市场上进行公开市场业务，抛售本币，购进外汇，因而增加了本国的国际储备；反之，当本币有下浮的趋势或已经下浮时，该国就会抛售外汇，购入本币，从而减少了本国储备。

6. 政府或中央银行的对外借款

一国政府或中央银行可以在国际金融市场筹措资金作为借入储备。比如，从国际金融机构或他国政府取得贷款，以及中央银行之间的互惠信贷等，均可补充其外汇储备。随着各国资本市场的对外开放，各国中央银行之间的互换货币安排的增加，以及国际金融市场的迅速发展，各国通过国际信贷解决国际收支逆差和官方储备不足的能力有了很大的提高，这使各国国际储备的供应有了很大的弹性。

综上所述，一国增加其国际储备量的途径虽然多种多样，但发达国家要增加其国际储备量要比发展中国家容易得多。一是它们调节国际收支的能力较强，国际收支状况良好；二是它们可以直接用本国货币在国际黄金市场上购买黄金，增加黄金储备；三是可以从国际货币基金组织分到较多的特别提款权；四是可以从债权头寸中获得好处；五是它们可以通过货币互换来获得借入储备。而发展中国家增加国际储备的途径则正好与发达国家形成强烈反差，它们不仅在经常项目上易出现逆差，而且国际收支的调节能力又十分弱；在国际黄金市场上无法直接用本国货币来购买黄金；从国际货币基金组织分配到的特别提款权受所缴份额的影响极其有限；债权头寸由于其货币一般不为国际货币基金组织所用也难以扩大；在国际金融市场上融资能力又受资信的极大限制。

从发展中国家的处境看，增加国际储备的主要途径还是在于实现国际收支的顺差。因为通过这一途径，发展中国家是处于主动地位，通过自身的努力应该能改善国际收支状况，而其他途径则多半要取决于外部因素。

第三节 国际储备的管理

国际储备管理是指一国政府或货币当局根据一定时期内本国的国际收支状况和经济发展的要求，对国际储备的规模、结构及储备资产的运用等进行计划、调整、控制，以实现储备资产规模适度化、结构最优化、使用高效化的整个过程，是国民经济管理的一个十分重要的组成部分。

国际储备管理包括量的管理与质的管理两个方面。所谓量的管理，是指对国际储备规模的选择与调整，主要解决的问题是如何确定和保持国际储备的适度规模；质的管理是指对国际储备运营的管理，主要是国际储备结构的确定和调整，主要解决的问题是在储备总额既定的条件下，如何实现储备资产结构上的最优化。因而，前者通常被称为国际储备的规模管理，后者被称为国际储备的结构管理。国际储备管理通过解决上述两个方面的问题，实现以下两个目的：一是通过国际储备管理，维持一国国际收支的正常进行；二是通过国际储备管理，提高一国国际储备的使用效率。

一、国际储备的规模管理

国际储备规模管理实际上主要就是合理确定和保持国际储备的适度规模。为弥补国际收支逆差和维持汇率稳定，各国都需要保持一定数量的国际储备，以保证充足的国际清偿力。但一国的国际储备是否是越多越好呢？如果不是，那么应该拥有多少储备方合适呢？一个国家究竟应该持有多少国际储备，不仅对该国的对外贸易和国内经济发展有重大影响，而且对国际金融秩序的稳定和世界经济的发展也有一定的影响。

如果一个国家的国际储备规模过低，不能满足其对外贸易及其各项对外经济往来的需要，而且该国又不能及时地以可接受的成本从国外获取所需数额的资金，势必会降低其对外贸易和对外经济往来的水平，轻者会引起国家支付危机，重者则可能导致国内经济失衡，使经济无法正常运行。

但是，过多的国际储备虽然可以使其平衡国际收支和稳定汇率的能力增强，但其持有储备的机会成本则增加了。国际储备是财富和购买力的代表，如果它们不是作为储备资产保存起来，而是作为生产资源用于生产活动，则可以加速经济的发展，增加国民收入。另外，国际储备尤其是外汇储备数量的多少，与本国货币的投放量有着密切的关系。外汇储备很大，意味着基础货币投放量很大，如果这部分外汇储备所代表的购买力没有实现，那么它所对应的货币投放就缺乏必要的物资保证，因而会加大流通中的货币量，从而引发通货膨胀，影响经济的发展。所以，一个国家的国际储备不能太少，也不能过多，最好的办法就是维持在一个合理的水平上，这一合理的国际储备水平被称为国际储备的适度规模。

但是至今为止，国内外理论界关于国际储备适度规模的定义始终没有形成共识。不同的学者从不同的角度或不同的范畴定义国际储备的适度规模。弗莱明（J. M. Fleming）对国际储备适度规模的定义是：如果储备的库存量与增长率使储备的“缓解”程度最大化，则该储备库存量和增长率是最适度的。所谓的“缓解”程度，是指一国金融当局运用国际储备融通国际收支逆差而无须采取支出转换型政策、支出变更型政策和向外融资的能力。巴洛（T. Balogh）针对发展中国家的国际储备适度规模的定义是：在现有资源存量和储备水平既定的条件下，如果储备增长能够使经济增长率最大化，则储备的增长率是适度的。海勒（H. R. Heller）认为：能使解决国际收支逆差所采取的支出转换、支出变更和向外融资政策的成本最小的国际储备量就是适度的国际储备水平。阿格沃尔(J. P. Agarwal)针对发展中国家国际储备适度规模的定义是：储备持有额能使发展中国家在既定的固定汇率上融通其计划期内发生的预料之外的国际收支逆差，同时使该国持有储备的成本与收益相等。

可见，不同的定义对国际储备适度规模的界定是不一致的，由此形成了不同的测算国际储备适度规模的模型，因而不同定义下的适度规模的量也可能是不同的。

那么一国究竟持有多少国际储备合适呢？下面将从定性和定量两个方面进行分析。

（一）定性分析

主要通过分析影响国际储备需求的因素来进行。国际储备需求是国际储备理论和政策中的重要内容，是决定国际储备规模的主要方面。一国应该在多大规模上持有国际储备，取决于一国对于国际储备的客观需求。影响各国国际储备需求的因素很多，概括起来主要有以下几个方面。

1. 国际收支状况

国际储备最主要的作用就是弥补国际收支逆差，因此，一国的国际收支状况对该国的储备需求具有决定性的影响。我们可以主要从以下几方面进行分析。

（1）一国的储备需求与其国际收支出现逆差的规模和概率呈正相关关系。一国国际收支出现逆差的数额越大，概率越高，表明其国际收支状况越不稳定，就越需要更多的国际储备来弥补国际收支逆差。

（2）一国储备需求还与国际收支失衡的类型有关。如果一国国际收支失衡是长期性的、结构性的或货币性的失衡，那么就应该更多地使用支出变更政策和支出转换政策。对于短期性的国际收支失衡，更多的则是运用国际储备来弥补，而不是去调节国内经济。因此，一国所面临的国际收支赤字越偏于短期性，在其他条件不变的情况下，一国对国际储备的需求就越多。

（3）一国的储备需求与其贸易条件的稳定程度有关。如果一国出口商品的供给弹性和市场的需求弹性均大于1，进口商品的需求弹性小于1，则表明其外贸收支相对稳定。在这种情况下，如果进出口基本保持平衡或略有出超，则不需要过高的国际储备；反之，如果出口商品的供给弹性小于1，而进口商品的需求弹性却大于1，则表明该国外贸条件较差，需要保持比较充足的外汇储备。

（4）一国的储备需求还与国际资本流动状况相关。传统的衡量国际储备量的方法主要是针对经常账户制定的，而在国际资本流动异常突出的今天，国际储备对国际收支平衡的维护更大程度上体现在抵消国际资本流动的冲击上。由于国际资本流动具有规模大、速度快等特点，因此一国在不能有效、及时地利用国际金融市场借入储备的情况下，其自有储备的数量需求就会大大增加。

因此，凡能够影响一国国际收支状况的因素都会影响到一国对储备的需求，如一国的国民收入水平、货币供应水平、经济结构特别是贸易结构、贸易条件和资本流动等因素，它们都会通过对国际收支状况的影响而最终影响到一国对国际储备的需求。

2. 一国经济对外开放的程度和对外经济活动的规模

国际储备主要是用于对外支付结算的，因此国民经济对外开放的程度和对外经济活动的规模对国际储备需求有着直接的影响。一般来说，一国对外开放的程度越高，对外经济活动规模越大，对外支付结算就会越多，对国际储备的需求也就越多。衡量一国对外开放程度和对外经济活动规模的主要指标是进口总额占国民生产总值的比重，但20世纪80年代以来，国际资本流动在国际收支中所占的比重不断增大，对国际储备规模的影响也越来越大。

3. 一国国际储备的范围及其货币在国际货币体系中的地位

如果一国为国际货币基金组织成员国并参与特别提款权的分配，则该国的国际储备除黄金储备和外汇储备外，还包括在IMF的储备头寸和特别提款权，从而增加了其国际储备的持有形式，增加了国际清偿力，可以缓解其对外汇储备的需求，使外汇储备的持有量可以不必过多。如果一国货币是储备货币，那么该国在调节国际收支逆差时，可以直接用本币进行支付，从而可以减少其国际储备的持有量。

4. 国际融资的能力

一国的对外借款能力和国际储备共同构成该国的国际清偿力。当一国出现国际收支逆差时，如果该国具有较高的资信，能迅速、稳定地获得国际金融机构贷款、外国政府贷款，或在国际金融市场上的融资能力较强，则该国对国际储备的需求就较低。所以，一国对国际储备的需求与其融资能力呈负相关关系。一般而言，资信较高的发达国家的融资能力较强，对国际储备的需求较小；而广大发展中国家融资的融资能力较弱，对国际储备的需求较高。

5. 汇率制度的选择

国际储备需求与汇率制度的弹性程度有着密切的关系。在固定汇率制度下，当一国出现国际收支逆差时，外汇市场上必然会出现对外汇的超额需求，本国货币将面临下浮的压力。为保持汇率稳定，货币当局必须在外汇市场上抛售外汇购入本币，因此，该国的国际储备需求就会增加。在完全自由浮动汇率制度下，国际收支失衡由汇率的自发波动来进行调节，直至国际收支自动趋于平衡。因此，理论上，一国一般可以不持有任何国际储备。在有管理的浮动汇率制度下，国际收支逆差由国际储备和本币贬值来共同进行调节，一国对国际收支的需求取决于该国所能接受的本币的贬值程度。因此，从理论上讲，如果汇率变动越富弹性，那么该国对国际储备的需求就越小；反之，则越多。国际储备需求与汇率弹性间呈负相关关系。

6. 国际收支调节政策的成本和效果

当一国出现国际收支逆差特别是长期性国际收支逆差时，除运用国际储备和对外融资来调节外，更需要采取适当的国际收支调节政策，包括财政政策、货币政策、汇率政策及管制政策等。一国对国际储备的需求与这些国际收支调节政策的调节成本和调节效果有关。

1）财政货币政策

通常，当一国出现国际收支逆差时，在运用紧缩型的财政货币政策改善一国国际收支状况的同时，对国内经济也会产生影响，国民收入水平会下降，失业率会提高。我们把这种国际收支调节政策对国内经济所产生的不利影响称为调节政策的调节成本。这种调节成本越低，那么对储备的需求也就越低。例如，假定一国面临较低的边际进口倾向，那么以收入下降表示的紧缩政策的调节成本就越大，对国际储备的需求也越大。另外，还有一个重要的问题，就是调节速度，如果一国为防止紧缩政策对国内经济造成剧烈震荡，可采取温和的紧缩政策，那么这时就需要有更多的国际储备作为政策调整的辅助手段。因此调节成本与储备需求呈正相关关系，调节速度与储备需求呈负相关关系。

2）汇率政策

当一国出现国际收支逆差时，可以采取本币贬值的汇率政策改善一国国际收支状况。本币贬值的政策效应的大小会影响到一国对国际储备的需求。当本币贬值能有效改善一国国际收支状况时，一国对国际储备的需求较低；反之，当本币贬值的政策效应不明显时，一国对国际储备的需求会较高。而在现实世界中存在许多影响本币贬值政策效应的因素，包括进出口商品的需求弹性不足、J 曲线效应、贸易条件的恶化、贬值引起的通货膨胀和资本外逃等，这些因素从相当程度上影响到本币贬值的政策效应，从而扩大了一国对国际储备的需求。

3）管制政策

实行管制政策的目的在于平衡国际收支和维持汇率的稳定。因此，一国管制政策的宽严程度必然会影响到该国对国际储备的需求。一般而言，实行严格外汇管制和贸易管制的国家，国际收支主要是靠管制政策实行，而对国际储备的需求较少；外汇管制和贸易管制较松的或基本不实行管制的国家，由于国际收支逆差不能由管制政策来有效解决，因此对国际储备的需求较大。

7. 持有国际储备的机会成本

持有国际储备是要付出机会成本的，一国若不持有国际储备，节约下来的外汇就可以用来进口经济发展所需的资源，而持有国际储备则意味着放弃了使用国外实际资源来扩大国内投资、加快经济增长的机会。这一机会成本可以用进口资源所带来的投资收益率（或国民经济增长率）与储备资产的收益率之间的差额来衡量。两者之间差额越大，说明持有国际储备的机会成本就越大。因此国际储备的需求与国际储备的机会成本呈负相关关系。

8. 国际政策的合作与协调状况

一国与他国展开广泛的经济合作和政策协调，可以减少对国际储备的需求。它对国际储备需求主要有两个方面的影响：一是可以缩小国际收支失衡的程度，改善国际收支状况，从而直接减少作为弥补手段的国际储备的需求；二是当国际收支失衡时，通过广泛的合作与协调，可以增强调节的效果，降低调节成本，提高调节速度，从而减少对储备的需求。例如，一国货币当局与他国货币当局或国际金融机构建立广泛的合作关系，签订互惠信贷、备用信贷协议，或在国际收出现逆差时，能与其他货币当局协同干预外汇市场，则该国对国际储备的需求就少些。

（二）定量分析

1. 比例分析法

比例分析法是根据国际储备需求与某种经济活动变量之间的关系来计算最适度国际储备水平的一种方法，其采用的指标有：国际储备与进口额的比例、国际储备与外债总额的比例、国际储备与国民生产总值的比例等。

1）国际储备与进口额的比例（R/M）

这是最常用的一个比例。由于进口所需的外汇是一国对外支付的最主要部分，所以进口额可在一定程度上反映一国日常必备的对外支付手段量。比例分析法是美国著名国际金融专家特里芬（R. Triffin）于 1947 年提出的，特里芬通过对 30 多个国家的国际储备与进口额之比进行分析，并结合各国外汇管制的情况后，1960 年在他的《美元与黄金危机》一书中指出：世界上主要贸易国家1950～1957年的储备进口比例平均超过33%，几乎全部超过 20%，只有在极少数非常特殊的情况下才低于 20%。因此，特里芬得出经验结论：一国国际储备量应与该国贸易进口额保持一定的比例关系，这个比例为 20%～50%，一般以 40%作为标准，若低于 30%就需要采取调节措施，20%是最低限度标准。但特里芬又指出，由于各国的具体条件与政策方面存在差异，各国合适的储备进口比例也并非绝对一致，工业国和重要贸易国的储备进口比例应该高于其他国家，通常应在 30%以上，而实行严格外汇和外贸管制的国家的储备进口比例则可以低一些，可维持在 25%左右，即一国的国际储备量应以满足 3 个月的进口为宜。

储备进口比例分析法以国际收支中进口贸易额这一重要的基本因素为前提进行比例分析，数据易于统计，计算简单易行。进口额与储备额的一元回归分析也证实了二者之间存在一种相对稳定的关系。20 世纪 60 年代以来，很多国家都采用这种办法来衡量储备的充足性，世界银行《1985 年世界发展报告》在分析发展中国家的储备量管理时也写道："足以抵付 3 个月进口额的储备水平有时被认为是发展中国家的理想定额。"

但是，这一方法在衡量一国储备适度性时，也存在以下一些缺陷。

第一，国际储备的主要作用在于弥补国际收支逆差，但是，当一国发生国际收支逆差时，并不是为该国的进口额提供融资。因为引起国际收支逆差的因素很多，除进口额外，还包括出口额、劳务收支、国际资本流动及国民收入、货币供应量等国内经济因素的影响，另外政府意愿也会引起储备量的调整。因此，适度储备量不是由进口额决定的一元函数，而是由许多经济变量共同决定的多元函数。

第二，储备进口比例分析法忽视了储备使用的规模经济效应。按照储备进口比例分析法，适度储备量与进口额同步上升，储备需求对进口交易额的弹性为 1。而实际上，国际储备量并非是随贸易量的变化而同比例变化的，前者的变化幅度小于后者的变化幅度，即随着一国储备的不断增加，储备的使用具有规模效应，国际储备的平方根定律显示储备弹性只有 0.5。因此，运用储备进口比例分析法就有可能高估适度储备。

第三，储备进口比例分析法是一种静态分析法，所采用的数据都是已实现的结果，所以难以克服其存在的滞后性与片面性。

2）国际储备与外债总额之比

一国持有的国际储备是其支付外债本息的保证，所以国际储备量与一国的对外债务总额应有一定的比例关系。一般情况下，一国的对外债务总额越大，所需的国际储备就越多。经验表明，一国的国际储备与对外债务总额的比例保持在 40%比较合适。该指标反映了一国的对外清偿能力和债务信用。

3）国际储备与国民生产总值之比

在开放经济中，一国经济规模越大，对国际市场的依赖性便越强，也就需要越多的国际储备作后盾。因此，国际储备量应适应国民生产总值的变化，与国民生产总值之间保持一定的比例关系。在贸易收支平衡的情况下，国际储备量与国民生产总值的比例应保持在 15%～30%。

2. 成本-收益分析法

20 世纪 60 年代以来，经济学家利用成本-收益分析法，在假定政府也同其他经济单位一样，具有一种社会效用函数的前提下，在计算一国持有一定储备所需花费的机会成本和可能的收益后，再计算出边际成本等于边际收益的储备量，便是适度储备规模。

1）理论基础

（1）持有国际储备的收益。当一国出现国际收支逆差时，若持有较多的国际储备，既可以用于弥补国际收支逆差，也可以利用储备为政策调节选择适当的时机；反之，一国的国际储备较少，不能满足弥补国际收支逆差的需要，货币当局将不得不以较高的成本从国际金融市场上融资，或者采用各种国际收支调节政策，削减进口，降低国内需求，从而引起国民收入水平的下降，失业率上升，这就是政策调节所付出的成本。可见，持有国际储备的收益表现为融资成本和调节成本的节约。一般来说，储备持有额越多，弥补国际收支的能力就越强，储备的收益也就越多。与此同时，随着储备持有量的增加，弥补国际收支逆差的边际效用也将下降，从而导致储备的边际收益递减。图 8-1 中的 MB 线为储备的边际收益线，它的斜率为负，反映储备的边际收益递减规律。

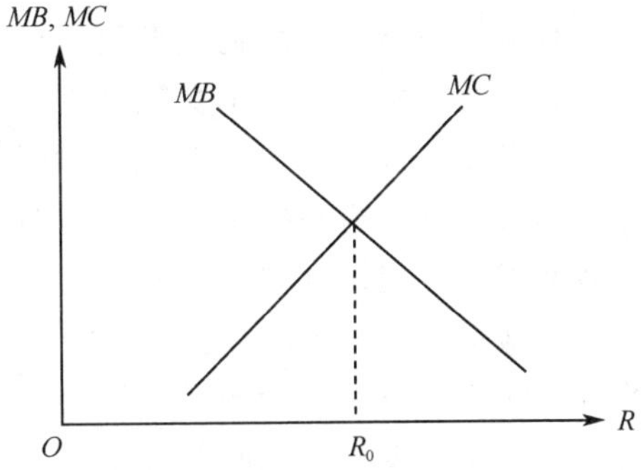

图 8-1 成本-收益分析法

（2）持有国际储备的成本。一国储备也并非越多越好，持有储备需要支付一定的代价，持有储备的成本表现为一国资本收益率与其储备资产的收益率之差。持有的储备越多，持有储备的成本也将提高，而且其边际成本也随着储备的增加而增加。图 8-1 中 MC 线为储备的边际成本线，它的斜率为正，反映了持有储备的边际成本递增的趋势。

（3）适度储备量。如图 8-1 所示，当持有储备的边际收益大于边际成本，即 $MB>MC$ 时，扩大储备持有量有利；反之，当储备的边际收益小于边际成本，即 $MB<MC$ 时，减少储备持有量有利；只有当持有储备的边际收益等于边际成本，即 $MB=MC$ 时，才会达到储备量的均衡点。因此，一国适度的储备水平应该是持有储备的边际收益等于边际成本时的储备水平 R_0。

成本-收益分析法在国际储备规模分析上的应用主要有海勒模型和阿格沃尔模型。

2）海勒模型

1966 年，西方经济学家海勒（H. R. Heller）在其《适度国际储备》一文中指出：一国面临国际收支逆差时所必须作出的调节政策的代价，构成了该国持有储备的收益，并利用边际进口倾向的倒数（$1/m$）来反映持有储备的边际收益（$1/m$ 实际上是反映停止进口所造成的国民收入的损失，因而构成调节政策的机会成本，反过来便是持有储备的收益）。一国持有储备的成本（机会成本）等同于这笔储备用于国内生产性投资所带来的社会收益与持有储备带来利息收益之间的差额。因此，持有储备的收益取决于国际收支出现逆差而被迫进行调节的概率及对这种逆差进行调节的真实成本。海勒还假定国际收支差额的发生是一个对称的随机过程，每一过程长度为 h，并且逆差的概率相等，均为0.5。这样，连续发生逆差，并且用储备弥补逆差的概率为

$$\pi=(0.5)^{R/D}$$

因此，增加单位储备持有的边际收益 $MB=\pi(1/m)$，则适度国际储备量 R 为

$$R=h\cdot\frac{\ln(r\cdot m)}{\ln 0.5}$$

3）阿格沃尔模型

阿格沃尔（J. P. Agarwal）模型是一个用以估计和分析七个亚洲国家与地区的适度储备持有量的模型，在海勒模型的基础上进一步修正和完善了成本-收益分析法。阿格沃尔认为，发展中国家由于受到外汇供给的限制，不得不搞外汇预算平衡，使外汇收入与外汇支出相一致，并把稀缺的进口资源用于生产性产业。发展中国家持有外汇储备是为短期的可预见的逆差提供资金，同时也是为了应付非预期的出口收入下降及进口产品的价格上涨。他把适度储备定义为："使发展中国家在既定的固定汇率上融通其计划期内发生的预料之外的国际收支逆差，同时使该国持有储备的成本与收益相等。"持有储备的收益和成本均以产量表示。机会成本是"如果获得的外汇不是持作货币储备，而是用来进口必需的投入，从而能够生产出来的那一部分总的国内产品"；持有储备的收益率则被定义为"在出现短期和非预期的国际收支逆差时，由于使用货币储备而避免不必要的调节而得以维持的那一部分总的国内产品"。具体而言，持有储备的机会成本取决于潜在的资本投资的进口含量、该类投资的生产力以及可获得的国内闲置资源。这种额外投资的产量增加的程度取决于增加的资本-产量比率的高低。于是，可将持有储备的机会成本表示为

$$\mathrm{OCR}=Y_1=R\cdot\frac{m}{q_1}$$

式中，OCR——储备的机会成本；

R——能够用于进口生产性物品的外汇数量；

m——增加的资本-产量比率的倒数；

q_1——追加的可使用的资本的进口含量；

Y_1——使用储备购买的生产性物品所生产出来的产量，即持有储备的机会成本。

阿格沃尔认为，当发展中国家的国际收支出现逆差时，如果没有国际储备，政府就会对进口实行直接限制或实行外汇管制政策，以此减少进口，改善其国际收支状况。但是，如果一国有足够的国际储备，就可以用它来弥补国际收支逆差，进口便不至于下降，也不会导致收入的成倍减少。这样，持有储备的收益便可表示为

$$\mathrm{RB}=Y_2=\frac{R}{q_2}$$

式中，RB——持有储备的收益；

R——储备的数量；

q_2——进口的生产性物品与经济中总产量的比率；

Y_2——是如果实行减少进口的调节政策会使国内总产量减少的数量，即持有储备的收益。

考虑到适度储备的决定与使用储备的概率有关，而这一概率一般不为1，因此有

$$\mathrm{RB}=R\cdot\frac{P}{q_2}$$

式中，P 为计划期中使用储备为国际收支逆差融通资金的概率，$p=(\pi)^{R/D}$，其中，D 为计划期国际收支逆差的预期规模，π 为出现逆差的概率。

当 OCR＝RB 时，则有

$$R\cdot\frac{m}{q_1}=R\cdot\frac{(\pi)^{R/D}}{q_2}$$

阿格沃尔得出发展中国家适度储备额 R 的公式为

$$R=D\cdot\frac{\ln m+\ln q_2-\ln q_1}{\ln\pi}$$

4）海勒模型与阿格沃尔模型的比较

在成本-收益分析法中，海勒模型采用概率形式预测未来国际收支逆差的发生，较好地反映了储备需求与国际收支预期之间的关系，触及了在储备需求分析中一直未曾解决的“同时性问题”。可以说，海勒模型对国际储备需求的研究起了不可忽视的作用，为进一步从理论和计量上探讨储备需求水平提供了可参考的思路。但海勒模型存在以下缺陷。

首先，海勒所假设的国际收支失衡是随机性的，并非根本性的，同时，又把国际收支逆差视为连续发生的，从而储备消耗也是直线上升的。其实这也只是考虑了储备消耗的最大可能性，实际并非如此。因为正如海勒所假设的国际收支顺逆差发生的概率各为0.5，那么顺逆差可能是交替发生的，所以海勒模型对储备需求的估计偏差较大。

其次，在海勒模型中未能区别对待发展中国家与发达国家储备需求的特点。该模型认为两类国家具有相似的储备反应弹性，持有储备的边际成本基本相似（同为 r）。因此，所求得的储备适度规模的结论并不具有普遍性、精确性。

最后，海勒假定支出增减政策是调节经济的唯一手段存在片面性。该模型用 $1/m$ 来反映调节成本，忽视了支出转换政策（如汇率贬值、关税改变等）、直接管制政策及融资政策的存在，这可能造成计算出来的适度储备量的偏高。此外，海勒模型也未充分考虑储备资产的收益率。

阿格沃尔模型在海勒模型的基础上前进了一大步。

首先，阿格沃尔认为发展中国家的适度储备量应有别于发达国家，于是他专门为发展中国家设立了测算国际储备适度规模的模型。阿格沃尔在模型中还充分考虑到发展中国家资金短缺、必需品进口需求弹性小、存在闲置资源等特点，力图反映发展中国家与发达国家之间经济结构和制度方面的差异。对持有储备的收益和成本有着较为合理的变量函数，从而使该模型对发展中国家储备需求的研究比较契合实际，具有一定的科学性。

其次，阿格沃尔模型进一步发展并强调了适度储备的预期性。在其收益公式中，π

和 D 都是期望变量。这些变量依赖于众多因素，如货币当局改变汇率的愿望、以往国际收支的情况，以及预期的进口支付和预期出口收入的变化等，从而较好地解决了国际收支与储备需求决定的“同时性问题”。

最后，阿格沃尔还利用其模型对亚洲某些发展中国家和地区的适度储备进行估算，获得了比较满意的结果，从而证明了该模型在某种程度上具有实用性。

但阿格沃尔模型并没有彻底解决海勒模型的一些缺陷。比如，阿格沃尔模型同样忽视多种调节政策的选择及国际收支调节中储备融资与政策调节的可替代性；忽视国际资本流动、借贷对发展中国家储备需求和国际收支的影响；忽视对储备资产收益率的讨论等。因此，该模型还有待进一步完善。

3. 区间分析法

在对一国国际储备适度规模的分析中，上述方法都是抽象出影响一国储备的最主要因素，试图寻找一个确定的适度储备量。然而在实践中，由于种种原因，这些分析方法可能会遇到诸多困难。

首先，影响一国国际储备适度规模的因素很多，我们不能把所有因素都考虑进去，当模型外的因素出现变化时，一国适度储备量就会随之变化。即便是已经引入模型中的因素，也并非是一成不变的，其变化也会对一国适度储备量产生影响。

其次，在实际操作中，试图使一国储备持有量维持在一个确定的适度储备水平也很困难，极易发生调整过度或调整不足的情况。

最后，从储备来源角度看，在当今国际储备体系中，由于国际储备的变化多样化，使得对国际储备的供给也会出现波动，从而对一国适度储备量产生巨大影响。因此，无论是从理论上还是从实践上看，试图寻找一个适度储备量的目标区间便成为人们的理想选择。

所谓适度储备的目标区间，是指以适度储备量为中心，确定一个目标区间，使一国储备持有额以较小幅度在适度储备水平上下波动。目标区间的上限是一国保险储备量，它既能满足一国可能出现国际收支逆差时的对外支付，又能保证国内经济增长所需要的实际资源投入而且不会引起通货膨胀；下限是一国经常储备量，它以保证一国正常经济增长所必需的进口不因储备不足而受到影响为原则。只要一国储备持有额保持在这个目标区间范围内，就可以认为该国国际储备是适度的。因此，区间分析法为各国金融当局更加灵活的管理国际储备提供了更多的可能性与现实性。

二、国际储备的结构管理

国际储备的结构管理就是合理安排各种储备资产的构成，主要解决的问题是在储备总额既定的条件下，如何实现储备资产结构上的最优化。

20 世纪 70 年代以后，由于浮动汇率制和多元货币储备体系的形成，使储备结构管理变得越来越重要。这是因为：①各国外汇储备的数量增长迅速，外汇储备成为各国最主要的储备资产；②汇率的频繁波动使各国外汇储备资产的外汇风险日益严重；③由于国际金融市场动荡不定，西方各国货币政策经常变化，导致各国利率水平时升时跌，使持有储备资产的收益和机会成本也经常发生变化；④随国际金融的不断创新，新的融资工具和手段层出不穷，在相当程度上拓宽了储备资产投向的选择余地；⑤国际金融市场规模的迅速扩张和国际资金转移技术电子化的发展趋势，既扩大了储备资产融通、投资的来源和范围，又增加了储备资产营运的技术难度。在这种复杂的国际金融环境下，为了避免国际储备资产遭受风险损失，提高储备资产的收益，各国政府和中央银行普遍加强了对国际储备资产的结构管理。

（一）国际储备结构管理的原则

对国际储备的资产结构进行管理时应遵循安全性、流动性和收益性三项基本原则。

1．安全性原则

所谓安全性原则，是指国际储备不遭受风险损失，这是国际储备管理的重要原则。

实现国际储备的安全性管理，不仅要使国际储备资产的存放地点安全、可靠，而且要维护其价值的稳定。作为国际储备的资产，其内在价值必须具有相当的稳定性，不能波动频繁，增加风险损失，以致影响支付质量。从这两方面看，黄金储备具有安全优势。一般情况下，各国政府为实现“弹药库动机”，都会将黄金储备存放于国内。因为一旦海外存款等储备资产被冻结时，存放在国内的黄金储备就是一国掌握在自己手中的安全的储备资产，而且具有保值作用。

国际储备的安全性管理，重点在于加强外汇储备的安全性管理。一国货币当局不仅要谨慎地选择外汇储备资产的存放地，而且要合理地选择外汇储备的币种。

2．流动性原则

流动性原则就是要保证国际储备资产随时可转换成现汇，以满足国际支付的需要。国际储备本质上是一种能够随时用于对外支付的准备金，因而要求国际储备必须具有较高的流动性。如果一国的国际储备用于投资获利时，其投资资产不能在需要之际迅速转换成现汇用于对外支付，那么必将影响该国的对外清偿力。

在国际储备的流动性管理中，主要是要注意黄金和外汇储备。对黄金储备而言，由于其流动性较差，必须通过黄金市场的出售才能转换成现汇，故而对它的流动性管理主要是合理控制其储备数额。对外汇储备而言，主要是合理分配一、二、三级外汇储备资产之间的比例，以使外汇储备资产的投资期限与对外支付的时间相衔接，以充分保证国际储备资产的流动性。

3．收益性原则

收益性原则主要是指通过运营部分国际储备资产，以获取一定的收益。对国际储备资产的管理应在安全性和流动性得到保证的前提下，尽可能增加国际储备资产的收益，提高储备持有国的支付能力。

在国际储备资产的收益性管理中，应该重点放在外汇储备管理上，通过合理选择外汇储备资产的种类和持有形式，实现外汇储备资产风险最低情况下的收益最大化。

一般来说，安全性、流动性高的储备资产，收益性通常较差，而收益性高的储备资产，其安全性、流动性又偏低。因此，在国际储备结构管理中，必须正确处理好安全性、流动性和收益性三者之间的关系，最终实现安全性、流动性和收益性的最佳组合。

（二）国际储备结构管理的内容

国际储备结构管理不仅包括具体确定黄金储备、外汇储备、在IMF储备头寸及特别提款权在国际储备中所占比重，还包括对外汇储备的币种结构以及外汇储备资产形式的选择与调整。具体包括下面三个层次的比例安排。

1. 在国际储备总量既定的前提下，安排好各种储备资产的比例

从目前情况看，国际货币基金组织成员国的国际储备主要包括黄金储备、外汇储备、在IMF储备头寸及特别提款权四种储备资产，由于储备头寸及特别提款权是国际货币基金组织根据成员国所缴纳的份额决定，一国难以主动改变，而且这两项资产在一国储备总量中所占的比重较小，所以一国货币当局能够完全自由掌握和支配的就是黄金储备和外汇储备。黄金具有较好的安全性，但缺乏流动性与盈利性，自20世纪70年代以来，在各国国际储备资产中的比重呈下降趋势，目前一般在10%左右。而外汇储备却因其具有较高的流动性与盈利性，在各国国际储备资产中所占的比重则越来越大，目前多数国家都已达到80%以上。

2. 在外汇储备总额既定的条件下，安排好各种储备货币的比例

由于外汇储备在各国的国际储备资产中占的比重最大，所以国际储备结构管理的重点实际上就落在外汇储备结构管理上，且主要包括对外汇储备资产的币种选择及其比例确定两方面的内容。

为使储备货币结构合理化，在币种选择时应注意以下几点：

（1）择“硬”弃“软”。在选择储备货币种类时，应尽可能增加具有升值趋势的“硬”货币，而减少有下跌趋势的“软”货币，以避免储备货币汇率下跌所带来的损失。

（2）与对外支付需求相符合。国际储备是国际支付的准备金，因而储备货币的构成必须充分考虑国际支付的要求。所以，储备货币币种结构应尽可能与一国的国际贸易结构和国际债务结构相匹配，以避免在需要动用储备时发生兑换风险，节约交易成本，提高储备使用效率。

（3）满足干预外汇市场的需求。国际储备还有一个重要的作用就是用来干预外汇市场，以稳定市场汇率。为此，在确定储备货币种类时，应尽可能地与干预外汇市场所需要的货币保持一致。具体分为以下三种情况：①对于钉住单一货币汇率安排的国家，可通过其钉住的货币持有外汇储备，从而消除汇率风险。其外汇储备中钉住货币应占较大份额。②对于钉住一篮子货币汇率安排的国家，需要按照篮子货币的权数来分配其外汇储备的不同币种持有额，以降低汇率风险。③对于实行浮动汇率制的国家，则需按照某种有效汇率指数对其外汇储备进行资产组合，以降低汇率风险。

（4）在充分考虑到安全性和流动性的前提下，适当增加盈利性较高的货币。由于各种货币的名义收益率，预期通货膨胀率和汇率变化存在差异，导致其实际收益率不同，外汇储备应尽可能以高收益的货币形式持有。

3. 在外汇储备总额既定的条件下，安排好各种储备货币持有形式的比例

现代资产组合理论指出：通过把资产投向多种不同资产的组合投资，可以降低甚至消除非系统性风险，从而降低投资的总风险。因此，各国为了分散储备资产的投资风险，往往将储备资产分布在不同的资产形式上，那么在安排这些不同储备形式的比例问题上，主要考虑的是外汇储备资产的流动性与收益性之间的关系。

根据外汇储备资产的流动性，一般将外汇储备资产划分为三个等级：①一级储备，

主要以现金、活期存款、短期存款、短期债券等形式保存。这是流动性最强的一些资产，具有很强的变现能力，能够随时变现，以满足经常性或临时性对外支付的需要，但这些储备资产的收益性较差。②二级储备，主要是投资于中期国库券、债券等金融工具上。这一级储备的流动性较弱，主要作为补充性流动资产，用于发生临时性或突发性事件时的对外支付保证。③三级储备，主要是外汇储备中用于长期投资的部分，包括各种形式的长期有价证券。这一级储备资产的流动性差，但有较高的收益性，从而可以在一定程度上弥补一级储备的收益性不足。

一国持有储备资产的主要目的在于应付对外支付需要，因此，在确定外汇储备资产形式时，首先应考虑保持足够数量的高流动性外汇储备资产，以满足日常对外支付的需要。在确保储备资产能够满足对外支付的需要之后，再将剩余的储备货币在流动性较差的二、三级储备之间进行组合投资，以实现储备资产的收益性。

这里以英格兰银行对美元储备管理为例说明上述原则。在英格兰银行，美元储备被分为三档：①流动储备资产。短期票据（主要是美国 3 个月的短期国库券），平均期限为 3 个月。②二线储备资产。美国政府和机构的中期国库券，平均期限为 2～5 年。③高收益但流动性差的资产。美国长期公债和其他信誉良好的债券（主要是 A 级和 AA 级的欧洲债券），平均期限为 4～10 年。

➢本章小结

国际储备是一国政府所持有的一切可用于平衡国际收支和维持本币汇率稳定的资产，主要包括黄金储备、外汇储备、在 IMF 的储备头寸和特别提款权。国际清偿力是一国为本国国际收支赤字融通资金的能力，或一国无须采取任何影响本国经济正常运行的调节性措施而能平衡其国际收支和维持其汇率稳定的能力。国际清偿力包括自有储备、借入储备。自有储备又称官方储备或国际储备；借入储备主要包括备用信贷、互惠信贷和本国商业银行体系的对外短期可兑换资产等。所以国际清偿力又称为广义国际储备。一国持有国际储备具有重要的作用：①弥补国际收支逆差，平衡国际收支；②干预外汇市场，维持汇率的稳定；③维护对外借款信用，增强本国资信。

从世界角度看，国际储备主要来源于黄金生产、储备货币发行国的货币输出和国际货币基金组织创设的特别提款权。从一个国家来讲，国际储备则主要来源于一国国际收支顺差、收购黄金、国际货币基金组织分配的特别提款权、在 IMF 的储备头寸、干预外汇市场和政府或中央银行的对外借款。

国际储备管理是国民经济管理的一个十分重要的组成部分，其目的一是通过国际储备管理，维持一国国际收支的正常进行；二是通过国际储备管理，提高一国国际储备的使用效率。

国际储备管理包括规模管理和结构管理。规模管理就是合理确定和保持国际储备的适度规模。这一问题可以从定性和定量两个方面进行分析。在定性分析中，主要是分析影响国际储备需求的因素，包括一国的国际收支状况、经济对外开放的程度和对外经济活动的规模、国际储备的范围及其货币在国际货币体系中的地位、国际融资的能力、汇率制度的选择、国际收支调节政策的成本和效果、持有国际储备的机会成本及国际政策的合作与协调状况等。定量分析主要采取比例分析法、成本-收益分析法和区间分析法等来分析储备的适度规模问题。

国际储备的结构管理就是合理安排各种储备资产的构成比例，主要解决的问题是在储备总额既定的条件下，如何实现储备资产结构上的最优化。具体包括三个层次的比例安排：在国际储备总量既定的前提下，安排好各种储备资产的比例；在外汇储备总额既定的条件下，安排好各种储备货币的比例；在外汇储备总额既定的条件下，安排好各种储备货币持有形式的比例。对国际储备的资产结构进行管理时应遵循安全性、流动性和收益性三项基本原则。

➢本章重要概念

国际储备　国际清偿力　借入储备　黄金储备　外汇储备　在IMF的储备头寸
储备档头寸　债权头寸　特别提款权　国际储备管理　储备的机会成本　储备的收益
国际储备规模管理　国际储备结构管理

➢思考题

1. 简述国际储备与国际清偿力的区别和联系。
2. 简述国际储备的构成与作用。
3. 什么是特别提款权？其有何特点？
4. 国际储备的来源有哪些？
5. 如何计算一国在IMF的储备头寸？它与普通提款权有何区别？
6. 试分析影响国际储备需求的主要因素。
7. 试分析国际储备规模管理的主要内容。
8. 试分析国际储备结构管理的主要内容。

➢进一步的阅读与讨论　中国外汇储备规模、挑战与管理

为弥补国际收支逆差和维持汇率稳定，各国都需要保持一定数量的国际储备，以保证充足的国际清偿力。如果一个国家的国际储备规模过低，不能满足其对外贸易等对外经济往来的需要，而且该国又不能及时地以可接受的成本从国外获取所需数额的资金，势必会降低其对外贸易和对外经济往来的水平，轻者会引起国家支付危机，重者则可能导致国内经济失衡，使经济无法正常运行。巨额的国际储备，特别是外汇储备虽然可以使一国平衡国际收支和稳定本国货币汇率的能力增强，但凡事过犹不及，外汇储备过多，可能产生大量不良后果，包括巨大的机会成本、国内通胀风险、利率风险和汇率风险等风险。因为，外汇储备是财富和购买力的代表，如果它们不是作为储备资产保存起来，而是作为生产资源用于生产活动，则可以加速经济发展，增加国民收入。另外，国际储备尤其是外汇储备数量的多少，与本国货币的投放量有着密切的关系，外汇储备很大，意味着基础货币投放量很大，如果这部分外汇储备所代表的购买力没有实现，那么，它所对应的货币投放就缺乏必要的物资保证，因而会加大流通中的货币量，从而引发通货膨胀，影响经济的发展。所以，一个国家的外汇储备不能太

少，也不能过多，最好的办法就是维持在一个合理的水平上，这一合理的外汇储备水平，被称为外汇储备的适度规模。

1994 年以来，中国国际储备的黄金储备增长缓慢，尽管 2008 年美国次贷危机后我国黄金储备曾出现较大幅度上升。中国国际储备的变化主要表现为外汇储备的持续快速增长，外汇储备从 1994 年年底的 516.22 亿美元，增加到 2013 年年底的 38 213.15 亿美元，增长 74 倍以上（表 8-5），储备规模从 2006 年开始就高居世界第一。

表 8-5 中国 1994 年以来历年黄金与外汇储备

年份	黄金储备	外汇储备	
	数量/万盎司	金额/亿美元	增长率/%
1994	1 267.00	516.22	143.51
1995	1 267.00	735.97	42.57
1996	1 267.00	1 050.29	42.71
1997	1 267.00	1 398.90	33.19
1998	1 267.00	1 449.60	3.62
1999	1 267.00	1 546.75	6.70
2000	1 267.00	1 655.74	7.05
2001	1 608.00	2 121.65	28.14
2002	1 929.00	2 864.07	34.99
2003	1 929.00	4 032.51	40.78
2004	1 929.00	6 099.32	51.25
2005	1 929.00	8 188.72	34.26
2006	1 929.00	10 663.44	30.22
2007	1 929.00	15 282.49	43.32
2008	1 929.00	19 460.30	27.34
2009	1 929.00	23 991.52	23.28
2010	3 389.00	28 473.38	18.68
2011	3 389.00	31 811.48	11.72
2012	3 389.00	33 115.89	4.10
2013	3 389.00	38 213.15	15.40

资料来源：根据国家外汇管理局网站（www.safe.gov.cn）相关资料计算和整理

外汇储备规模的持续增长显示出我国对外支付能力的不断增强及综合国力的显著提高，但同时，外汇储备规模的快速增长也给通货膨胀和人民币升值带来了不小的压力。

一国应该在多大规模上持有外汇储备，取决于一国对于国际储备的客观需求，我们一般可以从定性和定量两个角度分析。一是定性分析影响国际储备需求的因素包括：一国的国际收支状况、经济对外开放的程度和对外经济活动的规模、国际储备的范围及其货币在国际货币体系中的地位、国际融资的能力、汇率制度的选择、国际收支调节政策的成本和效果，以及持有国际储备的机会成本及国际政策的合作与协调状况。二是定量分析，如比例分析法、成本-收益分析法等。

在一国实行外汇管制的情况下，最简单的衡量适度储备量的方法就是利用比例分析法来进行测算。美国著名国际金融专家特里芬（R. Triffin）认为，实行严格外汇和外贸管制的国家的储备进口比例可维持在 25%左右，即一国的国际储备量应以满足 3 个月的进口为宜。

另外，近年来，随着国际资本流动对一国国际收支和汇率的影响日益加大，一些发展中国家的经济学家认为，由于发展中国家主要是资本输入国，对外负债是普遍现象，因此，发展中国家在积累外汇储备时，必须考虑到偿还对外货币性负债问题。因此，根据国际经验，一国应另外再持有相当于对外货币性负债余额10%左右的外汇储备，用以防止债务危机。如果债务结构中短期债务较高，则这一比例可高于10%，此外再保持年度外汇储备10%左右的外汇平准基金和特殊需要。根据上述理论，我们可以用以下的公式简单计算出我国的超额储备情况：

超额储备＝储备余额－3个月的年度进口额－年度外债偿还额－外汇平准基金

其中，年度外债偿还额＝年度外债余额×10%；外汇平准基金＝年度外汇储备×10%。

根据上式计算，我国1994年超额外汇储备为133.79亿美元，此后逐年上升，到2013年则已高达28 880.91亿美元（表8-6）。近几年的超额幅度就更不用说了。这里且不谈黄金储备、在IMF的储备头寸和特别提款权。

表8-6 1994～2013年按理论推算的中国超额外汇储备 （单位：亿美元）

年份	外汇储备	3个月的进口额	年度外债偿还额	平准基金	超额储备
1994	516.22	238	92.81	51.62	133.79
1995	735.97	275	106.59	73.58	280.80
1996	1 050.29	329	116.28	105.03	499.98
1997	1 398.90	417	130.97	139.89	711.04
1998	1 449.60	415	146.04	144.96	743.60
1999	1 546.75	475	151.83	156.68	763.24
2000	1 655.74	627	145.73	165.57	717.44
2001	2 121.65	678	170.11	212.17	1 061.37
2002	2 864.07	738	168.54	286.41	1 671.12
2003	4 032.51	1 122	193.63	403.25	2 313.63
2004	6 099.32	1 516	228.60	609.93	3 744.79
2005	8 188.72	2 047.18	281.05	818.87	5 860.49
2006	10 663.44	2 665.86	323.00	1 066.34	7 674.58
2007	15 282.49	3 820.62	373.62	1 528.25	9 560.00
2008	19 460.30	4 865.01	390.16	1 946.03	12 259.10
2009	23 991.52	2 385.75	428.65	2 399.15	18 777.97
2010	28 473.38	3 318.00	548.94	2 847.34	21 759.10
2011	31 811.48	4 150.75	695.00	3 181.15	23 784.58
2012	33 115.89	4 338.25	736.99	3 311.59	24 729.06
2013	38 213.15	4 647.75	863.17	3 821.32	28 880.91

资料来源：根据国家外汇管理局网站相关资料计算和整理

还有主流的观点认为：由于各个国家的实际情况不同、发展阶段不同、市场经济发展与对外开放的程度不同，单用满足进口支付和对外债务支付的要求来衡量适度储备量是远远不够的，还应该根据一国的约束条件来评估持有储备的风险与收益。通过分析，我们可以发现我国的外汇储备具有以下特点：

首先，我国的外汇储备具有明显的借入性质。1994～2013年我国经常项目账户累积的外汇储备为21 994.18亿美元（表8-7），而2007年我国外汇储备余额为38 213.15亿美元，根据借入储备＝外汇储备总额－经常项目账户顺差，计算可得，属于借入储备的金额高达16 218.97亿美元。由于借入储备的最终所有权属于非居民，在今后将以红利、股息、利润及资本转移等形式形成对外汇的需求，如2011年投资收益为－853亿美元，因此，借入储备从本质上讲是不稳定的、易变动的，不能视为自有储备。

表8-7 1994～2013年中国外汇储备增加额、经常项目和资本与金融项目差额

（单位：亿美元）

年份	外汇储备增加额	经常项目	资本与金融项目	经常项目投资收益
1994	304.23	76.58	326.44	－10
1995	219.75	16.15	386.74	－118
1996	314.32	72.42	399.67	－124
1997	348.61	297.17	229.59	－110
1998	50.70	283.24	－63.21	－165
1999	97.15	156.67	76.42	－141
2000	108.99	205.19	19.22	－142
2001	465.91	174.05	347.75	－186
2002	742.42	354.22	322.91	－147
2003	1 168.4	458.74	527.26	－102
2004	2 066.8	686.59	1 106.60	－58
2005	2 089.4	1 608.18	629.64	－176
2006	2 474.72	2 532.68	66.62	－71
2007	4 619.05	3 718.32	735.09	37
2008	4 177.81	4 206	401	222
2009	4 531.22	2 433	1 985	－157
2010	4 481.86	2 378	2 869	－381
2011	3 338.10	1 361	2 655	－853
2012	1 304.41	1 931	－168	－352
2013	5 097.26	1 828	3 262	－599
合计	37 896.93	21 994.18	—	－3 633

资料来源：根据国家外汇管理局网站相关资料计算和整理

其次，在借入储备中，短期对外债务持续增长。近些来，我国对外货币性负债出现了持续性增长。1994年我国的外债余额为928.1亿美元，2013年我国的外债余额增长到8 631.7亿美元，是1994年的9.3倍。而且短期债务在外债余额中的比重迅速上升，由1994年的11.2%，上升到2013年的78.39%（表8-8），短期还本付息的压力加大。因此，外汇储备中为应付短期对外债务的比重应增加。

再次，我国的官方储备中包含了法人储备。一直以来，我国实行以强制结售汇制度及资本和金融项目的管制为主要特征的外汇管理体制。虽然我国于1996年11月宣布开始履行国际货币基金组织第八条款的义务，基本实现经常项目的自由化，并于1997年对个别大型外贸企业实行部分外汇留存制度，及于2002年允许更多的外贸企业留存部分外汇，但外汇结售汇制依然是我国外汇管理制度的核心。法人基本不能自由持有外汇，所以我国的官方储备中包含了法人储备，官方储备被夸大了，现在的官方储备实际上是名义官方储备。随着我国外汇管理体制的市场化改革以及对外开放的深入，强制结售汇制终将被意愿结售汇制所取代，法人在获得外汇收入时可自愿决定外汇的去与留，那么，我国的官方外汇储备就可能出现减少的现象。

表 8-8 1994～2013 年中国长期与短期外债的结构与增长

项目		1994 年	1995 年	1996 年	1997 年	1998 年	1999 年	2000 年	2001 年	2002 年	2003 年
外债余额/10 亿美元		92.81	106.59	116.28	130.96	146.04	151.83	145.73	170.11	171.36	193.63
中长期外债	余额/10 亿美元	82.39	94.68	102.17	112.82	128.7	136.65	132.65	119.53	115.56	116.59
	占总余额的比例/%	88.8	88.8	87.9	86.1	88.1	90	91	70.3	67.4	60.2
短期外债	余额/10 亿美元	10.42	11.91	14.11	18.14	17.34	15.18	13.08	50.58	55.8	77.04
	占总余额的比例/%	11.2	11.2	12.1	13.9	11.9	10	9	29.7	32.6	39.8
	与外汇储备的比例/%	20.2	16.2	13.4	13	12	9.8	7.9	23.8	19.5	19.1

项目		2004 年	2005 年	2006 年	2007 年	2008 年	2009 年	2010 年	2011 年	2012 年	2013 年
外债余额/10 亿美元		228.6	296.54	338.59	389.22	390.16	428.65	548.94	695	736.99	863.17
中长期外债	余额/10 亿美元	124.29	124.9	139.36	153.53	163.88	169.39	173.24	194.1	196.06	186.54
	占总余额的比例/%	54.37	42.12	41.16	39.45	42.00	39.52	31.56	27.93	26.6	21.61
短期外债	余额/10 亿美元	104.31	171.64	199.23	235.68	226.28	259.26	375.7	500.9	540.93	676.63
	占总余额的比例/%	45.63	57.88	58.84	60.55	58.00	60.48	68.44	72.07	73.4	78.39
	与外汇储备的比例/%	17.1	20.96	18.68	15.42	11.63	10.81	13.19	15.75	16.33	17.71

资料来源：根据国家外汇管理局网站资料整理

再次，由于我国与西方国家在意识形态和社会政治制度上存在差异，如果我国今后遭遇经济危机，很难出现愿意帮助我国的国家和组织。亚洲金融危机时，在东南亚国家最急需外汇援助的时候，负有援助之责的国际货币基金组织却横生枝节、拖延不救的教训仍在。1997 年东南亚金融危机后，东南亚国家和石油出口国的外汇储备出现了前所未有的高速增长，远远超出交易性动机和预防性动机决定的外汇储备需求规模。所以，我国持有较高的储备量是应该的。

最后，传统的衡量国际储备量的方法主要是针对经常账户制定的，而在国际资本流动异常突出的今天，国际储备对国际收支平衡的维护更大程度上体现在抵消国际资本流动的冲击上。由于国际资本流动具有规模大、速度快等特点，因此，一国在不能有效、及时地利用国际金融市场借入储备的情况下，为了应付外汇投机家的冲击，持有较高的储备量是应该的。

综合上述，主流观点认为，我国持有较高的外汇储备量具有一定必要性，然而现在约 4 万亿美元的外汇储备还是过高了。

巨额外汇储备带来诸多挑战，主要如下：

首先，我国过高的借入储备，导致我国对外资产与负债结构失衡，这种失衡对于我国净投资收益影响将是巨大的，造成严重的资源浪费。例如，2012 年我国对外资产中 65.5%是外汇储备，而对外负债中 62.8%是外商直接投资。外汇储备总额＝借入储备＋经常项目账户顺差，一方面，我国外汇储备资产的很大一部分投资于美国国债这样的低收益产品，大概年收益率为 3%～5%。另一方面，占我国对外负债主导地位的外商直接投资等借入储备却享受着我国快速增长的红利，据估计投资收益率在 15%～20%。例如，以 FDI 为主的外国投资资本收益主要表现为投资收益＋留存利润。如表 8-7 所示，1994～2013 年我国经常项目投资收益持续上升，20 年间投资收益合计－3633 亿美元，其中 2011 年高达－853 亿美元。巴曙松等（2013）的测算结果显示，1979～2011 年，FDI 留置存利润累计总额高达 10 791.7 亿美元，尚未估计或低估的留存利润存量累计约 7334 亿美元。2011 年我国外汇管理局对 2009 年国际投资头寸数据作了修正，将此前公布的 2009 年年末外国来华直接投资余额由 9974 亿美元上调到 13 148 亿美元，增长 32%，误差直指巨额的外资留存利润。中国人民银行副行长、外汇管理局局长易纲近日表示，当前中国继续积累外汇储备的边际成本已经超过边际收益，继续增加外汇储备已不合算。

其次，外汇储备量越大，基础货币投放量也越大，影响我国货币政策自主性。由于外汇储备是货币当局购买并持有的资产，其在货币当局账户上的对应反映是外汇占款，而外汇占款的增加将直接导致基础货币发行量的增加。若再通过货币乘数效应，就会引起货币供应量的大幅上升。2013 年，我国外汇储备增加额为 5097.26 亿美元，按照当时的比价，可形成超过 30 583.56 亿人民币的基础货币投放。如果货币当局没有有效的工具和手段进行对冲，对内将直接加剧我国的通货膨胀，对外推动人民币升值。人民币升值是一把双刃剑，一方面有助于提高中国经济在国际上的地位，促使人民币成为国际主要货币；另一方面，人民币的升值将会直接削弱我国的出口竞争力，从而影响国内经济增长速度等。我国人民银行通常是利用中央银行票据和提高法定存款准备率来冲销多余流动性，2007 年美国次贷危机后，在美国、日本等发达国家实行零利率货币政策的背景下，我们面临最严峻的储备管理挑战是：外汇储备的收益持续低于货币冲销成本。致使中央银行的外汇储备管理持续出现亏损，而央行亏损规模的扩大又可能引发了新一轮的货币扩张，这又迫使央行实施更大规模的货币冲销措施，进而导致央行财务状况更趋恶化，从而形成了"亏损—货币扩张—央票发行—亏损扩大"的恶性循环链条。

最后，在我国外汇储备结构不甚合理、美元储备比例过高，而美元又连续贬值的情况下，我国的外汇储备将缩水严重，遭受较大损失，这意味国民财富遭受较大损失。从美国财政部公布的中国在美投资数据及国际清算银行（Bank for International Settlements，BIS）对中国外汇清偿能力的分析报告等渠道大体可以推知，目前中国外汇储备中，65%是美元资产，25%是欧元资产，其余 10%是日元、英镑等外币资产。从 2005 年 7 月 21 日人民币汇率改革到 2013 年年底，人民币美元汇率中间价升值了37%以上。

应当看到，十多年来，尤其是近些年来，我国外汇储备的持续、快速增长一方面得益于我国国民经济持续、快速、稳定的增长，另一方面也是我国外汇管理制度缺陷及发展战略未能及时转型所为。我们应该从存量和增量两方面加以解决。

存量方面：

第一，继续鼓励“走出去”战略。国家应该积极利用外汇储备来支持企业，特别是重点民营企业走出去，提高其国际竞争力。目前，我国国企包括央企对外投资并不顺利。例如，中国铝业公司投资澳大利亚力拓集团（Rio Tinto Group），斥资195亿美元，最后以失败告终。除了中铝战略判断失误外，澳方认为，中国铝业公司是政企不分，收购有政治色彩，引起了他们的警惕。开放民营企业跨国并购将使企业迅速获得战略资源、销售渠道、品牌、技术、人才，避免反倾销等贸易纠纷，从而在较短的时间内产生协同和规模效应，增强国际竞争力。

第二，通过对外贷款置换方式购买国家长期战略资源、能源和关键技术。对外贷款置换是指我国的对外援助与贷款操作过程中，将其优惠利率、发放额度与国家的战略投资挂钩。成功的先例如俄罗斯和中国的石油合作，俄罗斯石油公司及俄罗斯国家石油管道运输公司分别与中石油签署了长期原油贸易协议。根据该协议我国可以在未来的20年内得到3亿吨原油，而俄罗斯将从我国获得利率非常优惠的贷款，同样，优惠的贷款也可以发放给外资公司企业，作为低利率的交换条件，可以要求对方提供长期的与中国对应企业进行合作协议或者低价出售给我国相关知识产权或其他技术的合同。

第三，采取财政债券与外汇储备进行置换方式用于改善民生国计民生的事业。例如，为保障性安居工程建设提供资金支持或者弥补养老金缺口。

第四，藏汇于民。“藏汇于民”是指在“意愿结售汇”制度下，放宽出口收汇企业的留汇额度，从而增加企业和个人的外汇储备、减少国家外汇储备的机制。目前“藏汇于民”的主要问题是中国居民在使用外汇方面受限制较多：在经常项目方面，每人每年的购汇额度固定；而在资本项目方面，个人和企业（特别是民营企业）的境外投资则完全不被允许，只能通过金融机构的QDII。2014年6月中国银行的“优汇通”被疑洗黑钱事件将可能又关闭一个个人和民营企业的投资资金渠道。

第五，发挥中投公司的作用。中投公司是2007年财政部通过发行人民币特别国债，购买央行2500亿美元的外汇储备，作为注册资金而成立的，是全球最大的主权财富基金（Sovereign-Wealth Fund，SWF）之一。中投公司两笔著名的投资，一是2007年5月，还在筹备中的中投，斥资30亿美元购买美国黑石集团（Blackstone GroupLP.）1.01亿股股票，到2010年8月亏损比率达60%；截至2014年7月9日美股收盘，黑石集团的股价为32.85美元/股，而当初中投公司投资黑石集团的价格为29.61美元/股，中投公司对黑石集团的股权投资已经有了35%的盈利，其中包括黑石历年支付的股息。二是2007年12月，斥资50亿美元，购入8668万股摩根斯坦利公司（Morgan Stanley）股票，到2008年年末，亏损了70%，后来逐步亏本卖出。2008年中投总体回报率是6.8%，2009年回报率是11.7%，2010年也是11.7%，2011年盈利90亿美元，平均年化收益率是6.4%。这些盈利，主要因为其全资子公司——中央汇金投资有限责任公司（中央汇金）在国内的股权投资收益，而中投的境外投资经常亏损。如2008年中央汇金国内利润是231.3亿美元，而中投境外投资组合（即全球组合）则是亏损的，亏损率2.1%，但我们不能因噎废食。

增量方面：

我们应该重点去研究我国现有外汇管理制度的缺陷，找出解决之道；重点研究国民经济发展战略的转型，研究如何从出口导向型发展战略转变为内需为主型发展战略。

【讨论题】

（1）怎样确定一国国际储备的最优规模？

（2）我国应如何应对高额外汇储备的挑战？

第九章

国际货币体系

随着经济全球化和金融一体化的发展，国际货币关系日益成为世界经济发展中的一个非常重要和复杂的问题。它不仅突出地反映了发达国家之间的矛盾，同时也反映出发达国家与发展中国家之间的矛盾。正是因为国际货币体系已经成为事关各国的经济利益和经济发展的重大问题，所以有关国际货币体系发展和改革的问题业已成为国际金融研究的重要课题。

第一节　国际货币体系概述

一、国际货币体系的含义

国际货币体系（international monetary system）又称国际货币制度，是指为了适应国际贸易和国际支付的需要，各国政府对货币在国际范围内发挥职能作用所作的有关政策规定和制度安排，对这些规定和安排各国都应共同遵守。它包括各国货币的兑换、汇率制度的规定、国际收支的调节和国际储备资产的确定等方面内容。由于各国货币是由各个主权国家发行的，而国际经济交易则是跨国进行的，这就需要一种国际性货币体系来协调、规范各国的经济交易，从而保证和促进国际贸易和国际支付的顺利进行。

一个健全的国际货币体系应能够促进国际贸易和国际资本流动的顺利进行，从而促进世界经济的发展。国际货币体系概括起来主要包括以下三个方面内容：①汇率制度的确定，即一国货币与其他货币之间的汇率应按何种规则确定与维持，并保持汇率稳定，有效防止各国货币间汇率的竞争性贬值；②国际收支的调节方式，即国际货币体系应能够提供一种有效的国际收支调节机制，通过该机制的运作能够使各国公平合理地承担国际收支失衡的调节责任，并使调节所付出的代价最小；③国际储备资产的确定，即确定用什么货币作为国际间的支付货币，一国政府应用什么货币来保有自己的贸易盈余和债权，以保证国际支付和满足调节国际收支的需要，同时能够在满足国际清偿能力增长的同时维持人们对储备货币的信心。能否提供足够的国际储备供应并自觉抵制国际储备的过量增长是衡量国际货币体系是否有效的一个标志。

二、国际货币体系的类型

国际货币体系可以从货币本位制度和汇率制度两个角度来划分。

从货币本位制度来划分，由于货币本位涉及储备资产的性质，而国际货币储备一般分为商品储备和信用储备两类，根据储备的性质，国际货币体系可分为三类：①纯商品本位，如金本位制度；②纯信用本位，如不兑换的纸币本位制度；③混合本位，如金汇兑本位制度。

从汇率制度来划分，根据汇率弹性大小，可将国际货币体系分为固定汇率制、浮动汇率制，以及由它们所衍生的可调整的钉住汇率制、有管理的浮动汇率制等。

当然，我们还可以从历史演变的角度根据国际货币体系的发展进程而把它划分为国际金本位制、布雷顿森林体系和牙买加体系三个阶段。下面我们就根据国际货币体系的历史演变来进行阐述。

第二节 国际金本位制度

一、国际金本位制的形成和类型

(一) 国际金本位制的形成

金本位制的先驱是金银复本位制（bimetallism），复本位制可追溯到 16、17 世纪或更早的年代。英国于 1819 年和 1844 年通过银行法规规范黄金的流出、流入及中央银行的业务，率先实行金本位制。随后各主要资本主义国家先后通过立法确立金本位制度。目前普遍认为它大约形成于 1880 年年末，持续到 1914 年第一次世界大战爆发时结束。由于当时英国在世界经济中的突出地位，国际金本位制实际上成为一个以英镑为中心、以黄金为基础的国际货币制度。

(二) 国际金本位制的类型

国际金本位制主要有三种形式：金币本位制（gold specie standard）、金块本位制（gold bullion standard）和金汇兑本位制（gold cxchange standard）。

1. 金币本位制

在金币本位制下，以一定数量与成色的金币作为本位货币，金币可以自由铸造、自由熔化，黄金可以自由输出入。这是第一次世界大战前欧美各国所实行的货币制度，是典型的金本位制。

2. 金块本位制

在金块本位制下，流通中货币全部是可兑换的银行券，国内禁止黄金流通。虽然银行券可在一定数量之上向发行人兑换黄金，但纸币被普遍接受，只有一小部分银行券被兑换。

3. 金汇兑本位制

在这种货币制度下，国内不流通金币，以国家发行的银行券当作本位币流通。实行金汇兑本位制国家的货币与实行金币本位制或金块本位制国家的货币相联系。在第一次世界大战后到1931年资本主义经济大萧条这段时期，除美国继续实行金币本位制外，英、法两国实行金块本位制，而其他资本主义国家则实行金汇兑本位制。

金块本位制和金汇兑本位制已不是真正意义上的金本位制。

二、国际金本位制的特点

国际金本位制是一种以一定重量和成色的黄金作为本位货币的货币制度，货币体系的基础是黄金，各国货币按其含金量之比确定一个法定平价，所以可以说国际金本位制是一种各国货币根据黄金来确定比价的固定汇率制度。具体来说有以下三个特点：

1. 黄金执行国际支付手段和国际储备货币的职能

在国际金本位制度下，黄金充分发挥世界货币的职能，它充当国际支付手段、国际购买手段和作为社会财富的代表。金币可以自由铸造，银行券可自由兑换成黄金，黄金可以自由输出入。

2. 各国货币的汇率由其法定平价决定

在国际金本位制下，各国货币都规定有法定的含金量，各国货币的汇率由其含金量之比即法定平价来决定，所以国际金本位制是严格的固定汇率制度。当然，由于外汇供求关系的变动，外汇市场的实际汇率会围绕法定平价而上下波动，但由于金本位制下黄金可以自由输出入，所以汇率的波动幅度始终维持在黄金输送点之间。

3. 具有自动调节国际收支的机制

这就是由英国经济学家休谟（D. Hume）提出的“物价与铸币流动机制”。即当一国国际收支不平衡时，会引起该国汇率的变化，进而引起黄金的输出入，而黄金的流动又会使该国银行准备金发生变动，而银行准备金的变动将引起国内货币数量的变化，从而影响国内物价，物价的变动又会导致进出口变动，最后纠正国际收支的不平衡。

金本位制对国际收支的自动调节，需要具备几个前提条件：①没有大量的国际资本流动，一国国际收支失衡，就会导致黄金的输出入；②银行体系没有过剩的黄金储备，黄金的流动立即就反映在银行信用规模和物价变动上；③生产与贸易将对价格变动作出反应，即价格对供求要有充分弹性。这就要求各国共同遵守三项原则：一是各国应以黄金表示其货币价值，并随时可自由兑换；二是黄金可以自由输出入，各国金融当局应保证可随时按官价无限制地买卖黄金和外汇；三是各国发行纸币应受黄金准备数量的限制。

后来新古典学派对金本位的自动调节机制作了一点补充，即强调了国际短期资本流动对国际收支的平衡作用。当一国国际收支失衡时，势必发生国际短期资本流动，从而加速国际收支均衡过程。根据新古典学派的理论，贸易盈余的国家必然出现黄金流入，国内货币供应增加，收入和价格水平提高，于是出口减少，进口增加，同时金融市场利率下降，资金外流；与此相反，贸易赤字国家必然出现黄金流出，国内货币供应量减少，收入和价格水平下降，于是出口增加，进口减少，同时金融市场利率上升，资金流入。由此可见，休谟的“物价与金币流动机制”以货币数量论为前提，而新古典学派则进一步注意到了资本流动对国际收支的影响。

三、国际金本位制的崩溃

1914年第一次世界大战的爆发使得业已形成的国际金本位制无法运行。各参战国均禁止黄金输出，并实行纸币停止兑换黄金的措施。1913年年末，英、美、法、德、俄五国占有世界黄金存量的2/3，这就大大削弱了其他国家货币制度的基础。

第一次世界大战结束后，各国试图努力恢复金本位制，然而，政治、经济形势同战前相比已大大不同了，传统的金本位制很难恢复。稍后，各主要资本主义国家勉强恢复了不同形式的金本位制，即美国实行金币本位制，英、法两国实行金块本位制，其他国家则实行金汇兑本位制。但此时的国际金本位制已不可与战前相提并论，其运行基础受到了严重削弱。由于维持金本位制的基础遭到破坏，金本位制的稳定性也就失去了保证。1929～1931年资本主义世界爆发了严重的经济危机，由于经济危机的影响，英、美相继停止银行券兑换黄金，禁止黄金输出，从而放弃了金本位，接着各国也纷纷放弃金本位制。

国际金本位制的崩溃是资本主义世界内在矛盾发展的结果。资本主义内在矛盾的发展势必导致政府干预经济，而这与金本位制所要求的自由竞争原则是背道而驰的，并且黄金产量的限制和黄金分配的不均都是国际金本位制度失去存在基础的根本原因。

国际金本位制崩溃后，国际货币制度一片混乱，正常的国际货币秩序遭到破坏，资本主义各国组成相互独立的货币集团——英镑集团、美元集团、法郎集团等。各货币集团之间存在着严格的外汇管制，货币不能自由兑换，在国际收支方面，各国竞相实行货币贬值以达到扩大出口，抑制进口的目的。各种贸易保护主义措施和外汇管制在当时非常盛行，结果是国际贸易严重受阻，国际资本流动几乎陷于停顿。

第三节　布雷顿森林体系

一、布雷顿森林体系的建立

在第二次世界大战还未结束时，美、英等国即着手拟订战后的经济重建计划，事实上，早在20世纪40年代初，美国就积极策划取代英国而建立一个以美元为支柱的国际货币体系，改变30年代以来资本主义世界货币体系的混乱局面。第二次世界大战使资本主义各国的力量对比发生了巨大变化。英国在战争期间遭受了严重创伤，但它仍试图保持自己的国际地位。而美国在战争结束时，工业制成品已占世界的一半，对外贸易占世界贸易总额的1/3以上，黄金储备占到世界黄金储备的六成，国外投资急剧增长，已成为资本主义世界最大的债权国。这为建立美国经济和美元的霸主地位创造了条件。美、英两国都从本国利益出发，设计新的国际货币秩序，并于1943年7月分别提出了“怀特计划”和“凯恩斯计划”。

怀特计划是美国财政部官员怀特提出的国际货币稳定基金方案。这个方案采取存款原则，建议：①设立一个国际货币稳定基金，资金总额为50亿美元，由各会员国用黄金、本国货币或政府债券缴纳，认缴份额取决于各国的黄金外汇储备、国民收入和国际收支差额的变化等因素，根据各国缴纳份额的多少决定各国在基金里的投票权。②基金组织发行一种国际货币名为“尤尼他”（unita）作为计算单位，其含金量为137 $\frac{1}{7}$格令，相当于10美元。“尤尼他”可以兑换黄金，也可以在会员国之间相互转移。各国要规定本国货币与“尤尼他”之间的法定平价。平价确定后，非经基金组织同意，不得随意变动。③基金组织的主要任务是稳定汇率，并对会员国提供短期信贷以解决国际收支不平衡问题。会员国为了应付临时性的国际收支逆差，可用本国货币向基金组织申请购买所需要的外汇，但数额最多不得超过它向基金组织认缴的份额。怀特方案的目的，是要由美国一手操纵和控制基金组织，从而获得国际金融领域的统治权。

凯恩斯计划是英国财政部顾问凯恩斯制订的。其主要内容是：①设立一个世界性的中央银行——国际清算同盟，由该机构发行以一定量黄金表示的国际货币“班柯”（bancor）作为清算单位。班柯与黄金直接挂钩。各国可用黄金换取班柯，但班柯不能兑换黄金。同时，各国货币按一定比价与班柯建立可调整的固定汇率关系。②各国在国际清算同盟中所承担的份额，以第二次世界大战前3年进出口贸易的平均额计算，会员国不需缴纳黄金或现款，而只是在上述清算机构中开设往来账户，通过班柯存款账户的转账来清算各国的官方债权债务。当一国国际收支发生顺差时，就将盈余存入账户，发生逆差时，则按规定的份额申请透支或提存。实际上，这是将两国之间的支付扩大为国际多边清算，如清算后，一国的借贷余额超过份额的一定比例时，无论顺差国或逆差国均需对国际收支的不平衡采取调节措施。凯恩斯计划强调透支原则和双方共同负责调节国际收支失衡的责任，这对当时经常发生国际收支赤字的英国是十分有利的。

1943年9月到1944年4月，英、美两国在有关国际货币计划的谈判中展开了激烈争论。由于美国在政治上和经济上的实力大大超过英国，英国最后接受了美国的方案，美国也作出了一些让步。1944年7月，在美国布雷顿森林召开的有44国参加的联合和联盟国家国际货币金融会议上通过了以“怀特计划”为基础的《国际货币基金协定》（又称布雷顿森林协定）和《国际复兴开发银行协定》，从而建立起布雷顿森林体系。

二、布雷顿森林体系的主要内容

布雷顿森林体系的主要内容可概括为以下六个方面。

（一）建立一个永久性的国际金融机构——国际货币基金组织（IMF）

IMF是第二次世界大战后国际货币制度的核心，它具有对成员国进行监督，与会员国就国际货币领域的有关事项进行磋商，对国际收支逆差国融通资金等职能，在一定程度上维护着国际金融领域的秩序。

（二）规定以美元作为最主要的国际储备货币，实行美元-黄金本位制

美元直接与黄金挂钩，规定每一盎司黄金等于35美元。另外，其他国家的货币与美元挂钩，各国货币按含金量确定与美元的比价（或不规定含金量而只规定与美元的比价），即所谓的双挂钩制度，从而确立了美元的中心地位。

（三）实行固定汇率制度

IMF协定规定各国货币对美元的汇率一般只能在平价上下各1%的幅度内波动。为

保持外汇行市的稳定，各国政府有义务在外汇市场上进行干预活动。只有在一国国际收支发生根本性不平衡时，才允许其汇率贬值或升值。汇率平价的任何变动都要经过基金组织批准。这就是战后所实行的可调整的钉住汇率制（adjustable peg）。但对什么是根本性的不平衡，则没有作出说明。

（四）IMF向国际收支赤字国提供短期资金融通，以协助其解决国际收支困难

IMF协定第3条规定会员国份额的25％以黄金或可兑换黄金的货币缴纳，其余75％则以本国货币缴纳。会员国在需要国际储备时，可用本国货币按规定程序向基金组织购买（即借贷）一定数额的外汇，并需在规定的期限内以用外汇购回本国货币的方式偿还所借用的款项。会员国认缴的份额越大，投票权也就越大，同时借款能力也就越强。普通资金账户是IMF最基本的一项贷款，它只限于弥补国际收支赤字。根据IMF最初的规定，会员国借用普通资金的累计最高限额为其份额的125％。当然，IMF在审查和发放贷款时是很严格的，并针对各国具体情况提出不同的要求。

（五）取消外汇管制

IMF协定第8条规定会员国不得限制经常项目的支付，不得采取歧视性的货币政策，要在兑换性的基础上实行多边支付。但有三种例外情况：①IMF允许对资本移动实行外汇管制。②会员国在处于战后过渡时期的情况下，可以延迟履行货币可兑换性的义务。IMF当初希望过渡期不超过5年，但实际上直到1958年年末主要工业化国家才取消了经常账户的外汇管制。在发展中国家，外汇管制仍相当普遍。③会员国有权对“稀缺货币”采取临时性的兑换限制。

（六）制定了稀缺货币条款（scarce-currency clause）

当一国国际收支持续盈余，并且该国货币在IMF的库存下降到其份额的75％以下时（由于逆差国向IMF借取该国货币），IMF可将该国货币宣布为“稀缺货币”。于是IMF可按赤字国家的需要对该国货币实行限额分配，赤字国有权对“稀缺货币”采取临时性限制兑换，或限制进口该国的商品和劳务。这一条款的设置是希望盈余国能主动承担调节国际收支失衡的责任，但是这个条款并未得到真正实施。

三、布雷顿森林体系的特点和缺陷

（一）布雷顿森林体系的特点

在布雷顿森林体系下，由于美元可以兑换黄金，因此也有人把它称作以美元为中心的金汇兑本位制。但它与一次大战后的金汇兑本位制不同，其特点如下。

1. 美元发挥了世界货币的职能，处于国际货币体系的中心地位

美元被广泛地用作国际间的计价单位、支付手段和储备手段，成为唯一的国际储备货币，因而也可以说布雷顿森林体系是可兑换黄金的美元本位。

2. 实行钉住美元的可调整固定汇率制度

在汇率确定方面，它是以美元作为关键货币，根据其他国家货币与美元的金平价之比来确定各会员国货币对美元的汇率，进而决定各成员国货币彼此之间的平价关系。IMF规定各成员国货币与美元的汇率如发生变动，范围不得超过平价的±1％，超过

时，除美国外，各会员国的中央银行均有义务在外汇市场上进行干预。如果一国发生根本性的国际收支不平衡，可以向IMF申请调整其货币与美元的平价关系，而不必紧缩或膨胀国内经济。但在实际运行中，会员国汇率调整的情况是很少的。

3. 运用两种方法调节国际收支的失衡

在对国际收支的调节方面，与金本位制下的物价——金币调节机制不同，布雷顿森林体系下国际收支的失衡有两种调节方法：一是短期的失衡由IMF提供的信贷资金解决；二是长期的失衡通过调整汇率平价来解决。但在实际运行中，两种方法都收效不大。首先，IMF通过配额筹集的资金规模有限，面对巨额的国际收支失衡，解决不了多少问题；其次，在布雷顿森林体系下，汇率调整的情况并不多见。事实上，在布雷顿森林体系运行的20多年时间里，国际收支大面积失衡的问题始终没有得到真正解决。

4. 国际性的货币机构发挥着重大作用

IMF及世界银行等国际金融机构在监督各国汇率变动、调节国际收支不平衡、对会员国提供贷款、监督一国财政货币政策等方面发挥着重要作用。目前看来，它的影响力越来越大，而第二次世界大战前的国际货币体系在这方面没有统一的规定，而且也缺乏一个这样的组织，处于松散状态，这种对比是非常明显的。

（二）布雷顿森林体系的缺陷

布雷顿森林体系是一种非常重要的货币制度，它是在特定的历史条件下，通过人为的努力而产生的一种国际货币制度，是世界政治、经济力量不平衡发展的结果。它既有维持国际货币秩序的初衷，又有经济强国实行霸主经济、干预世界经济发展的目的。正因为如此，它本身存在着一些重大缺陷。

1. 国际储备的增长和对储备货币信心的矛盾

布雷顿森林体系很好地解决了各国增强清偿能力的要求（虽然该体系规定美元同黄金挂钩，即美元发行量的增长要以黄金储备的增长为前提，但事实上是由美国的国内货币政策所规定，国际上很难对它作出监督和考核），但同时相应的带来了各国对美元信心的缺乏。正如美国耶鲁大学教授特里芬（R. Triffin）所指出的：以一国货币（美元）作为主要国际储备资产，具有内在的不稳定性。即要满足世界经济和国际贸易增长之需，国际储备必须有相应的增长，而这要依靠储备货币供应国——美国的国际收支逆差来实现。而美国国际收支的逆差使得各国持有的美元数量增加，增加越多，则对美元的价值越缺乏信心，对美元能否兑换黄金越发怀疑。这是布雷顿森林体系的一个无法克服的难题，也称作“特里芬难题”（Triffin dilemma）。

2. 美元作为国际主要储备资产享有一种特权地位

美国可以利用美元直接对外投资，操纵国际金融事务，弥补国际收支赤字。这就造成拥有美元储备国家的实际资源向美国转移，这种现象在西方叫做“铸币税”（seigniorage），即货币发行国家通过发行货币可获得一个净收益，因为流通中铸币或纸币的面值和金银条块及其铸造成本之间是有很大差额的，从而美国可以取得巨大的铸币税收益。同时由于各国货币汇率钉住美元，也造成了各国货币对美元的依附关系，使得美国的货币政策对各国经济有着重大影响。

3. 布雷顿森林体系过分强调汇率的稳定，而忽视了国际收支的调节机制

在布雷顿森林体系下，汇率是固定的，各国有义务维持本国货币与美元的平价关系。只有当一国发生严重国际收支不平衡时，征得 IMF 同意，才能变动法定平价。而判断一国国际收支是否严重失衡又缺乏统一的标准，事实上各国很少能够变动平价。即使变动平价的要求最终得到批准，失衡的国际收支也早已对该国造成了严重的影响，因此就失去了汇率这一重要经济杠杆对国际收支的调节机制。于是各国要么实行贸易管制，要么放弃稳定国内经济的政策目标。

4. 布雷顿森林体系所实行的固定汇率制在一定程度上可能造成会员国的通货膨胀

在各国货币对美元的汇率超过“协定”所规定的界限时，各国政府有义务在外汇市场上进行干预活动，以平抑汇价。如果一国发生国际收支顺差，那么汇率升值的压力将迫使官方金融机构大量抛售本国货币，买进美元，促使美元汇率回升。结果这些国家的货币供应量增多，从而加剧世界通货膨胀。另外，在美元过剩的情况下，如果抛售美元，则会引起美元危机；如果保持美元，又将遭受贬值的损失。

5. 国际收支失衡的调节责任不对称

在布雷顿森林体系下，虽然逆差国可能会在压力下降低汇率或者实行紧缩性的货币政策，IMF 却无法迫使顺差国提高汇率或者实行较为扩张性的货币政策。虽然该体系规定有稀缺货币条款，但却很少实行，国际收支不平衡的调节仍然落在逆差国一方的肩上。尤为困难的是，因为美元是国际储备货币，即使美元定值过高也不能降低美元的汇率，即使美国大量的国际收支逆差也不能实行紧缩性的货币政策。如果美国严格按照黄金储备的增加来增加货币供应，则势必造成储备货币的缺乏，制约世界经济和贸易的发展。当然，美国从其自身利益出发，也不愿如此。

四、布雷顿森林体系的崩溃

（一）20 世纪 60 年代维持布雷顿森林体系所采取的措施

第二次世界大战结束后，世界经济均遭受严重破坏，而美国由于远离战火，其经济得到迅速发展。此时美国已具备了大规模生产和出口的能力，国际收支的状况是美国盈余，其他国家普遍赤字，国际储备严重短缺，因而出现了所谓“美元荒”。为了解决这个难题，1947 年美国实施了著名的“马歇尔计划”，通过这个计划美国以赠予和贷款的方式向西欧国家提供了大量的经济援助，以使西欧各国能够支付从美国的进口。“马歇尔计划”的实施实现了美元的回流，解决了西欧各国国际收支失衡的难题。在美国的援助下，西欧的经济开始恢复并逐渐增长，美国的收支盈余也相应减少。到 1958 年，西欧各国已积累了足够的美元，于是解除了经常账户交易的外汇管制，货币开始自由兑换。20 世纪 50 年代后半期，美国连续发生国际收支赤字，美元供给大大超过需求，由 50 年代初的“美元荒”变成了 60 年代初的“美元灾”。美国的黄金储备大量外流，对外短期债务激增，到 1960 年，美国对外短期债务已超过其黄金储备额，美元的信用基础发生动摇。国际金融市场出现了抛售美元、抢购黄金与硬通货的风潮。为了减缓美元危机，维持布雷顿森林体系的运作，美国和 IMF 采取了以下一系列的措施。

1. 建立黄金总库（gold pool）

美元危机所引起的国际金融市场抢购黄金风潮，使得金价不断上涨。为维持黄金官价，美国联合英国、瑞士、法国、联邦德国、意大利、荷兰、比利时七国于1961年10月建立了黄金总库，各国按一定的比例共拿出2.7亿美元的黄金，指定英格兰银行为总库的代理机构，按市场规则运作，维持黄金市场价格的稳定。1967年，英镑贬值导致针对可能让美元走贬的投机活动盛行，伦敦市场的黄金需求数量剧增，在救援英国的行动中，从美国诺克斯港口紧急空运到伦敦的黄金，一度压塌了英格兰银行金库的承重地面。

2. 借款总安排

由于国际收支恶化，美国需要借用联邦德国马克、法国法郎等货币，以平衡国际收支、稳定美元汇率，但在国际货币基金组织的基金中，美国所占份额较多，西欧国家所占份额较小，因而不能满足美国对这些货币的需求。于是在美国倡议下，IMF于1961年11月在巴黎召开会议，由黄金总库的八国加上加拿大和日本共十国，签订了资金达60亿美元的“借款总安排”协议。规定当基金组织缺少西欧等国的货币时，可由基金组织向“借款总安排”的有关国家借入，转贷给需要的会员国，实际上主要是支持美国。参加“借款总安排”的十国也叫“十国集团”。

3. 货币互换协定

亦称互惠借款协定。在美元汇率趋跌的情况下，美元被大量抛售，为加强对外汇市场的干预，1962年3月，美国分别与14个西方主要国家，主要是“十国集团”国家签订了“货币互换协定”，该协定为双边协定。其主要内容是：两国中央银行应在约定期间内相互交换一定金额的对方货币。在未使用之前，须以定期存款或购买证券的形式存于对方。当约定到期，则根据实行互换时的汇率相互偿还对方货币。

4. 黄金双价制

20世纪60年代中期，随着美国对越战争的扩大，其国际收支进一步恶化。1968年3月爆发了空前的第二次抛售美元、抢购黄金的浪潮。在半个月中，美国黄金储备流失14亿多美元。黄金总库已无力平息抢购黄金的风潮。因而3月15日解散黄金总库，实行黄金双价制（two-tier price system of gold），即只允许各国中央银行按官价用美元向美国兑换黄金，至于黄金市场的价格则任由供求关系决定，各国政府不再维持35美元1盎司的黄金官价。

5. 创设特别提款权

为了缓和美元危机，早在1965年美国就在IMF提出创设特别提款权的方案，其目的是要进一步扩大基金组织的贷款能力，从而能够利用这种“纸黄金”来弥补国际收支赤字，减少美元外流，并逐步用特别提款权来代替黄金作为国际储备，为以后建立一种既能脱离黄金又不触动美元特权地位的新的货币体系奠定基础。1969年10月，IMF第24届年会通过了设立特别提款权的决议，并决定于1970～1972年分3年“发行”特别提款权95亿单位。

由于特别提款权只能用于政府间的结算，发行的数量也较小，而大量经济个体国际往来债权债务的结算与支付仍主要使用美元，所以它不仅不会损害美元的特权地位，还有助于缓和美元危机：①它的创设与分配可增加美国的国际储备资产，从而增加其应付国际收支逆差的能力；②可减少美国黄金储备的流失，这是因为特别提款权等同于黄金，当外国要求美国兑换黄金时，美国可用特别提款权支付。

除了上述国际合作性的措施外，美国还采用劝说和施加政治压力等手段阻止外国政府用美元向美国兑换黄金。然而以上措施只是在一定程度上减缓了美元危机的爆发，却无法从根本上克服布雷顿森林体系的弊端，布雷顿森林体系的崩溃在所难免。

（二）布雷顿森林体系的崩溃过程

1. 美元停止兑换黄金

1971 年 5 月和 7 月连续爆发了两次美元危机。美国为维持美元的中心地位付出了沉重代价：一方面积累了巨额外债，另一方面黄金储备流失严重。至 1971 年 8 月，其黄金储备减少到 102 亿美元，对外短期负债却增至 520 亿美元。此时美国根本不可能承担美元兑换黄金的义务，于是各国纷纷向美国挤兑黄金。1971 年 8 月 15 日，美国政府宣布政府实行“新经济政策”，对内冻结工资、物价，对外停止履行外国政府和中央银行可以用美元向美国兑换黄金的义务，并对进口商品增加 10％的附加费。新经济政策的推行，意味着美元与黄金脱钩，支撑布雷顿森林体系的基础从根本上发生了动摇。为了避免国际游资对本国货币的冲击，许多西方国家的货币不再钉住美元而实行浮动。

2. 史密森协议

在国际金融市场极端混乱的情况下，“十国集团”于 1971 年 12 月在美国华盛顿的史密森学会大厦举行财政部长和中央银行行长会议，达成“史密森协议”（the Smithsonian agreement），主要内容是调整美元同各国货币汇率的比价和扩大平价波动范围：①美元对黄金的比价贬值 7.89％；②一些国家的货币对美元升值 2.76％～7.66％；③将市场外汇汇率的波幅从黄金平价上下 1％扩大到平价上下各 2.25％。但史密森协议只是缓和美元危机的暂时性措施，并不能解决根本问题。1973 年第 1 季度，国际金融市场上又掀起数起抛售美元、抢购西德马克和日元的浪潮。美国政府被迫再次宣布美元贬值 10％，黄金官价也由每盎司 38 美元提高到 42.22 美元。各国为了维持中心汇率，不得不投放大量本国货币，支撑美元汇率，结果造成了巨大的通胀压力，使得各国无法承受，遂先后放弃了维持中心汇率的最后努力。至此，各国货币已开始自由浮动，布雷顿森林体系彻底崩溃。

第四节　牙买加体系

布雷顿森林体系解体后，国际金融形势更加动荡不定，国际货币体系呈现出多样化格局，浮动汇率成为国际上的主要汇率制度，国际储备资产也呈现出多样化趋势。在可调整的钉住汇率制解体后，如何重构一个既能促进经济发展又能被广泛接受的国际货币体系，成为后布雷顿森林体系时期面临的重要历史使命。

一、牙买加体系的出台背景

布雷顿森林体系崩溃以后，大多数国家的货币失去了可以依赖的“锚”，在货币汇率走势上则表现为大起大落，整个世界进入了所谓的浮动汇率制时代。严格地说，这样的汇率体制还不是一种正式的国际货币体系，因为IMF还没有同意浮动汇率的合法化。1975年，法国总统吉斯卡尔·德斯坦（Valery Giscard）作为东道主，邀请德国、意大利、日本、英国和美国等主要工业化国家的领导人，举行非正式会晤，讨论未来汇率体系的走向。在六国峰会前夕，法国、美国两国代表单独会晤，会议的主题是如何建构一种新型的国际货币体系，双方达成一致意见：除为确保汇率稳定而在外汇市场实施必要的联合干预外，各国可以选择实行弹性化的汇率制度。出人意料的是，当法国在经济峰会上对外宣布这一具有突破性的建议时，很快得到其他与会方的一致赞成。随着主要工业化国家对法、美关于汇率体制协议的认可，成员国开始着手细化汇率体系的设计和修订越来越不适宜的IMF协定。1976年1月，IMF国际货币制度临时委员会在牙买加首都金斯敦召开会议，就有关国际货币制度问题达成协议。同年4月，IMF理事会对该协定进行了修正，通过了《国际货币基金协定第二次修正案》，从而形成了新的国际货币关系格局，由于这个协定是牙买加会议的产物，故又称作牙买加体系。

在第一次经济峰会的六个月后，当时的美国总统福特决定担当一次东道方，举行一场属于自己的经济峰会。尽管遭到法国的反对，福特还是邀请了加拿大出席这次经济峰会。在这次聚会中，福特总统提议将经济峰会制度化，即我们所熟知的每年夏天举行的工业化国家首脑的经济峰会，这种传统一直延续到今天。1997年，峰会东道主——美国总统克林顿邀请时为俄罗斯总统的叶利钦出席峰会，但叶利钦婉拒了邀请。在1998年的伯明翰经济峰会上，英国首相布莱尔邀请了叶利钦总统参加了所有的会议，至此峰会参与方扩大至八国。

二、牙买加体系的主要内容

“牙买加体系”涉及汇率制度、黄金问题、扩大IMF对发展中国家的资金融通，以及增加会员国在IMF中的份额等问题。它对形成目前的国际货币制度有着重要作用。其主要内容包括以下几点。

（一）浮动汇率合法化

会员国可以自由选择任何汇率制度，浮动汇率制与固定汇率制可以并存。1979年，欧洲共同体建立了欧洲货币体系（EMS），并使用欧洲货币单位（ECU），实行固定汇率制度。IMF对会员国的汇率进行监督，使汇率水平能够反映各国长期经济状况，不允许会员国操纵汇率来阻止国际收支进行有效的调节或获取不公平的竞争利益。IMF还有权要求会员国解释它们的汇率政策，实行适当的国内经济政策，来促进汇率体系的稳定。协议还规定实行浮动汇率制的会员国根据经济条件，应逐步恢复固定汇率制。在将来世界经济出现稳定局面后，经IMF总投票权85%多数票通过，可以恢复稳定的但可调整的汇率制度。

（二）黄金非货币化

废除黄金条款，取消黄金官价，使黄金与货币完全脱离关系，成为一种单纯的商品，各会员国的中央银行可按市价自由进行交易活动。取消会员国之间及会员国与基金组织之间须用黄金支付的义务。IMF所持有的黄金应逐步加以处理，其中1/6（约

2500万盎司）按市价出售，以其超过官价（每盎司42.22美元）部分作为援助发展中国家的资金。另外1/6按官价由原缴纳国买回。剩余部分约1亿盎司，根据总投票权的85%作出处理决定。

（三）关于特别提款权问题

协议规定各会员国之间可以自由进行SDR交易，而不必征得IMF同意。IMF与会员国之间的交易以SDR代替黄金，IMF一般账户中所持有的资产一律以SDR表示。在IMF一般业务交易中扩大SDR的使用范围，并尽量扩大SDR其他业务使用范围。另外，IMF应随时对特别提款权制度进行监督，适时修改或增减有关规定以提高SDR的国际储备地位，使之逐步取代黄金和美元而成为国际主要储备资产。

（四）扩大对发展中国家的资金融通

协议规定用出售黄金所得收益设立“信托基金”，以优惠条件向最贫穷的发展中国家提供贷款或援助。同时，基金组织扩大信用贷款部分的总额，由占会员国份额的100%增加到145%，并放宽“出口波动补偿贷款”的额度，由占份额的50%提高到75%。

（五）增加会员国的基金份额

各会员国对IMF所缴纳的基本份额，由原来的292亿SDR增加到390亿SDR，增加33.6%。各会员国应缴纳份额所占的比重也有所改变，主要是石油输出国的比重，由5%增加到10%，其他发展中国家维持不变，主要西方国家除德国和日本略增以外，都有所降低。

1978年4月1日，《国际货币基金组织协定第二次修正案》获得法定的60%以上的会员国和80%以上多数票的通过，从而逐渐形成了国际货币关系的新格局。

三、牙买加协议后国际货币制度的主要特征

牙买加协议后的国际货币制度具体看来具有以下特征。

（一）以美元为中心的多元化国际储备体系

自1973年美元彻底脱离黄金以来，国际储备资产的构成呈现出多元化的局面。虽然美元的地位有所削弱，但它仍是最主要的国际储备资产。美元的主导地位主要表现在作为国际计值单位、国际支付手段和价值储藏三个方面。除美元以外，德国马克、日元等其他可自由兑换货币及特别提款权、欧洲货币单位等其他国际储备资产也在发挥着国际储备的职能（1999年1月，欧元问世，欧元区各国的货币为统一的欧元所替代，从而使得美元的垄断地位有所削弱）。特别提款权是IMF发行的篮子货币，虽然它作为国际储备的功能还不健全，但其地位却不容忽视。迄今为止，IMF共进行了两次特别提款权的分配，使其总额达到了214亿美元。

虽然牙买加协议实行黄金非货币化政策，但由于黄金具有重要的价值储藏功能，它仍可被用作一种二级储备资产。此外，由于国际货币制度改革问题长期没有突破，黄金的前途未卜，所以目前各国仍非常重视黄金储备的持有。

(二) 以浮动汇率为主的混合汇率制度

根据牙买加协议，IMF成员国可以自行安排其汇率。从各国实际的汇率安排情况看，发达工业化国家多采取单独浮动或联合浮动，但也有的采取钉住自选的货币篮子或实行某种管理浮动汇率制度。发展中国家多数是钉住美元、法国法郎、SDR或自选的货币篮子，并实行一定程度的外汇管制，实行单独浮动的很少。同时，在有的货币集团内部则实行某种形式的固定汇率。各国均根据各自情况选择适合本国的汇率制度安排，但总体上还是有管理的浮动汇率制度。

(三) 对国际收支不平衡的综合调节

在牙买加体系下，主要是通过汇率机制、利率机制、IMF的干预和贷款及动用国际储备资产等方式来综合调节国际收支不平衡。

汇率机制是牙买加体系下国际收支调节的主要方式。其运作方式是：当一国经常账户收支发生赤字时，由于实行浮动汇率制度，该国货币的汇率便趋于下跌，于是有利于增加出口减少进口，从而使经常项目赤字得到改善。反之，当一国经常账户收支盈余时，该国货币汇率便趋于上浮，这会抑制出口增加进口，从而使国际收支恢复均衡。当然，汇率机制发挥作用的前提条件是进出口价格弹性要能满足“马歇尔-勒纳条件”。此外，由于“J曲线效应”的影响，也会降低汇率机制、调节国际收支的及时性。

利率机制的调节是通过一国实际利率与其他国家实际利率的差异来引导资金流入流出，从而引起资本账户的变动，达到调节国际收支的目的。

IMF在调节国际收支方面也发挥着重要作用，它不仅向赤字国提供贷款，还指导和监督赤字国进行国际收支调整。牙买加协定还规定扩大IMF信贷部分贷款的额度和出口波动补偿贷款的额度，并利用IMF出售黄金的利润建立信托基金，以优惠条件向最不发达国家提供贷款。应当看到，IMF、世界银行等国际金融机构在各国，特别是发展中国家的国际收支调节中发挥着越来越重要的作用。

最后，各国还可以通过国际储备的变动来平衡国际收支。

四、对牙买加体系下国际货币制度的评价

牙买加体系下的国际货币制度是国际储备多元化条件下的有管理的浮动汇率制度，其特点是多元化和分散化，有多元化的国际储备资产，多样化的汇率制度安排，多种形式的国际收支调节手段，以及灵活多样的各国国内宏观经济政策选择。目前，虽然各国货币汇率可自由变动，但中央银行却都不愿放弃对外汇市场的干预。这样的货币制度不是国际会议协议的规定，而是布雷顿森林制度崩溃后世界经济规律发展的结果。所以有的西方经济学家称牙买加体系为无体制的体系。牙买加体制对维持世界经济运转有以下作用。

(1) 多元化的国际储备体系在一定程度上解决了国际清偿力和对储备货币信心的矛盾。特里芬难题已经证明了任何国家的货币单独充当国际储备时具有内在的不稳定性，而储备货币多元化可以使这一矛盾分解，使充当国际储备货币的利益和风险由多种货币分担。因为当某一储备货币发生信用危机时，其储备地位将让位于其他信誉良好的储备货币。当某一储备货币供应不足时，根据市场规律又会有其他储备货币补偿国际清偿力

的不足。在世界经济繁荣时期，多元储备可以缓解国际清偿力的不足，在世界经济衰退时期，也不可能发生所有储备货币的危机，从而对整个世界经济的稳定有积极影响。

（2）以浮动汇率为主的多种汇率制度安排能够对世界经济形势的变化作出灵敏反映，从而使汇率对经济调节的杠杆作用得到较好的发挥。在布雷顿森林体系下，各国有义务维持固定的汇率，汇率不能对国际收支失衡起到调节作用，而且为了实现汇率目标，各国往往要以牺牲国内经济目标为代价。而浮动汇率制下自由的汇率安排能使各国充分考虑本国客观经济条件，并使宏观经济政策更具独立性和有效性。

（3）多种国际收支调节机制选择更能适应世界经济发展不平衡的现状。在牙买加体系下，多种国际收支调节机制并存，互相完善、互相补充，而不是单纯依靠一种调节机制。这比较适合当今各国经济发展水平相差悬殊，以及各国经济发展模式、政策目标都不相同的特点，从而在一定程度上缓和了布雷顿森林体系下国际收支调整的困难。

尽管如此，当今货币制度远非尽善尽美，也有缺憾之处。

（1）“特里芬”难题并没有得到根本解决。虽然牙买加体系是一个多元化的国际储备体系，但在此体系中，美元仍然占据绝对的“老大”地位，还没有任何一种其他储备货币能够对美元的储备货币强势地位构成威胁。这样，“特里芬”难题便仍然存在。现在毕竟已经是一个多元化国际储备体系，因此理论上，美联储可以有一定的货币政策的调控余地，来既保持美元的信心，又提供国际社会必需的美元的流动性。但实际上这很难做到，因为美国的货币政策必须优先保证维持本国国民经济的均衡运行和发展，然后才考虑满足国际社会对美元的需求。这样一来，冲突不可避免，其结果往往是美国以牺牲他国利益来保证本国利益。

（2）汇率的波动使贸易和投资的风险加大，并带来世界经济的不稳定。在西方学术界固定汇率制和浮动汇率制孰优孰劣是一个长期争论不休的问题。1973 年实行浮动汇率制以来，主要储备货币之间的汇率波动剧烈，如美元汇率在 20 世纪 70 年代一路下跌，而进入 80 年代后，从 1980 年到 1985 年又上浮了 60％以上，而自 1985 年 2 月到 1987 年年底又连续下跌了 50％以上，波幅之大实属罕见，因而使得国际贸易和国际金融市场受到严重影响。虽然短期汇率风险可通过远期外汇市场交易规避，但同时汇率经常变动不仅影响对外贸易和资本流动，而且使发展中国家的外汇储备和外债问题严重化。

（3）目前的国际收支调节机制仍不健全。虽然牙买加体系的国际收支调节机制较布雷顿森林体系有较大进步，但仍有其局限性。IMF 的贷款能力有限，难以协调盈余国和赤字国双方对称地调节国际收支，调节国际收支的责任往往由赤字国一方承担。这使得一些发展中国家的国际收支赤字长期得不到纠正，只能靠借外债来应付。而国际收支不平衡引发的世界债务危机已经成为当今世界经济发展的重大难题。在这种情况下，许多国家往往实行贸易保护、外汇管制等措施来维持国际收支平衡，而这些措施极大地制约了世界经济的增长。

五、牙买加体系下的汇率干预实践

在牙买加体系下，选择何种类型的汇率制度是各个国家的金融主权，西方发达国家大多选择了让货币浮动的汇率安排，但这并不意味着货币当局完全不对货币汇率进行任何干预。如果本国货币出现频繁波动或单向大幅的升贬，货币当局都会介入外汇市场进行汇率干预，以确保宏观经济同时实现内外均衡。我们以在世界经济中处于核心地位的美国为例来进行分析。

美国对外汇市场干预的态度是以 1985 年为界划分为两个阶段。1985 年以前，美国实行对美元汇率放任自流的所谓“善意的忽视”（benign neglect）的汇率政策。早在 1979 年，保罗·沃克尔被任命为美联储主席，他是通货膨胀目标制的坚定推崇者，追求降低通胀率的单一目标，实施抑制物价上扬的高利率政策，导致美国经济在 1981 年、1982 年陷入了衰退，并使美元面临巨大的升值压力。事实上，在 1980～1985 年，美元名义有效汇率由 92 迅速升至 140 以上。鉴于美元的快速升值已严重影响到国际货币体系的稳定，美、英、法、德、日西方五国（Group of Five，G5）财政部长于 1985 年 9 月在纽约的广场饭店（Plaza Hotel）召开会议讨论美元币值问题，与会方达成前所未有的一致，发表了将采取联合干预措施以使美元从过去高估的汇率水平降下来的“广场协议”（Plaza Agreement）。在国际金融市场上，美元汇率在协定发布后的第二天就开始进入贬值通道，在随后的两年里一直处于贬值态势，美元名义有效汇率下挫到 90 以下。

1986 年年底，美元币值再度成为国际金融领域关注的焦点，各国普遍认为美元的贬值已经足够了。1987 年 2 月，美、英、法、德、日、意、加西方七国（G7）财政部长和央行行长齐聚法国罗浮宫，又一次讨论美元汇率走势问题，在随后达成的“罗浮宫协定”（Louvre Accord）中，各方承诺将美元汇率基本稳定在目前水平，仅仅在为保证稳定之需时才入市干预。至于什么是“稳定之需”，协定内容没有对其清晰界定。在“罗浮宫协定”框架下，各国为了维护自身的货币利益，对外汇市场进行了较多的干预，发达国家的所谓的浮动汇率制实际上是具有明显干预色彩的“管理浮动”。

之所以以“广场协议”、“罗浮宫协定”为例来分析牙买加体系下的汇率干预，是因为这两个协定签署向市场传达的汇率干预信号，的确在一定时期内改变了美元汇价的运行轨迹，倘若此种境况得以延续，有可能使牙买加体系建立起来的各国对货币汇率自决权演变为实施货币操纵的工具，那么牙买加协定确立的国际货币体系也将面临严峻挑战。

第五节 国际金融机构

一、国际金融机构概述

（一）国际金融机构的含义

国际金融机构是指从事或协调国际金融业务活动的组织或机构。它是国际货币金融关系顺利发展的必要媒介。各种国际金融机构组成了一个多层次的体系。这个体系既包括联合国体系的国际货币基金组织和世界银行集团及其所属机构，还包括国际清算银行及地区性国际金融机构，如亚洲、非洲、拉美开发银行，以及政府间双边或多边金融协议等。要准确把握国际金融机构的内涵，须注意以下几个方面。

（1）国际金融机构是超国家性质的，从经济意义上来讲，它对任何国家都是非居民；

（2）国际金融机构的经营活动不纯粹以盈利为目标，其主旨是协调国际金融活动和国际货币关系；

（3）国际金融机构不按某一个国家的法律或习惯建立和运作，它一般是为了达成特定目的和协定而由不同国家联合建立，其资金来源一般是各国政府以份额的形式缴纳，只有少数机构包含有私人资本；

（4）国际金融机构一般按各成员国缴纳资金份额的多少而拥有相应的投票权和管理权。

（二）国际金融机构的分类

按地区范围可将国际金融机构划分为全球性国际金融机构和区域性国际金融机构。全球性国际金融机构包括国际货币基金组织和世界银行集团。国际清算银行经过长期发展，目前也发挥着全球性金融机构的作用。区域性国际金融机构是由某一地区国家共同建立并且为本地区服务的金融机构，如亚洲开发银行、非洲开发银行、泛美开发银行等。

国际金融机构除了按地区范围划分外，还可按其职能作用划分为三类：第一类是从事国际金融事务协调与监督，维护国际收支平衡及汇率稳定的国际金融机构，如国际货币基金组织；第二类是从事国际结算，负责国际银行业监管的国际金融机构，如国际清算银行；第三类是从事各种金融业务，以促进世界及各地区经济发展为目标的金融机构，如世界银行、亚洲开发银行等。

（三）国际金融机构的产生和发展

国际金融机构是世界经济发展到一定阶段的必然产物。第一次世界大战之后，资本主义国家之间的矛盾开始显露出来。少数资本主义大国不仅运用自己的经济、政治和军事力量，而且试图通过建立国际组织来控制和制约其他国家，于是提出了建立国际金融机构的设想。同时，国际金本位的崩溃和国际收支不平衡的加剧，使得许多国家在货币、外汇和国际结算方面发生困难，所以也有建立国际金融机构、进行国际金融合作的要求。

1930 年 5 月，为了处理第一次世界大战后德国对协约国的赔款支付问题，由英国、法国、意大利、德国、比利时和日本六国中央银行及美国的银行共同出资在瑞士巴塞尔成立了国际清算银行，这成了国际金融机构的开端。

第二次世界大战后，伴随着布雷顿森林体系的建立，“国际复兴开发银行（即世界银行）”和“国际货币基金组织”于 1945 年 12 月正式成立。这两大金融机构的建立为国际金融机构的迅速发展打下了良好基础。

进入 20 世纪 50 年代后，国际金融机构尤其是区域性的国际金融机构获得了迅速发展。1957 年欧洲投资银行成立，1960 年泛美开发银行成立，1964 年非洲开发银行成立，1966 年亚洲开发银行成立，1971 年国际投资银行成立，1977 年阿拉伯货币基金组织成立。各种进行国际金融业务的国际金融机构的建立和发展，在发展世界经济和区域经济方面发挥了积极作用。

二、国际货币基金组织

（一）国际货币基金组织的建立

为了避免重演20世纪30年代资本主义世界经济危机及其所引起的国际金融秩序混乱，在第二次世界大战后期，美、英两国从各自利益出发，分别提出了旨在重建国际货币制度的“怀特计划”和“凯恩斯计划”。经过一年多的激烈争论和艰难的讨价还价，1944年7月在美国新罕布什尔州的小镇布雷顿森林召开了由44国代表参加的联合与联盟国家货币金融会议上通过了以“怀特计划”为基础的《布雷顿森林协定》。根据该协定，1945年12月正式成立了国际货币基金组织，总部设在华盛顿。截至2005年7月，国际货币基金组织共有184个成员，其中包括182个主权国家及荷属安的列斯群岛、阿鲁巴岛和中国香港。

（二）国际货币基金组织的宗旨

《国际货币基金协定》第一条就从以下六个方面规定了国际货币基金组织的宗旨，并且明确要求“基金的一切政策与决定，均应以本条例所列宗旨为原则”。

（1）通过设置一个常设机构，便于国际货币问题的商讨与协作，以促进国际货币合作；

（2）便于国际贸易的扩大与平衡发展，以促进和维持高水平的就业和实际收入以及所有成员国生产资源的发展；

（3）促进汇率的稳定，维持成员国之间有秩序的外汇安排，并避免竞争性的外汇贬值；

（4）协助建立成员国之间经常性交易的多边支付制度，并取消妨碍国际贸易发展的外汇管制；

（5）以基金的资金暂时供给成员国，使之有信心利用此机会调整其国际收支的不平衡，而不致采取有害于本国和国际繁荣的措施；

（6）依据以上目标，缩短成员国国际收支不平衡的时间，并减轻其程度。

（三）国际货币基金组织的结构

根据《国际货币基金协定》第十二条的规定，“国际货币基金组织应设理事会、执行董事会、总裁及工作人员”，“由理事会决定，经总投票权85%的多数票同意，可设一委员会”。

基金组织的最高权力机构是理事会，每年举行一次会议，由各成员国委派一名理事或副理事参加。理事会的主要职责是批准接纳新成员国，修改基金份额，调整成员国的货币平价等有关国际货币制度的重大事项。理事会下设执行董事会作为常设决策机构，由24名执行董事组成。执行董事会主席即基金组织总裁，由理事会选举产生。总裁通常不参加执行董事会投票，但若双方票数相等时，总裁可投决定性一票。

国际货币基金组织1974年另设立了由22国组成的“临时委员会”，作为理事会的补充，负责有关国际货币体系的管理和改革问题，具有管理和修改货币制度的决定权。

在大多数情况下，“临时委员会”作出的决定等同于理事会的决定。国际货币基金组织还同世界银行一起设立了讨论向发展中国家转移实际资源问题的部长级联合委员会，简称“发展委员会”，就发展问题向国际货币基金组织理事会和世界银行董事会汇报工作并提出政策性建议。

（四）国际货币基金组织的主要业务

根据《国际货币基金协定》的有关条款，国际货币基金组织的业务活动主要包括以下几个方面。

1. 汇率监督

为保证国际货币体系发挥更有效的作用，国际货币基金组织要检查成员国是否与基金组织和其他成员国进行合作，以保证作出有秩序的汇兑安排，并促进建立一个稳定的汇率制度。这就是国际货币基金组织的汇率监督功能。基金组织的汇率监督主要有三项内容：①对成员国宏观经济政策进行监督，反对利用宏观经济政策、补贴或任何其他手段来操纵汇率以谋求不公平的竞争利益。②对汇率制度进行监督。在布雷顿森林体系下，基金组织监督成员国实行可调整的固定汇率制度；在“牙买加协议”后，基金组织允许成员国自行决定本国汇率，但仍反对复汇率或任何其他形式的差别汇率政策。③根据基金协定第八条有关规定，对成员国货币兑换性进行监督。

国际货币基金组织主要通过以下两条途径行使其汇率监督功能：一是同成员国定期磋商；二是就世界经济发展及国际资本市场和国际金融体系运行中出现的一系列重大问题展开多边讨论。

近年来，国际货币基金组织除了密切关注主要国家货币的汇率波动外，也更加注重世界范围的区域经济合作问题。亚洲金融风暴期间，长期以来实行钉住汇率制的东南亚国家发生了严重的货币金融危机。这就提出了既要坚持金融开放的大方向，进一步推进货币的自由兑换，同时又要建立相对完善的金融监管机制，减缓或防范国际短期资本对成员国货币金融体系的破坏性冲击。国际货币基金组织目前正致力于研究资本项目下的资本自由流动尤其是短期资本流动同成员国金融体系的稳定与安全之间的关系问题。

2. 提供贷款

国际货币基金组织通过由成员国用本国货币向基金组织申请换购外汇的方式向成员国提供贷款，成员国在向国际货币基金组织偿还贷款时再以外汇购回本国货币。目前，国际货币基金组织贷款以特别提款权计值计息，所设立的贷款种类随国际货币体系的发展而不断调整。从 1945 年国际货币基金组织成立到 1971 年布雷顿森林体系崩溃，国际货币基金组织主要向成员国提供以下几种类型的贷款。

(1) 普通贷款（ordinary financing facility）。这是国际货币基金组织最基本的贷款形式，用以解决成员国一般国际收支逆差的短期资金需要，期限是 3～5 年。成员国借用普通贷款时，1 年内的借款额不得超过其认缴份额的 25%，5 年内的累计借款额不得超过其认缴份额的 125%。在具体操作上，国际货币基金组织对贷款实行分档掌握政策。成员国可以获取的贷款最高为其认缴份额的 125%，基金组织按每 25 个百分点为 1 档（tranche），等比例地分为 5 个档次，执行不同的贷款条件。成员国贷款最高限额第 1 个 25%以内的贷款称“黄金份额贷款”（gold tranche facility）或“储备部分贷款”

(reserve tranche)。这部分贷款是无条件的、不受任何限制的贷款。这以后的贷款都属"信贷部分贷款"(credit tranche),共分 4 档。第 1 档信用部分贷款的贷款条件较松,只要成员国提出克服国际收支困难的计划就能获得并可一次性提取。第 2、3、4 档信用部分的贷款条件则逐渐严格,档次越高,条件越严。申请贷款的成员国必须制订并承诺调整其国际收支的具体计划。计划的实施过程还必须无条件接受国际货币基金组织的指导与监督。

(2) 出口波动补偿贷款(compensatory financing facility)。这是国际货币基金组织 1963 年 2 月设立的特殊信贷项目,用于帮助初级产品出口国解决因国际市场行情下跌、出口收入下降而发生的国际收支困难,贷款期限为 3~5 年。最初,国际货币基金组织规定出口波动补偿贷款相当于成员国认缴份额的 25%,1966 年 9 月后将贷款额度增加到相当于成员国认缴份额的 50%。1981 年 5 月,国际货币基金组织扩大了提供出口波动补偿贷款的范围,因谷物进口成本过高造成国际收支困难的成员国也可向国际货币基金组织申请获得此类贷款。

(3) 缓冲库存贷款(buffer stock financing facility)。这是国际货币基金组织应初级产品出口国的要求,于 1969 年 6 月创立的一种特殊贷款项目。该贷款的目的在于向初级产品出口国提供资金支持,帮助建立初级产品的国际缓冲库存,从而稳定国际市场上初级产品的价格,贷款的期限为 3~5 年。根据国际货币基金组织的规定,成员国申请该类贷款的最高额度相当于其认缴份额的 50%。另外,考虑到缓冲库存贷款在用途上同出口波动补偿贷款有密切联系,国际货币基金组织还采取了提供"捆绑式"贷款的办法,规定某一成员国向国际货币基金组织申请的此两项贷款之和不能超过其认缴份额的 75%。

(4) 石油贷款(oil facility)。石油贷款是国际货币基金组织于 1974 年 6 月至 1976 年 5 月设立的一项临时性专门贷款,目的是帮助成员国解决因 1973 年石油危机后油价暴涨带来的国际收支困难。石油贷款的资金来源是国际货币基金组织向联邦德国、荷兰、瑞士等发达国家和石油输出国筹措而来,专款专用。1976 年 5 月筹集到的资金全部贷出后,石油贷款暂告结束。

(5) 中期贷款(extended facility)。中期贷款是国际货币基金组织为了解决成员国较长时期的国际收支结构性困难,于 1974 年 9 月设立的一项专用贷款。最高贷款额度可达到借款国在国际货币基金组织认缴份额的 140%,贷款期限为 4~10 年。中期贷款的条件比普通贷款严格得多。该贷款采用备用安排方式按照借款国执行其国际收支调整计划的实际情况分期发放。

(6) 信托基金贷款(trust fund)。1976 年 5 月,国际货币基金组织决定设立信托基金贷款,以优惠条件专门向低收入的发展中国家提供援助,帮助其解决国际收支困难。国际货币基金组织规定,只有那些在 1973 年人均国民收入低于 300 特别提款权的最不发达成员国才有资格申请取得信托基金贷款。自 1977 年 2 月拨付第一笔信托基金贷款至 1981 年 3 月这笔信托基金支付完毕,国际货币基金组织共向发展中国家发放信托基金贷款 33 亿美元。

(7) 补充贷款(supplementary financing facility)。国际货币基金组织于 1977 年 4

月设立补充融资贷款，旨在补充普通贷款的不足，帮助成员国解决持续的巨额国际收支逆差。当某一成员国面临严重的国际收支问题，需要获得比普通贷款数额更大、期限更长的资金时，才可以向国际货币基金组织申请取得补充融资贷款。

(8) 补充储备贷款（supplementary reserve facility)。为应付亚洲金融危机后成员国对国际货币基金组织空前的资金需求，国际货币基金组织于 1997 年 4 月决定设立补充储备贷款，以帮助那些经历严重国际收支困难的成员国，防止金融危机的蔓延和对国际货币体系的威胁。

3. 磋商与协调

为了使基金组织能够履行监督成员国汇率政策的责任，基金组织通过磋商的方式来协调成员国之间的汇率制度和政策措施。

磋商可以定期或不定期举行。定期磋商一般每年举行 1～2 次，不定期磋商则视情况需要而定。一般来讲，在磋商之前基金组织要求成员国提供经济运行和经济政策的有关资料，基金组织通过研究这些资料并与成员国进行磋商，向成员国提出有关政策建议和劝告。基金组织每年还要对各国汇率和外汇管制情况进行评价，评价内容包括汇率安排、汇率确定、外汇管制状况、财政、货币政策运行状况等。

除了上述三大业务外，基金组织还对成员国提供人员培训、政策业务咨询等服务，并定期出版有关刊物，为成员国提供货币金融政策业务方面的技术援助。国际货币基金组织的主要出版物有：《世界经济展望》、《国际金融统计》(月刊)、《国际货币基金概览》(周刊)、《国际收支统计》(月刊)、《政府财政统计年鉴》。

（五）中国与国际货币基金组织的关系

中国是国际货币基金组织的创始成员国之一，由于特定的历史原因，直至 1980 年 4 月，中国才恢复了在国际货币基金组织的合法席位。中国自 1980 年恢复在国际货币基金组织的席位后单独组成一个选区并派任 1 名执行董事。2001 年 2 月 5 日，国际货币基金组织理事会通过决议，将中国在该组织的份额从 46.872 亿特别提款权增加到 63.692 亿，占总份额的 3%。中国在国际货币基金组织共拥有 63 942 张选票，占总投票权的 2.95%。这标志着我国国际经济地位的进一步提高。这次增资后，中国在基金组织的份额与加拿大并列第 8 位，位居前 7 位的分别是美国、日本、德国、英国、法国、意大利和沙特阿拉伯。我国在 20 世纪 80 年代曾从基金组织借入三笔贷款，累计 13.5 亿特别提款权，约合 16.5 亿美元，现已全部偿清。随着中国国际地位的上升，中国必将在国际经济、金融领域发挥更加积极的作用。

三、世界银行

（一）世界银行的建立与发展

1944 年 7 月召开的联合国货币金融会议通过了《国际复兴开发银行协定》，决定成立“国际复兴开发银行”（international bank for reconstruction and development)，又称“世界银行”(the world bank)。1945 年 12 月正式成立，1947 年 11 月起成为联合国的一个专门机构。

为了更好地实现帮助发展中国家加快经济发展的宗旨，国际复兴开发银行于 1957

年7月成立了“国际金融公司”(international finance corporation),随后又于1960年9月成立了“国际开发协会”(international development association),作为它的两个附属机构。习惯上将国际复兴开发银行、国际金融公司和国际开发协会统称为“世界银行集团”(the world bank group)。

从国际复兴开发银行成立以后的实际运行来看,它的早期业务主要集中在为欧洲国家的战后经济复兴提供资金支持。1949年后,国际复兴开发银行开始将它的业务重心转移到资助发展中国家的经济开发上来。国际复兴开发银行主要向发展中国家提供中、长期贷款,贷款利率低于市场利率;国际开发协会专门向低收入的发展中国家提供长期无息贷款;国际金融公司则负责向发展中国家的私营部门提供贷款或直接参股投资。这三个组织均为金融性机构,具体任务虽不尽相同,但其最终目的都是通过向成员国中的发展中国家提供资金和技术援助来帮助这些国家提高生产率以促进其经济发展和社会进步。

(二)世界银行的宗旨

根据《国际复兴开发银行协定》第一条的规定,世界银行的宗旨包括以下几个方面:

(1)对用于生产目的的投资提供便利,以协助成员国的复兴与开发,并鼓励不发达国家生产与资源的开发;

(2)保证或参与私人贷款和私人投资方式,促进私人对外投资;

(3)通过鼓励国际投资以开发会员国资源的方法,促进国际贸易的长期平衡发展,维持国际收支平衡;

(4)与其他方面的国际贷款配合,统筹安排,以便使更有用、更迫切的项目,不论大小都能优先进行。

概括起来看,世界银行就是要通过同其他国际机构的合作,为生产性投资提供贷款,协助成员国复兴经济和开发资源,对私人贷款提供保证以促进私人对外投资,并促进国际贸易平衡发展,促进国际收支平衡。

(三)世界银行的组织结构

根据《国际复兴开发银行协定》第五条的规定:“银行应设有一理事会、若干执行董事、一行长及其他官员和工作人员,以执行银行所决定的职责。”理事会是世界银行的最高权力机构。世界银行184个成员国的意见和利益由理事会和设在华盛顿的执行董事会代表。每个成员国委任1名理事和1名副理事来行使其职责。理事通常由各成员国财政部长担任,他们在每年秋季召开的世界银行年会上碰面,决定世界银行的重大政策问题,接纳新成员国或暂停成员国资格,决定法定股本的变更,确定国际复兴开发银行净收益的分配,批准财务报表和预算。由于每年只开一次会,所以理事的大部分权力都下放给执行董事会。世界银行集团的每个成员国政府都有常驻在华盛顿世界银行总部的1名执行董事代表。拥有股份最多的5个国家——法国、德国、日本、英国和美国各任命1名执行董事,其他成员国分别由经过各国分组(或选区)选举出的19名执行董事代表。中国、俄罗斯和沙特阿拉伯等部分国家形成单一国家选区,而其他国家联合成多国选区。这24名执行董事通常每周开两次会来监督管理世界银行的业务，包括批准贷款和担保项目、新的方针政策、行政预算、国别援助战略及借款和财政决策。

世界银行的行长按照传统由拥有股份最多的国家——美国的公民担任，行长任期为5年，可以连任。行长担任执行董事会主席，并负责世界银行的全面管理。

此外，世界银行还于1965年设立了解决投资争端国际中心（the international center for the settlement of investment disputes），主要是通过调解和仲裁，为各国政府和外国投资者之间解决争端提供方便。1988年设立了多边投资担保机构（the multilateral investment agency），其主要业务是为在发展中国家的外国投资者提供非商业性风险担保和投资促进性咨询服务。

每年秋天，世界银行理事会和国际货币基金组织理事会召开联合年会，讨论他们各自组织的工作。年会的时间一般都在9、10月间，习惯上在华盛顿连续开两届，第三届安排在其他的会员国举行。由于年会有众多的成员国的官员到场，因此为各种大小事务正式和非正式的磋商提供了机会。许多研讨会也在同时召开，目的是为了促进私营部门、非政府组织和媒体之间的创造性对话。另外，每年春天，世界银行和国际货币基金组织联合发展委员会及国际货币基金组织的货币与金融委员会还要举行会议讨论工作进展情况。与年会一样，会议期间也会举行包括私营部门、媒体、非政府部门在内的一系列研讨活动。

（四）世界银行的资金来源

世界银行的资金来源主要有以下几个方面：①会员国认缴的股金；②向国际金融市场借款，特别是国际复行开发银行中长期债券；③出让债权，即世界银行将其贷出款项的债权转让给私人投资者（主要是商业银行），以收回部分资金；④经营中的利润收入。

国际复兴开发银行以在国际资本市场上发债作为其主要资金来源。作为世界上最审慎和管理最保守的金融机构之一，国际复兴开发银行在世界各地发售三A级债券和其他债券，发售对象为养老基金、保险机构、公司、其他银行及个人。国际复兴开发银行的资金有不到5%是成员国在加入世界银行时的认缴股金，成员国政府根据其相对经济实力认购股份，但只需缴纳认购股份额的一小部分，未缴纳的余额为待缴股金，留待世界银行亏损严重无力兑付债券时缴纳，不过这种情况从未出现过。按照国际复兴开发银行规定，未偿付和已支付的贷款余额不得超过资本金和储备的总和。

国际开发协会的资金来源主要是较富裕的成员国及部分发展中国家的捐款。该机构每3年补充一次资金。目前有近40个国家捐款。

国际金融公司的资金来源主要包括成员国认缴的股金、向世界银行及金融市场借款及本身业务的经营净收入。

（五）世界银行的贷款业务

世界银行的贷款按其用途及其与投资和组织机构的联系，可大致划分为如下几种类型。

1. 特定投资贷款（也就是通常意义上的项目贷款）

在世界银行所有这些种类的贷款中，最主要的贷款形式就是项目贷款。世界银行贷款的一个最基本的原则是贷款必须用来促进借款国的经济发展和社会进步，其贷款投向应当是一国国民经济中最优先考虑和发展的部门。根据这一宗旨和原则，世界银行的项目贷款主要集中于基础设施（能源、交通）、农业、社会发展（教育、卫生等）及工业开发等部门。

项目贷款具有以下特点。

（1）贷款期限较长（硬贷款期限 20 年，软贷款期限 35～40 年）。此外，贷款项目的准备时间也比较长（需 1～2 年的时间）。

（2）利率条件比较优惠。硬贷款实行每半年变动一次的浮动利率，按世界银行筹款成本加上 0.5%的利差计算，软贷款只收 0.75%的手续费。

（3）世界银行对一个项目提供贷款的数额根据该项目所需的外汇资金或项目总投资额的 50%来确定。

（4）手续严密，管理严格。项目贷款从项目的最初提出和准备开始直至贷款用完，项目建设完成，需要经历一个完整的周期，在这一复杂而漫长的过程中，世界银行和项目单位均需投入大量的人力进行工程建设、资金拨付、招标采购、监督检查等管理活动。其贷款项目周期包括 6 个阶段：项目的选定（或称鉴定）、项目的准备、项目的评估、项目谈判、项目执行与监督、项目的总结评价。

（5）资金使用上实行报账制或先发生后支付制。世界银行在提供每一笔项目贷款时，不是一次把贷款资金全部发放给借款国，而是在签订贷款协定后，将贷款作为承诺额记在借款国名下，然后随着项目建设的进度，由借款国逐次申请提取，由世界银行审核后直接支付给供货商或承包商，或支付给借款国以偿还其已垫支的项目资金，直至项目竣工。

（6）使用世界银行贷款的项目，其设备采购、土建工程和建设、咨询专家的聘请等，要按照世界银行的有关采购指南，使用国际竞争性招标及其他有关规定程序进行。

2. 部门贷款

部门贷款通常可以划分为以下三种。

（1）部门投资贷款。这类贷款重点是改善部门政策和投资重点，加强借款国制订和执行投资计划的能力。

（2）中间金融机构贷款。这类贷款包括向开发金融部门和农业信贷机构的贷款。这实际上是一种通过中间金融机构进行转贷的项目贷款，由世界银行作为一个独立项目贷给中间金融机构，再由中间金融机构分贷给各分项目。

（3）部门（政策）调整贷款。其目的是支持某一具体部门的全面政策和体制改革。

3. 结构调整贷款

这类贷款目的在于帮助借款国改革经济政策或体制，提高资源的使用效率，从经济结构上减少国际收支逆差；帮助借款国调整经济结构和发展格局，以适应不断变化的世界经济形势。

4. 技术援助贷款

此类贷款分两种：一种是与工程有关，对准备投资的某些项目进行技术咨询和经济咨询的资助；另一种与组织机构有关，对机构或政策问题的分析和解决提供帮助。

5. 紧急复兴贷款

此类贷款帮助成员国对付自然灾害或其他灾难所造成的损失。

上述分类中的特定投资贷款及部门贷款中的中间金融机构贷款，属于项目贷款，而其余几类贷款则基本上属于非项目贷款。

（六）世界银行中国项目简介

中国是国际复兴开发银行的创始成员国之一，由于特定的历史原因，中国于1980年5月才恢复了在国际复兴开发银行及其附属机构的合法席位。1981年，世界银行向中国提供第一笔贷款，用于支持中国的大学发展项目。截止到2004年12月31日，世界银行共向中国提供贷款约380亿美元（减去取消的贷款），用于约260个项目。中国迄今为止仍是世行贷款项目最多的国家。世行贷款项目涉及国民经济的各个部门，遍及中国的大多数省、市、自治区，主要集中在交通、城市发展（农村发展）、能源和人力开发上。

鉴于过去20多年取得的举世瞩目的发展成就，中国自1999年7月1日开始已不再从国际开发协会（主要向世界上最贫困的发展中国家提供无息贷款）获取贷款，现在仅从国际复兴开发银行贷款。世行贷款将重点支持中国发展西部落后地区和应对快速城市化带来的挑战。

世界银行驻中国代表处负责管理世行的中国业务，财政部是世界银行集团在中国开展业务活动的主要对口部门，国家发展和改革委员会对合作计划的制订也起着极为重要的作用。

四、国际清算银行与巴塞尔委员会

（一）国际清算银行的建立与发展

1930年2月，比利时、法国、德国、意大利、日本、英国等国的中央银行同由摩根信托保证公司、纽约花旗银行、芝加哥花旗银行组成的代表美国利益的银团在荷兰海牙签署了关于建立国际清算银行协定，决定共同出资组建国际清算银行。1930年5月17日，国际清算银行正式运作，行址在瑞士巴塞尔。

组建国际清算银行最初是为了办理德国和第一次世界大战中的战败国的赔款支付问题。1939年9月，德国对波兰的入侵宣告了第二次世界大战的全面爆发，本来意义上的国际清算银行已名存实亡。布雷顿森林体系建立后，国际清算银行先是在1948～1961年作为当时的“欧洲经济合作组织”成员国之间相互清算的代理机构，以后改为“经济合作与发展组织”成员国之间结算的代理机构，经理“欧洲货币体系”各成员国的账户及相互结算，接受各国中央银行的存款，代为买卖黄金、外汇，发行债券。经过长期的演变，国际清算银行已演变成一家为各国中央银行提供各类服务的国际金融机构。很多国家的中央银行将国际清算银行当作它们储备资产投资保值的理想场所和投资途径，迄今已有120多家央行和国际金融机构在国际清算银行开户。

国际清算银行定期举行主要发达工业国家中央银行行长参加的聚会，为各国协调彼此的货币金融政策。国际清算银行传统上是一个有美国参加的欧洲机构，大多数成员国都是欧洲国家。此外，国际清算银行的成员中也包括日本、加拿大、南非、巴西、墨西哥、俄罗斯、中国内地、中国香港、韩国、新加坡、印度和沙特阿拉伯等非欧洲国家和地区。目前，国际清算银行共有 49 个成员。

（二）国际清算银行的宗旨和组织机构

1995 年的国际清算银行章程第三条规定，国际清算银行的宗旨是促进各国中央银行之间的合作并为国际金融业务提供新的便利；根据有关当事各方签订的协定，在金融清算方面充当受托人或代理人。

国际清算银行是一个按照股份制原则设立的金融企业，内设股东大会、董事会和办事机构。股东大会是最高权力机构，每年举行一次会议，一般于每年 6 月第二周召开，负责审批银行的年度报告、资产负债表、损益表，决定银行储备金的提取和分红等事项。并可以在决定修改章程、增减资本、解散银行等事宜时，召开特别股东大会。董事会是经营管理机构，每年召开 10 次会议。英国、法国、德国、意大利、比利时和美国为当然董事，其他董事不超过 9 人，由选举产生。董事会主席与行长由同一人担任。董事会主席有权向董事会建议任命正、副总经理各 1 人。国际清算银行还下设银行部、货币经济部、法律处、秘书处等办事机构。

（三）国际清算银行的资本和业务

国际清算银行创立时的法定资本为 5 亿金法郎，后经多次增资，到 1998 年 3 月，国际清算银行的资本和储备达到了 56 亿美元。原则上，国际清算银行的股本都应由成员国的中央银行所拥有，但实际上，仍有 16%的股本掌握在私人手中。除股本外，国际清算银行还向一些国家的中央银行借款。

国际清算银行主要与各国的中央银行往来，也与一些国家的商业银行有业务关系。其主要业务有：①接受各国中央银行的存款，包括部分国家中央银行存入的黄金；②在必要的时候，向有关国家的中央银行发放贷款；③代各国中央银行买卖黄金与外汇；④代各国中央银行发行债券；⑤与有关国家的中央银行签订特别协议，代办国际结算业务；⑥为各国政府间贷款充当执行人和委托人；⑦对黄金、外汇市场及欧洲货币市场、欧洲债券市场进行专题研究，并编写出版有关研究报告。

中国人民银行自 1984 年起就与国际清算银行建立了银行业务方面的联系，并以观察员身份几次参加该行年会。1996 年 9 月 9 日，中国人民银行正式成为国际清算银行成员，并于 1996 年 11 月认缴了 3000 股的股本，实缴金额为 3879 万美元。这为增强中国人民银行与各国中央银行的合作开辟了新的渠道。中国人民银行与国际清算银行保持着良好的合作关系，多次出席其主办的行长例会、年会和研讨会。该行董事长、总经理都曾来华访问。国际清算银行对中国十分重视，于 1998 年 7 月 11 日在中国香港设立了亚太代表处。1999 年 7 月，国际清算银行在上海召开了行长例会。国际清算银行董事会现有席位 21 个，中国仍在积极争取早日进入董事会。

（四）巴塞尔委员会与国际银行业监管

1974 年 9 月由国际清算银行发起，十国集团及中央银行监督官员在巴塞尔开会，讨论跨国银行的国际监督与管理问题，并于 1974 年年底成立了巴塞尔银行业务条例和监管委员会，简称巴塞尔委员会（The Basel Committee），其常设秘书处设在国际清算银行，委员会主席由成员国代表轮流担任。

1975年9月，根据巴塞尔委员会的提议，形成了第一个银行国际监督条例，即《对银行的外国机构的监督》，简称《巴塞尔协议》。该协议对海外银行监管责任进行了明确的分工，监管的重点是现金流量与偿付能力，这是国际银行业监管机关第一次联合对国际商业银行实施监管。

由于各国的监管标准存在较大差异，东道国与母国之间监管责任划分的实际适用上也存在不同意见，致使1975年协议的弱点充分暴露。为此，巴塞尔委员会于1983年5月对原协议进行了修订。修订后的协议的两个基本思想：一是任何海外银行都不能逃避监管；二是任何监管都应恰如其分。同时对1975年协议的多数原则进行了更加具体的说明。

1987年12月，巴塞尔委员会制定并通过了《统一资本计量和资本标准的国际协议》，即《巴塞尔资本协议》，于1988年7月正式通过，并经12国中央银行行长签署后生效。制定该协议的最重要的目的有两个：①通过制定银行的资本与风险资产的比率，规定出计算方法和计算标准，以保障国际银行体系健康而稳定地运行；②制定统一的标准，以消除国际金融市场上各国银行之间的不平等竞争。内容分四部分：资本的构成、风险加权资产的计算、标准化比例的目标、过渡期和实施的安排。

1997年9月，巴塞尔委员会正式推出《有效银行监管核心原则》，主要是解决监管原则问题。《有效银行监管核心原则》确定了一个有效的监管系统所必备的25项基本原则，共分7大类：①有效银行监管的先决条件；②发展和结构；③审慎法规和要求；④持续性银行监管手段；⑤信息要求；⑥正式监管权力；⑦跨国银行业。

1999年6月，巴塞尔银行监管委员会发布了关于修改1988年的《巴塞尔协议》的征求意见第一稿。经过广泛征求意见和三次修改，2004年6月26日，《巴塞尔新资本协议》最终定稿。根据委员会的安排，该协议于2006年12月底正式实施。

新协议继续沿用1988年协议中以资本充足率为核心、以信用风险控制为重点、突出强调国家风险的管理思路，合理地吸收了《有效银行监管核心原则》中资本充足率、监督检查、市场纪律三大支柱原则，发展地提出了衡量资本充足率的新思路和方法。协议中对有关风险的定义涵盖了现阶段银行业经营面临的各种风险。除标准法以外，新协议允许银行运用内部评级法来衡量和测算风险等。总体而言，新的巴塞尔协议提供了相对比较完整的银行内部全面风险管理体系，形成了最低资本要求、监督检查与市场纪律三大支柱，建立了包括信贷风险、市场风险和操作风险在内的资本充足率计算框架。针对信用风险提出了内部评级法，并且将内部评级法分为初级法与高级法。现在，风险管理水平不同的银行能够根据自身的情况和三大支柱原则选用标准法、初级或高级法，金融监管框架更加灵活、完整与科学，有助于构建更加灵活、科学的金融监管框架。

由于各国发展程度及银行业管理水平的差异，各国是否适用新协议，应着重考虑是否已建立了良好的监管制度，《有效银行监管核心原则》应作为实施新协议的基础，各国要评估《有效银行监管核心原则》实施的程度及审计师、顾问等第三方的介入程度。

中国银行业监督管理委员会于2004年2月正式出台了《商业银行资本充足率管理办法》，并于2004年3月1日起施行。该办法全面借鉴了《巴塞尔新资本协议》，构造了“1988年《巴塞尔资本协议》＋监督检查＋市场纪律”的符合我国情况的资本监管制度。鉴于目前中国商业银行总体资本充足率较低，业务规模、风险管理水平、国际化程度差别明显的现实，按照银监会对待《新资本协议》“结合国情，积极参照”的基本态度，中国银行业应对新资本协议挑战的基本策略可以概括为“两步走”和“双轨制”。所谓“两步走”就是先执行好1988年资本协议，商业银行应首先按照《商业银行资本充足率管理办法》的要求，大力提高资本充足率水平，在过渡期结束时（2007年1月1日），确保绝大多数商业银行资本充足率可以达到或超过8%；“双轨制”就是同时鼓励大银行开发内部评级体系，当条件成熟时采取内部评级法进行资本监管。

巴塞尔委员会成立以来，先后制定了一系列重要的银行监管规定。鉴于其合理性、科学性和可操作性，许多非十国集团监管部门承认并自愿遵守巴塞尔委员会制定的协议和协定，特别是那些国际金融参与度较高的国家和银行组织。因此，巴塞尔委员会虽然不是严格意义上的银行国际监管组织，没有任何凌驾于国家之上的正式监管银行权力，但事实上已成为银行监管国际标准的制定者。

● 专栏：《巴塞尔协议》和《新巴塞尔协议》

1988年，作为十国集团国家银行监管当局的巴塞尔银行监管委员会制定了《巴塞尔协议》，该资本协议被世界100多个国家所采用并发挥了应有作用。20世纪90年代以来，商业银行防范风险和管理风险的能力、监管当局的监管技术与方法和金融市场的运行模式都发生了巨大的变化，加上大量金融创新对巴塞尔协议的制约，1988年的《巴塞尔协议》有些过时了。为此，1996年，巴塞尔委员会对资本协议作了补充，将市场风险纳入资本监管范畴。1998年，巴塞尔委员会决定全面修改协议。1999年6月，提出了新巴塞尔资本协议草案第一稿，2001年1月公布了第二稿，2003年4月底公布了第三稿。与此同时，巴塞尔银行监管委员会还先后颁布了用以指导银行加强风险管理的一系列文件，如“操作风险管理和监管的良好实践”、“电子银行业的风险管理原则”、“跨境实施巴塞尔资本协定的高级原则”、“利率风险管理和监管的原则”等。

与1988年资本协议相比，新资本协议的内容更加广泛、更加复杂，它摒弃了以往一刀切式的资本监管方式，提出了计算资本充足率的几种不同方法，供各国选择。新资本协议在以下几个方面有重大创新：一是由最低资本充足率8%、监管部门的监督检查和信息披露一起构成了新资本协议的三大支柱；二是除计算信用风险的标准法外，新协议允许风险管理水平较高的银行使用自己的内部评级体系计算资本充足率；三是在计算信用风险的标准法中，采用评级公司的评级结果确定风险权重，废除以往按是否为经合组织成员确定风险权重的不合理做法；四是把操作风险纳入资本监管。

尽管新资本协议是十国集团内部的一项协议，实施对象主要是“国际活跃银行”和大银行，但是伴随着新协议的出台和十国集团国家正式实施新资本协议，新资本协议同样对其他国家的银行监管制度和商业银行（特别是大银行的风险管理及国外业务）产生重要影响。这是因为十国集团国家同时也是全世界主要的金融市场所在地，其实施必然对其他国家产生影响。例如，IMF和世界银行一向支持巴塞尔银行监管委员会，IMF通常将巴塞尔委员会确立的监管原则作为评估包括发展中国家在内的各国金融体系及其监管体制的参照基准，并可以通过IMF第四款协商过程促使成员国实施这些原则。世界银行也可以通过技术援助项目迫使受惠国实施这些原则。

五、区域性国际金融组织

(一) 亚洲开发银行

亚洲开发银行(Asian Development Bank)(以下简称“亚行”)是亚洲、太平洋地区的区域性政府间国际金融机构。它不是联合国下属机构，但它是联合国亚洲及太平洋经济社会委员会(联合国亚太经社会)赞助建立的机构，同联合国及其区域和专门机构有密切的联系。根据1963年12月在马尼拉由联合国亚太经社会主持召开的第一届亚洲经济合作部长级会议的决议，1965年11～12月在马尼拉召开的第二届会议通过了亚洲开发银行章程。1966年11月在东京召开首届理事会宣告该行正式成立。同年12月19日正式营业，总部设在马尼拉。

建立亚行的宗旨是促进亚洲及太平洋地区的经济发展和合作，特别是协助本地区发展中成员以共同的或个别的方式加速经济发展。亚行的战略目标是：通过提供贷款和股本投资，促进发展中成员经济的增长和社会进步；通过提供技术援助、开展贷款政策性对话，加强发展中成员决策机构的能力，促进经济向市场化转轨，改善投资环境；进一步增强联合融资，促进私有资本向发展中成员流入。亚行主要职能是向成员国提供技术援助、贷款和资本投资，为促进公有和私有投资牵线搭桥。亚行对发展中成员的援助主要采取四种形式：贷款、股本投资、技术援助、联合融资担保。

亚行的资金来源分为普通资金和特别基金两种。普通资金由以下部分构成：股本、借款、普通储备金、特别储备金、净收益、预交股本，主要用于为发展中成员国提供硬贷款。特别基金主要来源于发达成员国的捐赠，用于为发展中成员国提供软贷款和技术援助赠款。日本特别基金由日本政府赠款。

亚行有来自亚洲和太平洋地区的区域成员和来自欧洲和北美洲的非区域成员。至2002年5月，亚行共有60个成员，其中43个来自亚洲地区，非本地区成员17个。亚行的组织机构主要有埋事会和董事会。理事会是亚行最高权力机构，负责接纳新成员、变动股本、选举董事和行长、修改章程等。行长是该行的合法代表，由理事会选举产生，任期5年，可连任。

亚行每年4～5月在总部或成员国轮流举行年会。主要议题是探讨亚太地区的经济金融形势、发展趋势和面临的挑战，推动亚行作为地区性廾发机构在促进本地区社会经济发展方面发挥作用。同时会议还将对亚行年度业务进行审议，并通过亚行年度报告、财务报告、外部审计报告、净收入分配报告、预算报告等。亚行的出版物有《年度报告》、《亚行季评》、《亚洲发展了望》和《电信》。

1986年2月，亚行理事会通过决议，接纳中国为亚行成员国，中国台湾以中国台北名义继续保留席位。中国是亚行第三大认股国，认股额为16亿美元，拥有6.096%的投票权。1986年，中国政府指定中国人民银行为中国对亚行的官方联系机构和亚行在中国的保管银行，负责中国与亚行的联系及保管亚行所持有的人民币和在中国的其他资产。在1987年4月举行的理事会第20届年会董事会改选中，中国当选为董事国并获得在董事会中单独的董事席位。同年7月，亚行中国董事办公室正式成立。2000年6月，亚行驻中国代表处在北京成立。

（二）非洲开发银行

非洲开发银行（African Development Bank）于 1964 年成立。1966 年 7 月开业，总部在科特迪瓦首都阿比让。其宗旨是：通过提供投资、贷款和利用非洲大陆的人才和资源，促进成员国经济发展和进步；优先向有利于地区经济合作和扩大成员国间贸易的项目提供资金和技术援助；帮助研究、制订、协调和执行非洲各国的经济发展计划，以便达成非洲经济一体化。

非洲开发银行理事会为最高权力机构，由各成员国委派一名理事组成。董事会由理事会选举产生，为银行的执行机构，负责处理银行的组织和日常业务。截至 2003 年，非洲开发银行成员除了包括非洲地区全部 53 个独立国家外，还包括非洲以外的 24 个成员国：中国、阿根廷、巴西、加拿大、美国、印度、日本、科威特、沙特阿拉伯、奥地利、比利时、丹麦、芬兰、法国、德国、意大利、瑞典、挪威、葡萄牙、瑞士、荷兰、英国、韩国、西班牙。

非洲开发银行的资金来源主要是成员国认缴的份额。最初法定资本为 2.5 亿美元，截至 2002 年年底，该行法定资本约 297.3 亿美元。为使该行领导权掌握在非洲国家手中，非洲国家资本额占 2/3。

非洲开发银行与其附属的非洲开发基金（African Development Fund）、尼日利亚信托基金（Nigeria Trust Fund）共同组成非洲开发银行集团（African Development Bank Group）。

非洲开发银行的出版物有《年报》（*Annual Report*）、《非洲开发银行消息》（*ADB News*）、《季报》（*Quarterly Statement*）、《基本资料》（*Basic Information*）、《统计手册》（*Statistical Handbook*）和《各成员国业务状况一览》（*Summaries of Operation in Each Member*）。

中国于 1985 年 5 月 8 日和 10 日先后加入非洲开发基金和非洲开发银行。

（三）泛美开发银行

泛美开发银行于 1960 年 10 月 1 日成立，是拉丁美洲国家和其他西方国家联合举办的政府间国际金融组织。该行的宗旨是：组织吸收拉丁美洲内外的资金，为拉美成员国经济和社会发展项目提供贷款，促进拉丁美洲经济和社会的发展。到 20 世纪 80 年代末，该行已有 45 个成员国，总部设在华盛顿。

泛美开发银行的管理机构由理事会、执行董事会和行长组成。理事会是泛美开发银行的最高权力机构，由成员国委派一名理事和副理事组成。执行董事会负责日常业务工作。

泛美开发银行的资金来源主要是成员国缴纳的股本及向外借款，分普通资本和特种业务基金。其主要业务是向成员国提供贷款，包括普通贷款和特种业务基金贷款。普通贷款主要是向成员国政府及公私团体的特定经济项目提供。特种业务基金贷款主要是对以公共工程为主的特别经济项目提供。此外，泛美开发银行在 1961 年还设置了“社会发展信托基金”，由美国出资，主要用于资助低收入者的住房建筑、卫生设施、乡村开发和高等教育等方面。

（四）阿拉伯货币基金组织

阿拉伯联盟所有成员国组成的阿拉伯货币基金组织成立于1977年4月，其宗旨是：探讨和制定成员国之间金融合作的方针与方式，促进阿拉伯经济一体化和成员国的经济发展；调整成员国国际收支的失衡，取消彼此间经常性支付的限制和稳定阿拉伯国家之间的汇率，以促进贸易的发展；扩大阿拉伯金融市场，推广阿拉伯第纳尔作为记账单位的使用，为发行统一的阿拉伯货币创造条件。

第六节 国际金融一体化

一、国际金融一体化的含义

国际金融一体化主要是指国际金融业的全球化和一体化，即国际金融的发展趋势以金融网络化、货币一体化、金融服务现代化和金融风险扩大化为主要特征。国际金融一体化的主要原因是经济的全球化、生产和资本的国际化、银行资本的集中和垄断及金融自由化浪潮。

20世纪80年代以来，西方发达国家逐步放松对金融市场的管制，取消银行业与证券业分业经营的限制，使利率、汇率市场化，实施宽松的外汇管制。90年代以来，发展中国家也开始放松金融管制，开放国内金融市场。金融管制的放松和国际金融一体化的发展，使得国际资本在全球范围内流动更加快捷、融资成本更加低廉，极大地促进了世界各国经济的发展。如果说在过去跨越国境的金融活动通常与各国的国内金融市场相对割裂开来，采取一种相对独立于各国金融体系的形式来进行，并同时受到本国管理法规和国际惯例两套不一致的规则制约的话，那么如今的跨国金融活动则是在相同的“游戏规则”下，采用相同的金融工具，在全球范围内选择投资者和筹资者的过程。“国际金融”和“国内金融”的界限日益模糊。具体来看，国际金融一体化主要表现在以下方面。

（一）货币一体化

货币一体化是指全球或某一地区内的有关国家在货币领域实行协调与联合，形成一个统一体，最终实现一个统一的货币。货币一体化的最高目标是单一货币，建立统一的中央银行，并统一货币金融政策。20世纪80年代以来，区域性货币一体化的进程迅速发展，尤其是欧洲货币一体化的发展取得了重大进展，欧洲联盟国家已发行了统一货币——欧元，为区域性货币一体化作出了典范。

（二）金融市场一体化

20世纪80年代以来，随着金融创新和金融自由化的发展，国际金融市场的发展日益超越国界和时区的界线，成为全天候连续运营的一体化金融市场。国际金融市场和国内金融市场的界线日益融合，许多阻碍市场全球化的障碍也逐渐消除了，如证券投资的利息预扣税、证券交易的差别佣金制度及许多限制市场交易的法则等。从而外国金融机构可以进入许多国家的本国金融市场活动，在本国金融市场也可以经营外国货币业务，无论是外汇市场还是证券市场都实现了全球一体化。在此过程中，越来越多的发展中国家的金融市场成为以现代国际惯例开放的“新兴金融市场”，资本流动性和全球化经营程度颇高的跨国投资银行、对冲基金和其他各种金融机构不断地将这些“新兴金融市场”融入国际金融一体化的进程之中。

20 世纪 90 年代以来，传统意义上的离岸金融中心在全球金融市场中的重要性日趋下降，其业务增长率和在全球跨境资产中所占比例也呈递减趋势。离岸金融中心的由盛转衰，从一个侧面反映了第二次世界大战以来国际金融一体化的历史进程：即在 20 世纪 80 年代下半叶之前，由于各国尚未解除对本国金融业的控制，国际金融一体化的发展仍然需要借助于有别于各国金融体系的独立形式，传统离岸金融中心就是应这种需要而产生的并获得了高速发展。此后，由于各国金融自由化改革取得了实质性进展，国际金融一体化的进程更进一步深入到国际金融市场和国内金融市场一体化的阶段。

（三）证券交易所的联合

20 世纪 80 年代以来，国际金融市场经历了不同寻常的发展，除了市场本身的规模化和机构化之外，国际股票市场、债券市场、外汇市场和期货市场之间的联系和融合也因金融创新而不断加深。例如，巴黎、阿姆斯特丹、布鲁塞尔三大交易所一直在寻求结盟；伦敦、法兰克福、斯德哥尔摩证券交易所也在探讨合并；此外，纳斯达克市场一直在尝试将其市场延伸至东京和中国香港；新加坡证交所与美国证交所的合作也在拟议之中。

（四）金融业务的一体化

金融业务一体化最明显的表现是金融业务证券化和资产负债表外化。20 世纪 90 年代以来，国际资金流动的方式从以银行信贷为主转向了以可在公开市场上交易的债务工具为主，即全球金融市场向证券化趋势转化，各种可交易的债务工具成了国际融资的主流。1996～1997 年，债券、票据和货币市场工具净额之和大大超过了银行贷款。特别是 1998 年，当银行信贷受亚洲金融风暴影响而大幅度下降时，债券、票据和货币市场工具的发行量却有增无减。此外，金融衍生市场的兴起使金融表外业务迅速发展。20 世纪 70 年代，固定汇率制开始崩溃，取而代之的浮动汇率制使各国所面临的汇率风险加大。因此，经济活动中产生了规避汇率风险的要求，这是刺激金融衍生产品产生的直接动因。金融衍生产品的相继开发和推广在金融领域掀起了一场革命。截至 2001 年年底，世界上已经有 60 多个交易所可以进行金融衍生产品的交易。基本的金融衍生品已达 2 万多个。世界上几乎随时都在产生新的金融衍生品。目前，全球金融衍生品的交易额已大大超过了国际融资的总额。

在科技浪潮推动下，金融工具、金融业务和金融机构跨越国界，日益国际化，传统的金融运作模式也开始受到了冲击和挑战，新型运作模式的建立不可避免。例如，网上银行日益成为全球金融市场一种全能的经营交易方式，证券市场的网上交易也已成为推动市场发展、交易变革的载体。这不仅对传统的金融交易方式提出了严峻的挑战，同时也给整个金融业开拓新业务带来了前所未有的机遇。

（五）金融监管一体化

金融业务的国际化、金融工具创新、金融市场一体化，导致各国的金融政策、对金融业的监管趋于一致。1974 年 9 月由国际清算银行发起，十国集团中央银行官员在巴塞尔讨论跨国银行的国际监督与管理问题，并于 1974 年年底成立了巴塞尔银行业务条例和监管委员会。1987 年 12 月，巴塞尔委员会制定并通过了《统一资本计量和资本标准的国际协议》，即《巴塞尔资本协议》，标志着各国对国际银行业共同监管标准的实施。随着国际金融一体化的发展，巴塞尔委员会对银行业的资本衡量办法和监管标准也作出了重大改革，1997 年 9 月，巴塞尔委员会正式推出《有效银行监管核心原则》，2004 年 6 月又发布了《巴塞尔新资本协议》，新协议合理地吸收了《有效银行监管核心原则》中资本充足率、监督检查、市场纪律三大支柱原则，发展地提出了衡量资本充足率的新思路和方法。随着国际金融一体化的进程，金融监管的国际化必将会更快地发展。

二、国际金融一体化的影响

（一）国际金融一体化的正面影响

国际金融一体化提高了金融体系的运作效率，使国际资金的调拨与融通空前便捷，为发展中国家带来了更多的利用外资和引进先进技术的机会，同时也为发达国家的“剩余”资金提供了更广阔的投资空间。国际金融一体化还促进了全球资本的合理流动，提高了资源在全球配置的效率，打破了国际金融市场的隔离局面，使国际金融市场形成了一个有机整体，从而极大地促进了国际贸易的增长和各国经济的发展。世界经济的发展离不开国际金融一体化的推动。

（二）国际金融一体化的负面影响

国际金融一体化在促进世界经济共同发展与繁荣的同时，也给各国带来了极大的风险和严峻的挑战，特别是使那些经济实力不强、金融监督不力、抵御风险能力弱的国家（主要是发展中国家）很容易处于金融危机的阴影之下。当今世界，国际金融一体化进程呈现出加速深化的趋势，逐浪于国际金融一体化大潮中的任何国家和地区都不可避免地要受其不同形式、不同程度的影响。具体来说，国际金融一体化对世界经济金融带来的风险主要表现在以下几个方面。

1. 加剧了全球金融动荡

伴随着国际金融一体化的发展，国际金融领域的动荡已经成为常态，这是国际金融一体化最不利的影响。国际金融领域的动荡还将产生巨大的波及效应和放大效应。一国的经济和金融形势的不稳定，通常都会通过日渐畅通的金融渠道迅速传递给关联国家。国际金融一体化中的任一环节一旦发生问题，将直接对全球经济、金融形成极大冲击，从而加剧金融风险。20 世纪 90 年代以来爆发的欧洲货币体系危机、墨西哥金融危机及亚洲金融危机，都是金融危机在全球蔓延的证明。同时，由于各国金融经济体系承受风险的能力不同，国际金融一体化的不利后果在发展中国家可能表现得更为充分，影响也更大。

2. 国际游资对一国金融体系的冲击加剧

国际金融一体化加速了以投机为目的的国际游资的频繁流动。国际游资在客观上能起到培育和繁荣金融市场的效果，但也增加了国内金融市场的不稳定性。一般来说，国际游资进入一国，纯以谋利为目的，并非进行实质性投资。即使参与实质性投资，也都含有投机成分和潜在投机成分，因而会给国内经济带来潜伏性风险。特别是巨额游资借助于现代电信技术、金融衍生工具及投机技巧的运用，更是大大增加了东道国的市场风险。

3. 增加了一国政府调控本国经济的难度

随着国际金融一体化的发展，全球金融资本越来越集中于处于绝对支配地位的少数发达国家垄断资本集团手中。这些垄断资本集团一旦抓住机会就会在其他国家尤其是发展中国家的金融市场上猛烈炒作。因此，这迫使一国政府在考虑本国的利率、汇率、经济增长等经济指标的同时，还要考虑其他关联国家的经济指标，以使经济政策定位更加准确。此外，各国金融市场联系的加强使国际间的经济政策趋于一致，各国政府难以完全从本国立场出发来制定经济政策，从而加大了各国政府调控经济的复杂性，特别是削弱了发展中国家对经济的控制力，加大了这些国家的金融风险。

国际金融一体化给世界各国尤其是发展中国家带来的不仅仅是好处，还有各种实实在在的风险和灾难。当然，我们不能因噎废食。问题在于，各国都应努力探索如何既充分利用国际金融一体化的好处，又能尽量抑制其弊端。

三、区域性货币联盟

20 世纪 50 年代后期以来，世界经济一体化有不断发展的趋势。经济一体化的加强必然引起货币的一体化。所谓区域性货币联盟，是指一定区域内的有关国家和地区为了适应本地区的区域经济一体化而在货币金融领域实行协调与联合，形成一个统一体，以便最终实现一个统一的货币。

区域性货币联盟是战后国际货币体系发展的结果。它和 20 世纪 30 年代金本位制崩溃时出现的美元区、英镑区、法郎区等货币集团不同。区域性的货币联盟是对全球国际金融体系的一种补充，20 世纪 30 年代的货币区基本上是按照政治势力范围和殖民地区域来划分，所运行的大背景是国际间的政治冲突与对抗，在区域间形成了贸易壁垒和资本流动控制，对世界经济的发展不利。而随着世界经济和贸易发展格局自然形成的货币集团，其倾向必然是为了各目的集团利益而相互合作。虽然集团之间存在经济发展和经济利益的差别，但在相互经济利益的驱动下，集团之间的合作只能是加强趋势。并且各货币集团已经综合并集中了其成员国的整体利益，集团内部也能够形成利益的平衡与补偿。另外，由于区域货币联盟的发展，在 IMF 成员减少的情况下，它更易于协调和统一各集团之间的利益，从而使国际货币政策得到真正实施。当然，区域性货币联盟的建立及其所遵循的原则有时可能不符合多边国际组织的规定，对非会员国的歧视便为一例。从这个意义上讲，区域性货币联盟也会给多边国际组织协调各国的货币金融政策带来一定困难。

根据合作的层次不同，区域性货币联盟可分为三类：①货币联盟。如欧洲货币联盟。这需要很高层次的合作，包括政策协调，使用固定汇率，最终使用统一的国际货币，执行统一的货币政策。②支付同盟。如 20 世纪 50 年代的欧洲支付同盟，是相对松散的联盟。合作的目的只限于国际支付，使用统一的会计和结算制度清算各国之间的贸易差额，用一种货币或记账单位进行支付。③货币区。这是更为松散的联合，如原有的英镑区、法郎区等。区域内的各国根据各自利益选择一种储备货币用于成员国之间的国际交易，各国货币与该储备货币保持稳定的汇率关系。

在区域性货币联盟的发展进程中，欧洲货币联盟的发展具有典型意义，其发展进程也可以说是欧洲货币一体化的进程。

四、欧洲货币一体化

（一）欧洲货币一体化进程

欧洲货币一体化的进程始于 1950 年欧洲支付同盟的成立。1957 年 3 月，法国、联邦德国、意大利、荷兰、比利时和卢森堡六国在意大利首都罗马签订了《罗马条约》，决定成立欧洲经济共同体。在《罗马条约》中并没有建立欧洲货币联盟的决定，但是共同体成立以后在经济一体化方面取得了相当大的进展。在 20 世纪 60 年代末欧共体建立了关税同盟，实现了共同农业政策，并开始着手推动劳动力与资本流动的自由化，于是货币一体化也就成为必然趋势。1969 年 12 月在海牙举行的欧共体首脑会议决定筹建欧洲经济与货币联盟。根据这次会议的决定，欧共体的专家们在 1970 年拟订了初步的计划，并交由以卢森堡首相兼财政大臣皮埃尔·魏尔纳（Pierre Werner）为首的一个委员会进行审议。同年 10 月，委员会向欧共体理事会及委员会提交了报告，即后来所谓的“魏尔纳报告”。

该报告计划从 1971～1980 年分三个阶段实现欧洲货币一体化。第一阶段从 1971 年年初至 1973 年年底，主要目标是缩小成员国货币汇率的波动幅度，着手建立货币储备基金，以支持干预外汇市场、稳定汇率的活动，并开始加强货币政策与经济政策的协调；第二阶段从 1974 年年初至 1976 年年底，主要目标是集中成员国的部分外汇储备以充实货币储备基金，从而进一步稳定各国货币间的汇率并促使欧共体内部的资本流动逐步自由化；第三阶段从 1977 年年初至 1980 年年底，目标是使共同体成为商品、资本和劳动力完成自由流动的统一体，汇率趋于完全稳定，并着手规划统一的货币，同时货币储备基金则向统一的中央银行发展。

然而进入 20 世纪 70 年代以后，世界经济和国际金融形势发生了巨大变化。70 年代初期布雷顿森林体系全面崩溃，70 年代中期的石油危机和战后最严重的经济危机交织在一起，沉重打击了欧共体货币联盟计划的实施，最终使这一计划夭折。尽管如此，第一阶段的计划实施仍然取得了一些成绩。例如，1972 年 4 月实行了“蛇形浮动”汇率制，对内部实行可调整的中心汇率制，对外则实行联合浮动；1973 年 4 月 3 日建立了欧洲货币合作基金（European Monetary Cooperation Fund，EMCF）；1974 年 6 月 28 日创设了欧洲计算单位（European Unit of Account，EUA）。

1. 欧洲货币体系

1978 年 4 月，在哥本哈根召开的欧共体首脑会议上，联邦德国总理施密特和法国总统德斯坦提出了建立欧洲货币体系的动议。同年12月5日欧共体各国首脑在布鲁塞尔达成协议，1979年3月13日欧洲货币体系协议正式实施。欧洲货币体系（European Monetary System，EMS）的建立标志着欧洲货币一体化发展进入了一个新阶段。

EMS的建立是欧共体各国经济一体化发展的要求。随着欧洲共同体的工业品与农产品共同市场的继续巩固和发展，劳动力和资本流动的自由化自然成为下一个亟待实现的目标，这不仅需要各国在经济政策上的协调一致，而且还有赖于共同体货币一体化的进程。另外，在20世纪70年代石油价格猛涨、欧共体各国国际收支普遍困难、国际金融形势动荡不定的条件下，各国也需要结成一个区域性的货币集团来提供互相的资金支持，渡过国际收支的难关，并联合抵御美元汇率和利率波动对各国经济的冲击，从而加强在国际金融领域同美国分庭抗礼的地位。

欧洲货币体系主要包括以下三个内容。

1）创设欧洲货币单位

欧洲货币单位（European Currency Unit，ECU）是欧洲货币体系的核心，由欧洲计算单位演变而来。ECU实质上是一个货币篮子，由12个成员国货币组成；每种货币在ECU中所占的权重，主要依据各成员国的国民生产总值、各国对欧共体的财政贡献及其在欧共体内贸易额所占的比重大小来确定。权重一般5年调整一次，在5年内，任何一国货币权数变动超过25%时，可以要求调整货币篮子构成。德国马克、法国法郎和英镑是ECU中三种最重要的货币。

ECU的作用有：一是作为确定成员国货币之间中心汇率的计算标准；二是作为成员国计算和干预汇率波幅的参考基础；三是作为成员国货币当局的储备资产和中央银行之间的结算工具。

ECU自创立以后，使用范围逐步扩大，受到越来越多的国家青睐。

2）构建汇率稳定机制

EMS通过双重机制稳定成员国之间的货币汇率，即平价网体系（Grid Parity System）和平价篮体系（Basket Parity System）。

平价网体系又称为格子体系。它要求成员国货币之间彼此确定中心汇率，各成员国相互之间的汇率只能围绕中心汇率上下浮动。到1992年EMS汇率机制危机前，欧共体12国中，只有希腊没有加入欧洲汇率机制（ERM）。在参加ERM的11个国家中，除英国、西班牙和葡萄牙3国货币的中心汇率允许在±6%的范围内波动外，其他国家货币中心汇率只能在±2.25%之间波动。

平价篮体系也叫中心汇率体系（Central Rate System）。它规定了各国货币对ECU的中心汇率，然后计算每种货币对这一中心汇率所允许的最大偏离幅度，当成员国货币与ECU的偏离达到一定程度时，就要进行干预。为此，EMS还规定了一种带有预防性的措施。按此规定，当某个成员国货币对ECU的比价偏离了其法定中心汇率的幅度，达到其最大允许波动幅度的75%，即所谓差异界限（divergence threshold）时，该国中央银行就需采取措施进行干预。

这种双重稳定机制可以使汇率机制更加稳定，同时改变了过去发生汇率波动时大都由软币国家首先纠正汇率的缺陷，从而均摊了调节责任。

并非所有欧共体成员国都参加了汇率稳定机制。英国虽然于 1973 年就加入了欧共体，但直到 1990 年 10 月才加入汇率稳定机制，且 1992 年 9 月又与意大利一起退出了这一汇率机制。西班牙和葡萄牙于 1986 年加入欧共体，但它们分别迟至 1989 年 6 月和 1992 年 4 月才进入汇率稳定机制。

3）建立欧洲货币基金

欧共体理事会曾于 1979 年 4 月，决定以两年为期限建成欧洲货币基金（European Monetary Fund，EMF），以使成员国能够在必要时有能力干预外汇市场，稳定汇率，同时对一些国际收支发生困难的成员国提供信贷援助。

EMF 将集中成员国黄金外汇储备的 20%作为共同基金，再加上等值的本国货币，总计约 500 亿 ECU。这笔集中起来的黄金和外汇储备将换算成 ECU 的存款并计息。

但是 EMF 并没有如计划在两年之间建成，主要是在基金的组织形式和发展方向上各国的意见不完全统一。比如，英国政府就不同意基金向联合的中央银行方向发展，所以仍沿用过去的“欧洲货币合作基金”（EMCF）的名称。

2. 欧洲货币体系汇率机制危机

欧洲货币体系的汇率机制实质上是一种可调整的固定汇率制。在最初运行的一段时间里发展顺利，在稳定汇率方面取得了显著的成就。但是在 1992 年 9 月，一度运转正常的 ERM 出现了最严重的一次危机。外汇市场上投机活动猖獗，投机者纷纷抛售弱币，迫使意大利宣布里拉贬值 7%，西班牙宣布比塞塔贬值 5%。EMS 在短短四天之内两度调整汇率（而在此之前的 13 年中总共才调整了 12 次）。受到冲击最大的是里拉和英镑。英国政府为遏制资本外流，在一天之内两次提高基础贷款利率，从 10%提高到 15%；法国也将利率提高到 13%，并与德国联手拿出数百亿美元干预市场，但效果并不明显。结果，英镑和里拉不得不退出欧洲货币体系汇率机制。1993 年 7～8 月，汇率机制出现第二次危机，迫使欧共体在 1998 年 8 月 1 日决定，允许成员国之间的汇率对中心汇率的波动幅度由原来的±2.25%扩大到±15%（德国马克和荷兰盾除外），等于实行了自由浮动。

20 世纪 90 年代初 ERM 爆发的这两次危机，从表面上看是国际投机资本冲击的结果，但事实上其背后是有深刻原因的，其中也暴露了欧洲货币一体化进程中存在的一些问题。例如，汇率机制本身存在一定局限性，这主要表现在两个方面：①汇率机制缺乏灵活性。在固定汇率制度下，各成员国不能随意根据本国的经济和国际收支状况调整汇率，使一些国家的货币汇率严重高估，从而市场对这些高估货币产生贬值的预期而加强了市场的投机活动。②政府干预能力有限，各国中央银行干预外汇市场的能力在数以万亿计美元的外汇日交易额面前往往显得无奈，束手无策。此外，欧共体各成员国经济发展上的明显差异也是导致汇率机制危机的一个重要原因。欧共体成员国之间经济发展不平衡，存在很大差异，主要表现在：德国统一后，经济实力大增，成为欧洲的超级大国。德国为了抑制统一引起的通货膨胀，不断提高利率。而英国等一些国家则力求摆脱经济衰退的困扰，要采取低利率政策以刺激经济复苏。ERM 自 1987 年 11 月以来，在将近 5 年的时间里都未作调整。这种僵化的机制已不能明确反映各成员国财政和货币金融上的差异，加上各国政策缺乏协调合作精神，因此，一遇风吹草动，处于弱势地位的一些货币立即受到很大冲击。

3. 欧洲货币联盟

尽管欧洲货币体系在20世纪90年代前期经历了严重的危机，但其迈向以实现单一货币为目标的欧洲货币联盟的进程已不可逆转。

1988年6月底，欧共体首脑汉诺威会议决定委托以欧共体委员会主席德洛尔(J. Delor)为首的一个委员会制订关于欧共体进一步货币合作的计划。1989年4月，德洛尔向欧共体12国财长提交了《关于欧共体经济与货币联盟的报告》，即《德洛尔报告》(Delor's report)。该报告于1989年6月欧共体马德里会议上获得通过。《德洛尔报告》中的许多原则和结论，都反映在后来的《马斯特里赫特条约》(Maastricht treary)中，是欧共体货币一体化的理论指导和先驱性文件。

1991年12月9～10日，欧共体12国首脑在荷兰小镇马斯特里赫特举行会议，正式修改《罗马条约》，并就欧共体建立内部统一大市场后，进一步建立政治联盟和经济与货币联盟问题达成协议。会议签署了《欧洲联盟条约》，包括《经济与货币联盟条约》和《政治联盟条约》，统称《马斯特里赫特条约》(以下简称《马约》)。该条约的签订标志着欧洲货币一体化的加速发展，是欧洲货币经济一体化的新里程碑。

根据《马约》，将分三个阶段逐步实现欧洲经济与货币联盟(EMU)：第一阶段，从1990年7月1日到1993年12月31日，主要任务是所有成员国货币加入欧洲货币体系的汇率机制，形成欧洲统一大市场，实现商品、人员和资本的自由流动，并建立相应的监督机制。第二阶段，从1994年1月1日到1997年，进一步实现各国宏观经济政策的协调，建立独立的不受政治干预的欧洲货币管理体系或欧洲中央银行体系(作为欧洲中央银行的前身)，负责统一制定货币政策，进一步缩小成员国之间的汇率波动幅度。第三阶段，从1997年至1999年1月1日，在这段时间内最终建立统一的欧洲货币的独立的中央银行，即第三阶段的目标是最迟于1999年实现统一的欧洲货币。

根据《马约》的有关规定，拟取得EMU成员资格的国家必须在如下五方面达标：①通货膨胀率不能超过成员国中通货膨胀率最低的三个国家平均数的1.5%；②长期利率不得高于欧共体3个通胀率最低国家平均利率的2%；③政府预算赤字不超过本国GDP的3%；④政府债务不超过本国GDP的60%；⑤货币汇率必须维持在欧洲货币体系规定的幅度内，并且至少稳定两年时间，尤其是在同一时期内，该国不能主动降低它与任何汇率机制成员国之间的双边中心汇率(即不能主动宣布货币贬值)。

《马约》于1993年10月底前获得通过，于1993年11月开始生效，从此，欧洲联盟(简称欧盟)正式宣告成立。欧洲经济共同体完成了历史使命。1995年年初，瑞典、芬兰和奥地利加入欧盟，欧盟成员国扩至15个。2004年5月1日，欧盟实现极具意义的“东扩”，吸纳了波兰、匈牙利、捷克、斯洛伐克、斯洛文尼亚、爱沙尼亚、拉脱维亚、立陶宛、塞浦路斯、马耳他10个中东欧国家，这是欧盟历史上规模最大的一次扩大。2007年1月1日，随着保加利亚、罗马尼亚的正式入盟，欧盟成员国进一步扩大到27个。

(二) 欧元的诞生与影响

1995年12月中旬，欧盟各国首脑在马德里会议上达成欧洲货币联盟建设进入第三阶段的协议，确定从 1999 年 1 月 1 日开始逐步实施单一货币，同时确定了欧盟单一货币的名称为“欧元”(Euro)。1996 年 12 月中旬，欧盟成员国首脑又在都柏林会议上就欧元的法律地位、欧元与暂不参加单一货币的欧盟成员国货币之间的兑换机制及约束货币联盟参加国的财政纪律的预算稳定公约达成了一致意见。在 1997 年 6 月中旬的阿姆斯特丹会议上，欧盟各国首脑正式批准了《稳定和增长公约》、《欧元的法律地位》和《新的货币汇率机制》三个文件。这些文件对欧洲货币联盟的建设和正常运行具有关键性意义，是货币联盟进入第三阶段和保障未来单一货币的稳定，以及保证成员国与非成员国货币汇率相对稳定和统一大市场秩序的重要举措。1998 年 5 月 2 日，欧盟 15 国首脑在布鲁塞尔举行的特别会议上，决定接受欧盟委员会和欧洲货币当局（EMI）的推荐，确认奥地利、比利时、芬兰、法国、德国、爱尔兰、意大利、卢森堡、西班牙、荷兰和葡萄牙这 11 个国家于 1999 年 1 月 1 日率先进入欧洲经济货币联盟第三阶段，组成欧元区，成为欧元创始国，同时成立欧洲中央银行。而欧盟另外 4 个国家，英国和丹麦根据《马约》选择暂时不进入 EMU 第三阶段，瑞典和希腊则因为没有达到《马约》规定的一致性标准而暂时不能进入 EMU 第三阶段。

1999 年 1 月 1 日，欧元准时启动。此后一直至 2001 年 12 月 31 日，为欧元区内各国货币向欧元转换的过渡期，欧元同成员国货币的兑换率锁定。欧元将以支票、信用卡、股票和债券方式流通，欧洲货币单位将按 1∶1 的比例兑换成欧元。欧洲中央银行实施独立的货币政策。2002 年 1 月 1 日至 2002 年 6 月 30 日，欧元纸币和硬币将作为法定货币进入流通领域，同尚存的各国货币一并流通。2000 年 6 月，在葡萄牙召开的欧盟首脑会议根据希腊达标情况，同意希腊自 2001 年 1 月 1 日起成为欧元区的第 12 个成员国。2006 年 6 月，欧盟委员会的评估报告显示，中东欧成员中的斯洛文尼亚率先全面达标，获准于 2007 年 1 月 1 日进入欧元区，悄然拉开欧元区向东扩展的帷幕。此后，塞浦路斯、马耳他两国相继通过欧盟委员会的“评估验收”，携手于 2008 年 1 月 1 日进入欧元区国家之列；斯洛伐克在 2008 年欧盟委员会的评估中达标，于 2009 年 1 月 1 日进入欧元区“大家庭”；爱沙尼亚则在 2010 年夏天通过了欧盟委员会的评估检查，获准于 2011 年 1 月 1 日采用单一货币欧元，欧元区成员迅速增至 17 个。

从 2002 年 7 月 1 日起，欧元区各国货币全部退出流通领域，市场只流通单一货币欧元，欧洲统一货币正式形成。

欧元的诞生与运行是欧洲货币一体化进程中的一件大事，其将对国际货币体系、国际金融市场和世界各国产生深远的影响。

第一，将给欧元区国家、给欧盟带来巨大的政治、经济利益。欧元区的 GDP 约占世界总量的五分之一，仅次于美国，居世界第二位，金融资产加在一起则超过了美国。此外，国际贸易份额和黄金外汇储备均占到世界的五分之一左右，在经济实力上能够与美国抗衡。欧元区国家为了达到趋同标准，均采取了控制公共财政支出、削减政府预算的稳定性财政政策和以控制通胀为目标的货币政策，可促使这些国家在低通胀、低利率的宏观环境下保持经济的稳定增长。单一货币消除了欧元区成员国之间的外汇风险，因而将促进成员国之间的贸易和投资。欧元区内由于可以实行生产要素的高度流动而提高资源配置效率。

第二，欧元将成为国际货币体系中举足轻重的国际货币。从目前的国际货币体系看，美元在国际货币计价、结算和储备货币方面仍居于中心地位。美国可以借此影响世界经济的走向，尽力使其有利于美国的经济利益。但欧元的问世和运行可以使外汇储备货币多样化，有利于国际货币体系的稳定，有助于产生一个多极的国际金融体系。由于欧元成员国占IMF组织30%的份额，而美国只占18%，欧元启动后欧盟在IMF组织中所起的作用将增强，这有利于国际货币体系的改革。

第三，将对国际金融市场产生广泛影响。对资本市场的影响有：欧元实施之后，欧元区内各国债券流通范围窄、市场容量小的状况将会大为改观。欧元将会使货币适用范围加宽，市场扩大，欧元债券流通性较之欧洲各国原货币债券将会极大改善。因此，今后的欧元债券、融资、直接投资等市场将具有广阔的发展前景。对银行业的影响有：欧元区内消除了汇率风险，利率也趋同，统一货币打破了单一国家对银行业的垄断，银行在费用结构和利率水平方面的透明度和可比性的提高促进了银行业的趋同，从而导致银行业竞争更加激烈，银行价格和产品差别竞争将逐渐取代分行网络竞争，更高层次的整合和并购在所难免，未来的欧洲银行业将向超级化、全能化和国际化方向发展。对国际金融业分布格局的影响有：以德、法为主的欧元区将对英国的金融业地位形成挑战和压力。欧洲中央银行设于法兰克福，欧元的推行使其作为金融中心的地位不断提高，因此，伦敦、苏黎世的欧洲金融中心地位将受到削弱。从长远看，法兰克福还有望成为世界顶级的国际金融中心，它还将对纽约的国际金融中心地位构成挑战。

第四，将对世界各国的对外贸易和资本流动产生影响。欧元启动后，其成员国之间商品、劳务的输出入能得到更融洽的互补，其对外部经济体的进出口将在相当程度上得到整合和协调，其输出资本和吸引资本的能力将得到整合和加强，因此，必将影响世界各国商品、劳务的进出口水平和结构，影响世界各国资本输出或吸引外资的规模，进而对各国的国际收支和国民经济产生不容忽视的影响。

欧元能否持久地产生深远的影响，取决于未来的欧元是否是一种稳定的货币。然而，的确存在一些因素影响欧元的持续稳定：①经济发展不平衡的问题仍没有完全解决。除新近进入欧盟的成员外，欧元区在价格水平和长期利率水平上相差不大，但是在GDP增长率和失业率方面相差很大，使得ECB单一货币政策在执行过程中将面临难题。②劳动力流动性不尽如人意。如前所述，在正式发行欧元纸币和硬币之前有3年过渡期，这期间欧元与区内各国货币保持固定汇率。如果货币联盟成员国间的劳动力能够自由流动，就可以降低在面临不对称性冲击时维持固定汇率的成本。虽然早在1986年颁布的《单一欧洲法》为劳动力在欧盟内的自由流动扫除了法律上的障碍，但是，由于传统、语言、文化差异、专业资格的相互承认和人员迁移的成本等问题，仍在相当程度上限制了劳动力在欧盟成员国之间的流动。③货币统一与独立经济政策之间存在矛盾。欧元区内成员国将不再拥有货币政策的自主权，因此各成员国有独立运用财政、税收等政策手段调节国民经济的需要，但《马约》和《阿姆斯特丹条约》对欧元区成员国又规定了严格的财政纪律，显然，两者之间存在矛盾。④欧元区没有统一的联邦政府和统一的税收系统、工资系统及会计系统等，也没有统一的语言，这些都会影响欧元的持续稳定。

第七节 国际货币体系改革

一、当前国际货币体系改革势在必行

随着国际贸易和国际金融的发展及世界经济、金融一体化趋势的加强，现有国际货币体系（即牙买加体系）的弊端越来越暴露无遗。尤其是2008年夏由美国次贷危机引发的国际金融危机，昭示了当前国际货币体系改革的紧迫性。

2007年，美国爆发了震惊世界的次贷危机。美国商业银行和住房抵押贷款机构自2001年以来对按揭贷款中次级贷款的滥用，使得到2007年次级按揭贷款规模达到1.3万亿美元。更严重的是，这些次级按揭贷款还通过相关金融衍生产品CDO、CDS的滥用，被放大几十倍。例如，到2007年仅CDS的规模就达到62万亿美元，是当年美国GDP（14.15万亿美元）的4倍以上。结果，一旦美国利率上升，房价下跌，大量的次级按揭贷款成为不良贷款，美国大量的金融机构就因亏损和形成高额不良资产而面临倒闭，引发了次贷危机，并进而由于美国在全球经济、金融一体化过程中的核心地位和美元的霸权地位，于2008年引发了一场全球金融危机。

面对国内次贷危机，美国政府高速开动印钞机，通过向“问题”金融机构（如“两房”、AIG、花旗银行等）和“问题”实业公司（如通用汽车公司等）注资即提供流动性来救市。截至2009年3月底，美国政府共发行了12.8万亿美元的货币救市。然而，美元的国际储备货币地位及美国的世界最大债务人地位，使得大量持有美元储备的国家，尤其是大量持有美元债券的国家，因美元流动性泛滥造成的币值下跌而蒙受巨大损失。目前，美国的救市行动尚未停止，而世界各国还将因此继续蒙受财富的损失。

国“惹祸”，却要各国“埋单”，这显然不公平。问题何在？根本的问题就在于当前以美元为主要国际储备货币的不合理的国际货币体系。这场由美国次贷危机引起的国际金融危机昭示：当前国际货币体系改革势在必行。2009年3月，中国人民银行行长周小川先生在G20峰会前发表的署名文章表达了这一观点。在此前后，国内外一些学术界、政界著名人士也表达了类似的观点。

二、国际货币体系改革的方向

什么是国际货币体系的改革方向？按照国际货币体系的基本理论，毫无疑问，新的国际货币体系需要一个有效的全球储备货币，需要一个能防止各国货币大幅波动的汇率机制，需要一个公平而通畅的国际收支调节机制，需要一个包括最后贷款人在内的能有利于防止和解决全球金融危机的机制。从根本上说，当前国际货币体系改革的方向，关键是要解决国际储备货币的问题。正如中国人民银行行长周小川先生2009年3月的署名文章所说：“通过创造一种与主权国家脱钩、并能保持币值长期稳定的国际储备货币，才能避免主权信用货币作为储备货币的内在缺陷，是国际货币体系改革的理想目标。”

从国际储备货币这个角度而言，当前的牙买加体系实际上是美元本位制。在这个美元本位制中，有一个全球储备货币，那就是美元；有一个国际收支调节机制，那就是浮动汇率体系；也有一个“准”国际最后贷款人，那就是美联储。但这个美元本位制有非常严重的缺陷：美联储控制国际储备货币发行，而没有任何外部约束；浮动汇率体系实质上是一个国际货币供应量（美元）的内在扩张机制。在这个美元本位制下，一旦美国经济失衡，或者发生经济、金融危机，就必然会迅速地通过实体经济和虚拟经济两条渠道向世界各国传播，给各国带来灾难。

那么，如何创造一种与主权国家脱钩，并能保持币值长期稳定的国际储备货币呢？有三种备选方案：①将美元直接转化为世界货币，将美联储转变为世界中央银行，比照欧洲中央银行的模式，各国政府共同参与管理美元；②以特别提款权作为新的世界储备货币，将国际货币基金组织改造成为世界中央银行，按照人口和 GDP 等规模性指标确立各国在世界中央银行的股份和投票权；③世界主要大国签署国际货币协议，创立世界货币单位（World Currency Unit，WCU），世界货币单位的定值基础是相关大国的一篮子货币再加上黄金，各国货币和世界货币单位挂钩。同时将国际货币基金组织改造成为世界中央银行，管理世界货币单位。

在以上三种方案中，第一种方案显然不现实。这是由美国的地位和利益所决定的。第二种方案很有吸引力，但也不现实。截至 2008 年年底，IMF 成员国特别提款权余额总计只有 214 亿特别提款权单位，约合 330 亿美元，不到全球国际储备的 4%，这一规模根本无法满足各国的流动性需要，即便 2009 年 7 月 IMF 通过 186 个成员国新增价值 2500 亿美元的特别提款权，其规模仍然远远满足不了各国的流动性需求。从另一方面说，即使 IMF 将其规模扩得足够大，也无法解决流动性问题，因为特别提款权不是任何一国的法定货币，其具有虚拟性和人为创设资产的属性，国际社会对其缺乏信心，仅仅依赖 IMF 的信用，难以充分发挥特别提款权的计价、支付和储藏功能；而且也无法解决汇率稳定问题，因为在浮动汇率制下，IMF 每天要确定特别提款权对美元汇率，然后再根据市场汇率套算出特别提款权对其他货币的汇率，由于这些主要货币之间的汇率都是浮动汇率，随着这些货币之间汇率的波动，特别提款权对这些货币的汇率也将频繁波动，汇率无法稳定。退一步说，即使将来规定特别提款权能够充当国际贸易和投资的计价货币和结算货币，如果其他各国货币没有退出流通，特别提款权和其他国家货币之间的汇率变动同样会导致国际金融市场和商品市场的大起大落，美元的弊端相当程度上在特别提款权身上同样存在。第三种方案理论上具有可行性，但目前在操作中难度非常大。其难度不仅在于经济因素方面的重大障碍，而且在于政治因素方面的重大障碍，实际上不具备可行性。

看来，当前国际货币体系的改革虽然是当务之急，但不可能一蹴而就，应当有一个渐进的过程。在这个过程中，一方面逐渐加大特别提款权的规模，合理调整各成员国的股份比例和话语权，提高包括中国在内的发展中国家的话语权，强化 IMF 的领导、监督和调节职能，强化特别提款权在国际贸易、大宗商品定价、投资和企业记账中的计价作用；另一方面积极、稳步地推进区域货币和金融合作，我国则应加速与周边国家的货币金融合作，特别是与东南亚国家的货币金融合作，迅速提升人民币的国际地位，扩大人民币的流通范围，为今后进一步谈判构建世界货币做好准备，最终推动国际货币体系走向世界单一货币。当前美国次贷危机和国际金融危机给我们的启示是：我们应当义无反顾地加快这一进程。

三、IMF的基金份额改革

明晰了国际货币体系改革方向之后，我们再将目光聚焦于IMF的基金份额改革。2010年10月23日，在韩国庆州召开的二十国集团（G20）财长和央行行长会议上，讨论了全球的经济形势问题，就IMF份额改革达成“历史性协议”，确认2012年之前向包括中国在内的新兴经济体转移超过6%投票权，但生效还需满足一些条件，如获得与会方财长和央行行长同意，以及通过多数成员国国内立法机构的审批等。尽管这份协议姗姗来迟，却是新兴经济体和发展中国家争取自身权益和发挥更大影响力的历史性一步。

2010年11月5日，IMF执行董事会通过了份额改革方案，等到份额改革完成后，中国所持份额将从目前的3.72%升至6.39%，投票权也由现在的3.65%升至6.07%，超越德国、法国和英国，仅次于美国和日本，大体相当于中国GDP在全球经济中的位置。还有一些新兴市场国家和发展中国家也从改革方案中受益，如印度、俄罗斯和巴西，根据此项改革方案，印度基金份额增长0.309个百分点至2.751%，从第11位跃居第8位；俄罗斯增加0.212个百分点到2.706%，从第10位升至第9位；巴西提高0.533个百分点至2.316%，从第14位飙升第10位。至此，“金砖四国”所持基金份额均位居十甲之列，一定程度上改变了IMF原有的份额结构，增强了发展中国家在基金组织的发言权。同时，欧洲国家将在IMF执行董事会让出两个席位，提升新兴经济体和发展中国家在执行董事会的代表性。正如前IMF总裁多米尼克·斯特劳斯-卡恩所说，这是IMF成立以来最重要的治理改革方案，也是针对新兴市场和发展中国家最大的份额转移方案。

IMF官方对此项份额改革方案奖掖有加，可是，这项份额改革方案并非令各方感到满意。对于发达国家而言，基金份额向发展中国家的让渡，意味着话语权的转移及所代表的未来利益的丧失，这使习惯于执掌基金组织权力的发达国家感觉“别扭”，并对基金份额的让渡表示出相当的“不情愿”，否则也不会让呼喊了多年的基金份额改革迟至今天才达成妥协。

另外，发展中国家似乎对所转移的份额也并不满足。例如，菲律宾人口为卢森堡的200倍左右，但其份额还不如卢森堡多；在重大议题决定权方面，发展中国家仍不具有与发达国家相抗衡的优势，需要改革IMF的有效性、可信性和合理性以完善IMF的内部治理问题。发展中国家的“不满”显然不是指责份额改革方案本身，而是怀疑份额转移力度还仍然不够，因而将此次份额改革视为一个开端而不是结束。虽然IMF主席卡恩一再表示，IMF份额和投票权改革是“动态”的过程，并预计中国、印度等新兴经济体有可能因经济发展良好而在2014年的份额和投票权改革中得到更多话语权，但是发展中国家还需等待，甚至可能是漫长的等待。

● 专栏：欧债危机对欧元区的影响

2009年，当全球性金融危机的影响日趋衰微，似乎开始淡出人们视野之际，欧洲却烽烟四起，先后在希腊、爱尔兰、葡萄牙、意大利、西班牙等多个欧元区国家爆发以财政赤字扩张、政府债务攀高和主权信用等级骤降为特征的债务危机。

欧债危机的发展超出了人们的预期，对危机的救助又面临重重困境：在短期，“自救”需要大幅削减赤字，而衰退之际的从紧财政政策极有可能贻误经济复苏良机；争取“外援”则需看他人脸色，还得接受苛刻的贷款条件。如此境况会对危机受灾国产生何种影响，又对欧洲人引以为自豪的欧元区产生什么样的冲击？

按照欧盟规定，一国进入欧元区意味着承认单一货币欧元，同时也表明货币主权的让渡，即货币的发行和政策的制定统一交由欧洲央行。这时，财政政策理应成为重要的政策手段，可这一政策的运用又受制于严格的财政约束规则，若赤字超标将面临严厉的处罚。由此看来，在欧元区，统一货币政策与分散财政政策之间的搭配似乎存在不可调和的矛盾。当受灾国陷于救援困境时，很自然的想法是选择退出欧元区，重新获取货币主权，通过自己发行货币并让货币贬值来稀释日益膨胀的债务。此举力促欧元区成员摆脱货币主权缺失桎梏，采取债务货币化方式来解决当前的欧债危机。

戴斯蒙德·拉赫曼曾将希腊与欧元区的关系比作一桩“高攀的婚姻”，他直言：“希腊目前正处在一桩糟糕的攀附婚姻中，作为货币联盟的一员，它被塞进欧元区为它打造的美丽紧身衣中，但这并不符合它的身材，目前它应当选择分手。”显然，拉氏此番言论已明确祭起“倒欧”大旗，如果希腊因债务沉重而退出货币联盟，势必引发欧元区解体的多米诺骨牌效应，对欧洲的金融稳定产生剧烈冲击。

在欧盟推出规模最大救援方案后不久，希腊政府于2011年11月突然宣布拟就最新救援方案进行全民公投，间接向市场表达对欧盟救助不力的无奈及对未来摆脱危机的信心不足。这一“搅局”决定立刻掀起轩然大波，很快招致德法不满，它们表示，如果希腊一定要举行公投，那就应尽快举行，以消除欧盟在这一问题上的不确定性；全民公决的议题应为希腊是否愿意继续留在欧元区，而不是救援方案本身。一时间受援方与救援方之间剑拔弩张，大有在欧元区的去留作出决断之意。

欧元是世纪之交国际金融领域的伟大创举，是欧洲经济一体化的重要结晶，凝聚了几代欧洲人的智慧和心血。今天，由欧债危机引发的受援方和救援方之间的对抗，难道仅仅是为了让曾为之付出不懈努力的欧元区解体？答案似乎是否定的。对于欧盟来说，最不希望焦头烂额的希腊退出欧元区，如果欧元倒了，欧元区也就崩溃了，“皮之不存，毛将焉附”。这是一场欧盟根本输不起的保卫战。综观欧盟对债务危机的救助，它是救援的坚定支持者，曾不遗余力地游说德国和IMF参与援助，绝不会对债务危机产生的冲击坐视不理，也不能容忍包括希腊在内的欧元区成员放弃欧元，维护欧元区金融稳定是欧盟当前消弭债务危机的首要任务。德法在批评希腊极不冷静的反应时，肯定有对希腊未与欧盟协商而单方面就救援方案公投的怨气，更大程度上是在试探希腊处理债务问题的心理底限，德法不愿看到希腊就此告别欧元，如果这样，无论谁都不可能是赢家。

退出欧元区也许是希腊最轻松的选择，但希腊放弃欧元的可能性应当不大。这是因为，希腊对于加入欧元区始终存有被欧洲认同的荣誉感，由欧盟成员向欧元区成员的角色转换，常被看做是融入欧洲主流国家的标志。2001年，希腊曾不遗余力地聘请高盛公司粉饰超标赤字，只为换取一张欧元“通行证”，或多或少地表明希腊彼时对共同货币的渴望。进入欧元区后，采用单一货币的好处也是显而易见的，消除成员国经贸支付结算的汇兑成本，规避经济交易引发的汇率风险，加速希腊与其他成员之间的金融市场融合，有利于吸引来自其他国家的直接投资，增强金融稳定和经济发展的可持续性。

相反，如果选择退出则可能意味着失去更多，丧失在欧洲其他国家平等获得工作的机会，在逐步“被边缘化”过程中丢掉欧盟重要话语权；“开弓没有回头箭”，一旦希腊放弃欧元，曾经为之打开的欧洲一体化大门就可能永久地关上了。所以，欧元的“去”与“留”，孰轻孰重不言自明。希腊的公决或许是对救援不力的另一番表述，借此增强欧盟及其成员对危机救助的关注，也为自己增添和欧盟谈判的筹码。

欧债危机降临已历数载，受灾国放弃欧元不符欧洲经济一体化愿景，亦非自己期望的结果；继续留于欧元区又面对“自救”和“外援”难境，危机的弥留会延缓国内经济复苏，对欧洲经济的回暖也将产生不利影响。查尔斯·古德哈特提出一种折中方案：受灾国不必退出欧元区，可印发代币来扮演国内货币角色，代币不具备国际货币职能，可按照固定汇率兑换欧元，其实质是采用“贬值经济”来拯救危机，由此导致欧元区出现分化，形成“核心”和“外围”两大货币集团，货币政策都必须接受欧洲央行的监督，并通过设定进退机制相互衔接。此项方案可否采纳并付诸实施，取决于受援方与救援方之间的博弈和角力。无论“欧猪五国”竭力留在欧元区，还是迫于压力而退出，欧元区这种因扩张太快而留下的发展不平衡症结，还是会在看似坚硬的欧盟外衣上留下道道罅隙。

➢本章小结

国际货币体系主要经历了三种形态的演变：国际金本位体系、布雷顿森林体系和牙买加体系。在1870年前后，当主要西方国家的国内货币制度普遍实行金本位时，国际间即自动形成了国际金本位制度。国际金本位制的形成不是国际协议的结果，而是生产和国际贸易发展对货币制度的自然要求。

第二次世界大战后建立起来的布雷顿森林体系是全面国际合作的产物。它是以美元为中心的可调整固定汇率制度。但由于该体系在国际储备制度上存在着严重的缺陷，因而最终不能人为地维持。

布雷顿森林体系崩溃后，国际货币体系发展成为多元化储备条件下的有管理的浮动汇率制度，其特点是多元化和分散化。牙买加体系在一定程度上克服了由于国际储备资产单一而造成的储备资产价值不稳的状况，它的主要缺陷是汇率变动过于频繁和剧烈。在牙买加体系下要稳定汇率协调国际收支，出路只有加强国际合作。

国际金融机构的发展是生产国际化和资本国际化的必然产物。第二次世界大战后，国际金融机构得到快速发展，并逐步形成体系。其中国际货币基金组织是协调国际货币关系、促进国际经济合作、保持国际收支平衡的全球性机构；世界银行集团则是协助发展中国家经济发展的全球性机构；国际清算银行是为各国中央银行办理清算及储备投资的机构；巴塞尔委员会是制定和执行国际银行业监管政策和标准的机构。此外，还有区域性的货币联盟和机构。国际金融机构的产生和发展在世界经济和国际货币关系中发挥着越来越重要的作用。

20世纪50年代后半期，区域经济和区域货币一体化开始发展，目前在区域货币一体化方面成果最显著的是欧洲货币联盟，并发行了统一的货币——欧元。欧元的流通对国际货币体系产生了重大影响。

美国次贷危机及其引发的国际金融危机昭示了国际货币体系改革的必要性和紧迫性，新的国际货币体系需要一个有效的全球储备货币，需要一个能防止各国货币大幅波动的汇率机制，需要一个公平而通畅的国际收支调节机制，需要一个包括最后贷款人在内的能有利于防止和解决全球金融危机的运行机制。不过，国际货币体系的改革尚不能一蹴而就。近年来IMF实行的基金份额改革，是一个小小的然而是可喜的进步。

➢本章重要概念

国际货币体系　金本位制　布雷顿森林体系　怀特计划　凯恩斯计划　特里芬难题　牙买加体系　国际货币基金组织　世界银行　国际清算银行　亚洲开发银行　区域性货币联盟　欧元　国际金融一体化

➢思考题

1. 简述国际货币体系的内容及划分标准。
2. 为什么说国际金本位制是一种较稳定的货币制度?
3. 简述布雷顿森林体系的主要内容和特点。
4. 什么是“特里芬难题”?
5. 简述牙买加协议后国际货币制度的主要特点。
6. 简述牙买加协议后国际货币制度中国际收支的调节机制。
7. 简述国际货币基金组织的主要职能。
8. 简述世界银行项目贷款的主要内容及发放程序。
9. 国际清算银行的主要职能是什么?
10. 试述欧元产生对国际货币体系的影响。
11. 你认为亚洲有可能产生统一货币吗? 如果可能的话，“亚元”会以何种模式产生?
12. 你怎样评价IMF近年实行的基金份额改革?

➢进一步的阅读与讨论　“亚元”的前景

“欧元之父”蒙代尔认为，共同货币可以降低贸易中货币结算的交易成本，消除相关价格的不确定性，促进商品、资本、人员的流动，使得资源配置更加合理化。统一货币还可以减少内部摩擦，促进投资，提高国际竞争力。此外，由于统一货币区内各国都放弃了独立的货币政策，不存在某个国家突然增发货币的可能性，从而大大提高了货币体系的透明度和民众对货币政策的信任度。

蒙代尔不可能三角（Impossible triangle）认为，一个国家不可能同时实现资本流动自由、货币政策的独立性和汇率的稳定性。也就是说，一个国家只能拥有其中两项，而不能同时拥有三项。在这三个目标之间，如果放弃资本流动，将退回到闭关锁国的封闭经济体系，不利于经济增长。如果放弃汇率稳定性，对于任何国家来说都是一场灾难。权衡利弊，只有放弃独立的货币政策。放弃独立的货币政策也就是向单一的区域货币或世界货币过渡。如果货币统一了，就不存在固定汇率、浮动汇率和资本管制的各种弊病了。随着全球化的深入，小国货币在经济上存在的必要性日益下降。在货币市场上可以非常明显地观察到经济规模对货币稳定性的重要影响。经济规模越大，投机炒作的风险就越小。

统一货币的最大好处就是让渡部分货币主权，换取金融体系的稳定，在一定程度上能够防范和化解金融风险。

欧元的正式流通向全世界揭示了金融全球化的潮流是不可阻挡的。在欧元的强劲挑战之下，美元、加元和墨西哥元之间的整合正在加速进行，美元区已初见端倪。欧洲货币联盟的发展使欧元应运而生，亚洲区内日益频繁的经济合作也催生了人们对亚洲未来共同货币——“亚元”的期待。

早在2003年，有“欧元之父”美誉的诺贝尔经济学奖得主蒙代尔就曾建议设立由亚洲地区某一组货币组成的共同货币，争取在每个国家不放弃本币的情况下，能让一种叫做“亚元”的区域性货币在亚洲流通。随着亚洲经济一体化的逐步加深，以及美、欧货币给亚洲地区货币带来的压力，各方对于“亚元”的期望和呼吁日渐强烈。

统一货币对亚洲经济发展的意义不可低估。如果“亚元”诞生，那么“亚元区”内国家将互相享有零关税优惠，有助于巩固区内经济；统一的货币可以使亚洲经济避免因美元、欧元大幅波动而受到影响；美元、欧元、亚元“三足鼎立”，有利于世界经济的稳定。近年来，亚洲金融合作的不断深入，使“亚元”诞生的希望越来越明朗。2000年5月，东盟各国和中、日、韩3国签署的《清迈协议》达成了双边货币互换安排，有助于币值的稳定，这个协议使亚洲金融合作从构想变为现实。2003年6月，由亚洲11个国家和地区共同出资10亿美元设立的“亚洲债券基金”，为催生亚洲共同债券市场搭建了平台。目前，二期亚洲债券基金的发行正在筹备之中。

“亚元”前景是美好的，但单一货币毕竟是单一市场的最后演变结果，亚洲各国差异巨大的政治体制和经济发展水平，使“亚元”的诞生过程注定困难而漫长。考虑到东亚有自身的历史和现实特点，东亚国家多是发展中国家，多样性突出，发展水平差距明显，属于经济基础异质区域，所以东亚的合作应以发展为目标，尊重多样性，循序渐进。首要的是巩固和加强在“10＋3”范围内已有的货币互换机制和成果，完善对话机制。

在具体模式上，“亚元”的诞生也许要走与欧元不同的道路。目前两种可能的模式是：在海峡两岸三地同时取消人民币、港币、新台币和澳元，创造一种统一货币——“中元”，同时，东盟10国也可能形成一种新货币，然后再与日元整合，形成亚洲经济区内的组合价值标准——“亚元”；也可能直接以“中元”、“东盟元”、日元中的一种为前驱，形成“亚元”。从现实及经济实力的考虑看，“亚元”的形成应以人民币和日元为中心。

欧元的诞生花了50年左右的时间。今天，欧元的地位已经堪与美元比肩。从欧元看“亚元”，尽管亚洲经济金融合作至今尚无法与欧元区同日而语，并且在今后相当长的时间内，美元仍可能是亚洲的主要国际货币基础，但人们有理由相信，“亚元”的前景一定是美好的。

第十章

国际金融市场

国际金融市场（international financial markets）是国际信用关系的集中体现，是世界各国在国际范围内筹集、动员与再分配资金的重要渠道。它承担着各国货币的兑换功能，在全球范围内调剂资金的余缺，连通着世界的每个角落，为国际贸易和国际投资提供高效率的服务。

第一节 国际金融市场概述

一、国际金融市场的概念及发展

（一）国际金融市场的概念

国际金融市场的概念有广义与狭义之分。

广义概念：国际金融市场指在国际范围内，运用各种现代化技术手段与通信工具，进行资金融通、货币和证券买卖及相关金融业务活动的场所或网络，包括国际货币市场、国际资本市场、国际外汇市场、国际黄金市场等。

狭义概念：国际金融市场指从事国际资金借贷或融通的场所或网络，亦称国际资金市场，包括国际货币市场和国际资本市场。

国际金融市场与国内金融市场之间有着密切的关系，两者的区别在于：交易活动是否涉及非居民，若无论投资者或筹资者涉及非居民，则为国际金融市场；反之则为国内金融市场。

（二）国际金融市场的发展

国际金融市场的发展经历了从传统的国际金融市场到新型的国际金融市场的过程。

英国在19世纪30年代末完成工业革命后便被推上了世界经济中心的位置。随着对外贸易和对外信用的发展扩大，英镑逐渐成为国际贸易结算中使用最广泛的货币，英国也成为世界最大的资本输出国。由于在国际贸易和国际金融方面处于主导地位，英国的首都伦敦便从英国的经济中心和金融中心发展成为世界贸易的枢纽和国际资金的集散地，成为世界最大的国际金融中心。

第一次世界大战后，随着对外贸易和对外投资的发展，西方其他一些国家的国内金融市场也相继发展成为国际金融中心，如美国的纽约、瑞士的苏黎世、德国的法兰克福等，其中以美国的纽约最为突出。第一次世界大战结束后，世界经济中心逐渐由英国移向美国，美国也开始由债务国变成债权国。伴随着美国海外债权的增加和对外经贸活动的扩大，纽约金融市场的国际业务大量增加，纽约便逐渐发展成为重要的国际金融中心，并且在第二次世界大战后的初期取代了伦敦，成为世界最大的国际金融中心。此外，由于瑞士一直保持政治中立的地位，在两次世界大战期间均未遭受战争创伤，而且始终保持瑞士法郎的自由兑换，并发展了自由外汇市场和黄金市场，从而使苏黎世在战后成为继纽约、伦敦之后的世界第三大国际金融市场。

当然，直到第二次世界大战结束后的初期，所谓的国际金融市场实质上都只是带国际性的国内金融市场，因为这些市场要受到各国政府政策和法令的管辖，并且只能以市场所在国的货币进行国际借贷。之所以称其为国际金融市场，是因为非居民可以在这种国内金融市场上参与融资活动，从而使其具有涉外性。但从严格意义上来说，这类国际金融市场还不能算是真正的国际金融市场，或者说是不完善的国际金融市场。这也就是通常所说的“传统的国际金融市场”，它是国际金融市场发展的初级阶段。

20 世纪 50 年代末，国际金融市场的发展进入了一个新的阶段。第二次世界大战结束后，随着西方主要国家经济的恢复和发展，在国际范围内出现了生产国际化、资本国际化的趋势，与此同时，信贷交易的国际化开始突破传统的模式。在一国金融市场上的资金借贷不再局限于居民和非居民之间，而是扩展到非居民与非居民之间；借贷的货币也不再局限于市场所在国货币，而是扩展到所有的可自由兑换货币，而且市场上的借贷活动既不受市场所在国也不受借贷货币发行国的金融法规的限制。比如在伦敦经营美元的存放款业务及债券业务，可以不受英国金融法规的限制，也不受美国金融法规的限制。与原来传统的国际金融市场相比，这完全是一种新的国际金融市场，无论是在市场参与者还是在交易货币上，它都突破了国家疆界的限制，从而成为一种“离岸金融市场”(off-shore financial market)。

离岸金融市场是真正国际化了的金融市场，也是真正意义上的国际金融市场。它的出现使国际金融市场的发展逐步由集中转为分散，从此国际金融市场不再局限于少数传统的国际金融中心，而是迅速扩散到世界各地。不管是发达国家还是发展中国家，不管本身有无巨大的资金积累，只要具备了便利国际金融交易的一些条件，如外汇管制较松、税收优惠、通信发达、交通便利等，就可以发展国际金融市场。

从国际金融市场的发展过程可以看出，传统的国际金融市场与新型的国际金融市场或离岸金融市场是国际金融市场发展的两个不同阶段。如果说传统的国际金融市场是国际金融市场发展的初级阶段，那么新型的国际金融市场就是国际金融市场发展的高级阶段。比较两者的特点，主要有以下不同：①业务主体的差别。传统的国际金融市场以居民与非居民之间的金融交易为业务主体，而且居民多为投资者，非居民多为筹资者；新型的国际金融市场则以非居民之间的金融交易为业务主体，非居民的身份不受限制。②交易货币的差别。传统的国际金融市场以市场所在国货币为交易货币，新型的国际金融市场则可以任何可自由兑换货币为交易货币。③资金来源的差别。传统国际金融市场上的资金主要来源于市场所在国，新型国际金融市场上的资金则来源于世界各地。④受管制程度的差别。传统国际金融市场上的金融交易要受市场所在国的金融法规的管制，而新型国际金融市场上的金融交易可以不受任何国家金融法规的管制。

目前，按地理位置的不同，国际金融市场可划分为5个区域，其中每个区域又有几个中心城市，主要如下：

欧洲区——以伦敦、巴黎、法兰克福等地为主；

亚洲区——以新加坡、中国香港、东京等地为主；

中美洲区——以开曼群岛、巴拿马等地为主；

北美区——以纽约、蒙特利尔等地为主；

中东区——以巴林、科威特等地为主。

二、国际金融市场形成的模式与条件

（一）国际金融市场形成的模式

从国际范围来看，国际金融市场的形成大致有两种模式：自发生成型和政策促成型。

1. 自发生成型

这种模式形成的国际金融市场一般要先后经过地方性市场、全国性市场和世界性市场三个发展阶段。随着生产国际化、市场国际化和资本国际化的发展，那些在地理位置、金融服务、国际通信等方面能提供最大便利的国内金融中心就逐渐发展成国际金融市场，如英国的伦敦和美国的纽约就是这种自发生成型的国际金融市场。

2. 政策促成型

世界上还有一些国家和地区是通过特殊条件和优惠政策，在短期内发展起国际金融市场并推动本国或本地区经济发展。例如，新加坡、中国香港及加勒比海的一些岛国，就是如此在相对短的时间内催生出国际金融市场的。像新加坡，在对待国外投资者的态度上非常慷慨和优惠，任何国外企业，只要在新加坡投资，都会拿到实实在在的奖励金；在对待雇主的态度上，鼓励创业和发展，雇主雇佣的员工越多，得到的奖金也越多；再加上当地的经济秩序、经济环境良好，这使得新加坡成为投资者的乐园，国外投资者趋之若鹜，新加坡很快就成为著名的新兴国际金融市场。

国际金融市场的这两种不同形成模式在基本轨迹、目标任务、作用发挥、政策取向和发展动力等各方面都存在差别，详见表10-1。

表10-1　国际金融市场两种形成模式区别一览表

项目	自发形成型	政策促成型
基本轨迹	经济发展→地区金融中心→全国金融中心→国际金融中心	政府主导设计→金融业务国际化→带动国内金融业发展→功能性国际金融中心
目标任务	与经济发展相伴相随	带动经济及金融发展
作用发挥	被动式的反作用	主动积极、目标明确
政策取向	自由度和开放度高	干预程度高
发展动力	自然形成的原动力	人为产生的推动力

（二）国际金融市场的形成条件

从国际金融市场发展的历史来看，一般而言，国际金融市场的形成必须具备以下一些基本条件。

1. 稳定的政治和经济环境

政治和经济环境相对稳定，能通过立法保护外国资产的利益，提高对外国银行和投资者的吸引力。

2. 放松的外汇管制

存在宽松的金融环境，实行自由外汇制度或外汇管制宽松，外汇调拨比较灵活，在存款准备金、税率、汇率等方面没有严格的管制条例，银行监督合乎世界水平，非居民参与金融活动能享受高效率的服务，且享受与当地居民相同的待遇。

3. 金融体制完善

银行机构比较集中，信用制度比较发达，管理制度比较健全，资金供求转移比较便利，拥有一个高度发达的国内金融市场。

4. 现代化的通信设施和优越的地理位置

具有比较完善的现代化国际通信设施，又具有交通便利的地理位置和区位，能提高跨国金融交易的效率。

5. 一大批业务熟练的高质量国际金融人才

拥有一支国际金融专业知识水平高，又有丰富实际经验，特别是丰富银行实务经验的专业人才，是形成国际金融市场的“软件保障”。

三、国际金融市场的作用

国际金融市场是随着世界经济和国际贸易和国际投资的发展，以及国际信贷关系的扩大而产生的，同时，国际金融市场的发展又对世界经济、国际贸易及国际信贷关系的发展和扩大有着极大的促进作用。其作用主要体现在以下方面。

（一）促进国际贸易和国际投资的发展

国际金融市场是因国际贸易和国际投资的发展和国际结算的需要而产生的，然而国际金融市场的进一步发达和完善又极大地促进了国际贸易和国际投资的发展，因为国际贸易和国际投资离不开大量的资金融通和外汇买卖，而国际金融市场的发达和完善不仅极大地便利了国际间资金的划拨和结算，而且通过国际金融市场上的一些业务可以为国际贸易和国际投资提供融资的便利，并且可以提供有效避免外汇风险的手段，从而为扩大国际贸易和国际投资创造了条件。

（二）提供调节国际收支的渠道

第二次世界大战后，尤其是在20世纪70年代的两次石油危机后，国际收支失衡已成为一种世界范围内的普遍现象，不仅多数发展中国家存在国际收支的失衡，不少发达国家也存在严重的失衡现象。而国际金融市场的存在可以为各国解决国际收支失衡问题提供重要的渠道。逆差国可利用国际金融市场的融资来弥补国际收支赤字，顺差国则可以将其国际收支盈余在国际金融市场上加以运用。此外，失衡国还可利用国际金融市场上的汇率变动来影响国际收支，因为一国的国际收支不平衡会引起外汇汇率发生变化，而汇率是调节国际收支的一个重要杠杆，通过汇率的作用促使国际收支恢复均衡。

（三）推动银行业务国际化的发展

第二次世界大战后金融业得到迅速发展，世界各国的金融机构纷纷向海外扩展，从而需要在国际范围内有金融中心为其提供开展业务的场所。国际金融市场的存在，不仅吸引了无数的跨国银行，而且通过国际金融市场上的各种业务活动把各国的金融机构紧密地联系在一起，从而使各国国内的银行信用发展成为国际间的银行信用，各国国内的银行业务发展成为国际间的银行业务，由此推动了银行业务的国际化发展。

当然，国际金融市场也有负面作用：其一，大量的国际资本流动有时会影响一国国内的货币政策效果；其二，资本频繁流动会加剧汇率波动和助长货币投机，甚至可能酿成国际金融危机。

四、国际金融市场的发展趋势

20 世纪 80 年代以来，国际金融市场呈现出金融市场全球一体化、国际融资证券化、金融业务创新化和主要货币汇率与资本市场变动的相关性在强化的趋势。

（一）金融市场全球一体化

金融市场的全球一体化是指国际金融市场之间及国内和国外金融市场之间的联系日益紧密，并逐渐走向一个统一的全球性金融市场。开始于 20 世纪 60 年代的金融市场一体化的趋势，在 20 世纪 80 年代后已成为国际金融市场发展的一个重要特点。

20 世纪 80 年代后，国际金融中心已经不再局限于少数几个发达国家的金融市场，而是开始向世界各地分散。尽管金融市场分散于世界各地，但是通过计算机和卫星通信网络却把这些分散于世界各地的金融市场紧密地联系在一起，并联结成为一个全时区、全方位的一体化市场。在这一市场上，各国的金融市场不再是相互隔离的，而是联结成一个整体，相互依赖、相互影响；在这一市场上，资金借贷关系也已没有了国家疆界的限制，投资者和筹资者可以在全球范围内选择投资对象和投资市场，并可以任意选择货币币种进行交易。

以纳斯达克（全美证券交易商协会自动报价系统，NASDAQ）为代表的现代网上金融交易以其快速、全天候的交易方式冲击着传统的交易所交易方式。与此同时，各交易所跨越国界进行联网，更推进了全球市场的融合。在这方面，1984 年 9 月新加坡商品交易所与芝加哥商品交易所实现全球第一次交易所海外联网开了先河。

（二）国际融资证券化

第二次世界大战后，国际银行贷款曾经一直是国际融资的主渠道，但进入 20 世纪 80 年代后，国际融资格局发生了重大变化，国际融资出现了证券化趋势。20 世纪 80 年代上半期国际债券开始发展较快，1985 年首次超过国际信贷，1986 年债券融资已占资本市场融资总额的 70%，到 1994 年这一比例已高达 78.8%。当然，近年来国际证券融资比重有所下降，原因值得深入研究，但这一比重仍超过 50%。

国际融资证券化还表现在贷款债权证券化。20 世纪 80 年代以来，越来越多的银行直接进入证券市场，将自己传统的长期抵押贷款安排成证券，以实现贷款债权的流动性；或通过证券化使缺乏流动性的债权（金融债权性资产）转变为物权或股权，转卖给其他公司或个人，以增加流动性。这一点，在发展中国家表现尤为明显。

（三）金融业务创新化

20世纪80年代以来，随着西方各国普遍放松金融管制，国际金融市场上的创新浪潮一浪高过一浪，大量的、令人眼花缭乱的金融创新工具问世。国际金融市场上的金融业务创新主要表现在以下四类业务上。

1. 风险转移型创新业务

市场主体创新这类业务是为防范汇率风险和信用风险，其包括能在各经济机构之间转移金融工具内在风险的所有新工具、新技术，如期权交易、期货交易、互换交易、远期利率协议等。

2. 增加流动性型创新业务

市场主体创新这类业务是为规避各国政府的资本管制，它能使原有的金融工具提高变现性或可转让，如大额可转让存单（CDS）、可转让贷款证券等。

3. 信用创造型创新业务

市场主体创新这类业务是为使借款人的信贷资金来源更为广泛，或者使借款人从传统的信用资金来源转向新的来源，达到用短期信用来实现中期信用，分散投资者的风险的目的，如票据发行便利（NIFS）等。

4. 股权创造型创新业务

市场主体创新这类业务是为了使自身股权资金的来源更为广泛。

（四）主要货币汇率与资本市场变动的相关性在强化

根据国际清算银行的研究，在1975～2000年的25年间，股票市场指数的月回报与该国名义汇率指数有明显的相关性。其中，日本、英国、意大利等国为正相关，而美国、德国和其他一些欧洲大陆国家则为负相关。2003年以后，由于越来越多的国际资本以证券资本形式流动，随着国际资本流动在汇率波动中的作用持续上升，国际资本市场状况对国际外汇市场汇率波动趋势的相关性将继续上升。

第二节 国际货币市场与国际资本市场

一、国际货币市场

（一）国际货币市场的含义与功能

国际货币市场（international money market）是指资金的借贷期限在1年以内（包含1年）的国际短期资金的交易市场，交易一方为市场所在地的非居民，另一方为居民。国际货币市场为市场的参与者调剂资金余缺，市场上的短期信用工具可以为资金盈余者提供短期投资，为资金需求者提供短期融资。

国际货币市场的主要参与者包括：商业银行、中央银行、保险公司、金融公司、证券经纪人、证券交易商、工商企业及个人等。国际货币市场的利率为短期利率，以伦敦同业拆放利率或优惠利率为基准，包括银行同业拆放利率、短期信贷利率、短期证券利率和贴现利率等。国际货币市场的信用工具主要有国库券、大额可转让存单、商业票据、银行承兑汇票等。

(二) 国际货币市场的构成

传统的国际货币市场是一个以美国纽约和英国伦敦货币市场为中心，以发达国家和一些新兴市场国家货币市场为外围的市场体系。从借贷关系方式来看，国际货币市场包括短期信贷市场、短期证券市场和贴现市场。

1. 短期信贷市场

短期信贷市场主要包括商业银行对外国政府、外国企业的信贷和国际银行同业间拆放市场（inter-bank market）。前者用于政府弥补收支赤字、满足企业短期流动资金的需要；后者则是解决银行在一定时间内的资金余缺。目前，银行短期信贷市场业务主要以银行同业拆借为主。

同业拆借业务具有以下特点：

(1) 交易期限短。由于同业拆借主要用于银行的头寸调整，故其期限都比较短，一般期限最短的仅仅是隔夜，多则 1 周或 3 个月，最长的不超过 1 年。

(2) 交易金额大。由于同业拆借是在银行间进行的，故其每笔交易金额都比较大，如伦敦同业拆借市场每笔交易以 25 万英镑为最低限额。

(3) 交易手续简便。由于银行的信用一般都比较高，因而银行同业拆借通常不需要签订协议，也不需要提供担保品，有时仅以电话联系就可以完成资金的拆借。

(4) 交易利率的非固定性和双向性。交易利率的非固定性是指银行同业拆借的利率随市场利率的变化而变化，不采用固定利率。交易利率的双向性是指同业拆借利率有拆出利率和拆进利率之分，拆出利率表示银行愿意拆出资金的利率，拆进利率表示银行愿意拆进资金的利率，拆进利率通常都低于拆出利率，在美国、日本、德国、新加坡、中国香港等地的市场上，银行报出拆借利率时，拆进利率在前、拆出利率在后，如 9.75%～9.875%。在英国则相反，银行报出的拆借利率，前为拆出利率、后为拆进利率，如 8.5%～8.25%。

目前，在国际同业拆借市场乃至整个国际金融市场中最有影响的利率是伦敦同业拆放利率（London interbank offered rate，LIBOR）。这是伦敦市场上第一流的银行相互间进行拆放的利率。在贷款协议中议定的 LIBOR 通常为指定的几家参考银行在规定时间（一般是伦敦时间上午 11：00）利率报价的算术平均数。LIBOR 现已成为国际金融市场浮动利率贷款的基准利率，一般都是在伦敦同业拆放利率的基础上，再加上一定的百分点，如 LIBOR＋0.05%来确定。

2. 短期证券市场

短期证券市场是通过发行和转让短期证券进行国际融资的市场，或者说是进行短期信用票据交易的市场。在这个市场上交易的短期信用票据是指 1 年以下的可转让流通的信用工具，主要有以下几种：

(1) 国库券（treasury bills）。各国政府为满足季节性财政需要而发放的短期政府债券，期限一般在 1 年以内（3 个月、6 个月、1 年）。在美国证券市场上，国库券具有信用好、交易量大、流动性强等特点，很受欢迎，它不仅是美国居民，而且是外国政府和银行、非居民的重要投资对象。

(2) 银行定期存单（CDs）。它是商业银行和金融公司吸收大额定期（不超过1年，通常为3～6个月）存款而交付给存款者的凭据，也叫“可转让大额定期存单”。这种方式改变了定期存款缺乏流动性的问题，对银行和投资者来说都是有利的。

(3) 商业票据（CP）。它是指一些大企业和银行控股公司凭借自己的信用发行的短期借款票据，具有期限短（不超过270天，以30～90天为多）、有固定到期日、票面金额大小不限等特点，交易按票面金额贴现的方式进行。它可用于补充商业银行短期贷款的不足。

(4) 银行承兑票据（BA）。银行承兑票据指经过银行承兑的商业票据。商业票据经银行承兑后，将商业信用转化成了银行信用，信用得到了提高，更易于在二级市场上转让。银行承兑票据的期限一般在30～180天，面额可从25 000美元到500万美元不等。

3. 贴现市场

贴现市场是经营贴现业务的短期资金市场。所谓贴现，是银行购买未到期票据，并扣除自贴现起至该票据到期日为止的利息的业务。它具体包括银行票据和商业票据的贴现、商业银行对贴现公司的拆放，中央银行可以对贴现的商业银行或从事贴现业务的其他金融机构办理再贴现。

二、国际资本市场

(一) 国际资本市场含义与功能

国际资本市场（international capital market）指融资期限在1年以上的国际中长期资金的交易市场。一般中期为1～5年，长期为5年以上。其主要功能是为国际间中长期资金的流动提供渠道，将世界各国的闲置资金资源转化为国际性投资。

国际资本市场的参与者主要是各种金融机构，如商业银行、信托公司、人寿保险公司等，各国中央银行、私人投资者等。利率是中长期利率，利率水平取决于多种因素，如期限的长短、资金的供需、金融政策的变化、国家的通货膨胀及借款者的资信度等。基准利率为伦敦银行同业拆放利率，再加一个附加利率。

(二) 国际资本市场的构成

从业务构成看，国际资本市场包括银行中长期信贷市场和国际证券市场。

1. 银行中长期信贷市场

银行中长期信贷市场是由国际银行的中长期信贷活动所形成的市场，它有两种基本的方式，即独家银行贷款和“辛迪加贷款”（syndicate loans）。两者的主要区别在于提供贷款的银行家数不同，前者是一对一，后者是一对几。中长期信贷具有量多、期长、风险大等特点，利率是浮动的，贷款人不仅收取利息，而且收取管理费、代理费、杂费和承担费等。

国际银行中长期贷款的特点是：①借贷比较自由，可以自由议定借贷数量、借贷期限、借贷币种等借贷条件；②借贷资金用途一般不受限制；③借贷利率相对政府贷款和国际金融机构贷款利率较高，一般采用市场利率；④无政治、经济附加条件。

2. 国际证券市场

国际证券市场是指允许非居民参加证券发行和转让的证券市场。根据交易对象的不同，它又可分为国际债券市场和国际股票市场。

1） 国际债券市场

国际债券是一国居民在国外发行的以外币为面值的债券。国际债券按面值货币与发行地是否一致，可分为外国债券和欧洲债券。相应的，国际债券市场又可细分为外国债券市场和欧洲债券市场。

外国债券是指发行人在国外债券市场上发行的以东道国货币为面值货币的债券，例如，扬基债券（Yankee bond）是非居民在美国发行的以美元为面值的外国债券；武士债券（Samurai bond）是非居民在日本发行的以日元为面值的外国债券；猛犬债券（Bulldog bond）则是非居民在英国发行的英镑债券。再如，我国财政部在日本市场上发行的日元债券及在美国市场发行的美元债券都属于外国债券。

欧洲债券是国外发行者在东道国市场发行的以第三国货币为面值的债券，如我国在瑞士发行的美元债券即是欧洲债券。欧洲债券实际上是一种无国籍债券，其发行一般不需要有关国家政府批准，不受各国金融法令的约束，通常为不记名债券。

在欧洲债券市场上，以美元为面值货币的欧洲美元债券一直独占鳌头，其他常被选择为面值货币的还有日元、德国马克、英镑、法国法郎等。由于欧洲债券可以同时在两个以上的境外市场发行，而且发行货币可以自由选择，发行成本较低，又可不受发行市场所在国的管制，所以深受各国筹资者的欢迎。同时欧洲债券流动性颇高，而且可享受免缴利息所得税的好处，从而成为深受各国投资者青睐的一种投资工具。

2） 国际股票市场

国际股票市场是指由国际辛迪加承销，在发行公司所在国境外进行股票销售和交易的市场。所谓国际股票，是指外国公司在东道国发行的，以东道国货币或境外货币为面值、由东道国投资者所持有的股权凭证。实际上，它是一国原有股票市场发生的跨国交易的部分。

按归属地划分，国际股票市场有广义和狭义之分。狭义国际股票市场是有关市场所在地非居民公司股票发行和买卖所形成的市场。广义国际股票市场还包括国际化的各国股票市场，即大量非居民投资者参与买卖的股票市场。我国的B股市场就属于广义的国际股票市场。

此外，按交易的层次划分，国际证券市场还可分为证券发行市场和证券流通市场。

第三节 欧洲货币市场

一、欧洲货币市场的形成与发展

（一）欧洲货币市场的有关概念

1. 欧洲货币市场的含义

所谓欧洲货币市场（Eurocurrency markets）即为离岸金融市场，是指在一国国境以外进行该国货币的存贷、投资、债券发行和买卖业务的市场，或者说是指办理欧洲美元、欧洲英镑、欧洲马克、欧洲日元等境外货币业务的市场。它起源于欧洲美元市场，而欧洲美元是存放在美国以外银行的不受美国政府法令限制的美元存款或是从这些银行借取的美元贷款。由于这种美元的境外存款和借贷业务开始于欧洲，因此称为欧洲美元。它与美国境内流通的美元是同样的货币，并具有同样的价值；它们之间的区别只是账务上的处理不同。“欧洲美元”的清算中心在英国伦敦。

2. 欧洲货币

欧洲货币指在某种货币发行国国境以外的银行体系所创造和借贷的该种货币，并非指欧洲某个国家的货币，如欧洲美元是最早出现的一种欧洲货币。

3. 正确把握欧洲货币市场的内涵

理解欧洲货币市场这一概念要把握以下四点：

(1) 从经营的对象来看，欧洲货币市场经营的是“欧洲货币”，即在货币发行国境外流通的货币（如欧洲美元、欧洲日元等）；

(2) 从地域上看，欧洲货币市场并不限于欧洲各金融中心，它并不是个地理意义上的概念；

(3) 从业务经营范围来看，并不仅限于货币市场业务；

(4) 从业务对象来看，欧洲货币市场本身并不是外汇市场，交易双方——非居民与非居民并不是买卖关系，而是借贷关系。

欧洲货币市场的主要优势在于以下两方面：

(1) 欧洲货币市场的交易几乎不受官方的限制，使得“欧洲银行”不必缴纳存款准备金，不受利率上下限的约束，经营成本极为低廉，资金划拨相当自由；

(2) 欧洲货币市场上的利率具有竞争性，“欧洲货币”的交易以银行同业为主，具有大进大出的“批发”特性，因此，“欧洲银行”能够以较高的利率吸引存款，以较低的利率发放贷款。

(二) 欧洲货币市场的产生原因

欧洲货币市场的产生，主要有以下几方面原因。

1. 逃避本国金融政策法令的管制

历史上，为限制银行竞争，保证银行经营安全，美国联邦银行曾颁布过一个Q字条款（1933～1955年）。该条款规定了美国商业银行存款利息的最高限，即不得超过6厘，而当时美国国内利率比国外低，相反西欧国家自1958年起，放松外汇管制，货币实行自由兑换，境外存款人用美元开户不仅不受限制，又没有最高存款利率的规定，所以，美国的企业、银行、金融机构或个人持有的美元就转移到欧洲各国银行存储，追求较高的利息收入。同时，美国大量的和持续的海外军事支出和资本输出，使得大量美元流入外国工商企业、商业银行和中央银行手中，他们转存于银行账户，获得较高利息收入，从而使“境外美元”也即欧洲美元的数量迅速增长。此外，吸收“欧洲美元”存款的欧洲货币市场的银行可以不用缴纳法定存款准备金；经营“欧洲美元”业务的非美国银行可以不缴纳美国的利息平衡税，降低了银行的经营成本，由此促使欧洲美元业务急剧发展。1968年美国曾限制对外直接投资，一些跨国公司为逃避美国的管制，将美元资金调至境外，再从事对外直接投资，这也是当时境外美元业务发展的一个诱因。

2. 20世纪50年代的东西方“冷战”

1950年，美国发动朝鲜战争，美国政府冻结了中国存放在美国的所有资产。苏联和东欧等国也担心遭到中国一样的“待遇”，故将存放于美国的美元转存到美国境外银行，主要是伦敦的银行。而当时英法联合入侵埃及，英国经济受到严重影响，致使其国际收支恶化，英镑危机。英国政府允许各家银行接受美元，并进行放贷。这样，欧洲美元市场在伦敦出现了。

3. 美国政府对境外美元的存在采取放纵的态度

众所周知，第二次世界大战后一直到1971年8月15日以前，美国对外国政府或中央银行承担美元纸币兑换成黄金的义务。大量美元在境外辗转借贷存储，不许换成外币，这就减少了流入外国中央银行或政府的可能性，从而减轻了美国政府兑换黄金的压力，对美国减少黄金储备有缓冲作用，并为美国转嫁其通货膨胀开辟了新途径，对美国有利。但是，境外美元的存在，逃避了美国政府的法令管制，对减缓美元危机不利。境外美元的出现，虽然是逃避美国金融政策法令的一个结果，但是美国当局权衡之下，还是采取纵容放任的态度。

4. 美国国际收支的长期赤字和石油输出国的巨额“石油美元”

1958年后，美国国际收支出现赤字，并不断扩大，造成了美元的大量外流，为欧洲美元市场提供了大量资金。20世纪70年代，石油的两次大幅提价，使石油输出国手中积累了许多“石油美元”，也给欧洲美元市场带去源源不断的资金。

5. 西欧国家的倒收利息税政策

20世纪60年代，德国、瑞士等国为保护本币和金融市场的稳定，抑制国内通货膨胀，对非居民的本币存款不付利息，甚至倒收利息，但对非居民的外币存款则给予鼓励。这迫使非居民将本币换成外币开户或转存到欧洲货币市场上，因此欧洲货币市场不仅有美元，而且有马克、法郎等其他货币了。

综上所述，欧洲货币市场产生的根本原因就是顺应了第二次世界大战后出现的生产和资本国际化发展的要求。

二、欧洲货币市场的特点与分类

（一）欧洲货币市场的特点

欧洲货币市场具有以下特点。

（1）欧洲货币市场是一种超国家或无国籍的资金市场。作为离岸金融市场，欧洲货币市场既不受市场所在国金融法规的管辖，也不受交易货币发行国金融法规的约束，所以说它是一种超国家或无国籍的市场。

（2）欧洲货币市场是一个高度自由的市场。由于欧洲货币市场几乎不受任何国家的管制，所以经营非常自由，投资者和筹资者可以自由进出入，而且贷款条件灵活、贷款期限多样、贷款用途不限，这也是欧洲货币市场能吸引大量的国际投资者和筹资者的重要原因。

（3）欧洲货币市场是一个具有独特利率结构的市场。欧洲货币市场之所以能吸引大量的国际投资者和筹资者，除其经营非常自由的原因外，还在于它有独特的利率结构，即存款利率相对高于货币发行国国内的存款利率，而贷款利率则略低，存贷利差较小。欧洲货币市场之所以具有这样的特点，主要是因为在欧洲货币市场上经营业务的欧洲银行可以免交存款准备金和享受低税率乃至免税，从而可降低经营成本。此外，由于交易规模大、贷款客户信誉高，也可使欧洲银行相应降低贷款利率。

(4) 欧洲货币市场是一个“批发市场”。进入欧洲货币市场进行融资的基本上都是一些大客户，主要有跨国公司、各国商业银行和中央银行、官方机构及一些国际性组织。这些客户的每笔交易额一般都很大，少则几十万美元，多则数亿甚至数十亿美元，所以称其为“批发市场”。

(5) 欧洲货币市场主要是银行同业市场。在欧洲货币市场上，银行同业间交易约占整个市场交易的2/3以上，这使得欧洲货币市场成为一个主要以银行同业拆借业务为主的市场。欧洲货币市场上的银行同业拆借期限有长有短，最短为隔夜，最长不超过1年，而且拆借主要凭信用，一般不用签订合同，利率基本上是以LIBOR为基础，拆借金额多在100万美元以上。

(二) 欧洲货币市场的分类

欧洲货币市场按境内业务与境外业务的关系不同可分为以下三种类型。

1. 一体型

又称伦敦型，本国居民参加的在岸业务与非居民间进行的离岸交易之间无严格分界，可以同时经营。在这一类型的离岸金融市场上，离岸金融业务与国内金融业务上的资金往来完全自由化，可以说这是一个开放度最高的自由金融市场，因以伦敦市场为代表，故称为“伦敦型”的离岸金融市场。中国香港国际金融市场亦属此一体型。

2. 分离型

又称纽约型，指把离岸金融业务与国内金融业务严格区分开来，单独设立账户进行管理。其特点是离岸金融业务与国内金融业务上的资金往来受到严格的限制，吸纳的非居民存款只能贷放给非居民。该种市场以纽约市场为代表，故称为“纽约型”的离岸金融市场。

纽约离岸金融市场形成于1981年，当年美联储正式批准设立纽约离岸金融市场，称为“国际银行便利”(International Bank Facilities，IBF)，其中规定：①凡获准吸收存款的美国银行、外国银行均可申请加入国际银行便利；②国际银行便利的交易严格限于会员机构与非居民之间；③国际银行便利的交易可免交存款准备金，无利率上限、存款保险等要求，还可免征利息预扣税；④存放在国际银行便利账户上的美元视同境外美元，与美国国内美元账户严格分开（从这一点来看，离岸金融业务实际上把市场所在国货币也包括了进来，但要与国内货币分开管理）。

国际银行便利不是一个具有实体的独立银行体系，而是在美国境内的美国或外国银行开立的以经营欧洲货币和欧洲美元的账户，此体系的资产独立，与总行的账户分开。国际银行便利准许上述银行吸收非居民（即在美国地区以外的个人、银行和公司）及美国国外公司、银行的存款，同时准许贷款给非居民，但贷款须用于国际业务。创设国际银行便利的意义在于吸引巨额资本流入美国，改善国际收支状况，同时，吸回巨额境外美元，以便就近管制，从而加强美国金融资本经营境外货币业务的竞争力。日本东京和新加坡也属于这一类型的离岸金融市场。

与伦敦型离岸金融市场相比，纽约型离岸金融市场是一种比较容易控制的离岸金融市场，它通过分账管理，可以使国内金融业务免受境外货币的冲击，从而保持国内金融市场的稳定。

3. 走账型

又称“避税港型”或巴哈马型，这是一种只为欧洲银行提供注册和资金转账而无实际融资业务的离岸金融市场。这类市场的特点是：市场所在国本身并无发达的经济，也没有雄厚的资金力量，但税收极为优惠，政府对金融业限制极少，银行保密制度也极为严格，从而不仅成为避税天堂，而且逐渐成为“洗黑钱”的中心。这种市场主要以加勒比海地区的巴哈马岛国为代表，属于这一类的市场还有开曼、巴拿马等。

三、欧洲货币市场与远期外汇市场之间的关系

在欧洲货币市场上，存款利率（拆入利率）、贷款利率（拆出利率）种类多样，表10-2显示了某日欧洲货币市场上英镑、加拿大元、欧元、日元、瑞士法郎、美元等不同币种的1年、6个月、3个月和隔夜的拆入利率和拆出利率。实际上，欧洲货币市场与远期外汇市场是相互联系的，如果某一市场汇率或利率定价不当，就会导致银行、企业和个人等经济主体进行以某种货币为主的金融套利。正是套利活动的存在，不同欧洲货币的利率差异与这两种货币的远期升贴水会处于一种均衡状态，这也意味着欧洲货币市场的抵补利率套利是无利可图的，如果考虑到交易成本更是如此。换句话说，欧洲货币市场上，利率平价定理成立。

表10-2　欧洲货币利率（%）

	1年	6个月	3个月	隔夜
英镑	$4^{5}/_{8}$-$4^{17}/_{32}$	$4^{7}/_{16}$-$4^{11}/_{32}$	$4^{9}/_{32}$-$^{5}/_{32}$	$3^{7}/_{8}$-$3^{13}/_{16}$
加拿大元	$2^{1}/_{8}$-$2^{1}/_{32}$	$2^{1}/_{18}$-$2^{1}/_{32}$	$2^{3}/_{16}$-$2^{3}/_{32}$	$2^{5}/_{16}$-$2^{3}/_{16}$
欧元	$2^{2}/_{32}$-2	$2^{1}/_{32}$-$2^{31}/_{32}$	$2^{1}/_{16}$-$2^{31}/_{32}$	$2^{1}/_{32}$-$1^{31}/_{32}$
日元	$^{7}/_{16}$-$^{11}/_{32}$	$^{7}/_{16}$-$^{11}/_{32}$	$^{9}/_{32}$-$^{5}/_{32}$	$^{1}/_{8}$-$^{1}/_{32}$
瑞士法郎	$^{7}/_{16}$-$^{3}/_{8}$	$^{5}/_{16}$-$^{7}/_{32}$	$^{9}/_{32}$-$^{3}/_{16}$	$^{7}/_{16}$-$^{3}/_{16}$
美元	$1^{5}/_{16}$-$1^{7}/_{32}$	$1^{5}/_{32}$-$1^{1}/_{16}$	$1^{1}/_{16}$-1	$1^{1}/_{32}$-$^{15}/_{16}$

资料来源：英国某日《金融时报》

四、欧洲货币市场的经济影响

欧洲货币市场灵活多样的运作机制缓解了资金来源与运用之间的诸多矛盾，从而使得国际间资金的大规模运动得以顺利进行，同时因为监管不力，也会导致国际金融市场的巨大波动。

(一) 欧洲货币市场的积极影响

欧洲货币市场的存在和发展给世界经济带来了广泛而深远的影响。

1. 促进了国际贸易的发展

无论对于发达国家还是对于发展中国家，对外贸易都是促进经济增长的重要途径，而欧洲货币市场大规模的融资活动，为贸易融资提供了充分的资金来源，从而加速了国际贸易的发展。

2. 促进了西欧的经济复兴和一些发展中国家的经济发展

第二次世界大战结束后，西欧国家的经济复兴得益于欧洲货币市场，如在德国等战败国的经济恢复和发展过程中，欧洲货币市场为它们提供了重要的资金来源。后来一些发展中国家在发展经济的过程中，也是从欧洲货币市场获取大量资金，以补充国内资金的不足，如韩国、巴西、墨西哥等，其经济起飞和发展都大量利用了欧洲信贷。

3. 缓和了国际收支矛盾

20 世纪 60 年代的美元危机和 70 年代的两次石油危机，使国际收支失衡成为一种全球性现象。据国际货币基金组织估计，1973～1983 年的 10 年间，OPEC 成员国和一些工业国经常账户上的顺差额累计约为 3868 亿美元，同期非产油发展中国家则累计为 5972 亿美元的逆差，仅靠国际货币基金组织的贷款无法解决这一矛盾。而欧洲货币市场通过把 OPEC 组织存入的石油美元贷放给逆差国，一方面为顺差国的盈余资金找到了出路，另一方面又为逆差国提供了清偿手段，从而缓和了全球性的国际收支矛盾。

4. 推动了国际金融一体化的发展

欧洲货币市场的出现打破了过去国际金融市场受国界分割而存在的相互隔绝的状态，通过跨国银行的业务活动将遍布世界各地的金融市场紧密地联系在一起，从而促进了国际资金的流动和国际金融的一体化，而这恰恰顺应了世界经济发展的基本趋势。

(二) 欧洲货币市场的消极影响

欧洲货币市场在发挥积极作用的同时，也对世界经济和金融发展产生了一定的消极影响，主要表现在以下几个方面。

1. 削弱各国货币政策的效力

由于欧洲货币市场上的借贷非常自由，各种机构很容易在这一市场上获得资金，这就使得各国货币政策难以顺利贯彻。例如，当国内为抑制通货膨胀而采取紧缩银根的政策时，国内银行和企业却可以很方便地从欧洲货币市场获得低利率的资金来源，从而使紧缩政策难以达到预期效果。

2. 加大世界通货膨胀的压力

欧洲货币市场的借贷活动很容易使一国的闲置资源转变成其他国家的货币供应源，从而使市场的信用基础得以扩大。此外，在欧洲货币市场上，当大量游资冲击外汇市场、黄金市场和商品市场时，也会对有关国家的物价水平产生影响，引起输入型通货膨胀。例如，当投机商用作为软币的欧洲美元去抢购硬货币，导致硬货币汇率进一步上升时，硬货币发行国为稳定汇率，不得不大量抛出本币去收购美元，从而引起本币供应增加，促使物价水平上升。

3. 增加国际金融市场的脆弱性

欧洲货币市场的存款绝大部分都是1年以下的短期存款，而自20世纪70年代以来，随着各国跨国公司、企业、政府等借款人对中长期资金需求的迅速增加，欧洲货币市场的中长期贷款猛增，其比例占整个贷款总额的一半以上，这就使得国际金融市场变得极为脆弱。因为在这种短存长贷的局面下，一旦市场有风吹草动，就会出现储户大量挤兑的现象，引起银行资金周转不灵，从而导致金融市场的动荡。

4. 加剧国际金融市场的动荡

欧洲货币市场上的短存长贷现象已使得国际金融市场极不稳定，而欧洲货币市场上的投机活动又进一步加剧了国际金融市场的不稳定性。在欧洲货币市场上，投机活动十分活跃，大部分短期资金都用于外汇投机。这部分投机资金在国与国之间频繁转移，往往造成汇率、利率的剧烈波动，引起国际金融市场的动荡不安，如1992年的英镑危机、1994年的墨西哥“比索风暴”、1997年的东南亚金融危机，都给国际金融市场造成了极大的震动，而这当中又都有国际投机资金在兴风作浪。

第四节 外汇市场

一、外汇市场的产生与发展

（一）外汇市场概念

外汇市场是指由银行等金融机构、自营交易商、大型跨国企业参与的，通过中介机构或电信系统联结的，以各种货币为买卖对象的交易市场。它可以是有形的，如外汇交易所，也可以是无形的，如通过电信系统交易的银行间外汇交易。简而言之，外汇市场就是由外汇需求者与外汇供给者及外汇买卖中介机构所构成的外汇交易场所或网络，银行等金融机构、自营交易商、大型跨国企业有时作为外汇供给者，有时又作为外汇需求者。

理解外汇市场的概念应把握以下两点：①外汇市场是专门进行外汇买卖的市场；②外汇市场既可以是有形的市场，也可以是无形的市场。

在世界上大多数地方，外汇市场几乎是交易商之间的市场。在全球外汇市场中，多达2/3的交易是在交易商之间进行的。

（二）外汇市场的产生与发展

在当代世界经济中，国际经济贸易往来是任何国家都不能离开的。伴随着商品、劳务及资本在国际间的流动，各种为进行支付而跨越国界的货币运动就不可避免。国际经济交往形成外汇的供给与需求，外汇的供给与需求导致外汇交易，而从事外汇交易的场所就称为外汇市场。随着世界经济全球一体化趋势的不断加强，国际外汇市场也日益发展起来，并日益紧密地联系在一起。

20世纪70年代以来，亚太地区的中国香港、新加坡等地新兴外汇市场的兴起，从时差上使世界各地外汇市场的营业时间相互衔接，加上现代化通信设备和电子计算机大量应用于国际金融业，从而使全球外汇市场一天24小时都在开放，可以连续不断地进行交易，形成一个统一的市场。

20 世纪 90 年代末以来，全球外汇交易的日均交易量约为 15 000 亿美元，其中直接远期和掉期交易的市场份额约为 60%，即期交易约占 40%。美元仍然是交易最为活跃的货币。

（三）外汇市场的全球分布与特点

世界上大约有 30 多个主要的外汇市场，它们遍布于世界各大洲的不同国家和地区。根据传统的地域划分，可分为亚洲、欧洲、北美洲三大区域。全球外汇市场中，最重要的有欧洲的伦敦、法兰克福、苏黎世和巴黎，美洲的纽约和洛杉矶，澳洲的悉尼，亚洲的东京、新加坡和中国香港等。

每个外汇市场都有特点，但都具有共性。各外汇市场被距离和时间所隔，但又敏感地相互影响。一个外汇市场的交易中心每天营业结束后，就把订单传递到别的中心，有时就为下一市场的开盘定下了基调。这些外汇市场以其所在的城市为中心，辐射周边的其他国家和地区。由于所处的时区不同，各外汇市场相继营业，前后衔接，它们相互之间通过先进的通信设备和计算机网络连成一体，市场的参与者可以在世界各地进行交易，外汇资金流动顺畅，形成了全球一体化运作、全天候运行的统一的国际外汇市场。

作为世界上最悠久的国际金融中心，伦敦外汇市场的形成和发展是全世界最早的。早在第一次世界大战之前，伦敦外汇市场已初具规模。1979 年 10 月，英国全面取消了外汇管制，伦敦外汇市场迅速发展起来。在伦敦金融城中聚集了约 600 家银行，几乎所有的国际性大银行都在此设有分支机构，大大活跃了伦敦市场的交易。由于伦敦独特的地理位置，地处两大时区交汇处，连接着亚洲和北美市场，亚洲接近收市时伦敦正好开市，而其收市时，纽约正是一个工作日的开始，所以这段时间交投异常活跃，伦敦成为世界上最大的外汇交易中心，对整个外汇市场走势有着重要的影响。目前，伦敦外汇市场是全球最大的外汇交易市场，交易量占全球交易量的 80%～90%。伦敦外汇市场上的交易货币几乎包括所有的可兑换货币，规模最大的是英镑对美元的交易。

第二次世界大战以后，随着美元成为世界性的储备和清算货币，纽约成为全世界美元的清算中心。纽约外汇市场迅速发展成为一个完全开放的市场，是世界上第二大外汇交易中心。目前世界上 90%以上的美元收付通过纽约的“银行间清算系统”进行，因此纽约外汇市场有着其他外汇市场所无法取代的美元清算和划拨的功能，地位日益巩固。同时，纽约外汇市场的重要性还表现在它对汇率走势的重要影响上。纽约市场上汇率变化的激烈程度比伦敦市场有过之而无不及，其原因主要有以下三个方面：①美国的经济形势对全世界有着举足轻重的影响；②美国各类金融市场发达，股市、债市、汇市相互作用、相互联系；③以美国投资基金为主的投机力量非常活跃，对汇率波动推波助澜。因此，纽约市场的汇率变化受到全球外汇交易商的格外关注。目前纽约外汇市场是除美元以外所有货币的第二大交易市场，其他交易量大的货币依次是欧元、英镑、瑞士法郎、加拿大元、日元和法国法郎等。

东京是亚洲地区最大的外汇交易中心。在 20 世纪 60 年代以前，日本实行严格的金融管制，1964 年日本加入国际货币基金组织，日元才被允许自由兑换，东京外汇市场开始逐步形成。80 年代以后，随着日本经济的迅猛发展和在国际贸易中地位的逐步上升，东京外汇市场也日渐壮大起来。90 年代以来，受日本泡沫经济崩溃的影响，东京外汇市场的交易一直处于低迷状态。东京外汇市场上的交易以美元兑日元为主。日本是贸易大国，进出口商们的贸易需求对东京外汇市场上汇率的波动影响较大。由于汇率的变化与日本贸易状况密切相关，日本中央银行对美元兑日元汇率的波动极为关注，频繁地干预外汇市场，这是东京外汇市场的一个重要特点。东京外汇市场的交易货币比较单一，主要是日元兑美元和欧元的交易。

20 世纪 70 年代以后，新加坡、中国香港等新兴国家和地区的外汇市场建立和发展了起来。

20 世纪 90 年代以后，欧洲外汇市场发展较为迅速，在全球外汇市场上举足轻重。1998 年，伦敦、法兰克福、苏黎世和巴黎四大外汇市场的交易额分别占全球外汇交易总额的 32％、18％、8％、7％，加总共占全球外汇交易的 65％。

2001 年以来，在全球外汇市场上，美元对欧元是交易最多的货币，占全球外汇交易量的近 1/3；日元是第三大货币，占全球外汇交易量的 11％左右；英镑位列第四，交易量占 7％左右。

二、中国外汇市场概况

（一）中国外汇市场的产生及发展

1. 中国外汇调剂市场的建立

中国在 20 世纪 70 年代末期开始实施出口外汇留成制度，在以后的改革过程中各地相继建立起外汇调剂市场，促进外汇资金的横向融通。1980 年 10 月起，由中国银行在北京、上海等十几个大中城市开办外汇调剂业务。1983 年 9 月，中国人民银行专门行使中央银行职能，通过外汇管理局具体管理外汇工作；1986 年，外汇调剂业务由中国银行移交国家外汇管理局办理，北京设立了全国外汇调剂中心，进一步放松外汇管制，此后外汇调剂交易逐渐活跃。1991～1992 年，中国已在大中心城市设立外汇调剂中心 90 多个，1992 年 8 月，北京成立全国外汇调剂中心公开市场，外汇调剂数额由 1988 年的 63 亿美元增长到 1992 年的 251 亿美元。

2. 中国外汇交易市场的形成和发展

外汇调剂市场并不是真正意义上的外汇市场，因为在此市场上有相当多的外汇根本不参与交易，以进入调剂交易的也不是实质的外汇买卖行为。1994 年外汇管理体制进行了重大改革，取消外汇留成、上缴和额度管理，实行结售汇制度，建立全国统一的银行间外汇市场，改变了市场分割、汇率不统一的局面，中国外汇交易中心也应运而生。根据中国人民银行的有关规定，中心承担提供外汇交易系统，组织全国银行间外汇交易，办理外汇交易的资金清算、交割及信息服务等多项职能。同年初，实现了人民币经常项目有条件可兑换。1996 年，取消了经常项下其他汇兑限制，并于 12 月 1 日起正式接受基金协定第八条款义务，实现了人民币经常项目完全的可兑换。加入 WTO 以来，人民币可兑换进程明显加快，一方面是进一步完善经常项目可兑换的管理，另一方面是积极稳妥地推动资本项目可兑换。在实现人民币经常项目可兑换的基础上，建立了单一的、有管理的浮动汇率制度。在这一改革过程中，保持了人民币汇率的基本稳定，成功应对了亚洲金融危机和全球经济紧缩对中国经济的冲击和负面影响，这既符合中国的利益，也有利于周边国家和世界经济的稳定。

目前，中国外汇交易中心不仅提供外汇市场也提供货币市场的交易平台。我国不仅应该考虑如何发展外汇市场，也应该考虑如何通过相同的交易平台来发展货币市场。外汇市场交易与货币市场交易之间存在着相互作用。中国的外汇市场的发展应该有助于人民币货币市场的发展和利率自由化。

（二）中国外汇市场的特点与构成

1. 中国外汇市场的特点

（1）银行与客户之间的交易以具备真实有效的商业背景为基础，以外汇管理开放程度为交易自由度的限度；

（2）银行间外汇市场采用电子竞价交易系统，会员通过现场或远程交易终端自主报价，交易系统按“价格优先、时间优先”的原则撮合成交；

（3）价格形成采用订单驱动机制，银行间外汇市场产生的加权平均汇率，经人民银行公布成为商业银行制定对客户结售汇挂牌汇价的基准汇率；

（4）银行间外汇市场实行“T＋1”和集中清算方式，由交易中心统一为会员办理成交后的本币与外币资金清算交割。

2. 中国外汇市场的构成

外汇市场的主体，从扮演的角色来分，有参与者与管理者。中国外汇市场包含银行间即期外汇市场和银行间远期外汇市场。即期外汇市场参与主体为非金融企业、非银行金融机构等；银行间远期外汇市场参与主体须为交易中心的会员。政策性银行、商业银行、信托投资公司、金融租赁公司、财务公司和汽车金融公司会员参与银行间远期外汇交易，须获得中国银行业监督管理委员会颁发的金融衍生产品交易业务资格；其他非银行金融机构会员须获得其监管部门的批准；非金融企业会员须经国家外汇管理局批准。

（三）中国外汇市场的缺陷与改进

1. 中国外汇市场的缺陷

（1）外汇市场深度和广度有限。中国外汇市场主体单一。截至 2003 年年末，中国银行间外汇市场会员共 345 家，外汇指定银行在其中占 96.23%，非银行金融机构和其他形式的市场参与者很少。交易过于集中。四大国有银行的交易量占银行间市场交易的 95%以上。交易品种较少。交易币种仅限于人民币对美元、欧元、港币和日元四种货币，其中美元交易占 98%，除四家国有独资商业银行可以向客户提供 1 年期以内远期交易外，期货、期权和掉期等衍生产品交易均未进行。市场交易规模较小。2003 年我国外汇交易量约为 7100 亿美元，占中国 8500 多亿美元年贸易总量的 84%，而全球外汇市场一天的交易量便为 1.2 万亿美元，为全球全年贸易总量的 1/10，而全年的外汇交易量则相当于贸易总量的 25 倍。

（2）市场功能未能充分发挥。一般来说市场应具备三大功能：价格发现、资源配置和避险服务。自 1997 年亚洲金融危机以来，中国承担了人民币币值稳定的责任，人民币汇率波幅收窄，基本维持在 8.2770 元人民币/美元左右，长期稳定，汇率缺乏灵活性，价格发现的功能欠缺；银行与客户间及银行间的交易行为仍受到较多管制，经常项目下交易须符合真实性要求，资本项目下交易须经过一定形式的审批，银行和客户还不能完全按自身的意愿自由买卖外汇，外汇供求有一定的扭曲，资源配置的有效性受到影响；外汇市场所提供的避险产品匮乏，企业规避风险的要求不能充分得到满足，同时一些企业风险意识不强，避险需求不强烈。

2. 中国外汇市场的改进

(1) 加快经济体制改革的步伐。加快国有企业的股份制改造，大力发展民营经济，建立具有竞争力的现代企业制度；健全商业银行公司治理结构，提高银行风险控制能力，改善银行服务，推进产品创新，更好地适应客户多方面的需求；加强对银行的监管；推进货币市场和资本市场的制度创新、产品创新和机制创新；使外汇市场与其他市场协调发展，共同推进中国金融市场的深化发展。

(2) 完善人民币汇率形成机制，推进利率市场化进程。在均衡、合理的水平上保持人民币汇率的基本稳定；研究和探索充分反映市场供求的人民币汇率形成机制；加快利率市场化进程，促进形成市场化的基准利率体系；改善中央银行对市场的调控手段，与货币政策相结合，增加调控的灵活性。

(3) 稳步推进人民币可兑换进程。改进强制结售汇体制，积极促进贸易投资便利化；改革银行结售汇头寸管理政策，充分发挥银行在外汇市场交易中对产品、定价、流动性等方面的关键作用；逐步推进人民币资本项目可兑换，有序开放中国的资本市场，为外汇市场的发展注入新的活力，使之在投融资和风险规避方面的作用得以发挥。

(4) 加强外汇市场自身建设。放宽市场准入限制，增加市场交易主体，非银行金融机构、大企业集团等可逐步直接进入银行间市场参与交易；尝试做市商制度，允许有实力的银行利用自身优势为市场提供充足的流动性；培育外汇经纪人、外汇交易所等市场中介机构，构建多元化的市场交易模式，提高市场效率；加强对市场风险的预警和评估，完善市场自律机制；建立有效的电子化监管系统，提高监管效率，降低监管成本；加强市场信息披露机制，提高外汇市场的透明度。

(5) 大力进行产品创新。在银行间外汇市场开办外币间交易，为国内中小银行和金融机构提供服务；扩大银行远期结售汇业务，研究人民币对外币的掉期、期货、期权等衍生品交易，使市场能够向参与者提供套期保值、风险规避及投资理财等一系列金融服务的需要。

第五节　国际资本流动

国际资本流动就是金融资产和实物资产的跨国界流动。20 世纪后期以来，其日益成为世界经济一体化的重要组成部分。2000 年，七国集团的资本流入和流出分别高达 2.6 万亿美元和 2.3 万亿美元；2007 年，全球国际资本流动规模高达 10.9 万亿美元；2009 年，受全球金融危机影响，国际资本流动规模又锐减至 1.1 万亿美元。国际资本流动一方面促进了生产要素在全球范围内的有效配置，并成为金融自由化的重要标志，但与此同时，国际资本流动也给各国的经济发展造成了一定的冲击。

一、国际资本流动的概念

国际资本流动（international capital flows）是指资本从一个国家或地区转移到另一个国家或地区，也就是资本在国际间的转移和运动。这里的“资本”可以是货币形态的资本，也可以是实物形态的资本（如生产设备、技术、原材料、劳动力等）。在一国的国际收支平衡表当中，资本与金融账户综合反映了该国在一定时期内与其他国家或地区之间的资本流动状况。

国际资本流动包括国际资本流出和国际资本流入。

国际资本流出（capital outflows）是指本国资本流出道国外，也就是本国输出资本。资本输出的内容如下：①本国在外国的资产增加。例如，本国在外国投资办企业。②本国对外国负债的减少。例如，本国归还到期的贷款。③外国在本国资产的减少。例如，外国从本国银行中提取存款转回国内。④外国对本国负债的增加。例如，外国从本国获取贷款。可见，资本流出可以是本国资本流出国外，也可以是原来流入的外国资本流出本国。

国际资本流入（capital inflows）是指国际资本流入是指外国资本流入到本国，也就是本国输入资本。资本流入的内容如下：①本国在外国资产的减少。例如，本国从外国银行提取存款用国内投资。②本国对外国负债的增加。例如，本国获取外国银行的贷款。③外国在本国资产的增加。例如，外国在本国投资办企业。④外国对本国负债的减少。例如，外国归还到期的本国贷款。因此，资本流入既包括外国资本流入本国，也包括原来流出的本国资本流回国内。

进一步看，要准确理解国际资本流动的概念，需把握和区分如下几个方面的内容。①资本流动方向：资本流出和资本流入。②资本流动规模：资本流动总额和资本流动净额。③资本流动形式：借贷资本流动和生产资本流动。④资本流动类型：长期资本流动和短期资本流动。⑤资本流动性质：政府资本流动和私人资本流动。

二、国际资本流动的类型

国际资本流动在长期的发展过程中形成了各种类型。按照常规的分类方法，根据资本流动期限的不同，可以将国际资本流动划分为两种基本类型：长期资本流动和短期资本流动。

（一）长期资本流动

长期资本（long term capital）是指期限在1年以上或未规定使用期限的资本。按照资本流动方式的不同，长期资本可以分为三种形式：直接投资、证券投资和国际借贷。

1. 直接投资

外国直接投资（direct investment）是投资者直接在别国采用各种形式对工矿、商业、金融服务等企业投资及利润再投资，并取得投资企业的部分或全部管理控制权的投资形式。影响外国直接投资的因素有许多，政治、经济和法律和文化等各方面因素都会影响FDI。

进入21世纪以来，主要工业化国家，如美国和欧元区各国，不仅存在大量的FDI流入，也存在大量的资本流出。2002～2007年，流入美国FDI的规模由844亿美元增加到2375亿美元；相应地，其流出规模也从1545亿美元增加到3333亿美元。同期，流入欧元区FDI的规模由1850亿美元增加到3910亿美元，流入的规模超过了美国；从流出规模来看，2002年欧元区流出的规模达到1638亿美元，到2007年流出规模达到5520亿美元，FDI流出的规模相对美国更大。从净额来看，2007年欧元区FDI形式的资本流动出现净流出1610亿美元。对于日本来说，不论是流入的FDI规模还是流出的FDI规模都相对较小，从整体上看，其在2002～2007年保持了一个净流出的状态。

对于新兴市场和发展中国家而言，FDI流入的规模逐年增加，到2007年达到5325亿美元。其流出的规模也逐年增加，到2007年达到2456亿美元。从净值来分析，新兴市场和发展中国家在这6年中保持了一个净流入的状态（表10-3）。

表10-3　全球主要经济体FDI的流入和流出　（单位：10亿美元）

经济体	2002年	2003年	2004年	2005年	2006年	2007年
资本流入						
美国	84.4	63.8	146	112.6	242	237.5
日本	9.1	6.2	7.8	3.2	−6.8	22.2
欧元区	185	153.2	121.4	189.2	258.7	391
新兴市场和发展中国家	190.1	203.8	276.4	374.2	464	532.5
资本流出						
美国	−154.5	−149.6	−316.2	−36.2	−241.2	−333.3
日本	−32	−28.8	−31	−45.4	−50.2	−73.5
欧元区	−163.8	−165.4	−205.1	−459.7	−448	−552
新兴市场和发展中国家	−32.9	−37.5	−86.7	−115.1	−213.7	−245.6

注：本轮金融危机后，全球FDI规模有所下降，2010年又开始恢复到1.24万亿美元

资料来源：IMF，Global Financial Stability Report，2008 Oct

外国直接投资的组织形式按照不同的资本构成又分为两类：单一的资本方式和联合的资本方式。

1）单一的资本方式

投资者在接受投资的国家设立分公司，独资开办企业。在这种方式下，投资者对投资企业进行全资控股，并控制其全部的经营管理权。我国将这类外商投资企业称作外商独资企业。以单一的资本进行投资，也就是投资企业的投资者全由外商组成，东道国一方不参与经营管理，外商承担全部的风险与利润。对于一些必须有东道国参加经营的行业，不宜外资独营。

2）联合的资本方式

它包括股权式的合营企业和契约式的合营企业。股权式的合营企业是由两个或两个以上国家的投资者共同投资一个企业，各方按出资比例、所享有的股份分享利润和承担风险，共同管理企业。目前，发达国家及发展中国家均普遍采用这一直接投资方式。我

国将这类企业称作合资经营企业。契约式的合营企业，是由两个或两个以上国家的投资者签订契约，签订契约的各方按合同规定各自提供一定的投资条件，进行合作经营。合作各方提供的资金、设备、物资和服务等不作为股本收入。合作各方按合同约定共同享有分配盈利、承担风险和债务等权利及义务。合作各方共同管理企业或委托其中一方管理。契约式的合营方式比较灵活，适用于合作制造、合作生产、合作建造、合作勘探等项目或企业。我国将这类企业称为合作经营企业。

直接投资具体可以采用三种方式：一是在国外创办新企业。创办新企业包括设立跨国公司的分支机构、附属机构，或与其他国家合资创办企业。二是所获利润再投资。投资者在国外投资获取利润后，不将所获利润全部转回国内，而是将部分利润进行再投资。三是收购外国企业。购买外国企业股票达到一定比例之后，从而拥有对该企业相应比例的股权。例如，美国规定，拥有外国企业股权达 10%以上，属于直接投资。IMF规定，只要拥有 25%的股权，可视作直接投资。

直接投资长期以来被发达国家作为向外输出资本的主要形式，也是发展中国家的资金、技术和管理经验的主要来源。这种投资方式的特点在于：一是一揽子提供资金、技术和管理经验。对于资金缺乏和技术不发达的接受投资国家来说，如果政策引导正确，就能够促进本国经济发展。二是以取得投资企业的经营管理控制权为目的。直接投资的投资者不仅要获得投资利润，而且要获得投资企业的部分或全部教育管理控制权。三是不构成接受投资国家的债务。直接投资的投资者只有在投资企业获利情况下，才能拿企业章程享有自己的收益或汇出利润，外国投资者应得的利润也可以进行再投资。接受投资国家的在直接投资方式下不形成对外债务。四是投资周期长。直接投资一般投资都要参与企业的具体生产经营活动，必然会与具体的项目联系在一起。一个项目的投资和项目的生产（或生命）周期有关，少则几年，多达十几年甚至几十年，投资周期长，也加大了投资者的投资风险。

投资者在进行直接投资之前，往往要考虑影响投资的一些因素，这些因素概括起来有三种类型：政治社会文化因素、经济因素和风险因素。

影响直接投资的政治因素包括：接受投资国或地区的政局是否稳定，投资环境有无突变的可能，当政府首脑更迭时能否保证政策的连续性，接受投资国是否有健全的法律制度，外商直接投法是否完善等。接受投资国对外资的政策干预措施也会影响直接投资。一般为了使外国投资有利于本国经济的发展，接受投资国都会采取必要的政策干预措施以达到对外资企业的活动进行监督和管理的目的。

影响直接投资的文化因素包括：一国的文化传统、社会文明程度、居民的消费模式、风俗习惯等。

经济因素是影响直接投资的主要因素，具体包括：资本收益率。资本收益率的高低是投资者决定是否对外投资的先决条件。一般而言，投资者进行投资的主要动机之一就是取得投资利润。经济增长前景。对一国经济增长前景的预测是投资者选择投资场所的重要依据。投资者通常愿意将资金投放到具有较好经济增长潜力的国家。直接投资会涉及资本信贷、证券买卖等业务，金融市场的完善、健全、发达程度，会影响到投资者的效益和收益。

风险因素对直接投资的影响主要来自于投资环境的变动。各国和地区的投资环境不是一成不变的，投资者总是要在不断变化的环境中。投资环境的变动会相应产生风险。因此，投资者在决定对外投资之前应该预测投资可能遭遇的风险，包括政治风险、收益风险、汇率风险和利率风险等。

直接投资的主要来源是发达国家，其中美国占有举足轻重的地位。在这些国家的对外直接投资中，侧重点有所不同。美国侧重于制造业、矿产业的投资；英国偏重于旅游、银行、保险等行业的投资；德国则偏重投资于制造业。接受投资的大多是一些经济基础较好或是资源丰富的发展中国家，如巴西、墨西哥、中国等。目前，直接投资发展呈现出新的趋势：发达国家间的相互投资不断增长；发展中国家对发达国家的投资也在逐渐增长。

2. 证券投资

证券投资（portfolio investment）是投资者在国际金融市场上购买外币有价证券（股票或债券）而进行投资的方式。投资者可以是个人、工商企业、金融机构或政府。有价证券的发行者有可能是政府、金融机构或工商企业。在国际金融市场上，一国通过发行有价证券筹集资金，意味着资本流入；投资者购买他国的有价证券意味着资本流出。

证券投资的特点在于：一是不以直接控制企业的经营管理权为目的。证券投资的投资者的目的只在于获取债券利息或股票利息等投资收益，而不在于获取投资企业的经营管理权。从这个角度理解，证券投资可以称为间接投资（indirect investment）。二是具有灵活性。证券投资者可以根据需要决定是继续购买或拥有有价证券，还是将其转让出去。三是构成有价证券发行国的外债。这里主要指在国际金融市场上发行债券筹集资金时，会形成发行国的外债。债券到期，发行国必须还本付息。

20 世纪 80 年代以来，一方面，许多国家的通货膨胀率开始下降，证券投资的实际收益率则相对提高，使得大量资金转向证券市场；另一方面，一些国家相继爆发债务危机，所得国际商业银行对信贷业务的处理非常谨慎，这样大大减少了贷款活动，闲置资金只有到证券市场上寻求出路。因此，国际资本流动出现了证券化的趋势，随着国际金融市场的进一步发展，证券投资将日益成为国际资本流动的主要形式。

3. 国际借贷

国际借贷（international borrowing）是指各国政府、金融机构和个人在国际金融市场上的信贷活动。国际借贷的形式有很多，具体包括：国际银行贷款、政府贷款、国际金融机构贷款、项目贷款等。

1）国际银行信贷

国际银行信贷（international bank credit）是指借款人在国际金融市场上向外国商业银行借入货币资金的活动。国际银行信贷按借贷期限的不同，可分为中长期信贷和短期信贷。

中长期信贷的借贷期限在 1 年以上，借款人有政府机构、金融机构、工商企业等。中长期信贷的期限长、金额大，风险也大，因此，借贷双方要就贷款的有关事项签订贷款协议，同时还要由借款人所属国家的政府提供担保。当一笔中长期信贷的金额相对较小、期限又不十分长时，可由一家银行独家承贷；当一笔中长期信贷的金额庞大、期限又较长时，则需要由不同国家的多家银行组成银团，共同提供贷款。中长期信贷的利率以伦敦同业拆放利率为基础，加上一个附加利率（spread 或 margin）；在银团贷款（syndicated loan）条件下，要收取各种费用。中长期信贷的资金不规定使用用途，借款人可自行安排使用。

国际银行信贷与其他国际借贷方式相比，具有以下几个特点：①资金使用自由，不受贷款银行的限制。政府贷款往往有采购商品的限制；国际金融机构贷款要求专款专用；项目贷款与特定的建设项目紧密联系、专款专用。②资金供应充分，每笔赏款金额较大，借取方便。例如，欧洲货币中长期信贷的借款手续较为简便，每笔贷款的金额较大，独家银行提供的贷款每笔额度为几千万美元，银团贷款每笔额度可达上亿美元。③贷款利率水平较高。国际银行贷款利率属于市场利率，受资金供求等因素影响，利率随行就市，所以利率水平较高。

2）政府贷款

政府贷款（government loan）是指一国政府利用预算资金向另一国政府提供的优惠性贷款。政府贷款是具有双边经济援助性质的优惠性贷款。按照国际惯例，优惠性贷款一定要含有 25%以上的赠予成分。

政府贷款属于优惠性质贷款，但要为提供国的政治、外交与经济利益服务，往往带有附加条件：一是提供的贷款限于采购贷款国的货物，以带动贷款国的产品出口；二是规定取得贷款的国家以公开国际招标方式采购使用贷款国的商品；三是使用政府贷款时，连带使用一定比例贷款国的出口信贷。

政府贷款具有的特点是：一是性质优惠。政府贷款的期限较长，一般为中、长期限的、无息或低息的具有经济援助性质的优惠贷款。二是规模不大。政府贷款一般要受到提供贷款国家的财政状况与国际收支状况的制约，规模不会太大。三是程序较为复杂。政府贷款是以政府名义利用预算资金进行双边政府间的贷款，立法程序需要经过所在国的议会通过，程序相对烦琐。四是建立在两国良好的政治外交关系基础上。只有两国具有良好的政治外交关系，一国政府才可能向另一国政府提供贷款，同时为一定的政治外交关系服务。

3）国际金融机构贷款

国际金融机构贷款（loans by international financial institutions）由国际金融机构提供的贷款。国际金融机构是由许多国家共同兴办、为了达到某种共同目的在国际上进行金融活动的机构。它按业务活动范围的大小可具体分为全球性国际金融机构和区域性的国际金融机构。全球性的国际金融机构主要有国际货币基金组织（IMF）和国际复兴开发银行（IBRD）及其下属的国际开发协会和国际金融公司。地区性的金融机构主要有亚洲开发银行、非洲开发银行、阿拉伯货币基金组织等。

国际性金融机构贷款各具特点，在国际融资活动中，发挥着日益重要的作用。例如，世界银行贷款的特点是：一是贷款指定用途。贷款一般必须与特定的项口相联系，借款国须向银行提供有关经济、财政及贷款项目的详细资料。二是贷款期限长。贷款期限短则数年，最长可达 30 年，平均约 17 年，宽限期 4 年左右。三是贷款利率优惠。贷款利率参照资本市场利率，但一般低于市场利率。四是借款国承担汇率风险。贷款以美元计值，借款国还款时必须以同样的货币还本付息，须承担汇率变动风险。五是手续严格。贷款审定手续科学严谨，从提出项目，到获取贷款，一般需要一年半到两年时间。

4）项目贷款（project financing）

项目贷款是指为某一特定工程项目而发放的贷款，这是国际中长期贷款的一种。项目贷款是20世纪70年代以后产生的新的贷款方式。其特点是：一是贷款人根据为营建某项目而组成的承办单位的资产状况，及该项目完工后所创造出来的经济效益作为发放贷款的考虑原则。二是资金来源多样化。项目所需资金除上述来源外，往往还要求外国政府、国际金融机构给予资金融通。三是担保人多。凡与项目有利害关系的单位对贷款可能发生的风险共同进行担保，以保证项目按计划完工、营运，并有足够的资金偿还贷款。

国际借贷形式很多，其中，国际银行信贷尤为重要。国际银行信贷的发展经历了由快速增长到趋于减缓的贷款过程。从1973年到1981年的8年间，国际银行贷款增长迅速，对发展中国家的贷款平均以每年28%的速度增长。之后，国际银行贷款增长速度下降。这一方面是由于债务危机的爆发，银行对贷款持谨慎态度；另一方面是由于一些非产油发展中国家加强了对本国国际收支的调节，国际收支状况趋好，经常项目赤字逐年减少。

（二）短期资本流动

短期资本流动（short term capital flow）是指期限在1年以内的资本借助于一定的信用工具——票据来实现在国际间的转移。短期资本流动的目标是追求盈利性和流动性。由于各国经济发展的不平衡和经济周期不同步，因此采取了不同的财政、货币政策，这造成国际资本供给与需求的失衡。不同国家间的利率差异使资金从低利率国家向高利率国家转移，投资者利用不同市场之间，不同金融产品之间的利差盈利。而不同的市场投资环境、经济政策、金融管制为资金国际间流动创造条件，世界金融自由化趋势及网络交易的发展，为国际短期资本流动提供了有利条件。国际短期资本流动的投机性和快速性，会对市场造成冲击，外部环境和市场经济体制缺陷、法规不完善造成的不确定性导致了风险的产生。国际游资是典型的风险性流动资本，反应灵敏，具有高脆弱性和强破坏性。其规模之大，时间之短，会形成很大风险。

短期资本流动按动机的不同，具体可划分为四种：贸易资本流动、保值性资本流动、银行资本流动和投机性资本流动。

1. 贸易资本流动

国际贸易资本流动是指由国际贸易引起的货币资金在国际间的流动。国际贸易活动的进行必然伴随着国际结算，引起资本从一国或地区流向另一国或地区，而这种资本流动通常是短期性质的。在国际贸易中，出口商允许进口商延期支付贷款，延期支付时实际上就是对进口商融通资金。这里所指的贸易资本流动就是由于对外贸易而发生的短期资金融通。为了融通进口商品的资金，进口国家不是发生对外债务的增加，就是发生对外债权的减少，导致国际贸易资本流动。

2. 保值性资本流动

保值性资本流动是指短期资本的持有者为使资本不遭受损失而在国与国之间调动资本所引起的资本国际转移。保值性资本流动又称资本逃避（capital flight）。发生保值性资本流动的原因主要有：国内经济状况恶化，国际收支持续逆差；国内政局不稳定，资本失去安全保障；货币存在贬值的风险；国家实行严格的外汇管制，资本运用受限制等。因此，出现上述情况时，短期资本持有者会将资本抽调到政局稳定、货币币值稳定，且外汇管制较松的国家或地区，以避免所持资本贬值，达到保值目的。

3. 银行资本流动

银行资本流动是指各国外汇专业银行之间由于调拨资金而引起的资本国际转移。各国外汇专业银行在经营外汇业务过程中，不可避免会出现外汇头寸多余或不足，为避免外汇变动的风险，保证业务的正常进行，各国外汇银行需要借助于同业间的交易及时进行头寸调拨。各国外汇银行也会在国际金融市场上从事套汇、套利等活动。这些均导致银行资本在同际间短期流动。

4. 投机性资本流动

投机性资本流动是指投机者利用国际金融市场上利率差别或汇率差别来牟取利润所引起的资本国际流动。投机性资本流动主要有以下几种：

（1）对汇率暂时性变动作出反应的资本流动。一般而言，一国暂时性的国际收支逆差会对汇率产生向下的压力，当公众认为这种汇率下浮是暂时性的时，投机者就会在汇价较低时买进该国货币，致使资本内流，等汇价上升后再卖出该国货币，从汇率的变动中获取利润。

（2）对汇率可能长久性变化作出反应的资本流动。投机者预计汇率将出现长久性变化时，会将所持资本从预期货币可能贬值的国家抽逃到预期货币将升值的国家。这种资本的国际流动会进一步加剧汇率的不稳定。

（3）与贸易有关的投机资本流动。通常称作“超前与掉后”。当预期某种货币将升值时，需要以该货币支付货款的进口商会加速以该货币清偿债务，进行超前交易。相反，如果预期某种货币将贬值，需要以该货币支付货款的进口商会尽量延迟付款，进行掉后交易。因为国际贸易的货款支付通常都有几个月的回旋余地，进出口商可能在国际贸易中根据对汇率的预期，利用“超前或掉后”进行投机牟取利润。

（4）对各国利率差别作出反应的资本流动。当两国短期利率出现差异时，投机者往往将资金从利率较低的国家转移到利率较高的国家，赚取利差收益。

（5）作“空头”的投机资本流动。如投机者发现某国货币币值不稳，其汇率有下浮倾向时，往往采用抛压该货币的策略，待该货币汇率被大幅打压后，再买回该货币，以从中获利。

投机性资本流动主要取决于两个因素：一是各国汇价的对比；二是各国的相对利率水平。在投机性资本流动中，投机者的预测也十分重要，预测准确时就可以获利，反之就亏损。无论投机者是获利还是亏损，他们在国际金融市场上所从事的投机性交易都会引起国际短期资本流动。

短期资本流动种类多，而且非常复杂。一般具有以下特点：一是形式多样。短期资本除了借助于货币市场的各种信用工具进行流动外，还包括现金通货和银行活期存款等。二是与货币政策的执行关系密切。短期资本中的现金通货和银行活期存款属于狭义货币范畴，而其他短期证券和票据属于近似货币，因此，短期资本的流出或流入一国，对该国货币供应量产生直接影响，从而影响该同货币政策的执行。三是期限短。短期资本在同际间流动频繁、来去神速。四是流动性和投机性大，国际短期资本流动性大、投机性强，对国际金融市场的稳定影响很大，往往容易引起国际金融市场动荡，造成对汇率、利率的冲击。近年来，游离于贸易和生产的游资规模不断扩大，促使短期资本在国际间流动更加频繁，日益成为影响国际金融市场的巨大力量。

三、国际资本流动的原因与影响

（一）国际资本流动的原因

1. 长期资本流动的原因

长期资本流动的原因概括起来主要有五种：利润驱动、资源驱动、市场驱动、政治动机驱动和环境污染转移驱动等。

1）利润驱动

资本运动的内在动力是增值。如果资本在国内投资能获取高于国外投资的利润，就没有必要向国外投资，追求利润最大化是驱动资本输出的主要动机。例如，在20世纪70年代末，美国国内制造业平均利润约为13%，而1979年美国在发达国家直接投资的利润率为19.2%，在发展中国家直接投资的利润率高达32%。

2）资源驱动

资源驱动包括寻求自然资源和人力资源。很多国家对外投资是为了获取便宜的原材料和稳定的资源供应。由于世界资源分布不平衡，一些国家资源贫乏，原材料紧缺，产品成本较高。通过对外投资，如开发和利用国外石油、矿产品、林业、水产等资源，一方面可以解决原材料供应问题，利用廉价的国外原材料；另一方面为“过剩”资本找到了赚取利润的出路。寻求、利用国外廉价的人力资源也促使资本输出。一些国家对外投资，尤其是投向劳动密集型的行业，主要是想利用国外低廉的劳动力，以减少工资支出，降低生产成本。例如，中国香港在20世纪70年代末至80年代增加了对菲律宾服装业的投资，主要原因就在于菲律宾熟练工人的工资只有香港熟练工人的1/5。

3）市场驱动

各国向外输出资本还在于保护和开拓国外市场，具体表现为：一是开辟新市场。通过对外投资，在过去没有出口市场的国家占有一定的市场。二是保护和扩大原有市场。在国外市场发展到某种程度之后，通过对外投资，有利于促进相应产品的生产和销售，扩大原有市场。三是克服贸易限制和障碍。通过向进口国或第三国投资，在进口国生产或在第三国生产再出口到进口国，以避开进口国的贸易限制和障碍。例如，英国在20世纪50年代末期对中国香港棉纺业进口配额，促使香港开始向未受配额限制的第三国直接投资。此外，追求新技术、谋求占有新兴工业产品的市场也是市场驱动的具体表现。

4）政治动机驱动

战后殖民主义瓦解，殖民地国家纷纷独立，西方的原宗主国为保持其原来在这些国家的利益，或继续控制其政治和经济，便大量向这些新兴的第三世界国家投资。另外，当一国政局不稳定时，出于寻求安全的投资场所，资本会流向政局相对稳定的国家。

5）环境污染转移驱动

引起长期资本流动的又一原因是转移环境污染。环境污染是威胁人类生存和经济发展的世界性问题，一些国家严格限制企业从事易造成污染的产品生产，从而促使企业通过对外直接投资将污染产业向国外转移。例如，在发达国家对外直接投资中，化工产品、石油和煤炭产品、冶金、纸浆造纸这四大高污染行业所占比重相当高。1990 年，美国、英国、法国、日本在制造业对外直接投资中严重污染行业所占比重分别为 42%、38%、63%和 31%。

2. 短期资本流动的原因

在资本流动的过程中，长期资本和短期资本有时是互相转化的。但毕竟长期资本形成之后相对稳定，而在国际金融市场上移动频繁的游资，都属于短期资本。短期资本流动的原因主要有：正常贸易融资需要、利差驱动、汇差驱动、投机驱动、防范风险驱动、金融衍生工具广泛运用等。

1）正常贸易融资需要

绝大部分的国际贸易都是由短期的商业信用和银行信用相互结合进行短期资金融通。例如，贸易项下的承兑汇票，一般都不超过 180 天的期限。

2）利差驱动

国际间利率的差异直接影响到资本的收益率，利率高意味着可以获得较高的资本收益，利率低则意味着资本收益也较低。短期资本流动对利率变化特别敏感，当一国利率水平相对提高，会直接引起国际间短期资本的内流；反之，一国利率水于相对降低，则直接引起国内短期资本外流。

3）汇差驱动

在浮动汇率制度下，国际金融市场上汇率波动剧烈、频繁，可能导致资本的实际价值下降，使资本持有者会遭受一定的损失。因此，资本持有者预计汇率将发生波动时，为了避免损失，会将资本从汇率不稳定或定值过高的货币转换成汇率稳定的货币，从而引起国际资本流动。

4）投机驱动

利用利率、汇率等变动进行投机交易，以资牟利，引起短期资本流动。例如，一国货币供应量增长率持续过高时，市场预期该国货币当局可能要紧缩银根而提高货币利率，于是该国货币的汇率会趋升，投机者便买进该国货币，短期资本流入该国；待汇率上升后卖出该国货币获利，这时短期资本流出该国。国际金融市场上因投机性驱动引起的短期资本流动规模日益扩大，成为造成国际金融市场动荡的重要力量。

5）防范风险驱动

一些资本流动是为了谋求资本的安全而外逃，以减少或避免各种风险。引起资本外逃有政治原因和经济原因。当一国出现严重通货膨胀、国际收支持续逆差、货币汇率不稳、政局动荡等现象时，为避免资本遭受损失的风险，通常该国短期资本会发生外逃。例如，1995 年年初墨西哥比索对美元大幅度贬值，在短短的 1 个月里，就有 270 亿美元抽逃到美国，促使震惊世界的墨西哥金融危机爆发。

6）金融衍生工具广泛运用

20 世纪 90 年代以来，金融业高度发达，金融工具创新层出不穷，金融衍生工具广泛运用。这一方面满足了经济发展对资金的需求及投资者保值的需要；另一方面也为冒险的投机活动提供了良好的交易手段。外汇期货、期权和其他大量衍生产品交易的出现，使短期资本流动受到乘数作用，极大地增加了资本流动量。

（二）国际资本流动的影响

国际资本流动的影响表现为有利和不利两个方面。

从有利的一面来看，主要包括以下几点：

第一，国际资本流动使得一国在一定时期内，可通过借入外国资本弥补本国国内储蓄的不足，实现更高水平的投资以实现经济增长和就业的增加。

第二，国际资本流动有助于国内外投资者获得新的投资机会，降低投资组合的风险和提高投资收益，实现资本或资金资源的全球优化配置。

第三，国际资本流动还加快了发达国家的生产技术和管理经验向发展中国家转移，实现其劳动生产率的提高。

值得关注的是，国际资本流动的扩大带来的并不仅仅是有利的一面，20 世纪 70 年代以后，尤其是 90 年代以来，大量的资本流入新兴市场国家和转型经济国家，在带来投资扩大和经济增长的同时，债务危机、金融危机的爆发也给这些国家带来了不小的负面冲击。如 80 年代拉美国家遭遇债务危机，又如从 90 年代中期开始，墨西哥、泰国、韩国、俄罗斯和阿根廷等国均遭受过金融危机的冲击。

教训之一：资本流入国必须要有良好的金融制度和金融框架以控制有可能导致的金融风险，如明确的金融监管法律框架，金融与财务信息的及时披露等。

教训之二：新兴市场国家和转型国家在开放资本流动的过程中必须把握好时机的选择和正确的开放次序。与此同时，还必须有稳健的货币政策和财政政策相配合。

教训之三：要加强资本输出国和资本输入国双方的风险管理。回顾拉美债务危机和东亚金融危机，东南亚国家在资本输出入方面存在两种形式的错配，一是货币币种错配，二是时间错配。东南亚国家一方面从国外引入大量短期的外币贷款，另一方面将这些资金投向了国内长期的投资项目，一旦国际金融市场出现动荡或者国内投资项目失败，就可能诱发金融危机。

教训之四：强化国际金融制度的协调与安排，防止未来出现金融危机或减少金融危机所造成的危害。例如，1999 年成立的金融稳定论坛，其主要目的是通过信息交流和金融监管的国际合作，促进国际金融稳定，提高金融市场效率，降低系统风险。该论坛制定并推广了与银行、保险及证券市场监管相关的 12 项核心标准，内容涉及政策的透明度和公司治理、会计及审计方面的信息披露等问题。通过采用严格的标准来规范市场参与各方的行为，并制定相应的监督机制来确保这些标准能够得以贯彻执行，才会形成健康有序的金融制度，避免资本流动引发市场波动，甚至造成对整个金融体系的冲击。

总而言之，国际资本流动，一方面，提高了国际金融市场的流动性，促进了资本要素在全球范围内的优化配置，弥补了流入国储蓄与投资间的缺口，进而推动实体经济增长，改善经济福利水平，同时改善流入国的国际收支状况。另一方面，如果对国际资本特别是短期投机资本流动缺乏有效监管，也会对东道国的国际收支、金融市场、国民经济乃至社会稳定产生不利影响，有时甚至还会引发经济和社会危机。简言之，国际资本流动的影响具有两重性。

● 专栏：中国的资本管制和资本流动

1996年12月，我国实现了人民币经常项目可兑换，同时，根据我国经济发展阶段和金融监管能力，循序渐进地推进人民币资本项目可兑换，对国际资本流动区别对待、分类管理。

中国的资本管制措施主要有三方面：一是对外国投资者进入国内金融市场和本国投资者进入国外金融市场的准入限制；二是对借款的限制；三是对直接投资的限制。从管制形式看，我国资本账户管理主要采取两种形式：一种是对跨境资本交易行为本身进行管制；另一种是在汇兑环节对跨境资本交易行为进行管制，即对资本账户交易相关的跨境资金汇入、汇出及外汇和人民币的兑换进行管制。中国资本管制的主要模式是以行政审批、数量控制为主的直接管制。目前，我国资本项目的可兑换范围和可兑换程度已经比较大，而且越来越大。对照国际货币基金组织确定的资本项下43个交易项目，我国完全可兑换和基本可兑换（经登记或核准）的有12项，占28%；有限制的16项，占37%；暂时禁止的有15项，占35%。因此，我国目前资本账户的管理可以称为有限度的资本管制。

2003年以来，我国外汇储备增加十分迅猛，人民币汇率升值的压力加大，为缓解这一压力，我国外汇管理当局进行了一系列改革。具体包括：一是改革外汇账户管理，扩大企业灵活使用外汇的自主权。将境内机构经常项目外汇账户可保留现汇的比例从20%提高到30%或50%；对于因实际经营需要而确需全额保留经常项目外汇收入的进出口及生产型企业，可以按企业实际外汇收入的100%核定经常项目外汇账户限额。二是放宽境外投资外汇限制，支持国内企业"走出去"。三是有选择分步骤地开放证券投资，拓宽资金流入流出渠道。四是允许移居境外的中国公民将其境内资产转移至境外，允许境外居民将继承的境内财产转移至境外。五是允许国际开发机构在境内发行人民币债券。

既然我国的资本管制并不是对资本关闭国门，那么资本的流出入即资本的流动就是不可避免的。在亚洲金融危机期间，经济学家们普遍认为中国存在大规模的资本外流；进入2003年之后，经济学家们更是密切关注外国游资流入的问题，不少经济学家对此进行过估算，尽管各种估算的数据有所差异，但是外国热钱大量流入中国是毋庸置疑的；2008年9月美国次贷危机转变为全球金融危机，我国又一度出现资本外逃现象，但2009年第二季度后再次出现高额的游资净流入。为什么会出现这种资本首先是游资流出、入的循环变化呢？一个可能的解释是该现象与中美利差及人民币汇率变动的预期有关。

2001年以来，美国进入经济衰退周期，其货币当局以降息为主要手段刺激经济增长，这加大了中美利率差异，与此同时，中国经济在亚洲金融危机之后仍然保持了高速增长，国际社会对人民币的预期逐渐从贬值改变升值预期。在这种情况下，资本流入可获得利差和汇差的双重收益。即使人民币汇率保持稳定，也可以稳赚利差。因此资本流入猛增。

如果在更长的时间跨度内观察中国的资本流动，就会发现1994～1996年的这段时间，中国资本流动的性质与2002年以来情况如出一辙。1994年人民币汇率完成并轨改革，与此同时中国政府为控制经济过热，大幅度提高利率以控制通货膨胀，此时资本流入也存在获得双重利润的机会。一方面，中国人民币利率远高于美元利率；另一方面，并轨之后的人民币汇率刺激了中国出口，导致经常账户的顺差，人民币升值预期明显。双重利润的诱惑导致几年内资本流入显著增加。

这一资本流入的过程被1997年亚洲金融危机打破。从1998年到2001年的这段时间内，在周边国家汇率大幅度贬值的情况下，人民币汇率面临了巨大的贬值压力；与此同时，国内经济出现萧条，通货紧缩问题日益加剧，为此中国人民银行连续降息8次刺激国内经济。一方面中美之间的利差不断加大；另一方面人民币汇率贬值预期严重，这便刺激了国内资本的外逃，因为现在资本外逃可能获得双重利润。

然而2003年以后，由于我国国民经济高速增长，国际收支经常账户持续高额顺差，国际社会对于人民币的升值预期强烈，于是重又出现高额资本流入，这加快了我国外汇储备的增速。

2008年9月美国次贷危机转变为全球金融危机，国外大批实业资本和金融资本、投机资本陷入一时的流动性困境，不得不仓皇从我国撤资；然而2009年第二季度后，由于一季度已经显示中国经济增长率全球最高，有率先复苏迹象，加之股市和房地产市场迅速升温，人民币有升值压力，出现了有利的、高回报的投资环境，国际资本首先是游资大量流入中国就是可想而知的了。

"资本本性是逐利的。"这句话一点不假。

四、资本管制

由于国际资本流动对本国经济会造成巨大的影响，因此许多国家都实行过或正在采取程度不同的资本管制措施。

（一）资本管制的主要手段

一般而言，资本管制主要有数量型管制和价格型管制两种。前者包括对国内金融机构，如银行外汇资产与负债头寸的限制，对外国金融机构进入本国市场的准入限制及其经营业务种类与范围的限制，还有对外国资本进入本国特定产业的限制等诸多规定；后者则包括实行双重汇率或者多重汇率及征收交易税等办法，如对资本账户采取与经常账户不同的汇率水平，以便抑制国内资本的流出，又如对资本与金融账户的交易征税。美国经济学家托宾提出的"托宾税"实际上就是对金融交易进行征税，目的在于抑制短期资本流动。

东亚金融危机之后，不少发展中国家还采取了一些新的制度安排，如规定资金在境内最短停留时间制度、外汇指定银行制度、实时全额清算系统等限制性措施。

（二）资本管制的理论依据

资本管制的主要理论依据包括以下几方面。

1）实现货币政策的独立性

根据蒙代尔"不可能三角"原理，在钉住汇率制度下，如果一国政府不对资本账户实行有效的管制，则不可能实现货币政策的独立性。因此，采取钉住汇率制度的国家希望获得独立的货币政策，必须对资本账户进行管制。

2）防止金融危机的爆发。

通常认为，短期资本流动存在"羊群效应"，资本的投机和盲目跟风往往会导致一国陷入严重国际收支逆差和货币危机、银行危机中。因此，为防止危机的爆发，政府必须限制资本的流动，尤其是在外部发生金融动荡或危机的条件下。例如，马来西亚政府在1997年东亚金融危机爆发后，为避免危机向本国的蔓延，宣布对资本账户实行管制，这使得马来西亚政府得以避免陷入本币大幅贬值、银行破产、经济全面崩溃的困境。

3）保持国内储蓄用于国内投资，避免资本流失

通常来说，发展中国家往往出现资本短缺的现象，因此为实现其赶超目标，需要将国内储蓄留在国内用于融通国内投资，加速国内储蓄向投资的转变，而不是购买外国的金融资产，为达到这一目标，必须实行对资本的管制。

4）避免资本外逃，保持国内税基

实行资本管制的另一个重要理由就是通过防止资本外逃，保持政府对金融交易、金融收入的课税能力。在证券市场规模较大的国家（如瑞士），印花税和证券交易税是政府重要的收入来源之一，利息收入和资本利得也是大多数税制当中政府课税的主要对象。因此，实现对资本的管制可以保护政府税收的稳定。

（三）资本管制的效力

资本管制的效力取决于政府管制的力度和经济主体逃避管制的预期收益，确切地说，取决于政府进行资本管制的成本和收益对比及经济主体逃避资本管制的成本收益对比。在全球经济与金融活动一体化日益加速的今天，政府要实现对资本的管制需要建立一个庞大的、业务水平较高的机构，这同样需要耗费相应的资源，如果随着时间的流逝其政策收益不足以抵消其实施成本，那么资本管制的效力是递减的。从经济主体的角度分析，是否逃避资本管制同样取决于其成本与收益的对比。由于在发展中国家存在金融压抑和私人产权保护不明确等若干制度缺陷，同时国内经济政策的周期性变化使得持有国内金融资产会遭受明显的经济损失，这会刺激国内资本的外逃。相对而言，持有外币形式的金融资产可以规避各种形式的制度和政策风险。

（四）逃避资本管制的渠道

逃避资本管制的最主要渠道是高报或低报进出口合同金额。如为转移资金到国外，出口商（进口商）会低报（高报）贸易合同金额已实现资本转移，将多出的钱投资到国外资产上。这恰恰是利用了资本管制中最大的制度缺陷，即一方面政府需要控制未经批准的资本流动，另一方面又不能影响正常的对外贸易。外商直接投资企业通过转移定价政策也日益成为发展中国家资本外逃的重要渠道。在预期汇率发生变化之前，转移价格的变动乃至公司内部支付的提前或者滞后，这些措施都可以使得跨国公司将资金调入或者调出一国以规避风险。除此之外，将某些资本账户的交易混入经常账户进行交易，也是一国逃避资本管制的重要途径，这是基于一国政府对资本与金融账户进行更为严格管制的现实。也正因为如此，刺激了寻租交易的发展和腐败诞生，资本账户管制的效力日益受到质疑。

➢本章小结

国际金融市场的概念有广义和狭义之分，其发展经历了从传统的国际金融市场到新型的国际金融市场的过程。前者是国际金融市场发展的初级阶段，后者是国际金融市场发展的高级阶段。国际金融市场的形成需要具备一定的条件，包括稳定的政治和经济环境、放松的外汇管制、金融体制完善、现代化的通信设施和优越的地理位置、一大批业务熟练的高质量国际金融人才。国际金融市场的发展对世界经济、国际贸易及国际信贷关系的发展和扩大有着极大的促进作用，但同时也有负面作用。20 世纪 80 年代以来，国际金融市场呈现出金融市场全球一体化、国际融资证券化、金融业务创新化和主要货币汇率与资本市场变动的相关性在强化的趋势。

根据借贷期限可将狭义的国际金融市场分为国际货币市场和国际资本市场。国际货币市场是指资金的借贷期限在1年以内（包括1年）的国际短期资金交易市场，包括银行短期信贷市场、短期证券市场和贴现市场。国际资本市场是指融资期限在1年以上的国际中长期资金交易市场，包括银行中长期信贷市场和国际证券市场。

欧洲货币市场是20世纪50年代末期出现的一种新型的国际金融市场，它是在一国国境以外进行该国货币的存贷、投资、债券发行和买卖业务的市场。欧洲货币市场的形成有着特定的历史原因，它的存在和发展对世界经济的发展产生了重大影响，其影响既有正面的，也有负面的。

外汇市场是指由银行等金融机构、自营交易商、大型跨国企业参与的，通过中介机构或电信系统联结的，以各种货币为买卖对象的交易市场。它可以是有形的生产，也可以是无形的市场。中国外汇市场的发展具有自身的特点，但从目前来看，仍然存在一定的缺陷。

国际资本流动是指资本从一个国家或地区转移到另一个国家或地区，也就是资本在国际间的转移和运动，包括国际资本流出和国际资本流入。根据资本流动期限的不同，可以将国际资本流动划分为长期资本流动和短期资本流动。长期资本流动主要采用直接投资、证券投资和国际借贷三种形式。短期资本流动则主要由贸易资本、保值性资本、银行资本和投机性资本流动而引起。

长期资本流动的原因与短期资本流动的原因有所不同，前者主要受利润、资源、市场、政治动机和环境污染转移等因素的影响，后者主要受正常贸易融资、利差、汇差、投机、防范风险、金融衍生工具广泛运用等因素的驱动。

由于国际资本流动对一国经济会造成巨大的影响，因此世界上许多国家都实行过或正在采取程度不同的资本管制措施。资本管制能否将国内金融市场与国际金融市场真正隔离，取决于政府管制的力度和经济主体逃避管制的预期收益。

➢本章重要概念

国际金融市场　国际货币市场　国际资本市场　欧洲货币市场　欧洲货币　国际债券
欧洲债券　外国债券　外汇市场　国际资本流动　直接投资　证券投资　国际借贷
贸易资本流动　保值性资本流动　银行资本流动　投机性资本流动　资本管制

➢思考题

1. 传统的国际金融市场与新型的国际金融市场有何区别？
2. 20世纪80年代以来，国际金融市场的发展呈现哪些趋势？
3. 同业拆借业务有何特点？
4. 试分析欧洲货币市场产生的原因？
5. 试阐述欧洲货币市场的特点及其对世界经济的影响。
6. 中国外汇市场存在哪些缺陷？你认为应如何改进？

7. 长期资本流动的形式有哪些？长期资本流动受哪些因素的驱动？
8. 简析短期资本流动的原因。
9. 实行资本管制的理论依据是什么？利与弊是什么？

➢进一步的阅读和讨论　中国QFII、QDII制度的实行和影响

QFII是Qualified foreign institutional investor（合格的境外机构投资者）的缩写。它是一国在货币没有实现完全可自由兑换、资本项目尚未开放的情况下，有限度地引进外资、开放资本市场的一项过渡性的制度。这种制度要求外国投资者若要进入一国证券市场，必须符合一定的条件，得到该国有关部门的审批通过后汇入一定额度的外汇资金，并转换为当地货币，通过严格监管的专门账户投资当地证券市场。

QDII是Qualified domestic institutional investor（合格的境内机构投资者）的首字缩写。它是在一国境内设立，经该国有关部门批准从事境外证券市场的股票、债券等有价证券业务的证券投资基金。和QFII一样，它也是在货币没有实现完全可自由兑换、资本项目尚未开放的情况下，有限度地允许境内投资者投资境外证券市场的一项过渡性的制度安排。不少新兴市场国家，如韩国，在资本账户完全开放之前，都实施了该制度，并取得了较好的效果。

2002年12月1日，中国证监会和中国人民银行联合发布的《合格境外机构投资则境内证券投资管理暂行办法》实施，2003年QFII正式开始运作。QFII不是国际通行的做法，只是少数发展中国家的成功经验。发达国家由于货币可以自由兑换，不需引进QFII。在中国QFII能否成功推行的关键在于中国经济是否有吸引力，有无合适的投资工具和证券市场。该制度的实行实际上容许境外投资者参与投资过去只开放给境内投资者的国内A股和债券市场（国库券、公司债券和可转换债券等）。不过，其投资额度须得到国家外汇管理局（国家外管局）的批准。其投资受益的汇出，我国外汇管理局也有明确的规定，允许QFII把每个会计年度所实现的税后盈利汇出境外。

现阶段，我国对QFII的管理主要体现在以下两点：一是实施较为严格的市场准入制度，即对QFII主体资格的限制较严，目前获批的QFII基本都是国际知名的金融机构；二是对资金汇兑具有严格的限制，以尽可能减少投机因素。因此我们也可以将QFII视为一种资本管制制度，是资本账户完全开放之前的一种过渡性安排。截至2014年6月30日，我国累计批准252家QFII资格，累计批准额度为565.48亿美元。

我们可以发现，QFII制度的实行恰逢2002年以来新一轮经济增长期间，不仅伴随着国内投资、出口和外汇储备的高速增长，人民币汇率出现较大的升值压力，而且我国股市也出现了一定程度的泡沫。此时不断提高QFII的投资额度可能对中国汇率制度的稳定造成负面影响。例如，在2005年7月21日人民币汇率改革之前，QFII仅仅通过投资中国的国债就可以获得不小的利润。一方面，2001年之后的美联储13次降息，利率处于45年来的历史低位。相应地人民币利率则高于美元利率，这可以使得DFII获得利差收入。另一方面，人民币汇率的升值乃至升值预期还可以使得QFII获得汇差收益。人民币汇率升值幅度越大，其获利空间越大。因此，如果说DFII制度的实行一定程度上达到吸引外国投资者投资我国证券市场的目的，但同时也影响了我国人民币汇率制度的稳定。

我国在2006年4月13日由中国人民银行发文开始正式实施QDII制度：允许符合条件的境内银行集合境内机构和个人的人民币资金，在一定额度内购汇投资于境外固定收益类产品；允许符合条件的基金管理公司等证券经营机构在一定额度内集合境内机构和个人自有外汇投资境外；允许符合条件的保险公司购汇投资于境外固定收益类产品好货币市场工具等。在此之前，我国已经出现了较大规模的国际收支双顺差，为此中央经济工作会议将促进国际收支平衡作为宏观金融调控的重要任务之一，

QDII 则是配合这一调控的措施之一。从制度层面分析，该制度是有序、可控地开放我国资本市场和资本账户的重要步骤，是实现我国国际收支自我调节的重要制度安排，能够降低外汇储备增加的压力，促进资本的双向流动。

然而，伴随着 2007 年 9 月美国次贷危机的爆发乃至蔓延，QDII 产品受到了较大的冲击。一方面，人民币汇率仍然处于缓慢升值的状态，这意味着 QDII 产品面临较大的汇率风险；另一方面，由于美国次贷危机的爆发使得国际证券市场受到冲击，股指纷纷下挫，这意味着 QDII 产品面临较大的市场风险。在这样的背景下，QDII 产品投资出现较大幅度的亏损可以说是预料之中的。截至 2014 年 6 月 30 日，我国累计批准 121 家 QDII 资格，累计批准额度 804.93 亿美元。总体来看，在全球性金融危机背景下，中国政府所推出的 QDII 制度尚未取得预期的效果。

第十一章

国际金融危机

20 世纪 90 年代以来，国际金融危机频发，给当事国经济乃至世界经济的运行和发展造成沉重的打击。如何避免和防范国际金融危机，成了理论界聚焦和世界各国政府制定政策着重考虑的重大课题。本章主要介绍和分析国际金融危机中的货币危机、主权债务危机和美国次贷危机。

第一节 货币危机

一、金融危机、国际金融危机与货币危机

金融危机（financial crisis）是指一个国家的全部或大部分金融指标，包括短期利率、货币资产价格、证券价格、房地产价格、商业破产数和金融机构倒闭数的急剧、短暂和超周期的恶化。按金融危机的直接起源和重点表现的领域，可以划分为货币危机、债务危机、银行危机等类型。

国际金融危机，是国际范围或全球范围的金融危机。国际金融危机，最初往往缘起于一国或数国的金融危机。在当今世界，伴随着经济、金融的全球化，各国经济在贸易、投资、金融市场等方面存在着千丝万缕的联系，存在着密切的共生性和传染性，因此一国或数国发生的金融危机往往就演变为国际金融危机。

在国际金融领域，最有代表性的危机形式是货币危机。按照国际货币基金组织的界定，所谓货币危机（currency crisis），是指投机冲击导致一国汇率贬值，或者迫使该国政府为保卫其货币抛出大量外汇储备或者大幅提高国内利率水平而形成的危机。直言之，货币危机主要指的是实行固定汇率制的国家的货币对外价值（即汇率）危机，也就是政府承诺的本币汇率水平在市场压力下难以维持的状况。在有些货币危机情况下，如在东南亚货币危机中，一些危机国家的货币危机常常与银行危机同时发生，这种情况有时被称作“双重危机”。

20 世纪 90 年代以来，一些实行某种形式的固定汇率制的国家，由于各种因素的影

响，内、外部经济失衡，外汇市场参与者对该国维持固定汇率的能力丧失信心，从而进行大规模的本外币资产置换（资本转出或货币投机），导致该国货币出现严重的货币替代现象，产生贬值的巨大压力；政府虽采取抛售外汇储备或大幅提高利率等手段，最终避免不了本币大幅贬值，乃至固定汇率制度崩溃。

● 专栏：货币替代

货币替代（currency substitution）是在经济发展过程中，国内对本国货币的币值稳定失去信心或本国货币资产收益率相对较低时，外币在货币的各个职能上全面或部分地替代本币发挥作用的一种现象。当一国的通货膨胀水平较高或各种因素引起了币值高度不稳定时，本国法偿货币的价值储藏、记账单位和交易媒介的功能就会遭到严重的削弱。对于一种其价值经常以不可预见的方式不时下降的货币而言，它已经不适于作为价值储藏的手段，同时也会使人们对使用其作为记账单位感到不便。事实上，有些货币是全世界都认可的，如美元长期以来就比较成功地保持了购买力，因而享有较好的国际声誉。美元超越国家界限进入其他国家的储藏领域、支付领域甚至流通领域，典型的例子之一便是拉美国家的美元化。美元化是在亚洲金融危机之后，由拉美国家和一些亚洲新兴市场国家提出的避险方案。所谓美元化，是指以美元代替本币来消除汇率风险，是一种主动性的货币替代。因为美元作为世界货币，具有较强的稳定性和较高的内在价值，较之频频波动的本币更能抵御投机冲击。历史上曾经有不少国家实行过美元化，如 1904 年的巴拿马和 1899 年的波多黎各。时移事易，由于当前的国际金融环境异常复杂，国际金融理论界和实务界对美元化的利弊众说纷纭。值得注意的是，这与劣币驱逐良币的格莱辛法则不同，货币替代描述的是一种良币驱逐劣币的现象。

货币替代显然是在货币可兑换的基础上来讨论的，它也可以简单地定义为本国居民对外币的过度需求。在某种情况下，本国居民和外国居民同时持有本币和外币。而另一种情况则并不存在外国居民对本国货币的过度需求而只有本国居民对外币的过度需求。前者可以被称为对称性的货币替代，这种货币替代一般发生于发达国家之间。后者可以被视为不对称性的货币替代，经常讨论的发生于发展中国家的货币替代就属于这后一种。

就货币替代的估计而言，由于通常没有外币在一国经济中流通的确切数据，所以货币替代的深度和广度是难以量化的。我们只能通过一些粗略的估计数字来认识货币替代。由于缺少数据，人们普遍用外币存款占金融资产的份额来表示货币替代的程度。在众多计量经济分析中，常用 F/M 表示货币替代。其中 M 是本国公众持有现金（C）、活期存款（D）、储蓄存款（S）和定期存款（T）之和，F 则表示本国金融体系中的外币存款。同时也存在其他一些比率来表示货币替代，比如 $F/(M+F)$、M/F、F/D。在这些估计中并没有考虑外国居民对本币的需求，所以这些比率常常用来估计不对称性货币替代。同时，它忽略了国内流通领域中的外币，以及本国居民在国外的存款。

货币替代会对一国经济产生复杂的影响，在货币自由兑换后，一国政府必须采取有效措施避免货币替代。提高本国货币的币值稳定性、实际收益率和信心是解决货币替代问题最根本的方法。

二、20 世纪末东亚货币危机

（一）东亚货币危机演变历程

1997 年，爆发了震惊全球的东亚金融危机，这场金融危机是典型的货币危机。整个东亚金融危机或者说东亚货币危机的演变历程大致可以分为以下四个阶段。

第一阶段（1997 年 7～10 月）：东南亚危机爆发阶段

1997 年 6 月，国际炒家对泰铢发动强势攻击，泰国政府抛出 100 多亿美元外汇储备应对，但无济于事。7 月 2 日，泰国政府被迫宣布与美元脱钩，实行浮动汇率制，当日泰铢兑换美元的汇率下降了 17%，外汇市场和货币市场一片混乱，货币危机爆发。在泰铢波动的影响下，菲律宾比索、印度尼西亚盾、马来西亚林吉特等与泰国具有相同模式和问题的国家的货币相继成为国际炒家的攻击对象，马来西亚放弃保卫林吉特的努力，一向坚挺的新加坡元也受到冲击，各危机国汇率纷纷下跌，印度尼西亚虽受"传染"最晚，但受到的冲击最为严重，汇率跌幅最深。10 月下旬，国际炒家又移师攻击中国香港和中国台湾。中国台湾政府弃守新台币汇率，一天贬值 3.46%，股市也大幅下挫；香港政府守住了与美元的联系汇率制度，但付出了股市大跌的代价，10 月 23 日，香港恒生指数大跌 1211.47 点；28 日又大跌 1621.80 点，跌破 9000 点大关。受此影响，10 月 27 日，美国道·琼斯指暴跌 554.26 点，纽约交易所 9 年来首次使用暂停交易制度；整个 10 月份，亚洲各国股市相继大幅下跌。

第二阶段（1997 年 11～12 月）：东北亚危机蔓延阶段

11 月中旬，在对冲基金的攻击下，东北亚的韩国也爆发货币危机。17 日，韩元对美元的汇率跌至创纪录的 1008：1。21 日，韩国政府不得不向国际货币基金组织求援，危机得到暂时控制。但到了 12 月 13 日，韩元对美元的汇率又降至 1737.60：1，韩元陷入了严重的危机。韩元危机又冲击了在韩国有大量投资的日本金融业。导致日本一系列银行和证券公司相继破产。股市暴跌。至此，东南亚金融危机演变为东亚金融危机。截至 1997 年 12 月，东亚各危机国家和地区，除我国香港成功地维持了联系汇率外，中国台湾和新加坡货币贬值了 20%左右，而泰国铢、马来西亚林吉特、印度尼西亚盾和韩元则分别贬值了 40%～80%，与此同时股市下跌 30%～60%。东亚危机各国均陷入经济衰退。

第三阶段（1998 年 1～7 月）：东亚危机深化阶段

1998 年年初，印度尼西亚经济金融形势越加恶化，出现有史以来最严重的经济衰退，国际货币基金组织为印度尼西亚开出的药方未能取得预期效果，印度尼西亚陷入政治、经济大危机。2 月 16 日，印度尼西亚盾同美元比价跌破 10 000：1。受其影响，东南亚汇市再起波澜，新元、马币、泰铢、菲律宾比索等纷纷下跌，东亚危机加深。直到 4 月 8 日印度尼西亚同国际货币基金组织就一份新的经济改革方案达成协议，东南亚汇市才暂告平静。东亚金融危机的深化使得与之关系密切的日本经济陷入困境。日元汇率从 1997 年 6 月底的 115 日元兑 1 美元跌至 1998 年 4 月初的 133 日元兑 1 美元；再跌到 6 月的接近 150 日元兑 1 美元的关口。随着日元的大幅贬值和日本经济的持续低迷，国际金融形势更加不明朗，亚洲金融危机继续深化。

第四阶段（1998 年 8 月至 1998 年年底）：东亚危机尾声阶段

1998 年 8 月初，乘美国股市大幅动荡、日元汇率持续下跌之际，国际炒家对中国香港发动新一轮进攻，香港特区政府予以全方位的坚决回击，金融管理局动用外汇基金进入股市和期货市场，吸纳国际炒家抛售的港币，将汇市稳定在 7.75 港元兑换 1 美元的水平上。经过近一个月的较量，使国际炒家损失惨重，无法再次实现把香港作为“超级提款机”的企图。国际炒家把攻击目标转向俄罗斯。俄罗斯中央银行 8 月 17 日宣布年内将卢布兑换美元汇率的浮动幅度扩大到 6.0～9.5：1，并推迟偿还外债及暂停国债券交易；9 月 2 日，卢布贬值 70%。俄罗斯股市、汇市均发生急剧下跌，引发了金融危机。俄罗斯金融危机的爆发，说明东亚金融危机已经超出了区域性范围，具有了全球性的意义。由于俄罗斯的应对政策也再次使得国际炒家损失惨重，其一个时期内再也无力逞威，同时东亚各国的货币贬值后的贸易状况改善效应开始显现，内外部经济开始趋向新的均衡，东亚危机进入了尾声。

(二) 东亚货币危机爆发的原因

1. 贸易条件恶化，经常账户赤字

东亚危机国基本上实行出口导向的发展战略，出口是否畅通和旺盛在国民经济中至关重要。然而，危机前，这些国家贸易条件已开始恶化，从 1995 年第二季度开始，出口增速迅速下跌，到 1996 年出口进一步萎缩，1996 年，印度尼西亚经常账户赤字占 GDP 比重已达 3%左右，韩国为 5%左右，马来西亚为 6%左右，泰国更是高达 9%左右。经常账户高额赤字，就对本币形成贬值压力，给国际炒家以可乘之机。

2. 短期债务对外汇储备比率太高

大多数东亚危机国采取了紧钉美元的汇率制度，这种制度鼓励了短期且常常未加套期保值的借贷活动。结果，国内借取了大量外国银行短期贷款，使得短期外债占外汇储备的比率明显偏高。例如，危机中需要寻求国际援助的三个国家的短期外债占外汇储备比率：1996 年泰国达到 99.69%，印度尼西亚为 176.59%，韩国更是高达 203.23%。这一比率过高，一旦国际资本流动发生逆转，本国就不能满足其外债清偿的义务，货币危机在所难免。

3. 落后的经济增长模式

20 世纪后期东亚各国的经济奇迹是在高储蓄、高外债、高出口、高投资和高增长的“五高”模式下形成的，这是一种落后的、粗放的经济增长模式。它依赖于大量的外资引入、大量的资源消耗和大量的国外市场，那么一旦这些要素出了问题，高速增长就不可持续，企业将难以融资，经济将出现衰退，本币将面临巨大贬值压力。

4. 金融自由化进程过快

1996 年以前，泰国、马来西亚、菲律宾、印度尼西亚和韩国等国都已基本实现了金融自由化；泰国、马来西亚、菲律宾和印度尼西亚资本项目都可以自由兑换，其中泰国和马来西亚金融自由化实行得更彻底，甚至利率都完全市场化。然而与此同时，国内经济、金融结构失衡，出口导向发展战略遇到瓶颈，加之金融监管不力，这就给了国际炒家进入本国外汇市场、货币市场和资本市场发起攻击以极大的便利。

5. 国际金融市场上的游资冲击

目前，在全球范围内以对冲基金为代表的流动国际资本大约有 7 万亿美元的规模，国际炒家一旦发现在哪个国家或地区有利可图，立即会通过炒作冲击该国或地区的货币，以在短期内获取暴利。东亚危机国家遭遇严重的经常账户赤字、外汇储备不足，本币面临大幅贬值的压力，于是国际炒家便出手通过外汇市场、货币市场和资本市场的联动，对该国货币发起攻击并得手。特别是，目前国际金融市场上对冲基金往往以20倍、30倍的高杠杆运作，其可合法动员的资金远大于中小金融市场所可承受的规模，也大于许多中小危机国的外汇储备规模，使中小金融市场一旦有些微缺陷，即可受到基金等炒家的阻击。

三、货币危机的防范

随着20世纪90年代以来金融危机的频频发生，国内外理论界对货币危机防范方面的研究非常多。大致上，防范措施可以归纳为以下六个方面。

（一）改革世界金融秩序，加强对金融体系的监督与调控

随着经济国际化的发展，各国之间的经济联系日益密切，特别是由于金融自由化的发展和各国资本市场的开放，国际游资嗅觉灵敏，流动迅速，难以控制；以索罗斯为代表的一批国际投机家谙熟世界金融市场的游戏规则，他们以几十倍的高杠杆率操纵着上百亿甚至数百亿美元的资金，自由进出这些资本市场开放国家的股市、汇市或期市，通过投机获取利益。这样，当他们进出一个国家的资本市场时，金融动荡有时不可避免；如果这个国家经济实力不雄厚，外汇储备不足，经济结构不协调，就容易形成金融危机。东南亚金融危机的诱因是国际游资的冲击，危机暴露出现行的国际金融秩序已不适应当前的经济形势。东亚发生的金融危机，IMF事前没有觉察，缺乏切实可行的防范措施；危机发生之后，又援助迟缓、措施无力，以至于引起连锁反应，并波及亚洲以外的一些国家。因此，要想防止金融危机，就必须改革世界金融秩序，国际货币基金组织和世界银行应当联手起来，建立起一套行之有效的预警、防范和援助体制；要增加全球金融体系的透明度，加强对金融体系的监督与调控，国际金融机构要保持足够的流动性，以便对金融危机迅速作出反应和有效调控。

（二）审慎开放资本项目

发展中国家必须慎重对待资本项目的开放。长期以来，国际货币基金组织、世界银行和不少新古典派经济学家一直在积极地要求发展中国家最快和最大限度地开放其资本项目。毫无疑问，开放资本项目能使国内储蓄率较低的发展中国家吸引更多的外国资本。此外，从理论上说，资本流动既是实现世界经济一体化的必要条件之一，又能提高世界资源配置的效益。但是，由于国际资本市场的运作尚未达到完善的地步，而且国际社会对国际资本的流动缺乏有效的管理和协调机制，因此，发展中国家在何时及如何开放其资本项目时必须三思而行。东亚金融危机的教训，甚至更早些的墨西哥货币危机的教训，充分证明资本项目的开放速度不能太快，而且要在其他领域中的自由计划（尤其是贸易自由化）带来的问题得到基本解决以后才能实质开放。

（三）政府对外资流入进行合理控制

著名国际经济学家克鲁格曼认为防止金融危机的希望在于限制外汇债务。要防止货币危机的发生，必须对外资流入实行总量控制。发展中国家利用外资是非常有必要的，但利用外资必须建立有效的外资管理体系，对外资流入实行总量控制。一要建立有效的外资调控决策机构，提高外资产出效益。要加强外资项目的前期管理，中期建设管理和

后期管理。二要确立切实可行的利用外资的中期目标和长期目标。中期目标依据资金技术缺口和承受能力来决定每年借入外资的数量和形式，以保证债券偿还的合理性。长期目标是通过引进多种形式，利用外资推动经济的增长，逐步降低债务负担，达到清偿债务的目的。三要重视偿还管理，提高国家债信等级。要明确偿债责任，坚持“谁用谁还”原则；还要建立银行的资信管理办法，增强金融机构调控外资项目的能力，改善政府外资业务部门与金融机构在解决企业还贷时的协作关系。

对外资流入还需进行期限结构控制，特别是要尽量减少短期对外负债。

（四）保持实体经济的稳健运行

实体经济是虚拟经济的基础。一国只有实体经济稳健运行，生产和流通各环节顺畅、协调，各产业领域均衡发展，才能使证券、外汇、衍生工具等虚拟经济领域真正实现繁荣，才能避免“泡沫”横生，才能使国际货币投机资金缺乏肆虐的土壤。因此，各国政府应合理制定经济发展目标和相应的经济发展战略，应放弃对经济增长速度的过分追求，注重内涵式经济发展，宁可牺牲暂时的增长速度也要保证经济持续稳健发展的后劲。

（五）发展中国家采取适合自身的汇率制度

发展中国家应采取适合自身的汇率制度。从理论分析和各国实践经验来看，一般而言，固定汇率制对于一个实行出口导向战略的发展中国家而言，在一定时期里是必要的，有益的。但是应当适时将这种固定汇率制或钉住汇率制改变为具有较大弹性的、有管理的浮动汇率制。当然，在这种有弹性的管理浮动汇率制度的系列中，具体采取有何种特色的汇率制度，要视当时的国情而定。

（六）各国应建立相关风险预警机制

货币危机的程度可以用“外汇市场压力指标”来衡量，外汇市场压力指标提高，表明该货币的卖压增强，当该指标超过其平均值的幅度达均方差的 3 倍时，即可将其视为货币危机。通过对货币危机的理论分析和实践检验，各国政府可建立一套预测货币危机的指标体系。通过初步的理论和实证分析，可以选择真实汇率偏离度、经常项目余额、股价指数、M2/国际储备余额、生产指数、M1 超额供应率、国际储备、M2 货币乘数、国内贷款总额/GDP、存款的真实利率和贸易条件等指标组成预测货币危机的指标体系。当其中的一项指标偏离其正常水平并超过某一“临界值”时，即可将其看作为货币危机将在某一特定期间内发生的预警信号。各国依据自身的具体情况来设定各指标的临界值，并通过检测各指标超过临界值的次数及超过临界值的指标数量来估计货币危机发生的概率和发生的大致时间，并且可以通过检测超过临界的指标来分析货币危机发生的具体原因，采取相应的对策。

此外，各国健全国内金融体系，加强金融创新和金融监管，以及提高信息透明度，提高外汇投机交易成本等，也都是有效的、不可或缺的防范举措。

四、货币危机的发生机制：货币危机理论

20 世纪 70 年代以前，国际金融市场的发展一直比较平稳，没有发生过较大的货币

危机，所以危机理论一般围绕着“经济危机”开展，关于货币危机的理论则是零星而不成体系的。从20世纪70年代开始，国际金融市场危机频现，刺激了货币危机理论的形成和发展。

从20世纪70年代末起，货币危机理论开始形成比较独立和完整的理论体系。按照时间划分，其发展共可分为三个阶段：第一个阶段，以克鲁格曼（P. Krugman）模型为主，被称为“第一代货币危机理论”，或“宏观经济基本因素理论”；第二个阶段从80年代中期开始，以奥斯特菲尔德（Obstfeld）的“预期自我实现型货币危机”（expectations self-fulfilling currency crisis）为代表，被称为“第二代货币危机理论”；第三个阶段从1997年亚洲金融危机开始，国际社会对货币危机理论的研究更为广泛、深入，见仁见智，形成的理论观点可以被称为“第三代货币危机理论”，不过，“第三代货币危机理论”尚缺乏典型代表。

（一）第一代货币危机理论——克鲁格曼模型

1. 第一代货币危机理论的基本内容

克鲁格曼于1979年建立了关于货币危机的第一个比较成熟的理论流派。该理论建立在赛朗特和汉德森模型（Salant and Henderson，1978）的基础之上，具有浓厚的货币主义色彩。但是，克鲁格曼在分析模型中采取了非线性形式，难以确定固定汇率制的崩溃时间。对此，弗拉德（R. Floed）和戈博（R. Garber）在1986年建立了线性模型加以完成。因此，该模型后来被合称为“克鲁格曼-弗拉德-戈博模型”，简称克鲁格曼模型。

第一代货币危机理论较好地解释了20世纪70年代末到80年代初的拉丁美洲的货币危机。该理论认为，政府过度扩张的财政货币政策会导致经济基础恶化，它是引发对固定汇率的投机攻击并最终引爆危机的基本原因。我们借助国际收支的货币分析法来分析这种货币危机发生的过程，并假设货币分析法的前提假定在此也成立。

首先，假定一国的货币需求非常稳定，而货币供给则由国内信贷及外汇储备两部分构成。该国居民将会通过向外国居民购买或出售商品、劳务、金融资产等国际收支活动引起外汇储备变化，从而调节货币供给与货币需求的平衡关系。在该国货币供求平衡时，如果政府持续扩张国内信贷来融通财政赤字，就会带来货币供给的增长。由于居民会通过国际收支自动使货币供给与稳定的货币需求保持平衡，因此国内信贷扩张必然伴随着外汇储备的减少。但是，一国的外汇储备总是有限的。在其他条件不变时，国内信贷的持续扩张必然最终导致该国外汇储备持续下降，直至为零。而外汇储备是政府维持固定汇率的主要工具，当政府不持有任何外汇储备时，固定汇率机制自然崩溃，货币危机爆发，汇率自由浮动确立的汇率水平会较原有的固定汇率水平有大幅度的贬值。

我们借助图11-1来说明货币危机发生的这一过程。

由于居民对货币供给存量的自发调整，在货币需求不变时货币市场处于均衡的情况，经济中的货币供给存量始终保持不变，这在图中体现为一条水平线。D_0、R_0分别表示期初的国内信贷存量与外汇储备。图11-1中代表国内信贷的曲线是一条向上倾斜的直线，表示该国国内信贷随着时间的推移而持续增加；代表外汇储备的曲线是一条向下倾斜的曲线，原因在于在货币供给存量不变的情况下，外汇储备必然随着国内信贷的增长而下降。在图上的 t_1 点，外汇储备下降为零，此时政府无力维持原有的固定汇率，汇率大幅度贬值后自由浮动。

以上分析未考虑到投机这一因素。在存在投机者时，汇率崩溃不会等到央行的外汇储备下降为零（或储备下降到央行最低限）时才发生。当其预测到央行的外汇储备持续流失时，为了获取利润（或防止因固定汇率的崩溃而可能给他们带来的损失），会在央行的外汇储备下降为零（或储备下降到央行最低限）之前，投机者就会对该国本币发动攻击，投机冲击将该国固定汇率制崩溃的时刻提前。

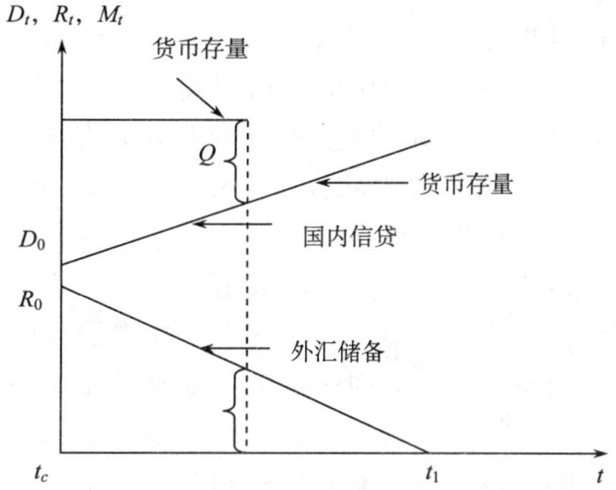

图 11-1　第一代货币危机理论阐述的货币危机发生过程

为了说明投机攻击的时间选择问题，我们来引进一个新的概念——影子汇率（shadow floating exchange rate）。“影子汇率”是指在没有政府干预下，外汇市场自由浮动时确定的汇率水平。信贷扩张会使影子汇率水平不断降低，当影子汇率降至与固定汇率相等的那一点时，投机者就会发动攻击，但名义汇率水平本身在此时尚未发生变化，政府就会动用储备来保卫固定汇率。随着投机攻击的进一步加强和羊群效应的扩大，政府储备会迅速耗尽，于是固定汇率制崩溃，汇率大幅度贬值。因此，投机者的完全预期加速了固定汇率制的崩溃，如图 11-2 所示。运用影子汇率这一概念，我们可用图 11-2 说明投机攻击时刻的确定。

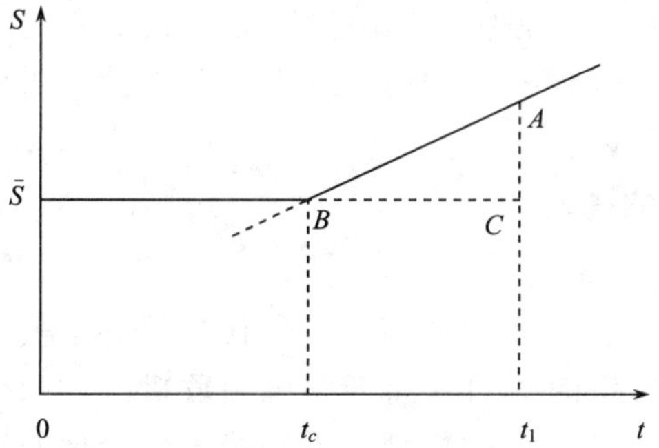

图 11-2　投机者预期条件下的货币危机发生时间

在图 11-2 中，横轴代表时间，纵轴表示汇率水平（直接标价法）。$\bar{S}$表示固定的汇率水平，AC 线表示影子浮动汇率的变动。如果不考虑投机因素，在国内信贷不断扩张的情况下，储备不断流失，当储备降至最低限时，固定汇率制崩溃，汇率由图 11-2 中的 B 点跳跃至 C 点。在投机者完全预期的情况下，当影子汇率小于固定汇率时，投机攻击的利润为负，因此此时不会发动攻击；当影子汇率大于固定汇率时，投机者按照固定汇率向货币当局买入外汇并按照本币贬值后的影子汇率抛出，可以获得投机利润，由于投机者的完全预期，为了争夺利润，投机者会提前发动攻击。当影子汇率与固定汇率相等时（图中为 A 点，t_c 时刻）投机者就会发动攻击，导致储备突然降低至最低限，固定汇率制提前崩溃。从以上分析中可以看出，期初外汇储备存量越高，信贷扩张速度越低，货币危机的发生也就越晚。

在图 11-1 中我们也表示了考虑投机因素的情况。在投机攻击时刻（t_c）前，国内信贷以稳定的速度上升，外汇储备以稳定的速度下降，总的货币供给不变并等于国内信贷存量与外汇储备存量之和。由于理性投机者的攻击，在时刻 t_c 外汇储备和总的货币供给等量减少（图中减少量用 Q 表示），固定汇率崩溃后货币存量等于国内信贷。在时刻 t_c 后，汇率浮动，货币供给以国内信贷增速上升。

2. 第一代货币危机理论对货币危机分析的特点

第一代货币危机理论对货币危机的分析具有如下特点：

第一，在货币危机的成因上，认为货币危机的发生是由于政府宏观政策与固定汇率的维持这两种政策目标之间发生冲突引起的。这一分析将国际收支问题视为货币供求的自动调整过程，国内信贷扩张是储备流失最重要的原因，因此是政府扩张政策将经济推向危机的。

第二，在危机的发生机制上，强调投机攻击导致储备下降至最低限是货币危机发生的一般过程。在此过程中，中央银行基本上处于被动的地位，预期只是使货币危机发生的时间提前，央行外汇储备规模则是决定固定汇率能否维持的中心变量。

第三，在政策含义上，认为紧缩性财政货币政策是防止货币危机发生的关键。鉴于货币危机的原因在于宏观经济基础的恶化，投机性攻击只是外在条件，因此诸如从国外借款、限制资本流动等措施只能起到暂时性稳定的作用，治标不治本，不调整基本经济政策，固定汇率制终将走向崩溃。

3. 对第一代货币危机理论的扩展

克鲁格曼模型面世之后，理论界对其进行了大量的修正和扩充。因为模型的结论是在最简化的前提条件下得出的，而危机的原因是多方面的，如此简化的前提遗漏了许多影响货币危机的重要因素。由于影响危机的多面性，采取紧缩的宏观经济政策也并不能解决货币危机问题，有可能还会加深该国经济所面临的困难。理论界在此模型的基础上，主要围绕着以下几个问题进行了扩展：①究竟有哪些具体因素可能导致危机的发生？②什么因素决定了危机的具体爆发时间？这些研究为经济学的发展和第二代货币危机理论的产生奠定了基础。

（二）第二代货币危机理论——奥斯特菲尔德模型

1. 第二代货币危机理论框架

虽然第一代货币危机理论较好地解释了 20 世纪 70 年代末到 80 年代初的拉丁美洲的货币危机，但是，进入 20 世纪 90 年代以来发生的诸如欧洲汇率机制危机（1992～1993 年）和墨西哥金融危机（1994 年）等，第一代货币危机理论无法给出较合理的解析。20 世纪 90 年代以来，投机性资金流动对宏观经济的冲击越来越大，往往在经济基本面还比较健康时，也会引发货币危机。于是，第二代货币危机模型应运而生。美国加州大学伯克利分校的奥斯特菲尔德（M. Obstfeld）是第二代货币危机理论的重要代表人物，因此我们又把该模型称为奥斯特菲尔德模型。该理论认为：投机者之所以对货币发起攻击，并不是由于经济基础的恶化，而是由贬值预期的自我实现所导致的。因此，这种模型又被称为“预期自我实现型模型”。

从理论上讲，当投机攻击爆发后，政府可以通过提高利率吸引外资获得储备，抵消市场的贬值预期，以维持固定汇率制度。但是，提高利率需要付出成本与代价，如果提高利率维持平价的成本大大高于维持平价所能获得的收益，政府就会被迫放弃固定汇率制。反之，投机者是否继续攻击也视攻击对投机者带来的成本收益而定。所以，固定汇率制是否能够维持是政府和投机者各自权衡成本收益比较分析的结果。

首先，我们来分析投机者比较投机活动的成本和收益的决策行为。投机冲击的出现有可能与经济基本面因素无关，而是在国际短期资金流动独特的内在运动规律下，主要由心理预期因素导致的。因此，一国可能在没有实施扩张性政策、外汇储备充足的情况下，突然面临投机冲击而发生货币危机。投机者对一国货币的冲击往往是首先在该国国内货币市场上借入本币，再在外汇市场对本币进行抛售。如果这一攻击能取得成功，投机者会在本币贬值后再用外汇购回本币，归还本币借款。这样，投机者攻击的成本是由本币市场上的利率所确定的利息，预期收益则是持有外汇资产期间外国货币市场上的利率所确定的利息收益及预期本币贬值幅度所确定的收入。只要预期投机攻击成功后该国货币贬值幅度超过该国提高利率后两国利率之间的差幅，投机者就会进行投机攻击。如果投机者预期该国货币的贬值幅度足够大，那么在利率提高到该国政府可以承受的上限后，投机者仍可以接受这一利息成本，继续进行投机攻击，以迫使政府最终放弃固定汇率。但是，投机者最终能否取得成功，取决于投机者掌握的投机资金数量、羊群效应是否发生、政府态度的坚决性及政府采取的预防危机的政策是否及时有效。

其次，我们再来对政府的行为进行分析。理论上，政府提高利率可以提高投机者进行投机攻击的成本。在外国利率不变时，投机者对本币未来贬值幅度的预期越高，对提高本国利率的承受力，也就是可以接受的本国利率上升幅度就越高。从理论上讲，政府总可以将利率提高到一定水平来维持固定汇率制度。问题在于，提高利率不是没有成本的，当政府被迫放弃固定汇率制时，一定是因为提高利率来维系固定汇率制的成本大大高于收益。

政府提高利率以维持平价的成本可能是：如果政府债务存量很大，高利率会加大政府的债务负担；高利率影响金融稳定；而且高利率意味着经济紧缩、失业人数增多，房地产价格低迷，股市下挫，导致经济衰退，严重的可引发经济危机。促使政府放弃维持固定汇率可能会是因为该国存在高失业率或是政府负有以本币计的巨额负债。

政府维持平价的收益一般包括：第一，消除汇率自由浮动给国际贸易与投资带来的不利影响，为一国经济创造一个较为良好稳定的外部环境；第二，发挥固定汇率的“名义锚”（nominal anchor）作用，遏制通货膨胀，有利于增强政府遏制通货膨胀的可信度；第三，有利于政府保持汇率政策一致性的声誉，这在政府面对具有理性预期的公众时是极为重要的，可使政府以后的经济政策容易收到成效，有利于国家信誉与国际合作。

政府面临投机冲击时，是否提高利率维持固定汇率实际上是对成本和收益的权衡过程。当维持固定汇率的收益超过其成本时，政府就应将其维持下去，反之，则放弃。政府的维持固定汇率制的成本与收益的比较可用图 11-3 来说明。在图 11-3 中，横轴表示本国利率水平，纵轴表示维持固定汇率制的成本。CC 曲线表示政府维持固定汇率制成本的变化，它随着利率的变动而变动。假定经济中存在着最佳利率水平 i，此时维持固定汇率制的成本为零。当利率水平在 i 基础上逐渐提高时，维持固定汇率制的成本也不

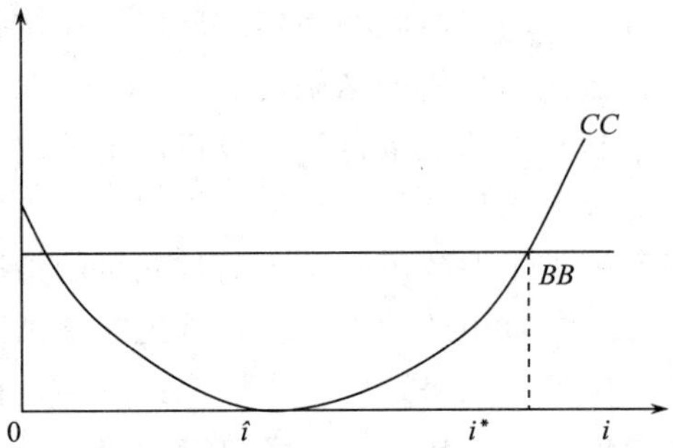

图 11-3 政府维持固定汇率制的成本与收益

断增加，因此 CC 曲线表现为向上倾斜。BB 曲线表示维持固定汇率制的收益，它与利率水平无关，因此在图上是一条水平线。当利率水平为 i^* 时，维持固定汇率制的成本与收益相等。因此，从图上可以看出，当维持固定汇率制所需要的利率水平低于 i^* 时，维持固定汇率制的成本低于收益，因此该国政府会继续维持固定汇率制；当维持固定汇率制所需要的利率水平高于 i^* 时，维持固定汇率制的成本高于收益，因此该国政府将会被放弃固定汇率制，任由汇率自由浮动，货币危机将爆发。

2. 第二代货币危机理论对货币危机分析的特点

第二代货币危机理论对货币危机的分析具有如下特点：

第一，政府在优化其多个且往往是矛盾的目标和经济任务中存在多重均衡点。该理论假设政府是理性的，追求宏观经济效益最优化，其经济政策并不是事先确定，而是随经济状况的发展变化而变化，市场预期在形成其预期时将这种关系考虑在内；同时市场参与者的预期和行动将会影响政府政策的制定，促使经济变量随之作相应的调整；这种相互关系导致经济中存在多重均衡点，经济的均衡可能会可能从一种结果变到另一种结果，导致危机的自我实现。

第二，政府为抵御投机攻击而持续提高利率直至最终放弃固定汇率制是货币危机发生的一般过程。预期因素决定了货币危机是否会发生、发生到什么程度，而利率水平则是决定固定汇率制度放弃与否的中心变量。具体而言，在公众预期货币将贬值时，货币危机的发生机制体现为一种恶性循环（vicious circle）：政府通过提高利率来维持固定汇率→政府维持固定汇率的成本上涨→加强市场的贬值预期→促使政府进一步提高利率。但是，货币危机是否发生取决于政府与投机者之间的动态博弈过程。在信息不对称的条件下，市场对政府放弃固定汇率的成本只能推测出大致情况，估计政府维持成本在这个大致的区间内时才进行投机攻击。如果在政府捍卫平价期间有足以改变投机者预期的好消息来临，货币危机将被阻止，否则政府将被迫进行贬值。

第三，即使不存在不断恶化的基本面因素（包括经济增长率、就业水平和通货膨胀率等），危机也有可能爆发。因此，虽然投机的发生可能与基本面因素无关，但是应对危机的过程往往会导致基本面发生变化。如果在政府反危机过程中经济基本面发生实质性的恶化，则危机的爆发不可避免。

第四，防范货币危机的主要政策措施是提高政府政策的可信性或制度保证的程度。政府的可信度或制度保证的程度越高，贬值的成本也就越高，货币危机发生的可能性也就越小。

3. 对第二代危机理论的评论和修正

第二代货币危机模型突出了“预期”的作用，极大地拓展了金融危机理论的解释力。该理论对 20 世纪 90 年代初的货币危机有一定的解释力。但是，它遗漏了两个重要的方面：

第一，没有解释攻击实际上是怎样开始的。在许多情况下（如墨西哥比索危机），一国货币在危机发生之前很长一段时间内都满足受攻击的条件，公众也对固定汇率制的崩溃产生了很强的预期。在此期间，投机者任何一次集中的投机攻击都会提高政府的维持成本，最终迫使其放弃固定汇率制。但是，为什么投机攻击恰好是在那一点发生？该理论将其归因于危机理论模型之外的因素，但是不具有说服力。

第二，没有解释预期由什么因素决定，也没有提出建设性的政策意见。奥波斯特费尔德认为，由于预期是自我实现的，所以只要影响预期就能防止危机。但他同时又说明，预期是由模型之外的因素决定的，因此如何影响预期就不属于模型应该讨论的问题。

在该理论问世后，有许多学者围绕这两个方向对其进行了修正。例如，斯蒂芬·莫里斯（Stephen Morris）等在奥氏理论的基础上提出了单一均衡的路径，并作出了政策建议。该理论认为，人们的预期是根据市场上可以获得的信息形成的。但是，由于真正意义上的自由竞争市场不存在，人们得到的信息也是不对称的，由此导致了人们的高阶不确定性。而与此同时，不同的信息接收者对得到的同一信息都有自己的解释方式，于是又产生了"噪声信息"。于是，当市场上存在这样一个噪声信号时，人们的高阶不确定性产生效用，对基本面因素的常识就不再成立，引起了危机的单一预期。但是，这种预期虽然也是自我实现的，但它是否能导致危机爆发则取决于投机者（包括在危机的预期下为了规避风险而进行掉期交易的公众）的人数（或是投机者所持有的财富总和），以及投机攻击的交易成本等指标与政府行为之间的力量抗衡。只要前者达到了一个关键性的水平，一般而言就能够造成危机的爆发。

（三）第三代货币危机理论

1997年东亚金融危机爆发后，人们发现，第一代和第二代货币危机理论都对此无法作出合理解释。为此理论界又深入进行了大量的研究，研究提出的各种理论观点可以统称为"第三代货币危机理论"。但是，至今其中尚无一种理论能对东亚金融危机作出全面的解释。如果说第一代货币危机理论强调宏观基本因素的恶化是导致货币危机的重要因素，第二代货币危机理论认为预期引致是关键因素，则第三代货币危机理论强调宏微观经济、金融体制与机制的综合作用。

1. 道德风险论

所谓道德风险，是指因当事人的权利和义务不相匹配而可能导致他人的资产或权益受到损失。在金融危机中，"道德风险"表现为政府对存款者所作的担保（无论是明显的还是隐含的）使金融机构进行风险很高的投资行为，造成了巨额的呆坏账，引起公众的信心危机和金融机构的偿付力危机，最终导致金融危机。麦金农和克鲁格曼是这种观点的重要代表。

1）道德风险引起危机爆发的机制

道德风险论最初出现于对20世纪80年代初美国储蓄贷款银行危机的研究文献中。当时人们就已经认识到：在一个对金融机构缺乏有效的监管、管理松散的环境中，政府的存款保险这一制度会引发金融机构产生道德风险问题。

在东亚存在的隐含担保使道德风险表现得更为复杂，危害更为严重。在东亚国家，既没有政府宣布金融机构受到了政府的担保，而大多数国家还未建立存款保险公司之类的机构，但由于政府与金融机构、企业之间长久以来就存在错综复杂的资金、业务和人事关系，再加上新闻媒体不断地暗示，人们由此得出了这样的印象：一旦发生危机，政府一定会施以援手，加以保护。由于这种所谓的“担保”缺乏确凿的根据，我们就将其称为“隐含担保”。由于存在这种隐含担保，使宏观经济状况表面健康的这些东亚国家，实际上隐性财政赤字较大。

根据该理论，危机的发展包括以下几个阶段。

第一阶段，金融机构在隐性担保的条件下进行投资决策。假定金融机构在市场上募集到100万美元，有两种投资项目可供金融机构选择：第一个项目是无风险投资，回报率是确定的，假设收益为107万美元；第二种项目是风险性投资项目，其回报率呈现概率分布，即如果成功，项目就能产生120万美元的收益；但如果失败，则只能收回80万美元。假定成功和失败的概率都为50%，其预期收益就为100万美元（120×50%+80×50%）。很明显，风险中性的投资者会根据预期收益的大小偏好第一种投资项目。然而由于存在隐含担保，金融机构却会选择风险投资项目。因为进行风险投资，对于金融机构而言，它在成功的时候将得到超额收益（最优的情况下得到的120万美元的收益），如果失败，损失的是将资金存放在金融机构的存款者，金融机构的损失为零，此时金融机构的预期收益为110万美元（120×50%+0×50%）。因此，从收益最大化考虑金融机构将选择风险性较高的投资项目。

第二阶段，由于隐含担保的存在，尽管金融机构进行了扭曲的投资决策，但人们仍然放心地将资金存放在这些机构，如此进一步激发了金融中介的过度借贷。这使各种资产价格迅速上涨，引起了整个经济的“投资”热潮，“金融泡沫”由此产生。

在金融不开放的国家，过度投资会由于金融机构资金的有限性而得到遏制。资本市场不开放，金融机构的资金只能依赖于有限的国内储蓄，金融机构无法满足的资金饥渴只能引起利率上扬，而融资成本的提高在一定程度上又能够消除投资欲望。而在金融市场开放的国家，资本市场的开放会加剧过度投资。因为，开放资本市场意味着能从国际资本市场上得到资金，使投资（或投机）需求不断膨胀，并将风险扩散到国际市场。如果在资本市场开放的同时还维持着固定汇率制，居高不下的利率会使外资不可遏止地向国内涌入。

第三阶段，在“泡沫经济”持续了一段时间之后，金融机构对资产价格上涨而形成的“良好”财务状况开始引起关注和警觉。这种警觉渐渐演变为普遍的金融恐慌，高风险的投资项目出现漏洞，泡沫开始破裂。在此过程中，资产价格的下降使中介机构的财务状况迅速恶化，出现偿付危机。此时，金融机构的经营状况已岌岌可危，但是人们期待已久的政府援助并没有出现，这很快引起金融市场的动荡，促使资产价格进一步下降。金融机构的偿付能力问题很快蔓延开来，金融体系崩溃，金融危机爆发。

道德风险论的结论是：政府的隐含担保导致的道德风险是引发危机的真正原因，货币价值的波动只不过是危机的一个表现而已。但是，如果政治或经济制度朝有利的方向发展时（或人们这样预期时），道德风险的危害性就会被削弱。

2）对道德风险论的评价

道德风险论对亚洲金融危机具有一定的解释力：亚洲各国政府对金融机构的“隐含担保”造成了过度投资和巨额外债，表现良好的经济基本面并非真实情况，隐藏着巨额的隐性债务；在危机爆发前这些国家都首先出现了资产价格暴跌的现象；危机扩散到经济处于亚稳态均衡的国家和地区（其金融体系极其脆弱），引发了该国和地区的金融危机。

但是，道德风险论遗漏了许多重要的方面，从而削弱了它的解释力。

首先，道德风险论的结论建立在三个重要的前提上：①在存在政府隐含担保时，金融机构必定会过度投资；②风险性投资行为一定会挤出金融机构和其他经济部门的全部“正当”投资行为；③外资必然会优先考虑具有政府隐含担保的企业或金融机构。但事实上在危机发生之前，亚洲国家所有类型的投资行为（包括外国投资者的直接投资）都有所上升，还有半数以上的国际银行贷款和几乎所有的证券或直接投资（相当于外资总额的3/5）都进入了没有国家担保的非银行企业。这与道德风险论的假设有所出入。

其次，道德风险论没有说明是什么因素促使危机突然爆发，忽略了国际游资的恶意攻击。

所以，道德风险论虽然具有较高的理论价值，但有重要的缺陷，并不能对现代的金融危机作全面的解释。

2. 基本因素论

基本因素论是最经典、最古老的金融危机理论之一。亚洲金融危机爆发后，理论界对传统的基本因素论进行了修正，添加了一些新的因素，增加了它的解释力。多米尼克·萨尔瓦多（Dominick Salvatore）和考赛提（Corsetti）等学者是这一学说的重要代表。

1）基本因素论的基本论点

第一，一国的基本面因素是决定危机是否会爆发的最关键的因素，也是导致危机蔓延和恶化的根本原因。

第二，基本因素的恶化包括外部不平衡（经常项目赤字、实际汇率升值）和内部不平衡（如金融体系的不健康运行、政府为了援助不良贷款而产生的巨额隐含财政成本和相对较低的外汇储备）。它可以用一个由多重宏观和金融指标组成的指标体系进行量化，并可根据指标体系的数值变化预警危机的爆发。

传统的危机预警指标一般包括以下几项：①经常项目赤字。经常项目赤字维持在GDP的5％或以上常被视为长期不可维持的一个标志，并且可说是危机即将来临的预警信号。②债务指标。包括：外债总额/GDP；短期债务/GDP；（经常项目赤字－外国直接投资）/GDP，即（CA－FDI）/GDP；短期债务/国际储备；到期债务/国际储备；到期债务/出口收入；一国国际储备能够支付进口用汇的月数等。

亚洲金融危机后，人们特别将金融部门的问题也列入基本面因素中，认为金融脆弱性是引起危机的最重要的因素之一。金融脆弱性（financial fragility）是一个含义很广的概念，涵盖了金融体系的全部经营风险，最典型的表现就是在贷款总额迅速增加的情况下，贷款质量也同时恶化，而且在经济形势恶化时，其中很大的一部分将转变成不良贷款。

第三，基本面因素不能准确地预测出一国何时爆发金融危机，但能表明危机的趋势。

第四，在许多条件下，投机攻击、政治危机或政治问题是促发金融危机的催化剂。

2）基本因素论对亚洲金融危机的解释

如果以新“基本因素论”来衡量，在亚洲金融危机之前，各国的各项指标都表明风险正在不断增长。这些指标明显地体现了高估的汇率水平、不断扩大的经常项目赤字和恶化的金融体系。

其一，自1990年以来，亚洲各国的货币出现了持续升值。其原因在于，由于亚洲各国与美元保持固定汇率，美国经济的高速发展使美元对各主要货币保持了强劲的升势，随之亚洲各国的货币上涨，币值不断被高估。由于我们很难找到贸易品价格、非贸易品价格，或是劳动生产率和劳动成本的数据，所以不能精确衡量出实际汇率水平，只能用国内外贸易品批发价格的比率 EP/P（其中，EP表示以本币衡量的外国批发价格指数，P 为本国批发价格指数）来替代。表11-1显示了由这个方法得出的亚洲部分国家的实际汇率水平。

表11-1 亚洲部分国家实际汇率水平（以1990年的指数为100）

日期	印度尼西亚	马来西亚	菲律宾	泰国	韩国
1988.12	98	98	90	102	102
1989.12	93	94	85	98	95
1990.12	100	100	100	100	100
1991.12	99	99	82	97	99
1992.12	92	87	69	90	94
1993.12	88	88	71	88	93
1994.12	92	86	62	89	91
1995.12	89	84	63	87	88
1996.12	80	78	56	80	88
1997.03	75	72	53	75	89
1997.06	78	75	54	76	89
1997.09	99	92	66	104	88
1997.12	150	108	75	124	157

注：数值减少表明本币升值

资料来源：根据国际货币基金组织，《国际金融统计》2000年8月及以往各期的数据计算

由于我们所列出的实际汇率水平不包括房地产等在20世纪90年代初繁荣起来的价格，所以真正的实际汇率水平可能更高。

其二，亚洲各国自20世纪80年代初起出现经常项目赤字，且数额不断扩大。有两个原因导致了这个现象：第一，各国货币的实际汇率上升；第二，各国出口产品以半导体等初级加工品为主，随着其主要出口的国家日本经济停滞，加上来自其他发展中国家的竞争，市场份额不断减少，创汇能力大大降低。

1985～1989年，泰国、印度尼西亚、韩国、马来西亚和菲律宾的经常项目赤字平均值仅为GDP的0.3%。而进入20世纪90年代之后，上述5国的经常项目赤字平均

为 GDP 的 4%，并呈不断上升的趋势，其中尤以泰国和马来西亚为甚。

其三，金融体系的经营状况不断恶化。20 世纪 90 年代初，亚洲各国经济达到高速增长的顶点，但金融体系却日益脆弱，原因在于：①经济高速增长和房地产等资产价格的不断上升使私人部门对资金的需求大大增长；②高利率和开放的资本市场吸引了大量外资。作为资金供需的中介，金融机构一方面从离岸金融市场上吸收外资，另一方面向私人部门大量贷款。1990～1996 年年底，各国银行体系向私人部门的贷款在 GDP 中的比重迅速上升。例如，1990 年，马来西亚、泰国和韩国的银行向私人部门贷款占 GDP 的比重分别为 111.4%、83.1%和 102.5%；到了 1996 年年底，这三个数字分别达到了 144.6%、141.9%和 140.9%。

但是，金融机构的投资行为存在极大的弊端。这可以用以下 12 个字概括：①"借外贷内"（借入外币而贷出本币），这带来了巨大的汇率风险。②"借短贷长"（借入短期外资，贷出长期本币），它使银行的资产负债期限不匹配，增加了各国对外债的依赖性，容易造成偿债风险。到 1997 年中期，印度尼西亚、泰国和韩国的短期外债都超过了外汇储备。③"风险投资"，金融机构大量投资房地产，而房地产业对经济有"放大反馈"的作用，当经济增长时，房地产价格和对房地产的投资增长速度都超出实际经济增长率，并通过财富效应使人们产生了经济高速增长的幻觉，即产生了"泡沫经济"。

官方数据显示，只有少部分私人银行贷款进入了房地产市场，但由于各金融机构动用了自有流动资金和其他类型的贷款进行房地产投资，还有许多外资直接通过发放离岸商业票据或是跨国信贷注入各国的私人企业或非银行金融机构，所以实际情况远远超出官方的统计数据。

尽管金融体系的缺陷早在 1996 年就已现端倪，但当时全世界都在为"亚洲奇迹"欢呼喝彩，各国不仅没有对此进行改革，反而还借着经济发展的势头变本加厉地吸收外资。例如，泰国建立了"曼谷国际银行业务往来设施"，对外资往来提供了更大的方便。作为反例，一些基本面因素相对良好的国家和地区在亚洲金融危机中则幸免于难，如新加坡和中国台湾。

3）对基本因素论的评价

基本因素论具有一定的说服力，较好地解释了亚洲金融危机的爆发，尤其是它在传统的指标体系中加入了金融体系的诸多表现，使指标更能表现危机的实际情况。但是，基本因素论的缺陷也非常明显。

（1）基本面因素固然是引发危机的重要原因，但即使是正常时期也不能保证基本面因素的完好。所以这只能是导致危机的必要条件，而并非充分条件。以亚洲为例，第一，在危机爆发之前，各项经济指标的恶化状况远远没有达到 1994 年墨西哥金融危机前拉美各国的程度。第二，各国的恶化程度各不相同，没有一致的危机预示。例如，泰国和马来西亚两国的经常项目赤字较高，而印度尼西亚和韩国则低得多。第三，虽然理论界和实务界都有一些有识之士在危机前认识到了亚洲的诸多问题，但是大多数国际投资者都认为经济基本面的恶化只是表明经济的不平衡发展，需要进行适当的调控，但是不太可能爆发重大的危机。所以，虽然基本因素论提出政局变动等突发事件是危机的导火索，但是没有说明危机爆发的机制。

（2）基本因素的恶化和危机的相关性并不足以说明其间的因果关系。许多学者指出，金融机构的坏账问题、财政赤字增加等现象都是在危机后才出现的，所以在某种程度上说，它们是危机的后果而非原因。如果危机没有爆发，这些问题也许一直会隐含下去，或是以一种更加温和的方式表现出来。当然，我们也不能否认，这些“隐含”问题确实引起了国际投机者对亚洲的觊觎。所以，它们是互为因果的。

3. 金融恐慌论

金融恐慌论对资本流动恶化危机的作用进行了比较完整的描述。该理论认为，亚洲各国在危机前夕大多经历了一个资金迅速流入的过程，由于外资流入的脆弱性，极易受到“金融恐慌”的影响而发生逆转，一旦发生大规模逆转，危机就会爆发。

1）金融恐慌论的理论渊源

早在1983年，戴蒙得（Dybvig-Diamond）等经济学家就指出“金融恐慌”会导致并恶化危机。所谓“金融恐慌”（financial panic），是指由于某种外在的因素，短期资金的债权人突然大规模地从尚具有清偿能力的债务人那里撤回资金，这是一种集体行为。

“金融恐慌”论认为，金融市场存在多重均衡，“金融恐慌”是金融市场向不利均衡发展的结果。造成恐慌的原因有三个：①一国或一个金融机构的短期债务超过了短期资产的数额；②一国或一个金融机构不具备足够的流动资金来偿还其所有的短期债务；③没有一个经济单位能够担负起最后借款人的职责。如果上述现象发生，那么当一个债权人（包括存款者）发现其他债权人已经撤回资金，就会做出同样的行为；相反，如果债权人发现其他的债权人还在继续借出资金，它同样也会这样做。从经济学意义上讲，这两种行为都是理性的。但是，第一种行为将会演化成大规模的“金融恐慌”，引起严重的经济损失，并引发危机。

2）金融恐慌论的基本观点

按照美国经济学家瑞得立克和萨克斯（Steven Radelet and Jeffrey Sachs）的论述，货币危机的“金融恐慌”论的观点可以概括如下：

（1）在危机之前一段较短的时间内突然流入的外资潜伏着巨大的风险。亚洲各国自20世纪80年代初开放资本市场后，以其高速增长的经济发展潜力吸引了大量外资。但是，这些外资最初并没有流向投机性很强的房地产和金融部门，而是进入了生产性较强的实物经济领域，促进了经济发展。这种状态一直持续到90年代。此后，亚洲各国的经济金融形势出现了巨大的变化，金融市场开始成熟，投机需求不断增长。同时，由于对经济前景充满信心，外资流入迅猛攀升。但是，这时流入的外资多为短期资金，且大多投向风险性较强的行业，因此容易发生逆转。例如，1993年近150亿美元的国外净投资流入了亚洲新兴股票市场。到1995年，外国投资者在几乎所有亚洲“奇迹”市场中占据了主导交易份额。

（2）危机爆发前后，金融市场上出现了一系列导致“金融恐慌”的触发事件。这些事件包括金融机构和企业的破产、政府违背自己的承诺或是金融市场上投机者的恶意炒作。例如，自1997年年初起，韩国许多大财团先后陷入破产倒闭的绝境，这些大企业集团的破产使对其提供担保的韩国各大商业银行承受了巨大的压力。同年，泰国 Samprasong 房地产公司将大量金融公司带入噩梦之中，包括第一金融公司。但是，泰国政府出尔反尔，违背先前作出的承诺，导致第一金融公司破产。这些事件引发了信心危机，加上国际游资对各国货币发起了猛烈的攻击，外资纷纷撤出亚洲，危机爆发。

（3）危机爆发后，一系列因素使“金融恐慌”不断放大，恶化了危机。盲目而短视的防治措施和危机爆发后的诸多经济现象放大了“金融恐慌”，加速了资金外逃，使各国金融市场和经济在一个很短的时间内彻底崩溃。具体来看，有以下几个因素放大了金融恐慌：

一是政府和国际社会的政策失误。各国政府以外汇储备为代价捍卫固定汇率制，并采取了其他一些激进的措施，远远超出了其自身的承受能力，使市场对固定汇率制的可维持性产生了怀疑。例如，印度尼西亚政府要求国有企业从银行体系提出存款并购买中央政府票据，加剧了挤提压力、直接提高了利率水平、影响了正在进行的投资项目。泰国和韩国向濒临破产的金融机构注入了大量资金，结果只是扩大了财政赤字。此外，政府官员和市场参与者的煽动性言论进一步刺激和加速了资金外逃，而国际社会在危机爆发后采取的种种挽救措施也不得力。以上种种行为使投资者对其维持市场秩序的能力丧失了信心。

二是亚洲各国政局出现动荡。危机爆发后，韩国、泰国、菲律宾和印度尼西亚等国都面临着政府换届。其中，韩国和泰国早在危机之初就更换了政府成员。菲律宾总统也在 1998 年 5 月换届。印度尼西亚大选则在 1997 年年底匆匆举行，并在大选同时爆发了大规模骚乱，迅速影响周边国家。

三是信用评级机构对亚洲各国的国家信用实行了降级处理。国家信用等级机构是在危机爆发后很久才修正亚洲各国的信用评级的，这一举动不可能成为引发危机的原因，但对金融恐慌起到了放大的作用，加剧了危机的传染和扩散。

四是资本外逃本身加剧了“金融恐慌”的严重性，形成恶性循环。货币贬值和股市动荡等经济条件的变化是资本大量外逃，引发了新一轮的货币贬值、银行挤提和利率上涨。汇率风险和融资成本的上升恶化了一些本来业绩比较良好的公司和银行的经营状况，使离岸债权人对其投资项目产生了疑虑，不愿意将其短期债务进行展期。同时，为了恢复资本充足率，一些流动性较强的跨国或国内银行也开始限制贷款的发放。为了偿还美元短期贷款、优先争取流动性资金，人们对银行的挤提加剧，使银行的资产质量和公司的财务状况迅速恶化，资金进一步外逃。据美国经济学家杰夫雷·沙奇统计，商业银行在 1996 年共向亚洲新兴市场投入 650 亿美元，而在 1997 年则从中撤出 250 亿美元，1998 年又撤出 350 亿美元。

五是危机在亚洲地区的蔓延。亚洲经济结构具有较强的相似性，资金和业务往来都非常密切，因此局部问题会扩散到整个亚洲。例如，1997 年 11 月，中国香港联系汇率制受到了国际游资的打击，金融监管当局为此提高了利率，使香港在东南亚其他地区的资金纷纷撤回，恶化了中国香港本土的资金状况。

以上种种都使市场参与者的恐慌与日俱增，资金不断外逃，最终恶化了危机。

基于以上的分析，金融恐慌论提出了以下政策建议：第一，资本市场会发生多重均衡，所以要对金融体系进行改革，令其健康发展，以防患于未然；第二，必须由一个公平有效的组织充当最后贷款人，及时防止金融恐慌的爆发和扩大；第三，政策制定者必须全面而又谨慎地制定和采取措施，并在危机初现端倪时就采取微调的手段，防止因为短期行为对市场情绪产生不利的影响。

3）对金融恐慌论的评价

金融恐慌论认为恐慌源于一国的基本面恶化，由一系列突发性金融和经济事件引发，并由于各国政府和国际组织对危机的处理不当而不断膨胀，导致大规模的资金外流，最终导致并恶化了危机。这一观点具有较高的理论价值。它结合了基本因素论和道德风险论等理论的诸多优点，引进了市场情绪这一新变量，突出了国际资金逆转性流动的触发作用，对危机的恶化作出了新的解释。

4. 企业净值变动与多重均衡论

1）企业净值变动与多重均衡论的基本观点和内容

随着东南亚货币危机的发展，克鲁格曼认为，应该在第三代模型中考虑传染、传递问题，即资本流动对实际汇率乃至经常账户的影响及资产负债表问题，由此他提出了企业净值变动与多重均衡该理论模型。在该模型中，他强调，是投资者信心的丧失导致市场预期的传递，造成恶性循环而最终滑入危机的旋涡。这一模型将 Bernanke 和 Gertler（1989）等对企业净值与企业融资能力关系的研究应用到了开放经济环境中。它假定外国债权人只愿意提供高于企业净值一定比例的贷款，但是由于外资流入的数量会影响到本国的实际汇率，从而影响到企业外币负债的本币价值，所以企业的净值又取决于外资的流入量。这就导致多重均衡：当外国债权人预期本国企业有较高净值时，资本流入，本币升值，本国企业的外币负债价值下降，外国债权人的预期得到证实，由此构成一个理性预期均衡；当外国债权人预期本国企业净值较低时，资本流入减少，本币贬值，本国企业的外币债务加重，外国债权人的预期同样得到证实，这也构成一个理性预期均衡。如此一来，也就能够较好地解释东亚金融危机的爆发。

企业净值变动与多重均衡模型实际上揭示了政府可能面临的一种艰难的政策选择：在危机袭来时，政府选择贬值会使企业因外债加重而破产；政府利用紧缩政策来保卫固定汇率则又会使企业因国内经济萧条而破产。

2）企业净值变动与多重均衡论的政策含义

企业净值变动与多重均衡模型所蕴含的政策含义主要有三点：

（1）控制外债尤其是控制短期外债。所有外债都会在本币贬值时使企业的净值减少，因此一国政府要尽量控制外债规模。又由于当一国的资本项目可自由兑换时，由于资本流动无法控制，对短期债务加以限制的作用是不大的，因为短期债务只是众多的资本外逃方式下的一种。如果公众预期将发生货币危机，国内的短期债务的债权人即使拒绝将信贷延期也会导致债务国汇率贬值，企业破产。

（2）为了应对危机，应做两手准备。一是实施紧急贷款，其额度必须足够大以加强投资者的信心；二是实施紧急资本管制，因为这样可以有效地、最大限度地避免资本外逃。当危机来临时，最好暂时实行资本管制，这样可以切断利率与汇率之间的联系。

（3）通过引进 FDI 来引进和培养企业家。在危机后重建经济的关键在于恢复企业和企业家的投资能力。可以在私人部门实施一定的计划，以帮助本国的企业家或者培养新的企业家，或者两者同时实施。引进和培养新的企业家的一个迅速有效的办法就是大力引进 FDI。

3）对企业净值变动与多重均衡论的评价

相对而言，企业净值变动与多重均衡模型对东亚金融危机有较好的解释力。但是企业净值变动与多重均衡论无论在理论研究还是经验研究方面都还存在不足，需要完善。首先，现有模型中的多重均衡大多是静态均衡，因此无法对危机的发展过程作出描述；其次，多重均衡的存在是以投资者的一致性预期为条件的，但是现有理论尚未对投资者预期的形成和协调机制作出有力的解释；最后，多重均衡的存在是以经济基本面因素恶化到一定程度为条件的，但从经验方面看，对一国汇率制度陷入多重均衡区间的基本面条件的研究还很不充分。

● 专栏：索罗斯与量子基金

美国金融家乔治·索罗斯旗下经营了五个风格各异的对冲基金。其中，量子基金是最大的一个，亦是全球规模较大的几个对冲基金之一。量子基金最初由索罗斯及另一位对冲基金的名家吉姆·罗杰斯创建于 20 世纪 60 年代末期，开始时资产只有 400 万美元。基金设立在纽约，但其出资人皆为非美国国籍的境外投资者，从而避开美国证券交易委员会的监管。量子基金投资于商品、外汇、股票和债券，并大量运用金融衍生产品和杠杆融资，从事全方位的国际性金融操作。经过不到 30 年的经营，至 1997 年年末，量子基金已增值为资产总值近 60 亿美元的巨型基金。在 1969 年注入量子基金的 1 万美元在 1996 年年底已增值至 3 亿美元，即增长了 3 万倍。

索罗斯成为国际金融界炙手可热的人物，是由于他凭借量子基金在 20 世纪 90 年代中所发动的几次大规模货币狙击战。量子基金以其强大的财力和凶狠的作风，自 90 年代以来在国际货币市场上兴风作浪，常常对基础薄弱的货币发起攻击并屡屡得手。

量子基金虽只有 60 亿美元的资产，但由于其在需要时可通过杠杆融资等手段取得相当于几百亿甚至上千亿资金的投资效应，因而成为国际金融市场上一股举足轻重的力量。同时，由于索罗斯的声望，量子基金的资金行踪和投注方向无不为规模庞大的国际游资所追随。因此，量子基金的一举一动常常对某个国家货币的升降走势起关键的影响作用。对冲基金对一种货币的攻击往往是在货币的远期和期货、期权市场上通过对该种货币大规模卖空进行的，从而造成此种货币的贬值压力。对于外汇储备窘困的国家，在经过徒劳无功的市场干预后，所剩的唯一办法往往是任其货币贬值，从而使处于空头的对冲基金大获其利。在 90 年代发生的几起严重的货币危机事件中，索罗斯及其量子基金都有直接干系。

90 年代初，为配合欧共体内部的联系汇率，英镑汇率被人为固定在一个较高水平，引发国际货币投机者的攻击。量子基金率先发难，在市场上大规模抛售英镑而买入德国马克。英格兰银行虽下大力抛出德国马克购入英镑，并配以提高利率的措施，仍不敌量子基金的攻击而退守，英镑被迫退出欧洲货币汇率体系而自由浮动，短短 1 个月内英镑汇率下挫 20%、而量子基金在此英镑危机中获取了数亿美元的暴利。在此后不久，意大利里拉亦遭受同样命运，量子基金同样扮演主角。

1994 年，索罗斯的量子基金对墨西哥比索发起攻击。墨西哥在 1994 年之前的经济良性增长，是建立在过分依赖中短期外资贷款的基础之上的。为控制国内的通货膨胀，比索汇率被高估并与美元挂钩浮动。由量子基金发起的对比索的攻击，使墨西哥外汇储备在短时间内告罄，不得不放弃与美元的挂钩，实行自由浮动，从而造成墨西哥比索和国内股市的崩溃，而量子基金在此次危机中则收入不菲。

1997年下半年，东南亚发生金融危机。与1994年的墨西哥一样，许多东南亚国家如泰国、马来西亚和韩国等长期依赖中短期外资贷款维持国际收支平衡，汇率偏高并大多维持与美元或一篮子货币的固定或联系汇率，这给国际投机资金提供了一个很好的捕猎机会。量子基金扮演了狙击者的角色，从大量卖空泰铢开始，迫使泰国放弃维持已久的与美元挂钩的固定汇率而实行自由浮动，从而引发了一场泰国金融市场前所未有的危机。危机很快波及所有东南亚实行货币自由兑换的国家和地区，迫使除了港币之外的所有东南亚主要货币在短期内急剧贬值，东南亚各国货币体系和股市崩溃，以及由此引发了大批外资撤逃和国内通货膨胀的巨大压力，给这个地区的经济发展蒙上了一层阴影。

第二节　其他主要形态国际金融危机

一、债务危机

（一）债务危机概述

1. 债务危机概念

在国际金融领域，所谓债务危机，是指在债权国与债务国的债券债务关系中，债务国因经济困难等原因不能按期如数偿还债权国债务本息，导致债权债务关系不能如期了结，并影响债权国和债务国各自的经济活动乃至世界经济的正常运行和发展的危机。

债务危机也是国际金融危机的一个重要表现领域。

在国际金融领域，债务危机又可区分为一般意义上的债务危机和主权债务危机。

主权债务，是指主权国家以国家信誉作担保，通过发行债券等方式向国际社会所筹借的款项。

主权债务危机，是指一国由于主权债务比例过高等原因，国家政府面临着无法到期偿还债务的风险，并且由此引发市场对该国主权债务失去信心，使得该国难以通过市场融资解决到期债务问题，从而引发危机。由于主权债务大多是以外币计值，向国际机构、外国政府或国际金融机构借款，因此，一旦这些国家的信用评级被调低，就往往会引发主权债务危机。

2. 债务国偿债能力衡量标准

国际上对债务国偿债能力的衡量标准有很多，比较常用的有以下几种。

1）债务率

指一国当年外债余额占当年GDP的比率。该比率衡量一国对外债的依赖程度。一般认为，若该比率超过10%，则外债负担过重。

2）偿债率

指一国当年还本付息额占当年商品和劳务出口收入的比率。该比率衡量一国对外债的偿付能力。一般认为，若该比率超过20%，则存在发生偿债危机的可能性。

3）负债率

指一国当年外债余额占当年商品和劳务出口收入的比率。该比率衡量一国外的负债能力和风险。一般认为，若该比率超过100%，则外债负担过重。

4）短期债务比率

指一国当年全部外债余额中，一年及一年以下短期债务所占比率。国际上比较公认的该比率的安全线为25%。

● 专栏：20世纪80年代发展中国家债务危机

据IMF统计，1973年石油价格大幅上涨以来，非产油发展中国家的对外债务从1301亿美元猛增到6124亿美元，偿债率从15.9%增加到23.9%，负债率则从115.4%增加到143.3%。在1980～1982年西方国家经济严重衰退的冲击下，1981～1983年，爆发了席卷全球的发展中国家债务危机。起初是有260亿美元外债的波兰宣布无法偿还到期的25亿美元债务本息；接着南美债务大国墨西哥财政部长正式通告国际社会其无法偿还即将到期的债务；紧接着，发展中国家中最大债务国巴西宣布急需175亿美元的新贷款来解决偿债困难，第四大债务国阿根廷也有100多亿美元到期债务无法清偿。债务危机如瘟疫一样，向其他发展中国家蔓延，到1983年年底，有近40个发展中国家要求重新安排债务，国际债务危机爆发。

20世纪80年代发展中国家债务危机之所以爆发，既有内因，也有外因。

内因主要在于三个方面：一是发展计划过于庞大，不切实际地追求经济高速增长。这些国家二战后急于实现工业化，脱离本国国情，盲目追求高经济增长率和高投资率，如墨西哥政府制订的1978～1982年经济发展计划中，要求GDP每年增长80%以上，石油工业投资达300亿美元，然而本国资金严重短缺，于是借取了巨额外债。二是宏观经济政策失误。70年代以来，许多重债国推行扩张的财政和货币政策。政府实行赤字财政，又靠借用外债和增发货币来填平缺口，结果是通货膨胀愈演愈烈和债务负担日益加重。三是缺乏有效的外债管理。这些重债国对外债的统计和监测制度不健全，不能及时掌握本国的外债规模、来源结构和期限结构等重要信息；特别是，外债使用效率极低，大量外债被用于耗资巨大又不切实际的长期建设项目，有些贷款根本没有形成生产能力，甚至被用于进口奢侈品。

外因也主要在于三个方面：一是世界经济衰退的大环境。80年代初发生了以发达国家为主导的世界经济衰退。面临衰退，以美国为首的发达国家纷纷实行贸易保护主义，以关税和非关税手段，减少从发展中国家的进口，导致发展中国家的出口收入大幅下降。自然，发展中国家的偿债能力就要大幅下降，债务危机在所难免。二是国际金融市场上美元利率上浮和美元汇率坚挺。80年代初，为了控制日益严重的通货膨胀，里根政府采取紧缩的货币政策，导致美国货币市场利率迅速攀升，吸引大量国外资金流向美国，美元汇率也因而大幅提升。这迫使各国相继提高利率，欧洲货币市场的Libor从1976年的6%提高到1981年的18.9%和1982年的15.3%。这样，就大大加重了债务国的负担。三是发达国家政府和国际商业银行贷款政策的影响。进入80年代以后，英、美等发达国家大幅削减对发展中国家的优惠贷款和援助，使发展中国家失去了一条重要的融资渠道；与此同时，1982年债务危机初露端倪时，国际商业银行为避免风险，大力收缩信贷，使得流入发展中国家的资金骤然减少。这样，一些重债国随之出现偿债困难。

（二）21世纪初欧元区主权债务危机

1. 欧元区主权债务危机进程

21世纪初欧元区主主权债务危机的进程大致可以分为三个阶段。

1）希腊肇始（2009年10～12月）

2008年，由美国次贷危机引发的国际金融危机给全球经济造成灾难性冲击。世界各国政府纷纷采取积极的财政政策和货币政策刺激本国经济，以期实现经济复苏。然而这种刺激政策使得由于福利制度和人口结构等原因，本已财政支出过高的欧元区国家财政问题更加雪上加霜。2009年10月初，希腊政府宣布，2009年希腊政府财政赤字和占GDP的比例达12.7%，而负债率则达到113.4%，远超欧盟《稳定与增长公约》规定的3%和60%的上限。情急之下，希腊主要通过借新债还旧债来解决当下的债务问题。到2009年12月，希腊债务高达2800亿欧元。于是当月全球三大信用评级公司惠誉、标准普尔和穆迪均相应调低了希腊的信用评级，惠誉和标准普尔将其下调为“BBB+”，穆迪给出负面前景展望。市场迅速作出反应，投资者开始抛售希腊国债，使得希腊主权债券的收益率大幅上升。2009年12月，希腊政府通过私募发行的5年期浮息债券的收益率较6个月期欧洲银行同业拆息还高出2.5%。希腊政府市场融资出现困难，成为了欧元区爆发主权债务危机的肇始国。

2）“欧猪五国”继起（2010年1月～2011年6月）

“欧猪五国”是指欧元区的希腊、爱尔兰、葡萄牙、西班牙和意大利这五个国家（英文首字母缩写组合为PIIGS）。由于欧元区各国之间相互持有大量国债，加之共同货币欧元的影响，债务危机的传染效应十分明显。2010年3月3日，为了应对危机，希腊政府开始采取紧缩性财政政策，下调工资，增加税收，然而非但没有缓解危机，反而引发了罢工等社会动荡。3月17～22日不到一周的时间里，希腊长期国债利差就上升了37个基点。希腊政府面临5月份将要到期的85亿欧元国债的压力，于4月23日正式向欧盟及IMF申请援助。鉴于此，4月27日，标准普尔率先将希腊主权信用评级调降至垃圾级，希腊国债收益率又再次飙升。此时希腊已经不可能通过正常渠道向市场融资。5月份，IMF与欧盟相继伸出援手，希腊债务危机暂时得到缓解。然而，对于希腊这样一个债务累累、自身积累又有限的国家，外界的援助并不能从根本上提高它自身的偿债能力。进入2011年，希腊债务占国内生产总值的比重上升至140%以上。在已经接受530亿欧元救助的情况下，又要面临近140亿欧元的到期债务。2011年6月，穆迪将希腊的主权信用评级再次下调，将其未来5年债务违约风险上调至50%，希腊政府10年期国债收益率飙升至16.4%，而德国的10年期国债收益率仅为2.96%。希腊的债务问题引起了市场对与希腊有着相同基本面的欧元区国家的关注，这些国家的财政赤字与政府债务均远远超过了欧盟条约《稳定与增长公约》的限制，这些国家包括爱尔兰、葡萄牙、西班牙和意大利。这些国家的主权债券收益率也都开始上升，出现了融资困难。

爱尔兰的债务危机主要来源于银行业危机。2007年以后，受国际金融环境及房市的影响，爱尔兰的银行业不良资产比例上升。政府对银行业的援助使得财政赤字率一路飙升。2010年10月，爱尔兰信用评级被下调。到11月，爱尔兰10年期国债收益率升至接近9%的历史最高水平。2010年年底，爱尔兰被迫向欧盟及IMF求援。

葡萄牙原本是欧洲最穷的国家，已经有30余年财政赤字历史，2009年财政赤字率创下9%的历史最高纪录。为了走出债务泥潭，葡萄牙政府在2010年共推行了三项财政紧缩计划，将财政赤字率降到2010年的7.3%。然而由于债务基数太大，截至2010年年底，葡萄牙公共负债已经达到GDP的83.3%。如果包括私人部门的负债在内，葡萄牙所欠外国的债务相当于其两年多的GDP。此后几个月，三大评级机构纷纷下调该国信用评级，基本上接近于垃圾级。2011年4月7日，葡萄牙被迫向欧盟提出援助申请，成为倒掉的第三张“多米诺骨牌”。

西班牙是欧元区内经济实力比较强劲的国家，其财政赤字较高，但公共债务比率并不高，到2011年只有67.8%，甚至低于法德等核心国家。西班牙的债务问题一方面来自房地产泡沫破灭后的大量银行坏账及政府救助引发的主权债务风险，另一方面来自于高额的地方政府债务。2011年1月份西班牙银行业坏账率上升至7.9%，为1994年8月以来最高。家庭和非金融企业部门的私人部门债务水平在2010年年底达到GDP的227.3%。2011年西班牙净外债（包括公共与私人）占GDP的比例接近100%。类似于爱尔兰，银行业拖垮了政府，使得政府赤字率高居不下。2010年2月4日西班牙财政部宣布当年整体公共预算赤字将占GDP的9.8%之后，国际评级机构下调了西班牙的主权信用评级。

意大利是欧元区第三大经济体，其也是一个债台高筑的国家，债务比率在2010年年底达到了119%，仅次于希腊。而且意大利经济增长乏力，出口疲软，进口商品价格高涨。2011年第一季度经济增速仅为1.03%。若再采用紧缩的财政政策就会出现经济下滑。2011年意大利成为主权信用评级遭下调的最大的欧洲国家，该国1.9万亿欧元的公共债务规模比希腊、西班牙、葡萄牙和爱尔兰四国债务之和还要大。

3）危机向核心国蔓延（2011年下半年以后）

2011年下半年，欧债危机开始向欧元区核心国家蔓延。欧盟和IMF于2010年5月和2011年10月出台了两轮针对欧元区债务危机国家的援助计划。2010年5月10日，欧盟财长会议和IMF推出了欧洲金融稳定救助计划，救助资金为7500亿欧元。6月，又成立了总规模为4400亿欧元的欧洲金融稳定基金（EFSF），来援助希腊等国。2011年10月，又开始第二轮援助，将EFSF的期限延长、利率降低，并对希腊债务减记50%。然而，援助计划并没有达到预期的目标，不但“欧猪五国”没有从根本上摆脱困境，法德等中心国家也被拖下泥潭。2011年7月，3个欧元区国家再次被下调信用评级。7月5日和12日，穆迪分别将葡萄牙和爱尔兰降为垃圾级。7月27日，标普将希腊的评级下调至“CC”级，并展望为负面。9月，意大利遭到信用评级下调。同月，西班牙地方债务已经从2010年的1440亿美元涨至1760亿美元，涨幅22%。之后，意大利和西班牙的国债收益率上升，屡次突破警戒线7%，在市场上融资已无可能。由于危机国的国债大部分为欧洲各国银行持有，IMF估算欧洲银行体系资本缺口已达2000亿欧元。这种情况下，作为“欧猪五国”最大的债主，法国的信用评级开始被市场担心，并且市场认为法国部分银行存在极大的破产可能性。9月份，穆迪下调了法国两家主要商业银行兴业和农业信贷银行信用评级，引起金融市场巨大震动。10月13日，穆迪发布报告说，法国主权债务状况恶化，债务负担进一步加重。在目前3A评级国家中，法国的债务指标表现最弱。11月17日，法国10年期国债收益率攀升至3.81%，与德国同期国债收益率之差扩大至204个基点，创下欧元面世以来最高纪录。德国也同样未能幸免。德国 2011 年 11 月发行的总值约 60 亿欧元的政府债券仅有 39 亿欧元被市场认购，这是欧元问世以来德国最不成功的一次国债发售。作为欧洲头号经济强国，德国的长期国债一直是资本市场热捧的优质资产。从发售的失败可见市场对德国的态度已然开始悲观。2011 年年底“欧猪五国”公共债务比率为：希腊 160%，爱尔兰 96%，葡萄牙 110%，意大利 119%。西班牙虽然只有约 60%，但它的平均失业率达 21%，青年失业率高达 43%，已严重影响到经济复苏。而作为核心国家的法国和德国的公共债务比率分别为 90%和 83%，也超过《稳定与增长公约》规定的 60%上限。

进入 2012 年，欧债危机的势头更加凶猛。1 月 13 日，标普同时下调 9 个欧元区国家的长期信用评级，将法国和奥地利的 3A 主权信用评级下调至 AA+，同时将葡萄牙、意大利、西班牙评级下调两个级别。穆迪也于 2 月 13 日下调欧洲六国信用评级。法国实体经济因此受挫，7 月制造业 PMI 回落至 43.4，创 2009 年 5 月以来新低，且为连续第 12 个月萎缩。德国也不好过。德国对外出口有 40%是输出到欧元区盟国，欧债危机使其出口也严重受损。2012 年第一季度，德国的 GDP 增长率仅为 0.5%，预计全年经济增长率为 0.7%，远低于去年的 3%和前年的 3.7%。与此同时，整个欧元区甚至整个欧洲受到了重创，欧元大幅下跌，欧洲股市暴挫。欧盟委员会不得不把 2012 年欧盟经济的增长预期从 1.8%下调到 0.6%。

2. 欧元区主权债务危机产生的原因

欧洲主权债务危机产生的原因来自以下三个方面。

1）危机国自身经济原因

首先是高福利制度。二战以来，欧元区各国随着经济逐步恢复，为缓解社会矛盾，普遍推行高福利的社会制度。而随着 21 世纪初人口老龄化的到来，欧元区国家平均福利支出占到 GDP 的 1/3 以上。高福利建立在高税收的基础上，而高税收的结果是低投资和高成本的劳动力，导致生产率提高缓慢，经济长期增长缓慢。高福利制度也使政府不堪重负。例如，“欧猪五国”，长期以来其政府开支中，福利支出占比最大，仅仅社会保障和医疗两项支出在 2005～2008 年平均占到了 GDP 的 24.8%，2009 年甚至上升至 27.5%。高昂的福利费用不仅造成政府债台高筑，还挤占了政府对科研教育的投资，造成国家创新乏力，进一步导致经济增长缓慢。

其次是经济结构僵化，普遍缺乏活力。在 PIIGS 五国中，除意大利的经济发展程度较高外，其他四国均是原欧共体内的所谓“南方国家”，其经济发展水平相对较低，而这些国家在陆续加入共同体之后，既未在经济结构上作出大的调整，也没能建立起具有活力的新的产业部门，国民经济依然高度依赖于某个或某几个周期性过强的行业。产业结构单调，使其难以形成核心国际竞争力，GDP 增长乏力。1990～2009 年的 20 年间，“欧猪五国”除爱尔兰在 1995～2007 年维持了 5%以上的增长外，其余四国的 GDP 年增长率均保持在较低的水平。

2）欧元区的体制原因

首先是欧元区财政政策与货币政策的二元结构存在制度性缺陷。加入欧元区后，成员国货币政策制定权统一上交欧洲中央银行，但仍享有财政政策自主权。这就存在两方面问题：一是当成员国遇到外部冲击时，难以根据自身的经济结构和发展水平等特点，制定相应的货币政策，对外不能通过货币贬值来刺激出口，对内不能通过货币扩张来削减政府债务，只能更加倚重财政政策来促进经济增长和就业，这样必然导致公共支出过度膨胀，赤字大幅上升，进而出现债务过重和主权信用问题。二是欧元区统一货币政策的实施，使成员国政府不再担心扩张性财政政策会造成国内通货膨胀而大胆实行赤字财政。因为欧元区成立后货币区内金融市场一体化的发展降低了成员国政府融资成本，国债利率下降；基于单一货币区内维护欧元稳定的考虑，财政收支良好的成员国本质上为其他面临债务危机国家提供了一种隐含担保，增强了资本市场对该国国债的信心，也为成员国在资本市场融资提供了便利。在这种激励机制下，各成员国财政政策会产生财政扩张的内在动机。

其次是欧元区财经纪律形同虚设。针对成员国不遵守财政纪律的情况，欧盟尚缺乏一套切实有效的监督和检查机制。为了防止各国出现高财政赤字动摇欧元的基础，马斯特里赫特条约明确规定：各国的财政赤字不得超过 GDP 的 3%，政府债务累积总额不得超过 GDP 的 60%；2002 年通过的《稳定与增长公约》又进一步强化了对过度赤字的纪律。在此次危机之前，欧盟领导层一直坚信预算约束是所有其他政策的母体，上述监督机制足以防止不稳定现象的发生。而事实上，成员国都知道，由于对损害欧元区统一和稳定的忌惮，这些纪律规定都只是软约束，监督和惩罚是不可置信的。欧元区运行以来，从未发生过一例惩罚案例。

3）外部原因

外部原因主要是美国次贷危机及引发的国际金融危机的冲击。美国次贷危机引发全球经济衰退，也使欧洲暗藏于风平浪静海面下的巨大债务风险暴露出来。各国为抵御经济系统性风险，使出浑身解数开展大规模救市行动，结果是各国财政赤字和公共债务严重超标，直接引发了此次债务危机。

2007 年源自美国的次贷危机引发了二战以来最为严重的国际金融危机，欧元区国家受到此强烈的外部冲击。受冲击的欧元区国家为了防止银行业危机，防止出现经济衰退，纷纷采取扩张性财政政策刺激经济，并收购了很多金融机构的“问题资产”，使得私人部门的债务国有化，其结果导致政府财政赤字和债务增加，主权债务风险大幅上升。不仅如此，美联储实施了“量化宽松”的货币政策，诱导美元贬值，使得欧元兑美元的汇率大幅上升，对欧元区成员国的外贸、增长、税收和居民收入产生较大负面影响，加重了主权债务危机。

二、美国次贷危机

美国次贷危机是美国国内住房按揭的次级贷款及其衍生品泛滥引发的国内金融危机。这里的次级贷款基本不直接涉及外债，也不直接涉及货币兑换，从这个意义上说，美国次贷危机不属于国际金融危机。然而，由于美国的国际金融中心和世界霸主地位，其过滥的金融创新产品 CDO、CDS 向世界各国金融机构的大量销售和杠杆放大，以及次贷危机爆发后从实体经济和虚拟经济两个领域内多渠道向全世界的迅速传导，美国次贷危机终于演变为一场深重的国际金融危机。

（一）美国次贷危机的演变历程

美国次贷危机的演变历程，迄今可以大致分为四个阶段。

1. 危机爆发阶段（2007 年 2～5 月）

2007 年 2 月，美国次贷危机开始爆发。2 月，汇丰控股在美次级房贷业务增 18 亿美元坏账拨备；3 月，美国新世纪金融公司濒临破产，美国抵押贷款风险浮出水面。随后，一直延续到 5 月，美国次级抵押贷款企业就发生了多米诺骨牌效应，30 余家次级抵押贷款公司被迫停业，演变成次级抵押贷款的系统性危机。但是，该阶段次贷危机对金融体系和金融市场尚未产生太大的冲击，美国政府也并未采取应对措施。

2. 危机扩散阶段（2007 年 6～12 月）

2007 年 6～9 月，次贷危机开始在美国金融体系扩散，金融市场尤其是股票市场作出了剧烈的反应。6 月，美国第五大投资银行贝尔斯登公司旗下两只对冲基金出现巨额次级抵押贷款投资损失；7 月，穆迪公司降低对总价值约 52 亿美元的 399 种次级抵押贷款债券信用评级；8 月初，美国之外的法国、德国、日本等国金融机构开始披露次贷相关损失，次贷危机开始向全球金融体系扩散。在以后的几个月里，全球股票市场开始出现剧烈动荡，但投资者的信心并未根本动摇。在这一阶段，由于担心次贷危机引起信贷紧缩和金融体系流动性的枯竭，在美联储的带领下，美联储、欧洲央行、英格兰银行、日本银行开始向金融体系注入流动性，美联储在 8 月中旬开始降低美联储的再贴现率，9 月开始下调联邦基金利率，扩大了金融机构从美联储获取贷款的抵押资产的品种。不过，此阶段，各国政府更关心的，还是对通货膨胀的控制。

3. 危机深化阶段（2008 年 1～8 月）

2008 年 1～8 月危机进入了深化阶段，卷入到危机中的金融机构规模越来越大，知名度越来越高，而且公告的损失也越来越让人吃惊。2008 年 1 月中旬，美国花旗集团和美林证券分别公告，因次贷净亏损 98.3 亿美元和 98 亿美元的资产减计，摩根大通公布的 2007 年财报显示第四季度亏损 358 亿美元；1 月底，瑞士银行第四季度预计出现约 114 亿美元亏损；3 月中旬，原美国第五大投行贝尔斯登因流动性不足和资产损失，被摩根大通以 24 亿美元的价格收购。在此阶段，投资者恐慌情绪开始蔓延，对经济前景预期越来越悲观，股票市场波动幅度扩大。为了避免经济衰退，布什政府实施了总额达 1680 亿美元的经济刺激计划，美联储在元月下旬的一周之内两次大幅下调联邦基金利率。7 月中旬，资产总额达 5 万亿美元以上的住房抵押贷款公司房利美和房地美，因陷入财务困境和投资者的担忧，股价双双大跌 50%以上，财长保尔森于 9 月初宣布向“两房”实施救助。

4. 危机全球化阶段（2008 年 9 月至今）

2008 年 9 月，美国保险巨头 AIG 陷入困境。特别是，美国第四大投行雷曼兄弟公司（Lehman Brothers Holdings）申请破产保护，美林证券被美国银行以 503 亿美元的价格收购，美国第一大投行高盛和第二大投行摩根士丹利实施业务转型，转为银行控股公司，至此，华尔街的前五大投行，在次贷危机中消失三家，转型两家，这导致全球投资者信心崩溃，包括中国在内的各国股市出现持续暴跌。此后，美国次贷危机转变成了全球性的金融危机。美国政府迅速出台了 7000 亿美元的救援计划，而欧洲央行与英格兰银行业迅速分别向金融机构和市场巨额注资以稳定金融市场。

截至2010年上半年，美首轮定量宽松的货币政策（Quantitative Easing Monetary Policy）总计为金融系统及市场提供了1.725万亿美元流动性，而欧洲各国“救市”的总规模则总计达到了2万亿欧元。2010年11月3日，美联储又宣布推出第二轮量化宽松货币政策，即到2011年6月底以前购买6000亿美元的美国长期国债，以进一步刺激美国经济复苏。2012年9月13日起，美联储又推出第三轮量化宽松货币政策，实施每月购买400亿美元抵押贷款支持证券和卖出短期国债、买入长期国债等“救市”计划。

目前，这场由美国次贷危机引发的国际金融危机已现趋缓迹象，但在美国失业率出现均衡和稳定之前，判断危机结束尚为时过早。

（二）美国次贷危机产生的原因

美国次贷危机的产生，原因是多方面的，主要有以下六个方面。

第一是房贷机构的违规竞争。美国的房地美、房利美等住房抵押贷款公司，没有依照美国法律的有关规定向消费者真实、详尽地披露有关贷款条款与利率风险的复杂信息，滥发次级抵押贷款，甚至推出了“零首付”、“零文件”的贷款方式，导致住房次贷风险日益加大，房地产市场泡沫化程度日趋严重，终于房地产泡沫破灭，酿成次贷危机。

第二是信用衍生产品的无节制创新。美国的金融机构以次级贷款为标的物竭力实施资产证券化，发行大量MBS，并进而在此基础上二次大量发行信用衍生产品担保债务凭证（Collateralized Debt Obligation，CDO）和信用违约互换（Credit Default Swap，CDS），其中，CDS是典型的高杠杆率的金融衍生产品，CDS市场的规模从2001年的不到1万亿美元膨胀到2007年年底的62万亿美元，7年时间增长了近100倍，是次级按揭贷款余额的48倍，相当于美国2007年GDP的4倍还多，甚至几乎相当于2007年全球GDP水平。巨额的CDS大大超过了投行、保险公司等金融机构的承受能力，一旦出现暴跌，就将导致深重的金融危机。

第三是金融监管不力。以美联储为首的金融监管部门，一方面，是受“新自由主义”经济学派的思潮影响，对次级贷款及衍生品的金融风险充耳不闻，在危机爆发前从未采取严厉的监管行为；另一方面，CDO、CDS等信用衍生产品的监管具有一定难度，而美联储等金融监管部门的监管能力也跟不上。

第四是金融机构经理人的败德行为。华尔街的投资银行等金融机构内部持股比例非常高，董事会对经理人的监督形同虚设，广大股东对经理人的监管机制是通过“用脚投票”和市场并购风险来实现。这种治理机制有其效率较高的一面；但由于委托人缺位，理论上经理人员作为代理人容易发生败德行为，损害委托人利益，而这些代理人，动辄拿着百万美元级别的年薪和千万美元级别的股票期权收入，这种薪酬制度激励着其有极强的“败德”动机。结果，这些代理人普遍通过捆绑产品和隐藏内部信息等不道德手段，牟取私利而损害委托人利益，长此以往，催生资产泡沫，酿成信贷危机。

第五是评级机构的利欲熏心。本来，美国这些以次级房贷为抵押品的债券CDO属“有毒”资产，连最低投资等级BBB级都不够，这样就不会有多少机构来购买，特别是那些限定投资品必须达到穆迪或标普的AAA评级的一些大型投资机构，如退休基金、保险基金等更如此。然而，在2002～2007年，利欲熏心的标准普尔公司（Standard &

Poor's）、穆迪公司（Moody's）和惠誉公司（Fitch）这三大评级机构为华尔街制造出的大量“有毒”债券贴上了安全的标签，它们把这些 CDO 的 75%评了 AAA（Aaa）级，10%评了 AA 级，8%A 评了 A 级，仅有 7%被评为 BBB 或更低。评级的回报当然丰厚。五年间，三大评级机构的总收入翻了一番，达到 60 亿美元。评级机利欲熏心，严重损害了广大投资者利益，扭曲了金融市场。

第六是居民储蓄率太过低下。美国居民储蓄率 1984 年 9～10 月还有 10.7%，但此后一路下滑，到 2005～2007 年已经降至 1%左右。储蓄率过于低下，意味着美国居民的消费超前或者说过度，美国居民必然要更多依赖负债来消费、来买房、来进行金融投资，所以才能发生大量的住房按揭次级贷款。然而，国民经济是存在周期波动的，一旦经济景气下行，房价、股价下跌，则居民资产的负的财富效应将迫使广大居民削减自己的消费需求，生活质量下降，并导致国民经济恶性循环，而且，现在居民家庭资产负债表恶化，还贷困难，大量的房贷和其他消费贷款将变成不良贷款，严重情况下，必将酿成信贷危机。

➢本章小结

金融危机是指一个国家的全部或大部分金融指标，包括短期利率、货币资产价格、证券价格、房地产价格、商业破产数和金融机构倒闭数的急剧、短暂和超周期的恶化。按金融危机的直接起源和重点表现的领域，可以划分为货币危机、债务危机、银行危机等类型。

国际金融危机，是国际范围或全球范围的金融危机。在国际金融领域，最有代表性的危机形式是货币危机。所谓货币危机，是指由于投机冲击，导致一国汇率贬值，或者迫使该国政府为保卫其货币抛出大量外汇储备或者大幅提高国内利率水平而形成的危机。简单地说，货币危机主要指的是实行固定汇率制的国家的货币对外价值危机。

按照时间划分，货币危机理论的发展可分为三个阶段：第一个阶段，以克鲁格曼理论为主，称为“第一代货币危机理论”，它将货币危机归因于政府信贷扩张引起的基本面恶化；第二阶段从 20 世纪 80 年代中期开始，以奥斯特菲尔德的“预期自我实现型货币危机”理论为代表，被称为“第二代货币危机理论”，该理论认为危机是由自我实现的货币贬值预期导致的；第三个阶段从 1997 年东亚金融危机开始，涌现出一批金融危机新理论，统称为“第三代货币危机理论”，其中“道德风险论”、“基本因素论”、“金融恐慌论”和企业净值变动与多重均衡论等几种观点具有相对较好的解释力和较大的代表性。如果说第一代货币危机理论强调宏观基本因素的恶化是导致货币危机的重要因素，第二代货币危机理论认为预期引致是关键因素，则第三代货币危机理论强调宏微观经济、金融体制与机制的综合作用。

债务危机也是国际金融危机的一种重要表现形式。所谓债务危机，是指在债权国与债务国的债券债务关系中，债务国因经济困难等原因不能按期如数偿还债权国债务本息，导致债权债务关系不能如期了结，并影响债权国和债务国各自的经济活动乃至世界经济的正常运行和发展的危机。在国际金融领域，债务危机又可区分为一般意义上的债务危机和主权债务危机。

主权债务，是指主权国家以国家信誉作担保，通过发行债券等方式向国际社会所筹借的款项。主权债务危机，是指一国由于主权债务比例过高等原因，国家政府面临着无法到期偿还债务的风险，并且由此引发市场对该国主权债务失去信心，使得该国难以通过市场融资解决到期债务问题，从而引发危机。由于主权债务大多是以外币计值，向国际机构、外国政府或国际金融机构借款，因此，一旦这些国家的信用评级被调低，就往往会引发主权债务危机。

美国次贷危机也是当代国际金融危机的一个重要表现形式。美国次贷危机是美国国内住房按揭的次级贷款及其衍生品泛滥引发的国内金融危机。这里的次级贷款基本不直接涉及外债，也不直接涉及货币兑换，从这个意义上说，美国次贷危机不属于国际金融危机。然而，由于美国的国际金融中心和世界霸主地位，由于美国过滥的金融创新产品CDO、CDS向世界各国金融机构的大量销售和杠杆放大，由于美国次贷危机爆发后从实体经济和虚拟经济两个领域内多渠道向全世界的迅速传导，美国次贷危机终于演变为一场深重的国际金融危机。

研究各种国际金融危机，探究其发生的原因和机理，有利于我们更好地防范金融危机。

➢本章重要概念

金融危机　国际金融危机　货币危机　债务危机　主权债务危机　美国次贷危机　克鲁格曼模型　奥斯特菲尔德模型　道德风险论　金融恐慌论　企业净值变动与多重均衡论

➢思考题

1. 东亚金融危机对我国有什么启示？
2. 简评第一代货币危机理论模型。
3. 简评第二代货币危机理论模型。
4. 简评书中列举的第三代货币危机理论的主要理论观点。
5. 试分析欧元区主权债务危机的内外部原因。
6. 美国次贷危机爆发的主要原因是什么？其何以演变为国际金融危机？
7. 你认为中国当前存在货币危机之忧吗？中国应该如何防范货币危机？

➢进一步的阅读与讨论(1)　泰国的金融危机

一、泰国金融危机的爆发

1971～1991年，泰国经济年均增长率达7.9%，1991～1996年的年均增长率则达到8%，这种持续高出世界经济平均水平的增长速度使得泰国成为继“亚洲四小龙”之后的“第五小龙”。而且长期以来，泰国通胀率一直有效地控制在3%～6%。国民经济增长和运行绩效可谓骄人。

然而，1997年，泰国却爆发了金融危机。1997年2月初，国际投资机构掀起抛售泰铢风潮，引起泰铢汇率大幅度波动。于1997年2月开始向泰国银行借入高达150亿美元的数月期限的远期泰铢合约，而后于现汇市场大规模抛售，使泰铢汇率波动的压力加大，引起泰国金融市场动荡，泰国央行为捍卫泰铢地位，仅在1997年2月份就动用了20亿美元的外汇储备，才初步平息。3月4日，泰国中央银行要求流动资金出现问题的9家财务公司和1家住房贷款公司增加资本金82.5亿铢（合3.17亿美元），并要求银行等金融机构将坏账准备金的比率从100%提高到115%～120%，此举令金融系统的备付金增加500亿铢（合19.4亿美元）。泰国央行此举旨在加强金融体系稳定性并增强人们对金融市场信心，然而不但未能起到应有的稳定作用，反而使社会公众对金融机构的信心下降，从而发生挤提，仅5日、6日两天，投资者就从10家出现问题的财务公司提走近150亿泰铢（约兑5.77亿美元）。与此同时，投资者大量抛售银行与财务公司的股票，结果造成泰国股市连续下跌，汇市也出现下跌压力。在泰国央行的大力干预下，泰国股市和汇市暂时稳定下来。进入5月份，国际投资机构对泰铢的炒卖活动更趋猛烈。5月7日，货币投机者通过经营离岸业务的外国银行，悄悄建立了即期和远期外汇交易的头寸。从5月8日起，以从泰国本地银行借入泰国铢，在即期和远期市场大量卖泰铢的形式，在市场突然发难，沽空泰铢，造成泰铢即期汇价的急剧下跌，多次突破泰国中央银行规定的汇率浮动限制，引起市场恐慌。本地银行和企业及外国银行纷纷入市，即期抛售泰铢抢购美元或叙作泰铢对美元的远期保值交易，导致泰国金融市场进一步恶化，泰铢一度兑美元贬至26.94∶1的水平。面对这次冲击，泰国中央银行加大对金融市场的干预力度，动用约50亿美元的外汇进行干预，并取得日本、新加坡、中国香港、马来西亚、菲律宾、印度尼西亚等国家和地区中央银行不同形式的支持。同时，泰国中央银行又将离岸拆借利率提高到1000%，令投机泰铢成本倒增，又禁止泰国银行向外借出泰铢。在一系列措施干预下，泰铢汇率回稳，泰国中央银行又暂时控制了局面。6月中下旬，泰国前财长辞职，又引发金融界对泰铢可能贬值的揣测，引起泰铢汇率猛跌至1美元兑28泰铢左右。泰国股市也从年初的1200点跌至461.32点，为8年来的最低点，金融市场一片混乱。7月2日，泰国中央银行突然宣布放弃已坚持14年的泰铢钉住美元的汇率政策，实行有管理的浮动汇率制。同时，央行还宣布将利率从10.5%提高到12.5%。泰铢当日闻声下跌17%，创下新低。泰国金融危机就此爆发。

泰铢贬值引发的金融危机沉重地打击了泰国经济发展，造成泰国物价不断上涨，利率居高不下，企业外债增加、流动资金紧张、经营困难、股市大跌，经济衰退。1997年泰国GDP增长率从1996年的约7%下降至2%左右。

二、泰国金融危机的原因分析

泰国1997年爆发金融危机，有多方面原因，可从内部原因和外部原因两方面加以剖析。

（一）内部原因分析

1. 出口产品结构单一，经常项目赤字严重

泰国经济高速增长主要是靠出口推动。据统计，1991～1995年，泰国的出口平均年增长率为18.17%。然而，由于泰国出口产品结构单一，主要是劳动密集型的电子产品和服装，随着经济的增长，工资成本显著上升，1995年泰国最低工资增长了23%，促使劳动力成本比邻国高出2～3倍，但劳动力的素质却提高较慢，劳动生产率难以提高。工资成本上升，使产品出口竞争力下降，再加上国际市场需求减弱和其他国家与地区同类产品的竞争（如其重工业产品受到来自韩国和苏联国家的挑战），便导致出口萎缩。1996年，出口增长率大幅度下降为0.1%，进口却有所扩大，导致贸易赤字剧增，经常项目赤字累计达到162亿美元，占GDP的8.3%。

2. 举借外债饥不择食，短期外债居高不下

进入90年代，发展中国家争夺外资的竞争愈演愈烈。泰国经常项目的巨额逆差及财政收支的巨额赤字，使得泰国除了进一步放开外商投资范围外，过分依赖于举借外债来弥补资本缺口，几乎达到了饥不择食的地步。这使其外债总额扶摇直上，外债结构严重失衡。据统计，泰国外债由1992年年

底的396亿美元增加到1996年年底的930亿美元，相当于GDP的50%，平均每一个泰国人负担外债1560美元，其中短期外债约占外债总额的45%。为偿付这种巨额债务，泰国必须保持年15%以上的出口增长率和不断的外资流入。因此，一旦出口增长率明显下降，就将出现债务危机，引发金融危机。

3. 资本项目过早开放

泰国政府于90年代初基本取消了对资本流动的管制，实现了本币的全球可自由兑换。1993年3月，泰国政府批准在曼谷开设了期权金融中心，并随之放宽了外国银行在泰国设立支行的限制，允许外国资本在曼谷期权金融中心进行交易。1995年，泰国政府宣布泰国将在2000年前完全实现资本自由输出入。实际上，泰国实行资本项目开放的条件远未成熟，为时尚早。一是泰铢与美元挂钩的固定汇率制尚不是市场汇率，不能真实反映实际汇率水平，起不到汇率调节经济金融作用；二是泰铢存贷款利率水平居高不下，平均达15%，超过国际资本市场利率平均水平2倍，使泰国股市、汇市极易遭受国际短期投机性资本套汇套利性冲击；三是国家宏观经济调控能力薄弱，长期存在财政预算赤字，国际收支经常项目严重逆差，国家外汇储备水平偏低，无法有效调节社会总供需平衡，保持良好稳定的宏观经济环境。总之，泰国在不具备条件情况下，过早实行资本项目开放，势必导致对外汇输出入无法控制，引发国内金融动荡。1997年1～6月，面对外国短期资本纷纷撤离的局面，泰国政府除了令央行抛售外汇平抑外，别无良策，无法阻止短期资本外流。可以说，泰国过早开放资本项目的政策是一大战略性失误。是促使泰国产生金融危机的催化剂。

4. 金融机构信贷投向不合理，呆账、坏账迅猛滋生

90年代以来，由于泰国经济高速增长，房地产价格直线上升，同时带动了股票市场进入繁荣时期，房地产业和股市成为人们赚取高额利润的主要投资场所。对此种不良现象，泰国政府和金融管理部门却未能及时进行管理和引导，金融机构大规模向房地产和股市放贷，其中包括借用大量外国资本向这两个行业放贷。据统计，到爆发金融危机以前，泰国各类金融机构对房地产市场的放贷占其放贷总额的50%左右，金融类股票已占到泰国股票市场的1/3。大量资金投资于房地产，势必造成房地产业，虚假繁荣，房地产供给严重过剩。结果，房地产泡沫破灭，房地产商无力偿还贷款，金融机构坏账、呆账激增。受房地产业不景气影响，股市也由繁荣走入萧条。至1996年年底，泰国近30%的国外贷款和80%的外国直接投资投放到房地产和证券市场上，空置住宅达85万套，空置率20%，银行呆账为155亿美元，1997年6月增至300多亿美元。泰国股市set指数则由1996年初的1300多点跌至1997年6月的500点，跌幅达60%以上。房地产和股市“泡沫”的破灭，房地产泡沫破裂、各类金融机构坏账、呆账猛增的现实，摧毁了人们对泰国金融体系稳定性与可靠性的信心，致使挤兑风潮频发，金融体系剧烈动荡。

5. 政府部门监管不力，风险防范意识淡薄

泰国政府在经济高增长过程中风险防范意识淡薄，金融监管缺位。首先，泰国政府对大量流入的外资缺乏有效监管，使外资比例失调。一是流入的短期资金过多；二是大量外资特别是短期外资投向了房地产业和证券业，据统计，截至1996年年底，泰国私人部门的700亿美元外债（含短期外债400亿美元）中的大部分投向房地产和股市，大大助长了房地产泡沫和股市泡沫。这种监管不力不仅造成泰国通货膨胀加剧，而且使泰国经济金融体系易遭受到投机资本的严重冲击。其次，政府部门对企业的监管不力，尤其对房地产业和银行业的金融监管不力，导致金融机构对房地产的过度信贷，各行各业为牟取暴利而纷纷加入房地产的开发浪潮。直到危机发生以后政府才匆忙开始着手改革银行规章，增加财务透明度，改革企业破产法，关闭有问题的金融机构并限制企业投资房地产，但此时危机已然发生。再次，政府对经常项目赤字的风险未予以足够重视。1996年，泰国经常项目赤字已占GDP的8.1%，比墨西哥1994年发生金融危机之前的7.2%还高，但泰国政府并未吸取国际经验教训，甚至国际货币基金组织已对泰国的经常项目赤字发出过警告，但政府并未作出必要反应。总之，泰国政府

面对投机资本的大量涌入、房地产业的泡沫持续膨胀和持续了8年的经常项目赤字，似乎无动于衷，充分反映其风险意识淡薄，风险防范缺位，必将吞下苦果。

6. 外汇储备水平偏低

为了加快经济发展速度，泰国长期实维持偏低的外汇储备水平，储备存量被控制在300亿～350亿美元，只相当于泰国3～4个月的进口用汇量。显然，这种外汇储备水平只能满足泰国一般性对外支付需要，而无法应付特殊情况。由于国家外汇储备水平偏低，泰国中央银行金融宏观调控能力受到严重削弱。1997年1～7月，在索罗斯等“国际金融大鳄”们的投机攻击下，为了避免泰铢贬值，平抑泰国股市、汇市动荡，击退“大鳄”，泰国央行对金融市场不断进行干预，累计向金融市场投放外汇约达200亿美元（仅5月份就投放40多亿美元），但由于外汇储备水平偏低，央行干预外汇市场能力有限，最终干预失败，泰铢大幅贬值，金融危机不可避免地爆发。

7. 汇率制度缺乏弹性

自1984年以来，泰国长期实行钉住美元的固定汇率制，其汇率浮动被限制在0.15%～0.16%的区间内，汇率制度缺乏弹性。这种钉住美元的固定汇率制是有历史贡献的，因为它给泰国经济带来了较长时间的繁荣。一是极大降低了汇率的不确定性，泰铢价值的相对稳定促进了对外贸易和国民经济的大幅增长；二是固定汇率使低成本的国际资本长时间大量流入泰国，为泰国的工业化过程作出了巨大的贡献；三是外汇储备得以不断上升，截至1996年年底，泰国外汇储备达371.2亿美元，成为世界外汇储备12强之一。固定汇率制虽然给泰国经济繁荣带来了好处，但泰国政府忽视了其局限性，放松了金融监管，并且不能随着经济金融形势的变化而对汇率予以调整，结果招致了国际金融投机商在1997年的6～7月份对泰铢的猛烈攻击，泰国铢一夜间贬值近20%，金融危机爆发。

钉住美元的固定汇率制有其先天的缺陷，如货币政策难以独立、通货膨胀或通货紧缩的国际传导等，而随着经济、金融形势的变化，一些缺陷可能给国民经济带来极为严重的后果。

第一，钉住美元的固定汇率制度使泰国中央银行难以用汇率工具调整经济。1993年，当外国资本涌入，泰铢面临升值压力，泰国中央银行采取中和干预政策，导致国内利率不断提高，进一步刺激外资流入，从而使国内货币供应量增加，这又进一步刺激国内需求和对非重要部门的投资增加，中央银行难以实施有效的货币政策，损害国内经济。1997年5月，当国际金融投机商大肆抛售泰铢时，泰国中央银行只能被动地采取动用外汇的方法进行干预，当外汇储备趋于枯竭之日，便是危机爆发之时。

第二，钉住美元的固定汇率制度刺激货币投机。自由进出的资本市场与相对稳定和高估的汇率水平交汇，便会极大刺激外汇投机商大肆从事套汇套利活动，冲击本国经济、金融体系。

第三，钉住美元的固定汇率制度使泰国经常项目赤字随着美国经济的复苏而加剧。90年代以来，随着美国经济的复苏，美元相对于日元持续升值，导致日本产品的国际竞争力增强。而泰国产品的出口竞争力下降，结果，出口进一步受阻，贸易赤字乃至经常项目赤字大幅上升，给外汇投机商制造了机会。

第四，钉住美元的固定汇率制度造成了泰国经济、金融体系的严重泡沫。在固定汇率制度下，泰国经常项目出现高额逆差时，为了避免泰铢的贬值压力，泰国政府须保持资本和金融项目的顺差，因此不得不提高利率，泰国多年维持13%以上的市场利率，成为亚太地区市场中利率最高的国家。高利率吸引了大量的国际资本流入，而流入的资本中有相当部分为追逐高额回报又投向了房地产业，形成了严重的泡沫经济；泡沫经济的破灭使得投机资本又大量外流，对泰国经济、金融体系形成强烈冲击。

第五，钉住美元的固定汇率制度使得泰铢明显出现高估后便会成为国际“金融大鳄”猎取的目标。90年代中期，连续几年的国际收支逆差已经迫使泰国政府抛出了大量外汇，泰铢明显出现高估，“金融大鳄”们预测到泰铢将会贬值，便将其当成了猎物。著名的国际货币投机商索罗什（Soros）在精心策划下，于5月初开始向泰铢发动攻击，终于在7月份迫使泰铢大幅度贬值，引发了泰国货币危机和金融危机。

（二）外部原因分析

1. 冷战后全球战略格局的调整

泰国及一些东南亚国家乃至整个东亚地区经济的快速发展，是依靠外向型经济走向繁荣的，而外向型经济需要有稳定的市场支撑，这个市场在冷战时期就是美国和欧洲，主要是美国。然而，冷战结束以后，美国在泰国及整个东亚的战略利益发生了变化，不需要以较大的经济利益为代价换取其他安全利益，不需要以本国市场支持该地区经济增长。因此，新格局下，东亚地区必须减少对北美市场的依赖程度。但与此同时，东亚地区许多经济体规模相对较小，市场需求有限，因此其经济结构仍呈保持外向型特征。这就要求该地区必需协调各经济体之间的关系，在保持单一经济体外向发展的同时，降低各经济体之间在结构上的雷同程度，扩大地区分工领域，从而降低区域经济的一致性和依赖性。遗憾的是，在东亚地区，这一问题并未解决好。再者，20世纪90年代初中期以来，泰国及东南亚地区一些国家渐次进入劳动密集型产业向资本技术密集型产业的升级时期，这一时期对资本的需求呈跳跃性增长，大量的资本需求超出泰国等国的国内筹资能力，因而必须以优惠条件从国际金融市场筹资。然而，由于产业转移链条断点的存在，也由于泰国（等国）高企的利率的刺激，过多的投机性的短期资本流入，而且大量流入房地产领域，这就为泰国（等国）的金融危机埋下了伏笔。

2. 游资的投机性攻击

外国投机商套汇套利，蓄意攻击"泰铢"也是泰国发生金融危机的一个外部动因。90年代以来，随着国际经济一体化进程的加快，特别是金融互联网络的推进，金融领域的全球化已走在前面，使得大量以投机套利为业的国际游资日趋活跃。据国际货币基金组织估计，目前活跃在全球金融市场上的游资在7.2万亿美元以上，相当于全球国民生产总值的20%；每天有1.2万亿美元以上的游资在全球外汇市场上寻求归宿，相当于实物交易的近百倍。国际游资投机性强，流动性快，有很强的隐蔽性和破坏性。这次领头在泰国进行投机造势、兴风作浪的美国投机金融资本家乔治·索罗斯是"国际级炒家"。他曾凭"翻手为云，覆手为雨"的"天才"，在1992年英镑危机和1995年墨西哥金融危机中至少获利30亿美元，估计现有财富250亿美元。1997年年初，泰国经济形势恶化，索罗斯认为投机已经成熟，便于5月份开始出手约60亿美元大肆攻击泰铢，直至得手。

【讨论题】

（1）泰国金融危机有主要原因吗？你认为主要原因是什么？

（2）如果泰国当初及时放弃钉住美元的固定汇率制，会发生金融危机吗？

（3）你认为泰国为何没能及时将钉住美元的固定汇率制转变为有管理的浮动汇率制。

（4）泰国金融危机对我国有何启示？

➢进一步的阅读与讨论(2)　中国香港联系汇率制保卫战

当1997年整个东南亚陷入金融危机时，以索罗斯的量子基金和罗伯逊的老虎基金为首的对冲基金也瞄上了中国香港，妄想抓住香港金融监管当局的调控弱点，击垮香港的联系汇率制，给汇市、股市和期市这三个主要市场以毁灭性打击，以便攫取巨额财富。

港币实行联系汇率制，联系汇率制有自动调节机制，不易攻破。但港币利率容易急升，利率急升将影响股市大幅下跌，这样的话，只要事先在股市及期市沽空，然后再大量向银行借贷港币，使港币利率急升，促使恒生指数暴跌，便可像在其他国家一样获得投机暴利。自1997年10月以来，国际炒家4次在香港股、汇、期三市上下手，前三次均获暴利。1998年7月底至8月初，国际炒家再次通过对冲基金，接连不断地狙击港币，以推高折息和利率。很明显，他们对港币进行的只是表面的进攻，股市和期市才是真正的主攻目标，声东击西是索罗斯投机活动的一贯手段，并多次成功。炒家们在证券市场上大手笔沽空股票和期指，大幅打压恒生指数和期指指数，使恒生指数从1万多点大幅度跌至8000点，并直指6000点。在山雨欲来的时候，证券市场利空消息满天飞，炒家们趁机大肆造谣，企图扰乱人心，制造"羊群心态"，然后趁机浑水摸鱼。8月13日，恒生指数一度下跌300点，跌穿6600点关口，收市时跌幅收窄，但仍跌去199点，报收6660点。在压低恒生指数的同时，国际炒家在恒指期货市场积累大量淡仓。恒生指数每跌1点，每张淡仓合约即可赚50港币，而在8月14日的前19个交易日，恒生指数就急跌2000多点，每张合约可赚10多万港币，可见收益之高！

为了维持香港金融市场的稳定，香港政府几经考虑，终于决定调巨资加入战场，与这些疯狂的国际炒家展开激战，这是一场以金钱、意志和智慧为武器的你死我活的金融大战，前后共有三次激烈的战役。

第一回合：

1998年8月13日恒指被打压到了6660底点后，港府调动港资、华资及英资入市，与对手展开针对8月股指期货合约的争夺战。投机资本是空方要打压指数，港府则要守住指数，迫使炒家事先高位沽空的合约无法于8月底之前在低位套现。港府入市后大量买入投机资本抛空的8月股指期货合约，将价格由入市前的6610点推高到24日的7820点，涨幅超过8%，高于投资资本7500点的平均建仓价位，取得初步胜利，收市后，港府宣布，已动用外汇基金干预股市与期市。但金融狙击手们仍不甘心，按原计划，于8月16日迫使俄罗斯宣布放弃保卫卢布的行动，造成8月17日美欧股市全面大跌。然而，使他们大失所望的是，8月18日恒生指数有惊无险，在收市时只微跌13点。

第二回合：

双方在8月25日至28日展开转仓战，迫使投机资本付出高额代价。27日和28日投机资本在股票现货市场倾巢出动，企图将指数打下去。港府在股市死守的同时，经过8天惊心动魄的大战，在期货市场上将8月合约价格推高到7990点，结算价为7851点，比入市前高1200点。8月27日、28日，港府将所有卖单照单全收，结果27日交易金额达200亿港币，28日交易金额达790亿港币，创下香港最高交易纪录。

但投机资本并不甘休，他们认为港府投入了约1000亿港币，不可能长期支撑下去，因而决定将卖空的股指期货合约由8月转仓至9月，与港府打持久战。从8月25日开始，投机资本在8月合约平仓的同时，大量卖空9月合约。与此同时，港府在8月合约平仓获利的基础上乘胜追击，使9月合约的价格比8月合约的结算价高出650点。这样，投机资本每转仓一张合约要付出3万多港币的代价。投资资本在8月合约的争夺中完全失败。

第三回合：

港府在9月份继续推高股指期货价格，迫使投机资本亏损离场。9月7日，港府金融管理部门颁布了外汇、证券交易和结算的新规定，使炒家的投机受限制，当日恒升指数飙升588点，以8076点报收。同时，日元升值、东南亚金融市场的稳定，使投机资本的资金和换汇成本上升，投机资本不得不败退离场。9月8日、9日合约价格升到8220点，8月底转仓的投机资本要平仓退场，每张合约又要亏损4万港币。

最终，至10月下旬，恒生指数已反弹至约9900的水平，香港金融保卫战遂告结束。港币保卫战经过三个回合的生死较量，投机资本最终溃不能敌，退出香港市场，香港联系汇率制度得以保存。

【讨论题】

试针对投机资本对香港的投机冲击和香港联系汇率保卫战，分析联系汇率制度的优缺点？

参考文献

保罗·克鲁格曼，茅瑞斯·奥伯斯菲尔德. 1998. 国际经济学. 北京：中国人民大学出版社.

陈岱孙，厉以宁. 1991. 国际金融学说史. 北京：中国金融出版社.

陈绍昌. 1995. 国际金融计算技术. 北京：中国对外经济贸易出版社.

陈建奇. 2013. 从外汇储备视角审视“走出去”战略. 国际贸易，(9)：19-25.

丁剑平. 2003. 关于现行的人民币汇率机制的可持续性研究. 国际金融研究，(5)：48-55.

窦祥胜，杨炘. 2004. 人民币均衡汇率估计. 数量经济技术经济研究，(4)：34-41.

何璋. 2001. 国际金融. 第二版. 北京：中国金融出版社.

侯高岚. 2005. 国际金融. 北京：清华大学出版社

黄泽民. 2003. 中国外汇储备的性质与适度性问题思考. 华东师范大学学报，(6)：63-69.

姜波克. 1994. 人民币自由兑换论. 上海：立信会计出版社.

姜波克. 1999a. 国际金融学. 北京：高等教育出版社.

姜波克. 1999b. 开放经济下的宏观金融管理. 第一、三、四卷. 上海：复旦大学出版社.

姜波克. 2006. 均衡汇率理论和政策的新框架. 中国社会科学，(1)：15-23.

姜波克. 2008. 国际金融新编. 第四版. 上海：复旦大学出版社.

姜波克，陆前进. 2000. 汇率理论与政策研究. 上海：复旦大学出版社.

姜波克，许少强，李天栋. 2004. 经济增长中均衡汇率的实现与作用. 国际金融研究，(12)：51-57.

吉翔，陈曦，夏园园. 2013. 基于战略视角的中国外汇储备多层次使用研究. 经济问题，(2)：53-57.

金德尔伯格 P. 1991. 西欧金融史. 北京：中国金融出版社.

劳伦斯·S. 科普兰. 2000. 汇率与国际金融. 北京：中国金融出版社.

雷志卫. 2000. 欧洲货币联盟的理论基础与运作机制. 北京：中国金融出版社.

李向科，汪勇祥，吴卫星. 2004. QDII 制度的市场影响. 中国金融，(14)：49-52.

林伯强. 2002. 人民币均衡实际汇率的估计与实际汇率错位的测算. 经济研究，(12)：60-69.

刘莉亚，任若恩. 2002. 用均衡汇率模型估计人民币均衡汇率的研究. 财经研究，(5)：16-22.

刘思跃，肖卫国. 2002. 国际金融. 第二版. 武汉：武汉大学出版社.

吕江林，牟颖. 2005. 论人民币钉住一篮子货币爬行区间汇率制度//复旦大学百年校庆国际研讨会论文集：上海论坛论文集. 上海：复旦大学出版社.

吕江林，王磊. 2009. 基于修正的 ERER 模型的人民币均衡汇率实证研究. 当代财经，(4)：51-58.

吕江林. 2011. 美国次贷危机：原因、对我国的影响及应对. 北京：北京大学出版社.

吕随启，王曙光，宋芳秀. 2013. 国际金融教程. 第三版. 北京：北京大学出版社.

雷志卫. 2000. 欧洲货币联盟的理论基础与运作机制. 北京：中国金融出版社.

迈克尔. 梅尔文. 2003. 国际货币与金融. 大连：东北财经大学出版社.

蒙代尔. 2003. 国际货币：过去、现在和未来//蒙代尔经济学文集. 第六卷. 北京：中国金融出版社.

潘英丽，马君潞. 2002. 国际金融学. 北京：中国金融出版社.

裴桂芬. 2003. 国际金融动荡研究. 北京：人民出版社.

裴平. 2013. 国际金融学. 第四版. 南京：南京大学出版社.

彭兴韵，吴洁. 2009. 从次贷危机到全球金融危机的演变与扩散. 经济学动态，(2)：52-60.

钱荣堃，陈平，马君潞. 2002. 国际金融. 天津：南开大学出版社.

斯蒂芬·瓦尔迪兹，朱利安·伍德. 2005. 国际金融市场. 北京：中国金融出版社.
宋清华，李志辉. 2003. 金融风险管理. 北京：中国金融出版社.
搜狐新闻中心. 2005-07-21. 央行就完善人民币汇率形成机制改革答记者问. http：//www. news. shou. com.
苏宗祥，徐捷. 2010. 国际结算. 第五版. 北京：中国金融出版社.
索罗斯，韦恩，科南. 1997. 索罗斯——走在股市前面的人. 真如译. 海口：海南出版社.
孙国峰，孙碧波. 2013. 人民币均衡汇率测算：基于 DSGE 模型的实证研究. 金融研究，(8)：70-83.
唐文琳. 2002. 中国东盟国际区域性金融问题研究. 北京：中国时代经济出版社.
王福重. 2013. 中国外汇储备规模和归属性质研究. 华中师范大学学报（人文社会科学版），(3)：40-46.
王国林. 2003. 外汇储备的国际比较分析. 国际金融研究，(7)：62-66.
王庆. 2005. 中国的资本账户开放与灵活汇率制度，会不会本末倒置? 国际经济评论，(4)：29-35.
王庭东. 2002. 亚洲货币合作的路径展望. 亚太经济，(3)：19-23.
王元龙. 2003. 当前人民币汇率升值论评析及其应对. 国际金融研究，(8)：4-10.
王永中. 2013. 外汇储备投资面临的挑战. 中国金融，(1)：56-67.
王泽填、姚洋. 2008. 人民币均衡汇率估计. 金融研究，(12)：22-35.
王志强，齐佩金，孙刚. 2004. 人民币汇率购买力平价的界限检验. 数量经济技术经济研究，(2)：116-124.
王正霞，张卫. 2006. 国际金融实务. 北京：科学出版社.
魏巍贤，李丕东. 2007. 人民币均衡实际汇率实证研究：1980-2006. 厦门大学学报（哲学社会科学版），(5)：51-63.
吴念鲁，鄂志寰. 2003. 近期人民币升值预期的成因与对策分析. 国际金融研究，(9)：4-8.
吴念鲁，任康钰. 2013. 对外汇储备本质的探讨——对外债权与国民财富的辨析. 国际金融研究（5）：15-23.
邢毓静. 2001. 现代货币危机理论的演进及其发展趋势. 当代财经，(1)：25-30.
杨长江. 2002. 人民币实际汇率长期调整趋势研究. 上海：上海财经大学出版社.
杨玉凤. 2014. 国际金融实务. 上海：复旦大学出版社.
杨胜刚，黄文青. 2002. 亚洲区域货币合作的未来前景. 财经科学，(4)：1-5.
杨燕青. 2001-11-20. 诺贝尔经济学奖得主蒙代尔：纵论全球“金融架构”. 解放日报.
于妍. 2005. 国际金融管理. 上海：上海财经大学出版社.
余永定，何帆. 2004. 人民币悬念——人民币汇率的当前处境与未来改革. 北京：中国青年出版社.
约翰·威廉姆森. 2003. 人民币汇率与全球货币体系. 国际金融研究，(12)：53-66.
张斌. 2003. 人民币均衡汇率：简约一般均衡下单方程模型研究. 世界经济，(11)：3-12.
张斌，何帆. 2003. 人民币升值的策略选择. 国际经济评论，(9、10)：12-16.
张东祥. 2004. 国际结算. 第三版. 武汉：武汉大学出版社.
张晓朴. 1999. 人民币均衡汇率的理论与模型. 经济研究，(4)：70-77.
张晓朴. 2001. 人民币均衡汇率研究. 北京：中国金融出版社.
张凡. 2012. 欧洲主权债务危机的进程、原因及对我国经济发展道路的启示. 未来与发展，(12)：27-32.
赵其宏. 2001. 商业银行风险管理. 北京：经济管理出版社.
赵锡军. 2005. QFII：2004 年的实践. 中国外汇管理，(Z1)：70-71.
者贵昌. 2005. 中国国际储备的分析和研究. 国际金融研究，(5)：56-61.
郑杨. 2004. 资本账户开放与资本账户外汇管理关系谈. 中国外汇管理，(3)：49-50.

周文贵，肖鹞飞. 2003. 国际货币制度论. 广州：中山大学出版社.

周小川. 2009-03-24. 关于改革国际货币体系的思考. http：//www. pbc. gov. cn.

邹林，周永坤. 2005. 合格境外机构投资者制度：现状及其改进. 中国金融，(9)：26-28.

Balassa B. 1974. Estimating the shadow price of foreign exchange in project appraisal. Oxford Economic Papers，26 (2)：147-168.

Chang G H，Shao Q. 2004. How much is the Chinese currency undervalued. China Economic Review，15 (3)：366-371.

Chao C C，Eden S H. 1995. The shadow price of foreign exchange in a dual economy. Journal of Development Economics，46：195-202.

Chou W L，Shih Y C. 1998. The equilibrium exchangerate of the Chinese Renminbi. Journal of Comparative Economics，26 (1)：165-174.

Clark. 1994. Exchange rates and economic fundamentals. IMF Occasional Paper，115.

Dornbusch R. 1989. The Open Economy Tools for Policy Makers in Developing Countries. London：Oxford University Press.

Edwards S. 1989. Real Exchange Rates，Devaluation and Adjustment Exchange Rate Policy in Developing Countries. Cambridge：The MIT Press.

Edwards S. 1999. Exchange rates in emerging economies：what do we know? What do we need to know? NBER Working Paper，7228.

Lyons R. 1995. Test of mico-structural hypotheses in the foreign exchange market. Journal of Financial Economics，39：321-351.

MacDonald R，Stein J L. 1999. Equilibrium Exchange Rates. London：Kluwer Academic Publishers.

Miller，Weller P. 1991. Exchange rate bands with price inertia. The Economic Journal，101 (409)：1380-1399.

Nurkse R. 1993. Conditions of International Money Equilibrium. Boulder：Westview Press.

Obstfeld M，Rogoff K. 1995. Exchange rate dynamics redux. Journal of Political Economy，103 (3)：604-660.

Obstfeld M，Rogoff K. 1996. Foundations of International Macroeconomics. Cambridge：MIT Press.

Sutherland A. 1994. Target zone models with price inertia：solutions and testable implications. The Economic Journal，104 (422)：96-112.

Svensson L. 1992. An interpretation of recent research on exchange rate target zones. Journal of Economic Spectives，6 (4)：119-144.

Williamson J. 1985. The Exchange Rate System. Washington DC：Institute for International Economics.

Williamson J. 1994. Estimating Equilibrium Exchange Rates. Washington DC：Institute for International Economics.